Fujiko Kohata

Jahwist und Priesterschrift in Exodus 3−14

Fujiko Kohata

# Jahwist und Priesterschrift in Exodus 3—14

Walter de Gruyter · Berlin · New York
1986

Beiheft zur Zeitschrift für die alttestamentliche Wissenschaft

Herausgegeben von Otto Kaiser

166

gedruckt auf säurefreiem Papier
(alterungsbeständig — pH 7, neutral)

*CIP-Kurztitelaufnahme der Deutschen Bibliothek*

**Kohata, Fujiko:**
Jahwist und Priesterschrift in Exodus 3–14 / Fujiko Kohata. —
Berlin ; New York : de Gruyter, 1986.
(Beiheft zur Zeitschrift für die alttestamentliche Wissenschaft ;
166)
ISBN 3-11-010649-3
NE: Zeitschrift für die alttestamentliche Wissenschaft / Beiheft

Meinen Eltern

# VORWORT

Das vorliegende Buch enthält meine Dissertation, die im Sommersemester 1985 vom Fachbereich Evangelische Theologie der Philipps-Universität Marburg angenommen und für den Druck leicht überarbeitet wurde.

Ich möchte all denen danken, die mir in den vergangenen Jahren geholfen haben. Zunächst gilt mein Dank meinem Doktorvater, Herrn Professor Dr. Werner H.Schmidt (jetzt Bonn), der den langjährigen Werdegang meiner Arbeit mit liebevoller Sorgfalt und sachlich kritisch, ja manchmal auch mit kräftigem, hilfreichem Widerstand begleitet hat. Dann gilt der Dank dem Korreferenten, Herrn Professor Dr. Otto Kaiser, der auch bereit war, die Arbeit in die Reihe <Beiheft zur Zeitschrift für die alttestamentliche Wissenschaft> aufzunehmen. Zudem hat er mir freundlicherweise Einblick in im Druck befindliche Aufsätze der ZAW gewährt. Herzlich möchte ich aber auch den Herren Dr. Georg Warmuth, Hartmut Lemp, Dietrich Stroh, Rolf Fersterra und Eckart Schwab danken, die meinen deutschen Ausdruck verbessert haben. Letzterer hat auch beim Korrekturlesen geholfen, ebenso Frau Erika Schleiff, Herr Ingo Kottsieper und viele Mitbewohner der Hessischen Stipendiatenanstalt. Schließlich danke ich dem Deutschen Akademischen Austauschdienst und dem Diakonischen Werk der Evangelischen Kirche in Deutschland dafür, daß sie meine Studien in der Bundesrepublik finanziert haben. Der DAAD hat auch die Kosten für die Schreibarbeit übernommen, für deren mühsame Ausführung ich Frau Rosemarie Berghöfer herzlich danke.

Marburg/Lahn, im Advent 1985          Fujiko Kohata

INHALTSVERZEICHNIS

# I. FORSCHUNGSGESCHICHTE UND FRAGESTELLUNG


Die Entdeckung von Parallelen, die jeweils einen anderen
Gottesnamen verwenden, hat zur Erschließung der Quellenscheidung im Pentateuch geführt[1]. Damit wurde die Tradition
von der literarischen Einheitlichkeit des Pentateuch aufgegeben und der Frage nach seiner literarischen Entstehung
der Weg gebahnt[2]. Beim näheren Zusehen war festzustellen:
"Es lagen (zwei) erstaunlich ähnliche und erstaunlich verschiedene Darstellungen der Ursprungsgeschichte des Volkes
Israel vor, ..."[3].
Es stellt sich nun die Frage nach der Beziehung zwischen
den parallel laufenden Quellenschriften: Wie erklären sich
einerseits die Übereinstimmung in Aufriß und Inhalt, andererseits die Unterschiede? Nahm der Verfasser[4] der jüngeren
Quellenschrift die ältere(n) abgewandelt auf, oder stammen
Ähnlichkeiten und Unähnlichkeiten aus unterschiedlicher Ver-
wendung gemeinsamer Überlieferung? Hat die Priesterschrift
(P) die ältere(n) Quellenschrift(en) des Jahwisten (J) und

---

1 Sie gelang unabhängig voneinander durch H.B.Witter (1711) in Gen 1-3
  und J.Astruc (1753) in der gesamten Genesis; s. Kraus, Erforschung 95.
2 Die Tradition, die Mose als Verfasser des Pentateuch ansah, schließt,
  wenn sie wörtlich, d.h. im Sinne der Abfassung des Ganzen durch ihn,
  verstanden wird, die Frage nach der literarischen Entstehung aus. Die
  Entdeckung der Pentateuchquellen und die Frage der mosaischen Autor-
  schaft überschnitten sich aber in der Forschungsgeschichte, denn auch
  nur Teile des Pentateuch können auf Mose zurückgeführt werden, wie es
  das AT gelegentlich selbst tut (ein Spruch Ex 17,14ff.; bestimmte Gesetze Ex 24,4; 34,27; das Verzeichnis der Wanderstationen Num 33,2
  und das Deuteronomium Dtn 1,5; 31,9.22), oder die erschlossenen Quellen können als von Mose eingearbeitete Traditionen angesehen werden.
3 Smend, Entstehung 45. Diese Aussage bezieht sich auf den Jahwisten
  und die Priesterschrift.
4 Wir sprechen vom "Verfasser" der Quellenschriften, wissen aber in der
  Regel nicht, ob es sich um eine Einzelperson oder um eine Gruppe,
  eine Schule gehandelt hat. Dasselbe gilt für die Redaktoren, die die
  Quellenschriften zusammengearbeitet haben; vgl. Smend, Entstehung 39.

Elohisten (E) gekannt, wenn ja, in welcher Form?

Die Frage nach dem Verhältnis der Priesterschrift zu den
älteren Quellenschriften konnte in der Pentateuchforschung
erst dann aufkommen, nachdem sich das zuvor als Grundschrift
betrachtete Werk als die jüngste Quellenschrift aus exilischer Zeit erwies[5]. Darum sucht man bei Nöldeke, dessen
Analyse[6] bis heute für die Abgrenzung der Priesterschrift
als grundlegend gilt, vergeblich eine Bemerkung zu diesem
Problem. Selbst wenn der Jahwist - wie bei neueren Ansät-
zen[7] - spät datiert wird, bleibt er doch wohl älter als
die Priesterschrift.

H.H.Schmid sucht den "sogenannten Jahwisten" in der Nähe der dtn-dtr
Tradition. "In der Diskussion über seine These wird es vor allem darum
gehen müssen, wieweit die von ihm zugrundegelegten Texte noch als J und
nicht bereits als redaktionell zu gelten haben"[8]. Darüber hinaus ist zu
fragen, ob das Vergleichsmaterial tatsächlich auf die dtn-dtr Theologie
weist[9].

Die Frage nach dem Verhältnis der Priesterschrift zu den
älteren Quellenschriften kann zugleich nur gestellt werden,
wenn P ein ehemals selbständiges Erzählwerk ist[10]. Wenn P
eine Bearbeitungsschicht oder Redaktion ist, hat sie die

---

5 Wellhausen, Proleg.; zur Forschungsgeschichte bis zu ihm s. Smend,
  Entstehung 55f. Immer wieder werden Versuche unternommen, die Priesterschrift früh zu datieren: Kaufmann, ZAW 1930, 23-43; Külling,
  Datierung bes. 278ff.; Hurviz, RB 1974, 24-56; Thompson, Moses bes.
  164f.; Zevit, ZAW 1982, 481ff.
6 Untersuchungen (1869).
7 H.H.Schmid, Jahwist bes. 167ff.; vgl. ders., VT.S 1980, 375ff.; zu
  der Monographie s. Zenger, BZ 1980, 101-108; Otto, VuF 1977, 82-90;
  vgl. auch van Seters, JAOS 1979, 667ff. und Rose, Deuteronomist bes.
  316ff.; dazu s. Zenger, ThRv 1982, 353-362; zu den beiden s. Gunneweg, ThR 1983, 230-245; Vorlaender, Entstehungszeit, aber dazu s.
  Gunneweg, ThR 1985, 107ff.; gegen die Spätdatierung s. zuletzt W.H.
  Schmidt, BZ 1981, 82ff.
8 Smend, Entstehung 94.
9 Zur Berufung Moses s. Zenger, BZ 1980, 104ff.; zur Plagenerzählung
  und Meerwundergeschichte s.u.S.138ff.285 Anm.43; vgl. jetzt Gunneweg,
  ThR 1983, 230ff.
10 So Noth, ÜP 7ff.253ff.; Elliger, KSAT 174; zuletzt etwa Weimar, Exodus 12; ders., BN 1984, 82ff.; Smend, Entstehung 46.54; W.H.Schmidt,
   Einführung 93ff.; Fritz, Tempel 1ff.; H.Ch.Schmitt, VT 1982, 180
   Anm.32; ders., ZAW 1985, 177; Janowski, Sühne 8 Anm.51; Klein, FS
   Wolff 57f.; Zenger, Bogen 32ff.; Gunneweg, ThR 1985, 130; bestritten
   bereits von Löhr, Hexateuchproblem (1924) und Volz, Elohist (1933),
   zu beiden Arbeiten s. schon Noth, ÜP 5 Anm.6; zuletzt Cross, Myth
   293ff.; Rendtorff, Pentateuch 141f.; vgl. van Seters, Abraham 279-
   295; ders., ZAW 1986 (im Druck), Anm.2.13.; Rose, Deuteronomist 328

ältere(n) Erzählung(en) als schriftliches Werk vor sich gehabt[11]. Läßt sich P auf diese Weise erklären? Zwar hätte
auch ein Bearbeiter (oder Redaktor) in die vorgegebene Erzählung eingegriffen, um etwa seine Intention auszudrücken
oder eine Unebenheit auszugleichen. Sein Anteil wäre vermutlich jedoch eher gering, würde oft einen Vers oder Halbvers[12], seltener einen ganzen Abschnitt[13] umfassen. Die Bearbeitung wäre jedenfalls nicht aus sich heraus verständlich, in sich lesbar, insofern fragmentarisch, ihr fehlte
die innere Geschlossenheit, da sie bereits eine fortlaufende Erzählung der Quellenschrift(en) voraussetzt. Dagegen
bilden priesterschriftliche Teile auch dort, wo sie mit dem
anderen Faden verflochten sind, eine in sich geschlossene
Erzählung[14]. Die erschlossene Priesterschrift zeigt, für
sich zusammengestellt, oft eine klare Struktur, die im vorliegenden Text verwischt wird, z.B. die Entsprechung zwischen dem göttlichen Wort und seiner Ausführung im Meer-

---

Anm.67; Blum, Vätergeschichte 462.446ff. Lohfink (VT.S 1978, 199f.
Anm.31) widerlegt ausführlich die Argumentation gegen P$^g$ als selbständige Erzählung. Einige Begründungen finden sich in W.H.Schmidt,
Einführung 93ff. und ders., FS Delcor 370f.; s. auch Ruprecht, ZAW
1974, 306; Childs (Introduction 123), der sich hauptsächlich für die
kanonische Gestalt der biblischen Schriften interessiert (dazu s.
Smend, ThR 1984, 15f.), nimmt nicht eindeutig Stellung zu dieser
Frage.
11 Eine Aussage über die Beziehung von P zu JE zieht Kaiser ($^3$104f.)
kaum zufällig in der nächsten Auflage seiner "Einleitung" zurück,
da er trotz Vorbehalt, daß eine endgültige Entscheidung noch zu erwarten ist, dazu neigt, "die Existenz einer selbständigen Priesterschrift zu bestreiten und die entsprechende Schicht als redaktionell
zu beurteilen" ($^4$105ff. = $^5$114); vgl. aber u.Anm.14.
12 Z.B. nachträgliche Bearbeitungen in "Überblick über die Plagen- und
Wundererzählung" (s.u.S.126).
13 Der ganze Abschnitt der Finsternisplage ist wohl auf einen Bearbeiter zurückzuführen (dazu s.u.S.99ff.). Selbst dieser Abschnitt ist
jedoch im Vergleich zu den Quellenschriften insofern fragmentarisch,
als der Neubildung durch den Bearbeiter die Plagenreihe fehlt; vgl.
auch zu Ex 4 u.S.82ff.
14 So in der Sintflut- (Gen 6ff.), Plagen- (Ex 7ff.) und Meerwundererzählung (Ex 14); anders in der Vätergeschichte. Aus den Verhältnissen in der Vätergeschichte wird die Eigenständigkeit von P manchmal
bestritten (z.B. Rendtorff, Pentateuch 130ff.); Kaiser hat bei der
Josephsgeschichte im Wintersemester 1984/85 eine Probe vorgenommen
und ist zu folgendem Ergebnis gekommen: P setzt zwar die jahwistische Geschichte voraus, läßt sich aber als zusammenhängender Text
lesen.

wunder (Ex 14,16.21). Außerdem würde ein Bearbeiter keine
zweite Fassung desselben Stoffes schreiben, sondern das alte literarische Werk ausgestalten. Dagegen finden sich im
vorliegenden Text zwei selbständige Erzählungen der Berufung
Moses (Ex 3; 6). Ein redaktioneller Bearbeiter würde auch
keine zu der älteren Erzählung widersprüchliche Aussage
hinzufügen (vgl. Ex 6,2 mit Gen 28,13)[15]. Warum sollte ein
Bearbeiter die Bezeichnung für dieselbe Sache innerhalb eines Abschnitts ohne Motivation wechseln[16]? Daher ist der P
zugeordnete Stoff weder als Bearbeitungs- noch als Redak-
tionsschicht anzusehen.

Die Erforschung eines Themas verläuft in der Regel so,
daß eine These, die in einer bestimmten Zeit vorherrscht,
später durch neue Beobachtungen korrigiert, ergänzt oder
bestätigt wird. Eine Forschungsgeschichte versucht dann
rückblickend, einer solchen Sachdiskussion nachzugehen. Für
unser Thema liegt jedoch keine Forschungsgeschichte im eigentlichen Sinne vor, wie es bisher auch kaum Gegenstand
eingehender Untersuchung war: Es gibt keine Monographien
oder Aufsätze, die sich speziell dieser Frage widmen. In
Einleitungen und Kommentaren begegnen uns lediglich verschiedene Meinungen, sei es als bloße Vermutungen oder als
Ergebnisse mehr oder weniger flüchtiger Beobachtungen oder
als Grundannahmen für weitere Untersuchungen über die Priesterschrift[17]. So werden im folgenden verschiedene Deutungsmöglichkeiten zusammengefaßt, ohne daß eine bibliographi-
sche Vollständigkeit angestrebt wird.

Die Beziehung zwischen den Quellenschriften läßt sich
theoretisch verschieden denken. Was war der Priesterschrift

---

15 Dazu s. W.H.Schmidt, FS Delcor 370f.; aber auch H.Ch.Schmitt, Josephsgeschichte 106ff.
16 Für "das Trockene" kommt יבשה in Ex 14,16.22.29 und חרבה in v.21
   vor. Für "Kleinvieh" erscheint שה in Ex 12,3.4.5 und צאן in v.21.
   P ersetzt im Insektenwunder das vorgegebene Wort ערב (8,17f.) durch
   כנם (8,12.13.14) mit der Intention, eine allgemeine Bedeutung
   "Insektenungeziefer" in "Mücken" zu spezifizieren.
17 Das "Verhältnis der einzelnen Quellen zueinander war immer umstritten" (Rendtorff, Einführung 168).

vorgegeben? Auf welche Weise kennt und gebraucht sie das
vorgegebene Gut? Aus der Kombination der Antworten auf beide Fragen ergeben sich verschiedene Möglichkeiten.

  1. Die Priesterschrift benutzt das schriftlich vorliegende Werk JE als Vorlage. Bereits im letzten Jahrhundert be-
jahte Holzinger "mit voller Sicherheit" die Frage, "ob P[g]
die einzige uns noch erhaltene Darstellung der Patriarchen-
und Mosegeschichte, die in JE, *vor sich gehabt* hat"[18]. Auch
Smend sen. dachte an direkte Abhängigkeit[19]. In jüngerer
Zeit betont McEvenue in seiner stilistischen Arbeit über P,
daß P den JE mit Glossen auswendig kennt oder vor sich hat[20].
Lohfink geht in seiner Arbeit über die Theologie der Priesterschrift von der Voraussetzung aus, daß P das ältere Geschichtswerk (JE) kannte. Zwar präzisiert er dies nicht,
denkt aber wohl an den Gebrauch einer schriftlichen Vorlage[21]. Zuletzt nimmt Smend jun. aufgrund des gemeinsamen
Gesamtaufrisses und "mancher Berührungen im einzelnen" die
unmittelbare Benutzung an[22], obwohl er dabei feststellt,
daß P das jehowistische Erzählwerk - anders als seine übrigen, kleinen Vorlagen - seinem eigenen Werk nicht einver-
leibte.

  2. Dieselbe Beobachtung führt Noth zu einem anderen Ergebnis: P kennt zwar JE, aber benutzt ihn nicht als schriftliche Vorlage. Noth vertritt in seinen verschiedenen Arbeiten stets die Meinung, daß P die ältere Erzählung (J) in
der durch die Einarbeitung von E erweiterten und durch sekundären Zuwachs ergänzten Form kennt, aber nirgends nach-
weislich als schriftlich vorliegende Unterlagen benutzt[23].
Borchert bestätigt: "Aber *direkte* Überarbeitung eines jeho-

---

18 Einleitung 355. Hervorhebungen von mir.
19 Hexateuch (1912) 124f.
20 (1971) 27.96; vgl. auch 154.179.186; Wimmer, Aug 1967, 405; zur Arbeit von McEvenue s. W.H.Schmidt, VuF 1974, 87.
21 FS Schlier 41 Anm.8; vgl. auch Bib 1968, 5; VT.S 1978, 197.200
   Anm.32.
22 Entstehung (1978) 53; dazu s.u.S.11, auch 9ff.; vgl. auch van Seters,
   Abraham 282ff.
23 ÜSt ([1]1943) 207; ÜP ([1]1948) 10 Anm.23.253f.; vgl. auch ATD 5 ([1]1959)
   45.

wistischen Stückes konnte nirgend beobachtet werden"[24].

3. Der Priesterschrift war ein schriftliches Werk bekannt, das mit J und E verwandt aber nicht identisch ist. Gunkel nimmt eine schriftliche Quelle an[25]. Er präzisiert ihren Charakter durch die Stoffauswahl in der Urgeschichte, Entsprechung der Motive und ihrer Reihenfolge in der Vätergeschichte[26]. Er ist jedoch nicht der Meinung, daß die vorgegebene Quelle von P direkt in sein Werk eingearbeitet werde.

4. Die Priesterschrift übernimmt ein literarisches Werk in ihre Erzählung. Weimar arbeitet aus P eine im Wortlaut fest fixierte Vorlage der Väter- und Auszugsgeschichte aus exilischer Zeit heraus[27], die im vorliegenden Text abgrenzbar ist. Seine Arbeit geht von der Vermutung aus, daß der Nachweis einer wörtlich fixierten Vorlage in der Schöpfungsgeschichte (?)[28] und in den kultischen Anweisungen in P auch in den Geschichtserzählungen das Vorhandensein entsprechender schriftlich gegebener Materialien nahelegt[29]. Die Verschiedenheit der Textbereiche ist dabei jedoch übersehen worden. Seine Rekonstruktion der Vorlage bleibt tatsächlich "ganz unsicher"[30].

5. Theoretisch ist zwar durchaus möglich, daß P die einzelne Quellenschrift (J) vor ihrer Verflechtung mit der anderen (E) kennt, jedoch wird diese Meinung nicht vertreten.

---

[24] Stil (1957). Hervorhebung von mir.
[25] Er gebraucht für das P vorgegebene Gut verschiedene Worte: "Vorlage, Quelle, Tradition". Er meint damit ein schriftliches Werk (so Noth, ÜP 254 Anm.616).
[26] Gunkel, HK 1,1 ($^3$1910), LXXXIV.XCVII; vgl. 101.262; bereits in Schöpfung (1895) 6.
[27] Weimar, Untersuchungen; ders., Meerwundererzählung 183ff.200 Anm.103. Gross (Bib 1968, 338) nimmt eine P vorgegebene priesterliche Tradition zumindest für die Jakobserzählungen an, läßt aber offen, ob sie mündlich oder schriftlich war.
[28] Eine schriftliche Vorlage in der Schöpfungsgeschichte? Dazu W.H. Schmidt, Schöpfungsgeschichte; Steck, Schöpfungsbericht.
[29] Untersuchungen 12f.; nun auch Meerwundererzählung 175ff.
[30] Smend, Entstehung 53; Kaiser, Einleitung $^4$106 Anm.18 (= $^5$115); vgl. W.H.Schmidt 97; ders., Einführung 95; Lohfink, VT.S 1978, 198 Anm.29.

6. Eine mündliche Überlieferung war vorgegeben, von der allein die Grundzüge fixiert waren.

Eine überlieferungsgeschichtliche Beziehung kam in der Pentateuchforschung erst in Betracht, nachdem die überlieferungsgeschichtliche Forschung den Bereich der mündlichen Überlieferung über den schriftlichen Text hinaus erschlossen hat.

Gunkel, der der Forschung der Überlieferungsgeschichte in der vorliterarischen Phase Bahn bricht[31], zwischen J und E eine unmittelbare literarische Beziehung bestreitet und Übereinstimmungen zwischen beiden aus wurzelverwandter Überlieferung erklärt[32], denkt nicht an eine überlieferungsgeschichtliche Beziehung zwischen P und den älteren Quellenschriften. Diese Auffassung beruht auf seiner wenig überzeugenden Annahme, daß die mündliche Überlieferung mit ihrer schriftlichen Fixierung auszusterben beginnt und in der Zeit der Priesterschrift nicht mehr existiert[33].

Greßmann, der die Sagen der Mosesgeschichte untersucht[34], betrachtet die Beziehung zwischen den Quellenschriften rein überlieferungsgeschichtlich. Für ihn hat jedoch unsere Frage keinen Sinn, denn er sieht in J, E und P schlicht Sammler der Sagen und unterschätzt ihre Bedeutung für die Überarbeitung des vorgegebenen Gutes, so daß auch P eine Entwicklungsstufe der Sagenbildung in ihrer Zeit darstellt[35].

W.H.Schmidt nimmt zwischen P und den älteren Quellenschriften eher "einen mündlichen Überlieferungsprozeß als Vermittlung" an[36]. In seiner "Einführung" fügt er ausdrücklich hinzu, daß P den jahwistischen Entwurf in irgendeiner Form gekannt hat[37]. Childs kommt in seinem Exoduskommentar nach der Abwägung von Gemeinsamkeiten und Unterschieden zu einem ähnlichen Ergebnis[38].

7. P war eine mündliche Überlieferung, die einen fixierten Wortlaut hatte, vorgegeben. Koch fragt im kultischen Text nach der Vorgeschichte des priesterschriftlichen Materials vor seiner Aufnahme in P und vermutet aufgrund des festgeprägten eintönigen Sprachgebrauchs, daß die Rituale

---

31 Dazu Klatt, Gunkel bes. 54ff.; Paulsen, ZThK 1978, 20-55.
32 Gunkel, HK 1,1, LXXXIII.
33 Gunkel, HK 1,1, LXXX; zur Kritik dazu s.u.S.12f.
34 Das Vorhandensein der "Sagenkreise" in Ex 1-14 wird von v.Rad (GStAT II, 192) bestritten.
35 Greßmann, Mose 30.50f.56.
36 VuF 1974, 81.
37 Einführung (1979) 93.
38 (1974) "a common oral tradition with a long period of independent development" (112).

in mündlicher Überlieferung P überkommen sind[39]. Für die
Geschichtserzählung wird bislang von dieser Möglichkeit abgesehen.

In der Forschungsgeschichte wird in der Regel nur eine
Möglichkeit für die Beziehung der Priesterschrift zu den älteren Quellenschriften behauptet. Eine Möglichkeit schließt
aber die andere nicht immer aus; P kann sowohl die mündliche Überlieferung als auch die JE-Erzählung kennen. Oder P
lehnt sich in einem Teil seiner Geschichte an die Überlieferung an, legt seiner Darstellung in einem anderen Teil
aber das literarische Werk zugrunde.

Wenn P ein literarisches Werk als Vorlage gebraucht, ist
die konkrete Situation eindeutig. In diesem Fall hätte P
selbst im Exil[40] das Werk bei der Niederschrift ihrer Erzählung[41] vor sich gehabt. Die Möglichkeit, daß die Priesterschrift ein literarisches Werk kennt, ohne es jedoch
als schriftliche Vorlage zu benutzen, läßt sich auf verschiedene Weise vorstellen. Hat P früher in Palästina ein
literarisches Werk gelesen und im Gedächtnis behalten? Oder
hat P gehört, wie das Werk, etwa im Gottesdienst vorexili-
scher Zeit, verlesen wurde? Eine mehr oder weniger geläufige
liturgische, auch in Jerusalemer Kultsprache belegte Formel

---

39 Koch, Priesterschrift (1959) 97.

40 Als Entstehungsort ist Babylonien wahrscheinlicher als Jerusalem:
   a) Die Bedeutung, die Beschneidung (Gen 17,9ff.) - dieser Brauch war
   im babylonischen Raum unbekannt - und Sabbatheiligung (Gen 2,2f.;
   Ex 16,22f.) als Zeichen und Unterscheidungsmerkmale in P haben, erklärt sich besser aus der Exilssituation in Babylonien (v.Rad, Theologie I, [4]92; Kapelrud, ASTI 1964, 59; W.H.Schmidt, Einführung 96f.;
   Klein, FS Wolff 64). b) Berührungen der Priesterschrift mit Ezechiel
   und Deuterojesaja weisen ebenfalls eher in den babylonischen Raum.
   c) Die Traditionen der Priesterschrift waren zwar in Jerusalem leichter zugänglich (so Smend, Entstehung 58). Wenn aber das meiste Material kultischer Texte P mündlich überkommen ist, wie Koch annimmt
   (Priesterschrift 97), spielt die räumliche Distanz zu Jerusalem beim
   Niederschreiben keine wesentliche Rolle. Aus der Situation der Exil-
   gemeinde deuten P Elliger (KSAT 174ff.), Kilian (BiLe 1966, 39-51;
   ders., Die Priesterschrift 226-243), Ackroyd (Exile 84-102) und
   Brueggemann (ZAW 1972, 397ff.). Vink (Date bes. 2.17) versucht, P
   spät zu datieren (398 v.Chr.); aber dazu s. McEvenue, Style 19
   Anm.34; ders., Bib 1971, 138ff.

41 Hat P selbst die Schriftrolle aus Palästina mitgenommen? Oder konnte P sie nachträglich aus der Heimat holen, da Kontakt zwischen Palästina und dem babylonischen Raum möglich war (vgl. für die früh-

(Ps 135,13; vgl. 102,13), die der Redaktor (R$^{JE}$) in Ex 3,15b
aufgreift, könnte andeuten, "daß der Pentateuch schon in
seiner Frühform - nach Vereinigung der älteren Quellenschriften, vielleicht gar vor Einführung der jungen Priesterschrift - im Gottesdienst (in Jerusalem) verlesen wurde"[42]. Konnte P die Schriftrollen nach Babel mit sich nehmen, benutzt das Werk aber nicht als schriftliche Vorlage?
Oder stand es P als Folge der zwangsweisen Umsiedlung in den
babylonischen Raum bei Abfassung der Darstellung im Exil
nicht zur Verfügung, so daß P nur vom Gedächtnis zehrte?

Die obengenannten verschiedenen Möglichkeiten, wie der
priesterschriftliche Verfasser das ihm vorgegebene Gut kennt,
können unter der Grundfrage in zwei Typen eingeteilt werden:
Ist P ein fest fixierter Wortlaut vorgegeben oder nicht?

P interpretiert das ihr vorliegende Gut nach eigener theologischer Intention um, so daß Abwandlungen mancherlei Art
selbst dann möglich sind, wenn P eine schriftliche Vorlage
oder eine Überlieferung mit festem Wortbestand vor sich hat.
Unter dieser Voraussetzung müßten jedoch die Vorlage und
der priesterschriftliche Text an verschiedenen Stellen wörtlich übereinstimmen, denn P schreibt einen festliegenden
Wortlaut ab, wenn es der priesterschriftlichen Intention
paßt oder ihr nicht im Wege steht. Im vorliegenden Text der
Priesterschrift müßten der vorgegebene Wortbestand und ihr
eigener Anteil sauber getrennt werden können[43]. Läßt sich
aber beides reinlich scheiden[44]?

---

exilische Zeit Jer 29)?
42 W.H.Schmidt 133; anders Saebø, FS Wolff 43ff. Schreibt die Priesterschrift ihre Erzählung für den Gottesdienst im Exil? Die Redaktions-
   arbeit (R$^{JE}$) könnte schon den Gebrauch im Gottesdienst als Ziel ins
   Auge gefaßt haben. Zur Verlesung im Gottesdienst als "Sitz im Leben"
   für die Ausbildung neuer literarischer Gattungen s. Rendtorff, Einführung 132. Auch für die nachexilische Zeit wird der Gebrauch der
   Geschichtsdarstellung im Kult vermutet (Kraus, BK XV/2, 703ff.). In
   Ps 78 wird der im Kanon vorgegebene geschichtliche Rückblick mit der
   Erwählung Zions und Davids verbunden, und die aus der Kulttradition
   Jerusalems stammende Gottesbezeichnung עליון tritt mehrfach auf. Mit
   dieser Geschichtslehre wendet sich "der Sänger", wahrscheinlich ein
   (levitischer) Priester, an die Gemeinde (Kraus, BK XV/2, 703).
43 Noth, ÜP 76 Anm.203.
44 Vgl. den Versuch von Weimar, dazu s.o.S.6.

Im AT bieten etwa das dtr und chr Geschichtswerk ein Beispiel für direkte Benutzung einer literarischen Vorlage[45]. "Für die Geschichte der
judäischen Könige bildeten die überlieferten Bücher Samuel und Könige in
ihrer vorliegenden Gestalt die Hauptquelle von Chr"[46]. Der Chronist deutet das vorgegebene Material aus seiner eigenen Intention um und greift
in es tief ein, was auch bei P der Fall ist. Beispielsweise geht er über
die dunklen Züge der Daviderzählung fast durchweg mit Schweigen hinweg.
Trotz seiner eigenartigen Umdeutungen besteht tatsächlich zwischen der
Vorlage (Dtr) und dem neuen Werk (Chr) eine umfangreiche wörtliche Übereinstimmung; beispielsweise gibt das Tempelgebet Salomons in II Chr 6,
12ff. annähernd wörtlich I Reg 8,22-53 wieder[47]. Findet sich eine so umfangreiche wörtliche Übereinstimmung zwischen P und den älteren Quellenschriften?

In der mündlichen Überlieferung liegen hingegen nur Aufriß, Kontur und wesentliche Einzelzüge fest[48]. Diese Momen-
te kehren bei der Nacherzählung der Geschichte wieder. Einzelne Formulierungen stammen dagegen vom Erzähler und sind
durchaus variabel. Wenn eine mündliche Überlieferung umgedeutet niedergeschrieben wird, sind im vorliegenden Text
Überlieferung und Bearbeitung durch den Verfasser kaum ab-
zugrenzen, weil sie sich überlagern. Da ein fest fixierter
Wortlaut fehlt, können Versionen derselben Überlieferung
kaum wörtlich übereinstimmen. Trotzdem können sie sich in
einzelnen Sätzen oder Worten entsprechen; der Gebrauch gleicher Ausdrücke liegt schon deswegen nahe, weil es sich um
dasselbe Thema und die gemeinsamen Grundzüge handelt[49]. Anders als bei der Aufnahme einer schriftlichen Vorlage ist die
Übereinstimmung im Wortlaut aber gering. So reichen verstreute Berührungen in einzelnen Ausdrücken und Begriffen
kaum aus, die Benutzung einer Vorlage zu beweisen[50].

---

45 "Glücklicherweise hat die Chr das dtr Geschichtswerk nicht verdrängt
   ..." (Smend, Entstehung 229).
46 Noth, ÜSt 133.
47 Im weitläufigen Gebet lassen sich nur einzelne Abweichungen beobachten: ein sekundärer Textverlust in I Reg 8,26, eine umgekehrte
   Wortreihenfolge in II Chr 6,20, eine absichtliche Ersetzung in I Reg
   8,25, eine wohl sprachgeschichtlich bedingte Ablösung einer Präposition durch eine andere in v.23.30 und ein Wechsel der Person in v.29.
48 Vgl. Barth-Steck, Exegese 41f.; Steck, Paradieserzählung 41.
49 Kinder lassen sich gelegentlich eine Geschichte erzählen, die sie
   schon kennen und achten dabei darauf, daß an entscheidenden Stellen
   der ihnen vertraute Wortlaut wiederkehrt (vgl. Koch, Formgeschichte 101).
50 Die Tatsache, daß J und E manchmal auch im Wortlaut übereinstimmen,
   erklärt Gunkel (HK 1,1, LXXXIII) mit Recht nicht aus einer unmittel-
   baren literarischen Beziehung, sondern aus einer wurzelverwandten
   Überlieferung.

In den Beispielen, aufgrund deren Smend jun. an eine unmittelbare Benutzung der JE-Erzählung durch P denkt[51], finden sich zwar gemeinsame Ausdrücke, aber keine Übereinstimmung im umfangreicheren Wortlaut[52].
a) In Gen 6,9a (P) und 7,1 (J) stimmen nur einzelne Worte überein, die eine grundlegende Bedeutung für die Erzählung haben: צדיק und "in seiner/dieser Generation". b) Gen 17,21 (P) und 18,14 (JE) sind gemeinsam der Eigenname und למועד. Die Formulierung von JE steht II Reg 4,16 näher als P. Ist aus dieser Berührung zu schließen, daß der Verfasser der Könige-Bücher die JE-Erzählung als schriftliche Vorlage benutzt hat?
c) Zum Verhältnis zwischen Ex 6,12; 7,1 (P) und Ex 4,10.16 (JE) s.u.S.85ff.

Ist bei der Beziehung zwischen den Quellenschriften auch die mündliche Überlieferung zu berücksichtigen? Sie ist uns von der Natur der Sache her nicht direkt gegeben, sondern läßt sich nur indirekt erschließen. Die Existenz einer Überlieferung tritt etwa an den Tag, wenn sie zweimal zu verschiedenen Zeiten festgehalten worden ist[53]. Selbst wenn solche Belege fehlen, schreiben die Verfasser der Quellenschriften ihre Erzählungen nicht aus eigener Erfindung, sondern bearbeiten überkommene Stoffe[54]. So haben wir bei der Erforschung des Pentateuch nicht nur mit schriftlichen Werken, sondern auch mit mündlicher Überlieferung zu rechnen[55].

Die Vorgeschichte eines Textes, die die überlieferungsgeschichtliche Forschung erschlossen hat, verlief nicht einfach und geradlinig. Über dasselbe Thema können verschiedene Versionen tradiert werden[56]. Auch eine Überlieferung folgt den allgemeinen - äußeren oder gedanklichen - Veränderungen[57]. Außerdem kann sie je nach dem Ort unterschiedlich weitergegeben werden[58] oder kann durch die Wechselwirkung zwischen ähnli-

---

51 Entstehung 53.
52 H.Ch.Schmitt argumentiert ähnlich (Josephsgeschichte 106f.). Kann man aber aus gemeinsamen einzelnen Ausdrücken allgemeiner Art (שכב und במקום הזה ) in zwei Versionen der Bethelgeschichte auf literarische Abhängigkeit schließen?
53 Vgl. Koch, Formgeschichte 50.
54 Gunkel, HK 1,1, XCVII; vgl. auch ders., Schöpfung 6.
55 Nicht nur innerbiblisch, sondern auch mit der Umwelt besteht eine überlieferungsgeschichtliche Beziehung: Zwischen Ugarit und Israel gibt es zwar kaum eine unmittelbare literarische Abhängigkeit, da Ugarit bereits um 1200 v.Chr. zerstört wurde, doch lassen sich Berührungen und einzelne enge Übereinstimmungen nachweisen (z.B. Ex 23,19b = 34,26b = Dtn 14,21b vgl. Schachar und Schalim: UgT 52.14). Der Bereich des Kultes ist zwar konservativ, aber dieser Tatbestand spricht deutlich für die Existenz einer Überlieferung.
56 Z.B. die Schöpfungsgeschichte in Gen 1 und Gen 2f.
57 Vgl. Gunkel, HK 1,1, LXV.
58 Ein Prophet aus dem Nordreich (Hos 11,8; vgl. Dtn 29,21f.) kennt eine Variationsüberlieferung vom Untergang Sodoms und Gomorras, den der Jahwist in Gen 19 erzählt; vgl. Gunkel, HK 1,1, 216; Wolff, BK XIV/1, 260.

chen Gedanken Umwandlungen erfahren[59]. Es ist darum kein Sonderfall,
daß eine Überlieferung auf die Dauer nicht dieselbe bleibt und sich
mannigfaltig ausgestaltet[60]. Allerdings sind uns Varianten einer Überlieferung im AT nur für einzelne Fälle belegt. Vielleicht sind aber aus
einer einst reichen Überlieferung nur dürftige Trümmer erhalten[61]. Auch
aus diesem Grunde ist es empfehlenswert, in der Regel mit geistesge-
schichtlichen Argumenten zurückhaltend zu bleiben, denn wir können aus
dem verbliebenen Bestand der tradierten Überlieferung und wohl auch
Literatur[62] kaum mehr ausreichend wissen, welche Vorstellungen und Gedanken in einem bestimmten Zeitalter möglich waren[63].

Lebt die mündliche Überlieferung über lange Zeit hinaus
noch bis in die Zeit von P weiter? Die schriftliche Fixierung bewirkte kaum das Ende der noch vorhandenen mündlichen
Tradition[64]. "Mündliche Überlieferung und schriftliche Weitergabe laufen vielmehr nebeneinander her"[65]. Diese allgemeine Ansicht läßt sich etwa an einigen Einzelfällen bestätigen: Der Jahwist (Gen 2f.) und ein Prophet aus exilischer Zeit (Ez 28,11-19) kennen eine gemeinsame Überlieferung, die von dem Fall eines Menschen im Gottesgarten und
seiner Verstoßung berichtet[66]. Auch greift die Priesterschrift eine andere Überlieferung von der Erschaffung der
Welt und des Menschen auf als die jahwistische Erzählung[67].
Außerdem finden sich beim Exilspropheten, Deuterojesaja,
die Traditionen vom Exodus (Jes 43,16; 51,9f.), vom Wasser
aus dem Felsen (Jes 48,21; vgl. auch 41,18; 43,20) u.v.a.[68].

---

59 Vgl. zwischen der Meerwunder- und der Jordanübergangsüberlieferung.
   Dazu s.u. S.298ff.
60 Gunkel, Schöpfung 76.86.
61 Gunkel, HK 1,1, LXXVf. 101; vgl. auch ders., Schöpfung 156f.
62 An ähnliche Verhältnisse denkt Gunkel auch für die literarische Samm-
   lung (Schöpfung 102; HK 1,1, LXXXIVf.); vgl. die "Tagebücher" der
   Könige (I Reg 11,41; 14,19.29 u.a.), auf die Dtr als Quelle seiner
   Darstellung verweist. Ist dieses aber ein Sonderfall, da es sich um
   die literarische Tätigkeit am Hof handelt?
63 W.H.Schmidt, Einführung 180; "Die Welt besteht nicht nur aus Menschen, die Bücher schreiben, und die sie abschreiben" (Gunkel, Schöpfung 58 Anm.2; vgl. auch Wrede, ThLZ 1896, 629).
64 Vgl. Klatt, Gunkel 150; anders Gunkel, HK 1,1, LXXX.
65 Koch, Formgeschichte 104 auch 98.105; dazu vgl. Rendtorff, Pentateuch 96f.; vgl. auch Köhler, Mensch 69.
66 Zur unwahrscheinlichen Möglichkeit, daß Ezechiel selbst diesen My-
   thos in Babylonien übernommen habe, s. Gunkel, Schöpfung 131f. Zum
   überlieferungsgeschichtlichen Verhältnis zwischen beiden Versionen,
   s. W.H.Schmidt, Schöpfungsgeschichte 222; Steck, Paradieserzählung
   44f.; vgl. Kapelrud, ASTI 1964, 63.
67 Vgl. Westermann, BK I/1, 779.
68 Vgl. dazu Kiesow, Exodustexte.

Aber in welcher Form sie ihm vorgegeben waren, bleibt wegen
ihrer stark poetischen Ausprägung durch den Propheten unklar[69]. Die mündliche Weitergabe hört also mit der Niederschrift der Überlieferung kaum auf.

Unsere Fragestellung wird exemplarisch an der Geschichte
der Herausführung aus Ägypten untersucht. Dieser Textbereich
ist für den Vergleich der Priesterschrift mit den älteren
Quellenschriften insofern geeignet, als der Jahwist und P
hier parallel[70], gleichmäßig[71], in mehreren Abschnitten[72]
vorkommen. Außerdem kommt in der Berufungsgeschichte nicht
nur J, sondern auch E zu Wort, der im vorliegenden Pentateuch nur fragmentarisch erhalten ist. In der Auszugsgeschichte finden sich verschiedene Gattungen; neben der Ge-
schichts- bzw. Geschichten(Sagen)erzählung, die den meisten
Platz einnimmt, finden sich auch "kultische" Anweisungen
(Ex 12). Allerdings wird nicht der ganze Text von Ex 2-14
gleichmäßig behandelt. Das Thema der Untersuchung bestimmt
die Auswahl, so daß nur die Abschnitte, in denen der Vergleich möglich ist, eingehend erörtert werden.

Die vorliegende Untersuchung beginnt bei jedem Textbereich
in der Regel mit der Literarkritik, die die Quellenschriften in ihrer ursprünglichen Gestalt herauszuarbeiten sucht.
Dann wird die Frage gestellt, wie der Verfasser der älteren
Quellenschrift(en) mit dem vorgegebenen Stoff umgeht und
ihn interpretiert. Dabei wird zunächst seine Eigeninterpre-
tation aus dem vorliegenden Text versuchsweise ausgeschie-
den, damit die Überlieferung in ihren Umrissen abgegrenzt
werden kann. Daraufhin kann P sowohl mit der rekonstruierten Überlieferung als auch der jeweiligen Intention der

---

69 V.d.Merwe, Pentateuchtradisies; vgl. aber Kapelrud, ASTI 1964, 60.
70 J und P finden sich zwar auch in der Schöpfungsgeschichte, doch laufen dort beide Erzählungen nicht parallel, so daß sie kaum miteinander vergleichbar sind.
71 In der Vätergeschichte tritt P stark zurück, und die priesterschriftliche Erzählung vom Erwerb der Grabstelle hat hingegen keine Entsprechung in der JE-Erzählung.
72 In der Urgeschichte kommt allein die Sintflutgeschichte für einen Vergleich in Frage.

älteren Quellenschriften verglichen werden. Dabei wird im
einzelnen gefragt, *wie* die erkennbaren Gemeinsamkeiten und
Unterschiede entstanden sind. Die Intention der Quellenschriften (sowohl der älteren als auch von P) ist in dieser
Fragestellung bedeutsam; wenn etwas, was von der eigentümlichen Interpretation der Verfasser der älteren Quellenschriften oder eines Bearbeiters stammt, in der Priesterschrift wiederkehrt, liegt es nahe, daß P ein literarisches
Werk - J oder E oder JE - kennt. Was ihrer Intention nicht
paßt, übernimmt die Priesterschrift durchweg nicht, läßt es
vielmehr fort oder überarbeitet es. Wenn P also die gleiche
Intention wie die ältere Erzählung mit abweichenden Ausdrücken formuliert, kennt P sie nicht genau, und eine direkte literarische Abhängigkeit ist damit nicht erweisbar. Wenn
etwas, an dem P keinen Anstoß nehmen würde - dieses wird
bestätigt, wenn derselbe Ausdruck oder dieselbe Intention
sonst in P belegt ist -, im entsprechenden Abschnitt von P
nicht wiederkehrt, kennt P die ältere Erzählung ebenfalls
nicht gut. Kehrt das Spezifikum der Bearbeitung oder der
Redaktion der älteren Quellenschriften in P wieder, ist P
dieses ganze Werk bekannt, denn weder Bearbeitung noch Redaktion existiert selbständig, d.h. ohne vorgegebene schriftliche Erzählung.

Auf die Erörterung der Beziehung zwischen P und der älteren Erzählung folgt die Frage der Interpretation durch die
Priesterschrift. Ein Vergleich mit den Vorlagen soll ihre
theologische Intention mit einiger Sicherheit erschließen.
"Da jede Textaussage in einen Kontext eingebettet ist und
sich mit ihm wandelt, ist es nicht möglich, die theologische Absicht eines Textes zu erheben, ohne seinen - ursprünglichen wie späteren - Zusammenhang zu berücksichtigen"[73]. So ist die mühsame Arbeit der Einleitungswissenschaft eine für das theologische Verständnis des AT nicht
zu umgehende Aufgabe[74].

---

[73] W.H.Schmidt, Einführung 51; vgl. ders., VuF 1974, 89.
[74] v.Rad, Theologie II, [4]8; H.W.Schmidt, Einführung 51; Smend, Entstehung 9; ders., ThR 1984, 27.

## II. MOSES BERUFUNGSGESCHICHTE

### A. Berufungsgeschichten der älteren Quellenschriften
### (Ex 3)


### 1. Literarkritik

Trotz Versuchen aus letzter Zeit, die Berufungsgeschichte neu zu verstehen[1], bleibt die Literarkritik, die in Ex 3 zwei selbständige Quellenschriften und Redaktionen von kleinem Umfang herausarbeitet, im großen und ganzen überzeugend.

In der Gottesrede (v.7ff.) lassen sich mancherlei Doppelungen beobachten[2]: von dem Schrei (צְעָקָה) der Israeliten zu Gott ist zweimal die Rede (v.7 und v.9). Jahwe nimmt die Notlage der Israeliten wahr, und in diesem Zusammenhang kehrt das Verb "sehen" (רָאִיתִי) wieder (v.7.9). Jahwe greift in diese Situation ein; in v.8 steigt er selbst herab, und in v.10 schickt er Mose. Die Herausführung aus Ägypten wird doppelt erwähnt, wenn auch mit verschiedenem Subjekt und Verb: עלה (hi.) mit Jahwe als Subjekt in v.8 und יצא (hi.) als Moses Tat in v.10. V.7f. und v.9f. sind also parallele Reden und jeweils in sich verständlich, so daß sie einmal selbständig waren[3]. Die Existenz zweier selbständiger Fäden setzt notwendig die Tätigkeit eines Redaktors voraus, der

---

1 Rose (Deuteronomist 71ff.) möchte 3,1-5 einheitlich lesen. Weimar (Berufung bes. 228ff.) nimmt umfangreiche Redaktion in der Berufungsgeschichte an. H.Ch.Schmitt (VT 1982, 186) sieht im jahwistischen Teil die Bearbeitung der elohistischen Schicht.
2 Vgl. vor allem Richter, Berufungsberichte 59ff.; W.H.Schmidt 107f.; vgl. auch Childs 53.
3 Anders H.Ch.Schmitt (VT 1982, 186). Er glaubt, v.2a.4a.5.7f. und 16ff. als Bearbeitung der in v.1-15* vorliegenden elohistischen Schicht verstehen zu können. Hat der "Bearbeiter" auch Gottes Erhörung und sein Eingreifen in v.7f. zu wiederholen, um das Mosebild v.9f. gegenüber neu zu akzentuieren?

beide zusammengefügt hat[4].

Die zweite Rede (v.9f.) setzt sich in v.11ff. fort, da
die Frage Moses in v.11, die das folgende Wechselgespräch
eröffnet, auf den Befehl Gottes in v.10 zurückgreift. In
diesem Abschnitt ist die Gottesbezeichnung stets אלהים(ה),
während v.7f. von Jahwe spricht. Der Wechsel der Gottesbezeichnungen bleibt ein Kriterium der Quellenscheidung[5], obwohl es nicht immer gültig ist. Zunächst muß mit der Möglichkeit sekundärer Verwechslung gerechnet werden. Außerdem kann der Redaktor beide Namen gebrauchen. Schließlich
scheidet appellativisch gebrauchtes אלהים selbstverständlich als Kriterium aus[6]. Die Quellenscheidung läßt sich
großenteils schon anhand der Gottesnamen durchführen[7]. In
v.16, der von der Sendung Moses zum Volk spricht und insofern eine Dublette zu v.13 bildet, kommt יהוה vor, während
in v.13 האלהים steht. Die göttliche Rede von v.16 geht weiter in v.17[8]. Dort ist die Herausführung mit demselben Verb
wie im vorangehenden jahwistischen Teil (v.8) formuliert[9].

Auch in der der Gottesrede (v.7ff.) vorangehenden Dorn-
buschszene bleibt der Wechsel des Gottesnamens von Belang.
In v.4 hat das erste Verb "sehen" יהוה, das nächste "rufen"
אלהים[10] als Subjekt. Um den Vers, ja den ganzen Abschnitt
(v.1-5) auf einen Verfasser zurückzuführen, versucht Rose
diesen Wechsel "aus einer gewissen Scheu" zu erklären, da

---

4 Die mögliche(n) Redaktion(en) wird später erörtert. Der Umfang der
  Redaktion(en) ist zur Zeit umstritten; Fuss, Pentateuchredaktion
  21ff.; Reichert, Jehowist 51ff.; W.H.Schmidt 135ff.; Weimar, Berufung bes. 228ff.
5 Noth, ÜP 23; Westermann, BK I/1, 767ff.; W.H.Schmidt 107ff.; Smend,
  Entstehung 40ff.; anders Rudolph, Elohist 12; Richter, Berufungsberichte 58; vgl. Rose, Deuteronomist 73.
6 Aus dem appellativischen Gebrauch zieht Richter ohne Bedenken die
  Schlußfolgerung: "Bei der literarkritischen Analyse empfiehlt es
  sich auch nicht, von den Gottesnamen auszugehen" (Berufungsberichte
  58).
7 So Smend (Entstehung 41f.) bei der Quellenscheidung am klassischen
  Beispiel der Sintflutgeschichte (Gen 6,5-9,7); vgl. auch Fohrer,
  Exodus 28.
8 Zum Verb ואמר am Anfang von v.17 s.u.S.25f.
9 Mit dem Verb עלה als Tat Jahwes.
10 Hier liest LXX κύριος.

es sich um die auf dem Erdboden geschehende Theophanie handelt[11]. Dabei bleibt aber ungeklärt, warum der Verfasser
nicht die Bezeichnung "Bote Jahwes" statt Elohim gebraucht,
wie er es bei der Erscheinung Gottes am Dornbusch in v.2a
getan hat. Dagegen kehrt der Anruf Gottes mit zweifacher
Namensnennung, der sich in v.4b findet, auch sonst im elohistischen Teil wieder[12], so daß es angebracht ist, v.4a
dem Jahwisten und v.4b dem Elohisten zuzuweisen.

In v.6b kehrt האלהים wieder. Der Halbvers entstammt wahrscheinlich weder J noch E, sondern dem Redaktor; v.6bß ist
schon wegen der Gottesbezeichnung schwer auf J zurückzuführen[13]. Außerdem entspricht Moses Verhalten in v.6b nicht
dem Befehl Jahwes in v.5(J), der ursprünglich in J direkt
v.6b voranginge[14]. Gehört dann v.6b zu E[15]? Das Wort ירא
in v.6bß erinnert zwar an die elohistische Wendung ירא אלהים,
aber bei ihr handelt es sich um eine feste Formulierung[16].
Außerdem reagiert Elija, der bei Jahwes Offenbarung diesen
kaum sieht und nur seine Stimme hört, zwar ähnlich wie Mose
hier (I Reg 19,13)[17]; dort fehlt aber die Begründung der
Geste, die v.6bß angibt: "denn er fürchtete sich, Gott anzu-
schauen". Diese Begründung setzt eindeutig die Theophanie
voraus[18], die allein J berichtet[19]. V.6bß ist höchstwahrscheinlich vom Redaktor, der J und E zusammengearbeitet hat.

---

11 Rose, Deuteronomist 76. Er betrachtet Ex 3,1-5 isoliert vom folgenden Teil. Infolgedessen "leidet die literarkritische Diskussion von
Ex 3,1-5 bei R(ose) daran, daß er das Problem der Doppelung in 3,7ff.
ausblendet" (Zenger, ThRv 1982, 360), vgl. auch W.H.Schmidt 181f.;
Gunneweg, ThR 1984, 240f.
12 Gen 22,11; 46,2; vgl. 21,17; 31,11.
13 Holzinger 8; Richter, Berufungsberichte 70.
14 Im jetzigen Zusammenhang ist vor der Rede Gottes in v.6 (E) vorausgesetzt, daß Mose dem göttlichen Befehl in v.5 nachkommt.
15 So Baentsch 19; Noth 22; Fohrer, Exodus 28; W.H.Schmidt 109.
16 Mit dem Verb in Gen 22,12; 42,18; Ex 1,17.21. Mit dem Nomen in Gen
20,11; Ex 18,21.
17 Er bedeckt sein Gesicht mit dem Gewand.
18 Holzinger (8) weist aus diesem Grund v.6b J zu. Doch dann muß er erklären, warum "Elohim" in der jahwistischen Erzählung steht; vgl.
auch Weimar, Berufung 40.
19 Die elohistische Erzählung weiß bei Moses Berufung ursprünglich von
keiner Erscheinung Gottes zu erzählen. Zur Begründung dafür s.u.
S.52f.

Er bemüht sich, beide Quellenschriften zu verzahnen, indem
er die Furcht vor dem Anblick des *erscheinenden Gottes* (nicht
Jahwes) einfügt. V.6bα könnte eventuell in E gestanden haben, Mose reagiert auf die Rede Gottes. Doch stammt wohl
der ganze Halbvers (v.6b) vom Redaktor. Wenn v.6b nicht elohistisch ist, setzt sich die Gottesrede von v.6a direkt in
v.9 fort, so daß der vorliegende Anfang von v.9 keiner Änderung bedarf; man braucht weder eine Einführung der Gottesrede "und er sprach" in E zu ergänzen noch חתע als redaktionelle Verknüpfung zu streichen[20].

Wenn man v.1 allein, getrennt von der sonstigen Analyse,
betrachtet, läßt er sich einheitlich lesen. Die genaue Zielangabe in v.1bβ "er kam zum Gottesberg, zum Horeb" kann
als Näherbestimmung der vorangehenden, allgemeinen Angabe
in v.1bα "er trieb das Kleinvieh hinter die Steppe" verstanden werden[21], so daß der Vers früher oft einer Quellenschrift zugewiesen wurde[22]. Es empfiehlt sich aber, beide
Angaben aufzuspalten und v.1abα als jahwistisch und v.1bβ
als elohistisch anzusehen[23], weil sonst der Berufungsgeschichte von E eine Einleitung fehlen würde.

Der nachklappende Eigenname "Horeb" am Ende des v.1b entstammt der
dtr Redaktion[24]. Horeb ist in Partien, für die Dtr verantwortlich ist[25],
im Rahmen des dtn Gesetzeskorpus[26], in Zusätzen[27] und in späteren Texten[28] belegt.

Der Rest von v.1-6 gehört der jahwistischen Erzählung an[29].
V.2a zeigt zwar Spannung zu der Umgebung[30], daraus ist aber
kaum zu schließen, daß v.2a ein redaktioneller Einschub

---

20 Vgl. Smend, Hexateuch 116; W.H.Schmidt 122.
21 Anders Richter, Berufungsberichte 62.
22 Holzinger 8; Baentsch 18. Beide rechnen mit E. Baentsch nimmt "des
   Priesters von Midian" als R[JE] aus E heraus.
23 Noth 22; Richter, Berufungsberichte 70; W.H.Schmidt 109.
24 W.H.Schmidt 136f.; Perlitt, FS Zimmerli 302ff.
25 Ex 17,6; 33,6; I Reg 8,9; 19,8.
26 Dtn 1,2.6.19; 4,10.15; 5,2; 9,8; 28,69.
27 Dtn 18,16.
28 Mal 3,22; II Chr 5,10 = I Reg 8,9; Ps 106,19.
29 "Mitten aus dem Dornbusch heraus" in v.4b wird von R[JE] aus J in den
   elohistischen Kontext eingefügt sein, um beide Erzählfäden enger zu
   verzahnen; so Holzinger 8; Baentsch 19; Noth 17; Richter, Berufungsgeschichte 66; W.H.Schmidt 122; anders Weimar, Berufung 122.
30 Richter, Berufungsberichte 74; Fuss, Redaktion 25; W.H.Schmidt 112f.
   Der Jahwebote kehrt im Folgenden nicht wieder. Der Halbvers unter-

ist[31], sondern es handelt sich um eine interpretierende Bearbeitung der Überlieferung durch J[32]. Die Verfasser der
Quellenschriften fassen gelegentlich die vorgegebene Erzählung zusammen und nehmen sie in einer Art Überschrift vorweg[33]. Der Jahwist fügt auch sonst in die vorgegebene Überlieferung den Jahweboten ein[34], um Gott von seiner Erschei-
nungsform zu unterscheiden und seine Transzendenz hervorzuheben. Während nach der Überlieferung Mose auf die Gottheit trifft, wendet sich nach J *Jahwe* ihm zu[35].

Sowohl in J als auch in E finden sich Spuren redaktioneller Bearbeitung(en). In v.1a wirkt die dreifache Bezeichnung "Jitros, seines Schwiegervaters, des Priesters von Midian" überfüllt, so daß "Jitros"[36] oder "des Priesters von
Midian"[37] für sekundär gehalten wird. Wahrscheinlich waren
nur die beiden letzten Angaben bereits in J vorhanden, und
der Eigenname an der Spitze wurde erst von R[JE 38] eingeschoben, denn nur die beiden letzten kommen auch in dem vorangehenden jahwistischen Abschnitt (2,15ff.) vor.

In v.8 folgen auf die Ankündigung der Herausführung drei Angaben, die dem Weg Israels aus Ägypten ein Ziel setzen[39].
Die Zusammenstellung dreier Zielangaben erhebt die Frage,
ob sie alle bereits in der jahwistischen Erzählung gestanden haben[40]. "Ein gutes und weites Land" ist singulär in J.
Ein entsprechender Ausdruck kehrt oft im Dtn, und zwar kaum
in den älteren Schichten, wieder[41]. Diese Bezeichnung ist

---

bricht die Schilderung der Handlung Moses in v.1 und v.2b. Mose reagiert auf die Erscheinung des Jahweboten nicht, sondern bemerkt erst
in v.2b den brennenden Dornstrauch. So nimmt v.2a der ganzen Erzählung die Pointe.

31 Weimar, Berufung 34; H.Ch.Schmitt, VT 1982, 186.

32 Das dreimalige Vorkommen von הנבסה in einem Vers ist allerdings etwas auffällig.

33 In Gen 22,1 E; 18,1 J.

34 Gen 16,7ff. gegenüber 16,13f. und 19,1.15 gegenüber 18,2ff.

35 W.H.Schmidt 155f.

36 Noth 17; W.H.Schmidt 111; Weimar, Berufung 25ff.

37 Baentsch 18; Richter, Berufungsberichte 74.

38 W.H.Schmidt 111; Weimar, Berufung 25ff. bes. 30.

39 In v.17 kehren die beiden letzten wieder, wenn auch in anderer Reihenfolge.

40 Holzinger (8), W.H.Schmidt (137ff.) halten alle drei, Noth (17) hält
die beiden letzten und Baentsch (20.25), Richter (Berufungsberichte
60) halten nur die letzte für sekundär.

41 Dtn 1,35; 3,25; 4,21f.; 6,18; 8,7.

also kaum jahwistisch. Der Ausdruck "das Land, in dem Milch und Honig fließt" ist wiederum sonst nicht sicher in J belegt[42], sondern kommt in Dtn[43], in dtr Teilen[44], in Ez[45], im Rahmen des Heiligkeitsgesetzes[46], in der späteren Redaktion der Wüstenerzählung[47] vor, so daß diese Charakterisierung des Landes nicht dem Jahwisten, sondern der Redaktion entstammt[48]. Die Völkerliste am Ende ist ebenfalls in J nicht sicher belegt und redaktioneller Zusatz[49].

Im elohistischen Teil waren "zu Pharao" (אל-פרעה) in v.10 und "ich gehe zu Pharao" (אלך אל-פרעה וכי) in v.11 vielleicht ursprünglich nicht in E vorhanden[50]. Das Verb שלח v.10 findet sich auch in anderen Berufungsgeschichten ohne Adressaten[51]. Nähme man aus v.10 auch das Verb ואשלחך heraus[52], würde der Zusammenhang von Auftrag und Sendung in dem Berufungsformular, nach dem E die Berufungsgeschichte gestaltet, auseinandergerissen[53]. Außerdem wiederholt sich der כי-Satz in v.11. Schließlich spielt das "Gehen/Senden zu Pharao" im folgenden Gespräch zwischen Gott und Mose keine Rolle; das Verb שלח kehrt dreimal wieder, ist aber niemals mit "zu Pharao" verbunden[54]. Die Worte "zu Pharao" "stören ein wenig

---

42 Vgl. W.H.Schmidt 137ff.
43 Dtn 6,3; 11,9; 26,9.15; 27,3; vgl. 31,20.
44 Ex 13,5; 33,3; Jos 5,6; Jer 11,5; 32,22.
45 Ez 20,6.15.
46 Lev 20,24.
47 Num 13,27; 14,8 wohl auch in 16,13f.
48 Bereits Meyer, ZAW 1881, 125 Anm.4; zuletzt W.H.Schmidt 137ff.
49 Wiederum kommt es oft in der Nähe der dtn-dtr Tradition vor (Ex 13,5; 33,2; Dtn 20,17; Jos 9,1; 12,8; Jdc 3,5).
50 Noth 17; Reichert, Jehovist 41; Valentin, Aaron 54 Anm.1.
51 Jdc 6,14; Jer 1,7; vgl. Jes 6,8. "אל" steht in I Sam 9,16.
52 So Noth 28; Reichert, Jehovist 41.
53 Vgl. W.H.Schmidt 129ff.; Fuss (Redaktion 35.38.40) und Weimar (Berufung 44f.) nehmen nur das Verb שלח aus dem elohistischen Zusammenhang heraus, da nach ihnen durch das Verb "der Zusammenhang zwischen dem Imperativ לכה und אל-פרעה gewaltsam aufgebrochen wird" (Weimar, Berufung 44f.). Aber die gleiche Konstruktion wie in v.10 (הלך + Präfixkonjugation in der ersten Person Singular von שלח + Präpositionsverbindung) ist auch sonst belegt (Gen 37,13; I Sam 16,1) und nicht auffällig. Die Verbindung von הלך mit שלח findet sich oft; zu den Stellen s. Schweitzer, Elischa 181-210; dazu s. A.R.Müller, BN 1982, 62f.
54 Ohne Adressaten in v.12 und mit "zu euch (= den Israeliten)" in v.14f. Mose sagt in v.13 "wenn ich zu den Israeliten gehe, ...", ohne Pharao zu erwähnen.

den glatten Fluß der Erzählung"[55] und sind wohl redaktionelle Erweiterungen.

Ist R[JE] dafür verantwortlich? Da in der elohistischen Erzählung die Verhandlung Moses mit Pharao fehlt, über die J von Ex 5 an ausführlich berichtet, kann R[JE] zum Ausgleich "Gehen zu Pharao" in E eingefügt haben. Oder ist die Bemerkung auf R[P] zurückzuführen? In P befiehlt Jahwe Mose bereits bei der Berufung, zu Pharao zu gehen (6,11). R[P] setzt diese Ergänzung wohl deswegen nicht in den jahwistischen (3,7f.), sondern in den elohistischen Teil hinein, weil in J nicht nur das Eingreifen, sondern auch die Herausführung als Jahwes Tat formuliert ist und darum kein Raum für eine Tat Moses übrigbleibt. Auf jeden Fall handelt es sich bei der Verflechtung der Quellenschriften um das Prinzip, aus verschiedenen Quellen eine fortlaufende und einheitliche Erzählung zu gestalten. Der Redaktor muß ihre Unterschiede darum ausgleichen und das Fehlen eines Erzählelements in einer Quellenschrift aus der anderen ergänzen, so daß Unebenheiten harmonisiert werden.

In der elohistischen Berufungsgeschichte befiehlt Jahwe Mose ursprünglich wohl nicht, zu Pharao zu gehen. Außerdem läßt sich an der Plagenerzählung kein elohistischer Anteil nachweisen[56]. Auch Ex 13,17aα, in dem die Entlassung des Volkes durch Pharao berichtet wird, gehört wahrscheinlich nicht zu E, sondern ist ein der Anknüpfung dienender, vermutlich nur redaktioneller Nebensatz[57]. Dieser dreifache Tatbestand entspricht dem Bericht zu Anfang des Meerwunders, daß dem Pharao die Meldung von der Flucht des Volkes überbracht wurde (14,5a E), denn die Flucht bedeutet, daß Israel ohne Wissen und Willen Pharaos das Land Ägypten verlassen hat. Da E nur fragmentarisch erhalten ist, wird man mit Urteilen über ihn zurückhaltend sein müssen[58]. Aber die folgende Annahme ist mindestens möglich: E bewahrt ein älteres Stadium der Überlieferung, dem das Sonderelement der ägyptischen Plagen noch fehlt. E berichtet von der Bedrückung Israels in Ägypten (1,15ff.), der Berufung Moses, d.h. seiner göttlichen Beauftragung zur Herausführung (Ex 3), der Flucht Israels aus dem Land und dem Meerwunder[59].

V.12bβ zeigt Unebenheiten gegenüber dem vorangehenden Teil des Verses[60], so daß dieses Versende nicht elohistisch ist[61]. Wegen des Gottesnamens (האלהים) kann es aber kaum jahwistisch sein. Der Redaktor verbindet auch hier (vgl.

---

55 Noth 28.
56 Zur Begründung s.u.S.93ff.
57 Noth 84.
58 Z.B. "Daß in ihr (= der Plagenerzählung) E nicht nachweisbar zu sein scheint, erlaubt noch nicht den sicheren Schluß, daß sie in E nicht enthalten gewesen wäre, da bei der Zusammenarbeitung von J und E in diesem Abschnitt E mangels bemerkenswerten Sondergutes völlig übergangen worden sein kann" (Noth, UP 70 Anm.193).
59 Vgl. Noth 87f.; ders., ÜP 40.70 Anm.193.
60 Die Gottesrede wird durch eine Rede über Gott abgelöst. Die singularische Anrede an Mose wechselt zu einer pluralischen Anrede an die Israeliten.
61 Holzinger (8) sieht einen schlechten Anschluß zwischen v.12a und v.12b und nimmt einen Ersatz für einen Ausfall im elohistischen Text an. Rudolph (9) scheidet ab והו als Zusatz aus. Ebenso Weimar, Berufung 45f.; Noth 29, Floss, Dienen 226f.; W.H.Schmidt 130; anders Baentsch 17.21; Beer 29.

v.6b) die beiden Fäden, indem er das Verb עבד aus J[62], den
Gottesnamen האלהים und den Berg aus v.1bß in einem Satz zu-
sammenstellt. Der direkt vorangehende Teil (v.12bα), der
den Zeitpunkt des Dienens angibt, stammt wahrscheinlich
ebenfalls von ihm.

In v.14f. folgen drei Gottesreden direkt aufeinander, so
daß hier "eine Überfüllung vorliegt"[63], zumal v.14b und
v.15a weitgehend übereinstimmen[64]. So stellt sich die Frage, welche Rede ursprünglich in E gestanden hat[65]. Wenn
v.14 als Namensdeutung nachträglich zwischen v.13 und v.15
eingefügt worden wäre, wäre dafür schon v.14a allein ausreichend und v.14b überflüssig, "da 14b keinen Gedanken
über 15a hinaus bietet"[66]. V.15a ist zwar in gewissem Sinne
eine Wiederholung, stellt aber verschiedene Elemente aus
dem vorangehenden elohistischen Teil zusammen[67]. Darüber
hinaus versucht der Halbvers mühsam,den bisherigen Gebrauch
von יהוה in J mit dem Bekanntmachen eines neuen Namens in
v.13f. (E) in Einklang zu bringen, indem er Jahwe "dem Gott
eurer Väter, Gott Abrahams, Gott Isaaks und Gott Jakobs"
voranstellt[68]. Auch die zweite Hälfte des Verses (v.15b),
die auf eine mehr oder weniger "geläufige liturgische Formel"[69] zurückgeht und weit über das hinausgeht, was
Mose auf die Frage der Israeliten antworten soll, ver-

---

62 Ex 7,16.26; 8,16; 9,1; 10,3. Allerdings handelt es sich bei J um
   eine Opferfeier in der Wüste (7,16).
63 Noth 30.
64 Nur die Gottesbezeichnung ist unterschiedlich.
65 Damit identisch ist die Frage, ob v.14 oder v.15 elohistisch ist,
   denn v.14b ist mit der Gottesrede in v.14a und v.15a mit v.15b jeweils eng verbunden; Childs (52) hält v.13-15 für E.
66 W.H.Schmidt 132.
67 "Gott eurer Väter" (v.13 vgl. v.6), "Gott Abrahams, Gott Isaaks und
   Gott Jakobs" (v.6). Übrigens kombiniert die Einführung der Rede
   (v.15) die Einleitung von v.14a mit v.14b. Auch v.15b greift mit שמי
   auf v.13 zurück.
68 Der Redaktor bringt diese Gleichsetzung zustande, indem er in v.16
   "Gott Abrahams, Isaaks und Jakobs" nachträglich einführt, allerdings an einer falschen Stelle.
69 Rudolph, Elohist 9; W.H.Schmidt 133; Ps 135,13; vgl. 102,13; Hos
   12,6.

stärkt wahrscheinlich die Verklammerung zwischen J und E,
da sich diese Aussage eventuell nicht nur auf die Zukunft,
sondern auch auf die Vergangenheit beziehen kann[70]. Wenn
v.15, der ausdrücklich יהוה nennt und über die "Dauerhaftig-
keit, Endgültigkeit, Unabänderlichkeit"[71] dieses Namens
spricht, elohistisch wäre, bliebe es schwer zu verstehen,
warum in den folgenden E-Stücken אלהים und nicht יהוה vorkommt[72]. V.14 deutet zwar den Jahwenamen an, führt ihn aber
nicht ausdrücklich ein. So gehört v.14 zu E, und v.15 ist
ein redaktioneller Nachtrag. Tatsächlich will v.15 mit "noch
einmal" (עוד) als Wiederaufnahme von v.14 verstanden werden[73].
Weiter bildet v.15 den Übergang zum v.16(J)[74].

E erfährt stärker als J eine redaktionelle Bearbeitung[75].
Die redaktionellen Zusätze zu J stehen in der dtn-dtr Tradition und tragen nicht zur Verklammerung mit E bei. Der Redaktor (R^JE) bearbeitet den elohistischen Teil (v.4b.10f.12)
oder schließt sich an ihn (v.6b.15) an, bzw. setzt Erzählelemente
aus J und E zusammen, um beide Fäden zu verzahnen.

V.18-22 gehört wahrscheinlich weder J noch E an[76]. Diese
Verse haben teilweise wörtliche Entsprechungen in der anschließenden Erzählung[77]. Selbst die Priesterschrift, für
die die Übereinstimmung zwischen Ankündigung und Ausführung

---

70 Das Wort עולם hat "die Grundbedeutung 'fernste Zeit', und zwar entweder im Blick auf die Vergangenheit ... oder die Zukunft bzw. auf
beide ..." (E.Jenni, עולם THAT II, 230), und es ist hier nicht mit
der Präposition עד, sondern mit ל verbunden.
71 Zu לעולם E.Jenni, עולם THAT II, 234.
72 Ex 13,17aßb; 14,19; 18.
73 Wenn v.14 sekundär wäre, müßte man für dieses Wort ein sekundäres
Eingreifen annehmen.
74 "Jahwe, Gott eurer Väter" findet sich in v.16. In v.15a steht die
Gottesrede an die Israeliten. V.15b verläßt das wörtliche Zitat, das
Mose den Israeliten sagen soll, und redet nun zu Mose allein. Die
Anrede setzt sich in v.16 fort.
75 E in v.4.6.10f.12.15 und J in v.1.8.
76 Jülicher, JPTh 1881, 90; Greßmann, Mose 21 Anm.1; Noth, ÜP 31.76
Anm.203; ders. 28; Reichert, Jehowist 14ff.; W.H.Schmidt 142ff.;
anders Holzinger 8; Baentsch 26; Weimar (Berufung 51f.) findet nur
in v.18bα einen jahwistischen Anteil und im Rest Redaktionen.
77 Zu v.18 s. 5,3; zu v.21 s. 11,3; zu v.22 s. 11,2.

charakteristisch ist, sagt nie so genaue Details des kommenden Geschehens voraus, wie es hier in der Berufungsgeschichte geschieht[78].


## 2. Der Anteil des Jahwisten: Seine Interpretation
## und seine spezifischen Ausdrücke

Durch die Literarkritik haben sich folgende Teile als jahwistisch erwiesen: v.1abα.2.3.4*.5.7.8.16f.

Einige Ausdrücke, die die Berufungsgeschichte mit dem weiteren jahwistischen Zusammenhang verbinden, müssen aus der
Feder des Jahwisten geflossen sein. Er führt מלאך יהוה in
der korrigierenden "Überschrift" von v.2 ein und benutzt
das Verb ירד (v.7) für die eingreifende Tat Jahwes auch in
Gen 11,5.7; 18,21[79]. Das Wort עני (v.7 und v.17) an sich
ist zwar nicht spezifisch jahwistisch, jedoch wird es im
Zusammenhang mit dem Verb ענה in Ex 1,11f. vom Jahwisten für
die Notlage der Bedrückten gebraucht. Das Nomen עני kommt
innerhalb der jahwistischen Geschichte auch in Gen 16,11;
29,32 vor[80]. Die die Israeliten vertreibenden Ägypter haben
bei J eine konkrete Bezeichnung: נגשׂים "Fronvögte" (v.7).
Sie findet sich auch noch in Ex 5,6.10.13f. (alle J), nie
jedoch in den anderen beiden Quellenschriften[81]. Der konkrete Ausdruck נגשׂ ist wohl zusammen mit אסף in v.16 auf
den Jahwisten zurückzuführen, der die Erzählung plastisch
darstellt[82]. Oder enthält sie schon die alte Sage, der die
lebendige Anschaulichkeit der Erzählweise eigen ist?

In der Darstellung des Jahwisten kommt seine Interpretation zum Ausdruck. J bringt Gottes Initiative zur Geltung,
indem er die erste Tat Gottes, seine Wahrnehmung des Elends

---

78 Vgl. u.S.303f.
79 Vgl. Ex 19,11.18.20; 34,5; Num 11,17.25; 12,5.
80 Sonst im Pentateuch: Gen 31,42 E; 41,52 (E) (Noth, ÜP 38). Ex 4,31
   und Dtn 26,7 setzen unsere Stelle voraus.
81 Im Pentateuch nur noch in Dtn 15,2f.
82 Übrigens bearbeitet der Jahwist kaum die Dornbuschsage, sondern er
   gibt die Tradition ziemlich treu wieder, da diese Ausdrücke, abgesehen von der Einfügung des Boten Jahwes, in der Szene nicht vorkommen.

der Israeliten betont (v.7). Sie wird in der knappen Gottesrede mit drei Verben formuliert, perfektisch und in der göttlichen ersten Person[83]. Ihr Anfang wird hervorgehoben, indem ein absoluter Infinitiv vor das erste Verb gestellt wird. Das wichtige Wort "mein Volk" (עמי) erscheint nicht erst in der Zusage der Herausführung aus Ägypten[84], sondern bereits in der Wahrnehmung des Elends, und zwar als Objekt des ersten Verbs. Nach der Berufung soll Mose den Israeliten nicht nur die Zusage der Herausführung, sondern auch das Sichkümmern Jahwes mitteilen, während in E nur die Sendung Moses durch Gott (v.13)[85] und in P die Selbstvorstellung mit der Zusage der Herausführung (6,6)[86] weitergegeben werden sollen. "Ich habe genau beachtet euch (פקד פקדתי אתכם) und alles, was euch in Ägypten angetan wurde" (3,16)[87]. Dem ersten Verb in der göttlichen Rede an die Israeliten wird wiederum ein absoluter Infinitiv zugefügt.

Ohne emporsteigende Klage der Israeliten[88] nimmt Jahwe von sich aus ihr Leiden wahr. Ohne sich auf eine Verheißung in der Vergangenheit zu berufen[89], setzt er sich für die Israeliten ein.

In gleicher Weise, Jahwes Initiative betonend, formuliert J die Herausführung aus Ägypten als Tat Gottes[90]. Mose ist schlicht Gottesbote, der eine Nachricht von dem, was Jahwe zu tun vorhat, empfängt und sie den Vertretern Israels weiterzugeben hat[91].

Nicht nur das Wahrnehmen, sondern auch Jahwes Eingreifen in die elende Situation, auf das die Herausführung folgt, ist perfektisch formuliert: "ich bin herabgestiegen (וארד

---

83 In der entsprechenden Rede Gottes bei der Berufung berichtet E nur vom "Sehen" (v.9) und P nur vom "Hören" (6,5).
84 So in 3,10 E und in 7,4 P.
85 Weder die Erhörung (v.9) noch die Herausführung (v.10b) wird erwähnt.
86 Die Erhörung wird nur zu Mose gesprochen (6,5).
87 Vgl. Noth 17; W.H.Schmidt 102.
88 So in 2,23aßb P; 3,9 E.
89 So in 6,3f. P.
90 Diese Formulierung stammt wohl von der alten Überlieferung (vgl. W.H.Schmidt 152f.) und bleibt bei J erhalten, da sie sich gut seiner theologischen Intention einfügt.
91 Noth 27. Ebenso ist Mose in der Plagenreihe Bote Jahwes.

v.8)[92]. Im Wort an die Israeliten steht wiederum ein Verb
Imperfekt waw consec. (ואמר)[93] vor der Herausführung (אעלה):
"ich habe beschlossen". Gott hat die Befreiung der Bedrückten schon hier in der Berufung Moses angefangen. Die künftige Errettung wird bereits in die Gegenwart hineingezogen.


### 3. Der Anteil des Elohisten: Seine Interpretation und seine spezifischen Ausdrücke

Durch die Literarkritik haben sich folgende Teile als elohistisch erwiesen: v.1bß.4b*.6a.9.10.11.12*.13.14.
Die elohistische Berufungsgeschichte beginnt wohl mit der
Angabe über Moses Ankunft am Gottesberg. Ihr folgt die Anrede Gottes an Mose, die das folgende Wechselgespräch eröffnet. Die Wendung von Ex 3,4b findet in Gen 22,11 E eine
weitgehende Parallele. Dem Anruf Gottes bzw. seines Boten
(קרא) mit zweifacher Namensnennung folgt die Antwort des
Menschen mit הנני. Der Elohist liebt ähnliche Konstruktio-
nen (Gen 21,17; 31,11; 46,2).
Er überträgt nach der Wahrnehmung Gottes (v.9) das "Berufungsformular" auf die Berufung Moses und folgt ihm weitgehend[94]. Diese Übertragung hat in seine Berufungsgeschichte nicht nur die Struktur des "Berufungsformulars" - Auftrag, Einwand, Abweisung des Einwandes und Zeichen -, sondern auch einige ihm spezifische Ausdrücke eingeführt.
Beauftragung: Das Verb שלח ist ein typisches Wort für die
Sendung Gottes. Es kommt in allen sonstigen Berufungsformu-
laren vor, und zwar in der ersten Person der Gottesrede
(Jdc 6,14; Jer 1,7; I Sam 9,16). Auch das שלח vorangehende
Verb הלך stammt wohl aus dem Formular, obwohl es sonst von
שלח getrennt (Jdc 6,14) oder innerhalb des Formulars an anderer Stelle eingefügt (Jer 1,7) ist, aber auch fehlen kann

---

92 Sam. liest futurisch.
93 Das Wort ist nicht mit LXX in die dritte Person Singular (v.17) zu
   ändern (so Baentsch 25); Noth 17; W.H.Schmidt 102.105; S.Wagner, אמר
   ThWAT I, 358.
94 Richter, Berufungsberichte 114; W.H.Schmidt 123ff.

(I Sam 9f.). Dagegen gehört der Adressat der Sendung, "zum Pharao", zu Moses Berufung, wenn אל־פרעה ursprünglich wäre[95].

Die Herausführung der Israeliten aus Ägypten gehört zur Moseberufung, speziell zum Eingreifen Gottes (vgl. 3,8 J). Daß hier im Gegensatz zu J die Herausführung Tat Moses ist (mit יצא hi.), ist Folge der Anwendung des Berufungsformulars, denn es handelt sich bei dem konkreten Auftrag um die Tat des Berufenen selbst, die ihm als seine Aufgabe anbefohlen wird (Jdc 6,14; I Sam 9,16; Jer 1,7). Die Herausführung als Tat Gottes ist E bekannt (Gen 46,4; 50,24), aber E kann diese Aussage hier nicht aufgreifen[96].

Einwand: Hier tritt kein neues Erzählelement auf, da der vorher ergangene Auftrag in Frage gestellt wird.

Beistandsformel: Die Beistandsformel, mit der Gott den Einwand des Berufenen abweist, kehrt in anderen Berufungsberichten wieder (mit עם in Jdc 6,<12>.16; mit את in Jer 1,8; vgl. I Sam 10,7).

Zeichenhandlung: Mit ihr schließt das Berufungsformular ab (mit אות in Jdc 6,17, ohne אות in Jer 1,9). Im vorliegenden Text ist es allerdings kaum mehr klar, worin das Zeichen ursprünglich bestand. Das Wort אות jedoch bleibt stehen.

Die deutliche Nachwirkung des Berufungsformulars endet mit der Erwähnung des Zeichens in v.12a [97]. Der Elohist stellt die göttliche Verheißung als Erklärung des Gottesnamens aus dem Verb היה im Sinne göttlicher Gegenwart oder Wirksamkeit ans Ende[98]. Hat E diese Deutung selbst geschaffen, oder ist sie ihm, etwa in der Form einer Volksetymologie, bereits vorgegeben? Wenigstens die Kombination dieser Deutung des Jahwenamens als Verheißung mit der Berufung Moses verdankt ihr Entstehen der theologischen Interpretation des Elohisten.

95 Dazu s.o.S.20f.
96 Vielleicht unterscheidet E die Formulierung als Tat Gottes (עלה hi. in Gen 46,4; 50,24) und die als Tat Moses (יצא hi. in Ex 3,10ff.; 19,17).
97 Zu v.12b s.o.S.21f.
98 Ein nachwirkender Einfluß des Berufungsformulars findet sich noch im Vorkommen des Verbs שלח in v.13f.

## B. Die priesterschriftliche Berufungsgeschichte
## (Ex 6,2-7,7)

### 1. Literarkritik

Auch die Priesterschrift, die eine eigentümliche Sprache gebraucht, wird wohl nachträglich bearbeitet.

Die Beifügung "mit ausgestrecktem Arm" (בזרוע נטויה) in 6,6 war ursprünglich wohl nicht in P vorhanden. Im vorliegenden Text wirkt zunächst die Wiederholung derselben Konstruktion "mit großen Gerichten" (בשפטים גדולים) (ב + Nomen + Adj./Partizip) als priesterschriftliche Formulierung[99] ein wenig überflüssig. In 7,4, wo "mit großen Gerichten" wiederkehrt, steht zwar noch ein präpositionaler Ausdruck, aber mit anderer Präposition (מן). Die Wiederholung von את in 7,4 ist Folge des Zusammenstoßes des vorgegebenen Begriffs mit der priesterschriftlichen Interpretation[100]. Außerdem fehlt an "dem Arm" (זרוע) in 6,6 ein Suffix, mit dem die Hand in 7,4 in der ersten Person (ידי) versehen ist[101].

P selbst formuliert zwar mit demselben Verb eine göttliche Tat "die Hand ausstrecken" in 7,5. Aber schon das Objekt ist unterschiedlich. Der Ausdruck in 7,5 kehrt außerdem in der Priesterschrift noch oft wieder[102], nicht aber "mit ausgestrecktem Arm". Schließlich kennt die dtn-dtr Tradition die Formulierung in 7,5 nicht, der ursprünglich eine magische Handlung zugrundeliegt[103]. So empfiehlt es sich, beide Ausdrücke auseinanderzuhalten.

"Ausgestreckter Arm" kehrt ausschließlich in der dtn-dtr Tradition wieder und bildet immer mit einem anderen Aus-

---

99 In der dtn-dtr Literatur ist die Häufung der Objekte eines Verbs oder derselben Präposition üblich; z.B. in Dtn 4,34; 7,19; 11,2; 26,8; Jer 21,5; 32,21.
100 Dazu s.u.S.320f.
101 Allerdings kann dieser Unterschied daher rühren, daß der Arm nicht als Objekt einer göttlichen Tat (so in 7,4f.), sondern im präpositionalen Ausdruck steht (6,6).
102 8,1f.12; 14,16.21.27.
103 Dazu s.u.S.234ff.

druck[104] ein Wortpaar. Die Formulierung in 6,6 unterscheidet sich von diesen Belegen dadurch, daß ihr ein zweiter Begriff fehlt. Dennoch stammt der Ausdruck "mit ausgestrecktem
Arm" aus der dtn-dtr Tradition. Zwar kommt der "Arm", der
die Macht Gottes darstellt, sonst oft allein vor, d.h. ohne
ein Wortpaar zu bilden, und zwar meistens ohne[105] und dreimal mit[106] einer näheren Bestimmung, aber eine entsprechende Formulierung זרוע נטויה findet sich niemals, auch nicht
unter den näher bestimmten Formulierungen. In 6,6 steht "mit
ausgestrecktem Arm" wohl deswegen allein, weil bereits im
priesterschriftlichen Text ein präpositionaler Ausdruck
"mit großen Gerichten" vorhanden ist und eine Häufung ähnlicher Formulierungen im Kontext von P überflüssig wirkt.
Der Bearbeiter hat wohl zugleich die andere Hälfte des Wort-
paares "mit starker Hand" (ביד חזקה) in 6,1 eingefügt.
Dadurch entsteht die Unklarheit in 6,1, ob von Pharaos[107]
oder Jahwes Hand[108] die Rede ist. Diese nachträgliche Einfügung ist wahrscheinlich auf denselben Bearbeiter wie 7,3b
zurückzuführen, da sich auch "Wunder und Zeichen" in dtn-
dtr Tradition finden[109]. Tatsächlich begegnen beide Wort-
paare "Wunder und Zeichen" sowie "mit starker Hand und ausgestrecktem Arm" manchmal in einem Vers nebeneinander[110].
    In 6,8 kommen Ausdrücke und Begriffe vor, die sich in P
sonst nicht finden, aber dtn-dtr Tradition nahestehen[111].

---

104 In der Regel mit "mit starker Hand" (ביד חזקה in Dtn 4,34; 5,15;
    7,19; 11,2; 26,8; Jer 21,5; 32,21; I Reg 8,42 = II Chr 6,32; Ez 20,
    33; Ps 136,12) und dreimal mit "meine große Kraft" (כחי הגדולה
    in Dtn 9,29; II Reg 17,36; Jer 27,5).
105 Ps 44,4; 71,18; 77,16; 89,14; 98,1; Jes 30,30; 33,2; 40,11; Hos
    11,3.
106 Ex 15,16; Ps 79,11; 89,11.
107 So Noth 35. Er übersetzt "mit Gewalt". Syntaktisch ist diese Deu-
    tung naheliegender, da das Subjekt der Verben (שלח und גרש) Pharao
    ist.
108 So Holzinger 18; Baentsch 42; Beer 40; Childs 92. Sie übersetzen
    "von starker Hand gezwungen" u.ä. Die dtn-dtr Tradition meint Got-
    tes Hand.
109 Dazu s.u.S.34ff.
110 Dtn 4,34; 7,19; 26,8; Jer 32,21.
111 Smend, Hexateuch 125; v.Rad, Priesterschrift 43 Anm.75; Macholz,
    Land 65; Eitz, Verhältnis 64 Anm.4; Weimar, Untersuchungen 101;
    Stamm, Erlösen 37f.

Hat P an vorgeprägte Wendungen und Begriffe angeknüpft[112],
oder ist der priesterschriftliche Text nachträglich überarbeitet worden[113]? Die erste Möglichkeit ist schon deswegen weniger wahrscheinlich, weil die Ausdrücke und Begriffe
sonst nicht in P vorkommen[114]. P gebraucht das Verb ירש einmal in Gen 28,4, aber das von diesem abgeleitete Nomen "Erwerb, Besitz" (מורשה)[115] sonst nicht, sondern "Grundeigen-
tum" (אחזה)[116]. Das Verb ירש ist dagegen in dtn-dtr Tradition besonders beliebt[117]. P berichtet in Bezug auf das Land
nie von einem Schwur Jahwes gegenüber den Erzvätern[118]. Der
Schwur an die Väter, das Land zu geben, erscheint in Gen-
Num vorwiegend in dtr Redaktion[119], vereinzelt in sekundären Zusätzen[120] und in dtn-dtr Literatur[121]. Dort ist der
Schwur in der Regel mit dem Verb שבע (ni.) formuliert. In
6,8 kommt dieses Verb nicht vor, sondern eine Handlung "die
Hand erheben" als begleitender Gestus des Schwurs[122]. Der
Schwur der Landgabe und die Hineinführungsformel sind nur

---

112 Weimar, Untersuchungen 101.147. Macholz (Land 65) rechnet mit einem
    von P[g] aufgenommenen Stück aus der priesterschriftlichen Schule.
113 Smend, Hexateuch 125. Er grenzt jedoch P und die jüngere Hand nicht
    genau ab; Baentsch (46f.) spricht den umfangreichen Text (v.6-8)
    der Priesterschrift ab. Die Ausdrücke in v.6f. סבלות und נצל (hi.)
    finden sich aber bereits in der älteren Erzählung (jeweils in 2,11
    und 3,8; 5,23) und können damit P bekannt sein. Die zweigliedrige
    "Bundesformel" erklärt sich aus der eingliedrigen "Bundesformel",
    die auch sonst in P vorkommt, und aus dem Begriff "mein Volk" in der
    Berufungsgeschichte; dazu s.u.S.40.59; vgl. auch Eitz, Verhältnis
    64 Anm.4; anders Holzinger 19; Noth 41ff.
114 Wären sie P selbst bekannt gewesen, hätte P sie doch wohl auch sonst
    verwendet.
115 KBL 506. Sonst in AT in Ez 11,15; 25,4.10; 33,24; 36,2f.5.
116 KBL 29. Sonst in P in Gen 17,8; 23,4.9.20; 36,43; 47,11; 48,4; 49,30;
    50,13; Num 27,4.7.
117 H.H.Schmid, ירש THAT I, 779.
118 Das Verb דבר (Gen 17,3) oder אמר (35,11; 48,4) leitet die Verheißung
    der Landgabe an die Erzväter in P ein.
119 Gen 50,24; Ex 13,5.11; 32,13; 33,1; Num 11,12; 14,16.23; 32,11;
    vgl. Rendtorff, Pentateuch 163f.
120 Gen 24,7; 26,3; vgl. Noth, ÜP 30ff.
121 Dtn 1,8.35; 6,10.18.23; 7,13; 8,1; 10,11; 11,9.21; 26,3.15; 28,11;
    30,20; 31,7.20; 34,4; Jos 1,6; 5,6; 21,43; Jdc 2,1; Jer 11,5; 32,22.
122 Dieser Ausdruck findet sich sonst in Num 14,30; Dtn 32,40; Ez 20,5.
    6.15.28.42; 36,7; 47,14; Ps 106,26; Neh 9,15. An den Stellen in Neh
    und Ez ist diese Handlung mit der Landgabe verbunden. Mit einem an-
    deren Verb (רום hi.) ist dieselbe Handlung geschildert in Gen 14,22;
    Dan 12,7.

in dtn-dtr Tradition verbunden[123].

V.8 ist nicht nur dem Ausdruck, sondern auch der Sache
nach priesterschriftlichem Landverständnis fremd. Die bereits den Erzvätern geschworene Landgabe wird mit der Hineinführung Israels ins Land verwirklicht. Zwischen dem Schwur
und seiner Verwirklichung spannt sich ein Zeitbogen. Der
Eid selbst deutet schon diese Spanne an, da "der Hebräer
praktisch nie einen vorliegenden Tatbestand durch einen
Schwur bekräftigt, vielmehr sich für die Zukunft verpflichtet"[124]. Der Unterschied zwischen Vergangenheit und Zukunft
zeigt sich auch in der Verbform; der Schwur ist perfektisch
(נשאתי את־ידי), Hineinführung und Gabe sind im Perfekt mit
waw consec. (והבאתי und ונתתי) formuliert[125]. Auch die Empfänger sind getrennt: die Erzväter und die Israeliten (לכם).
Die Nennung der Erzväter (לאברהם ליצחק וליעקב)[126] bezieht
sich eher auf das finite Verb "die Hand erheben"[127] als auf
den Infinitiv "geben"[128], da "die Israeliten" (לכם vgl.
v.8b) neben den Erzvätern in v.8a nicht genannt sind[129].

Nach der Priesterschrift vollzieht sich die Landgabe nicht
erst mit dem Eintritt der Israeliten ins Land, sondern be-

---

123 Die Hineinführungsformel ist meistens mit בוא (hi.) und ab und zu
   mit עלה (hi.) formuliert. Gen 50,24; Ex 13,5.11; Num 14,16.24;
   32,11; Dtn 6,10.23; 31,7.20; Jdc 2,1; vgl. Neh 9,23; vgl. auch Ez
   20,28.42; Neh 9,15.
124 C.A.Keller, שבע THAT II, 856.
125 Auch unter den oben (S.30) in Anm.119-121 genannten Stellen läßt
   sich der Gegensatz zwischen der perfektischen und der imperfektischen Form beobachten (Gen 24,7; Ex 13,5; Dtn 6,10.18; 8,1; 10,11;
   31,7.20; 34,4; Jos 1,6).
126 Die gleiche Satzstruktur (Schwur + לתת + ל + Personen) findet sich
   in Dtn 1,35; Jos 21,43, wenn auch das Verb nicht "die Hand erheben",
   sondern שבע (ni.) ist. Wenn die Angabe der Erzväter vor dem Infinitiv gestanden hätte (so in Ps 106,26), wäre die zweite Deutungs-
   möglichkeit von vornherein ausgeschlossen.
127 So Noth 41.
128 Childs 108.
129 In der dtn-dtr Tradition werden die Erzväter und ihre Nachkommenschaft in der Regel getrennt genannt; Gen 24,7; Ex 13,5; 32,13;
   33,1; Dtn 6,10.18.23; 7,13; 8,1; 10,11; 11,21; 26,3.15; 28,11; 31,7;
   34,4; Jos 1,6; 5,6; 21,43; Jer 11,5; 32,22. Die dtn Strenge der Form
   wird in DtrG nicht durchgehalten (Diepold, Land 152f.). Allerdings
   sind die Stellen, wo die Erzväter und die Israeliten als Empfänger
   der Landgabe genannt werden, textkritisch nicht sicher (Dtn 30,20;
   vgl. auch 1,8; 11,9).

reits durch das Wort Gottes an die Väter. "P betont, daß
Gott das Land schon dem Abraham gegeben hat - beim Bundes-
schluß gegeben, nicht als Bundesinhalt verheißen"[130]. Die
Landgabe an Abraham wird später bei Isaak und Jakob in per-
fektischer Form bestätigt (Gen 28,4; 35,12)[131]. Das Land
ist also auch der Nachkommenschaft bereits im Wort an die
Erzväter gegeben, so daß der Samen (זרע) mit ihnen zusammen
unter einem Verb genannt wird (Gen 17,8; 28,4; 35,12). P
trennt nicht die Empfänger der Verheißung und des Landes.
Daher kann Jahwe in der Wüstenzeit sagen: "Ich habe das Land
den Israeliten gegeben" (נתתי Num 20,12; 27,12), obwohl sie
es noch nicht betreten haben[132]. Kanaan wird den Vätern gegeben, die dort Fremdlinge sind (Ex 6,4)[133]. P kennt also
keinen Gegensatz zwischen der ehemaligen Fremdlingschaft
im Land und dessen künftigem Besitz. So wird "bei P die Rede
vom Land aus dem weiten Bogen von Verheißung und Erfüllung
herausgenommen"[134].

Kaum zufällig interessiert sich P wenig für die Hineinführung der Israeliten ins Land, da es bereits den Erzvätern
gegeben worden ist. Sie schließt ihre Darstellung mit dem
Bericht über den Tod Moses ab und erzählt nichts von der
Landnahme[135]. In der gesamten priesterschriftlichen Darstellung wird der Eintritt ins Land merkwürdig wenig, nur
zweimal, erwähnt (Num 14,8; 20,12)[136], und es fehlt die
Bezugnahme auf die künftige Landnahme[137]. Die Passafeier

---

130 Macholz, Land 58.
131 In Gen 48,4 kommt die Nachkommenschaft allein vor.
132 Die Hineinführung ist im Gegensatz dazu mit dem Verb "gehen"
    imperfektisch formuliert (Num 20,12).
133 Hier werden die Israeliten (= die Nachkommenschaft der Erzväter)
    nicht erwähnt.
134 Macholz, Land 57.
135 Noth, ÜSt 180ff.; ders., ÜP 16; Elliger, KSAT 175; Auld, Josua 72.
136 Das Ziel der Hineinführung in Num 14,3 ist nicht das Kulturland,
    sondern die Wüste. Ob dieser Vers zu P gehört (Noth, ÜP 19) oder
    nicht, ist nicht sicher (Elliger, KSAT 175). $P^S$/H spricht im Ge-
    gensatz zu $P^g$ oft vom Eintritt ins Land; בוא begegnet in hi.-Form
    mit göttlichem "Ich" in Lev 18,3; 20,22; Num 14,8.31; 15,18, in qal-
    Form mit menschlichem Subjekt in Num 14,30; 20,24; Dtn 32,52; Lev
    14,34; 19,23; 23,10; 25,2.
137 Noth, ÜSt 202ff. Im Anschluß an ihn erörtert Macholz dieses ausführ-
    lich (Land 4ff. bes. 71ff.).

wird nirgends auf das Leben nach dem Eintritt ins Land bezogen - im Gegensatz zur dtn-dtr Tradition (Ex 12,25; 13,5.
11). Beim Aufbruch vom Sinai wird nur der Ausgangsort "aus
der Wüste Sinai" (Num 10,11f.), aber kein Ziel der Wüstenwanderung genannt, während Ex 33,1ff.; (32,34) das Land des
Schwurs als Ziel des Zuges angibt. Auch in der Kundschafter-
geschichte, die mit der Verurteilung des sündigen Volkes
einschließlich der Kundschafter außer Josua und Kaleb zum
Tod in der Wüste endet, berichtet P über das Schicksal dieser
beiden ganz allgemein: "Sie sollen leben" (Num 14,38), ohne
ihnen einen Landbesitz zuzusprechen (Num 14,24)[138]. Schließlich hat Josua, der Nachfolger des Mose, bei P nur die Aufgabe der Führung im allgemeinen (Num 27,16f.; vgl. auch Dtn
34,9), von seiner künftigen Tätigkeit, das Volk ins Land
hineinzuführen, schweigt P - anders als Dtr (Dtn 31,23; Jos
1,6).

Da die göttliche Ankündigung in $P^g$ bereits mit v.7 endet,
steht die Erkenntnisaussage, wie auch sonst in P[139], am Ende
der Gottesrede. Außerdem beginnt (v.6aß) und endet (v.7bß)
sie mit einer ähnlichen Aussage: ich bin Jahwe (euer) Gott,
ich will euch aus dem Frondienst Ägyptens herausführen[140],
so daß eine "inkludierende Verklammerung" vorliegt[141].
Schließlich wirkt in der göttlichen Rede 6,5-8 die Gattung
der Heilsankündigung nach[142]:

| | | |
|---|---|---|
| 1. Angedeutete Klage | | v.5a |
| 2. Heilsankündigung | a) Gottes Zuwendung | v.5b |
| | b) Gottes Eingreifen | v.6-7a* |
| 3. Ziel | | v.7b |

---

138 Dieser Vers gehört nach Noth (ÜP 34) zu J. Dort kommen die Verben
בוא (hi.) und ירש vor.
139 Ex 7,5; 14,4.18; 16,12; 29,46. In Moses Rede folgt auf die Erkenntnisaussage eine Rede über Jahwe (EX 16,6f.).
140 In v.7bß ist das finite Verb durch das Partizip ersetzt und אלהיכם
eingefügt.
141 Weimar, Untersuchungen 145f. Aus dieser Beobachtung zieht er die
Folgerung, daß v.8 von $P^g$ erst nachträglich an den schon der Tradition entstammenden v.7b angefügt worden sei. Dann müßte v.8 die Intention von $P^g$ spezifisch hervortreten lassen, was aber nicht der
Fall ist.
142 Wimmer, Aug 1967, 412; zur Heilsankündigung vgl. Westermann, FAT I,
92ff.

Die Entsprechung endet bereits mit v.7[143].

Die Formel "Ich bin Jahwe" (אני יהוה), die im vorliegenden Text am Ende des v.8 steht, folgte in der Priesterschrift ursprünglich wohl auf v.7; "Ich bin Jahwe" findet sich zwar außerhalb von P oft[144], aber P kann diesen Ausdruck innerhalb göttlicher Rede gebrauchen (so in Ex 12, 12). P beendet eine ähnliche Aussage[145] auch sonst mit אני יהוה (Ex 29,46), wenn die Selbstvorstellungsformel durch אלהיהם erweitert ist.

Der Bearbeiter setzt mit והבאתי und ונתתי geschickt die Reihe von Verben in der göttlichen ersten Person Perfekt waw consec. in der Priesterschrift fort. Er stimmt mit P auch darin überein, daß er die Erzväter namentlich nennt, wie in Ex 2,24; 6,3[146].

Da v.8 nicht zu P gehört, beinhaltet die Ankündigung an die Israeliten ausschließlich deren Herausführung aus Ägypten. "Diese Befreiung ist nicht Mittel zu anderen, übergeordneten Zwecken, sondern ist als bundesgemäßes Handeln Jahwes selbstgewichtig"[147].

7,3b zeigt innerhalb der göttlichen Rede 7,1-5 keine Unebenheiten, da das Verb die gleiche Form wie im folgenden Teil (v.4b) hat[148] und die Ortsangabe "in Ägypten" priesterschriftlich formuliert ist[149]. Der Halbvers wirkt aber bereits im Zusammenhang mit dem nächsten Abschnitt (7,8ff.) etwas auffällig: Für das Wunder ist in v.9 das Wort מופת allein gebraucht, während es in v.3b mit אות ein Wortpaar bildet. LXX und Sam. versuchen, diese Unebenheit auszugleichen, indem sie in v.9 "Zeichen" ergänzen. Darüber hinaus

---

143 Die Entsprechung, die Ex 6 mit Lev 26,9b.12aßb.13a zeigt, hört ebenfalls mit v.7 auf (Lohfink, FS Elliger 131f.).

144 Baentsch (47) "namentlich im Heiligkeitsgesetz", z.B. in Lev 18,5.

145 Die Subjekte der Erkenntnisaussage sind beide Male nicht die Ägypter (so in Ex 7,5; 14,4.18), sondern die Israeliten. Was sie erkennen sollen, ist nicht nur in אני יהוה (so in Ex 16,12), sondern auch Gottes Tat. Statt eines Partizips (6,7) steht in 29,46 ein Relativsatz. Die göttliche Tat der Herausführung ist mit einer Zielangabe "um in ihrer Mitte zu wohnen" versehen.

146 Bei dem Landgabeschwur in der dtn-dtr Literatur herrscht die Bezeichnung "Väter" ("אבות) vor (23mal). 4mal werden sie namentlich genannt, und 4mal sind beide Bezeichnungen vereint. Ob "die Väter" spezifisch auf die Erzväter oder die Vorfahren im allgemeinen bzw. in einer bestimmten Generation hinweist, ist im einzelnen zu fragen.

147 Macholz, Land 71. Kann man dies sagen, ohne in den vorliegenden Text einzugreifen?

148 Die erste Person Perfekt waw consec.

149 Nicht מצרים, sondern ארץ מצרים; vgl. 7,4.19; 8,1.2.3.12.13; 9,9.

entspricht die Hochschätzung der Wunder in 7,3b nicht der vorläufigen Bedeutung der Wundererzählung in der gesamten Herausführungsgeschichte der Priesterschrift[150]. Die Kraftprobe zwischen Jahwes Wort und den Zauberkünsten der Ägypter ist dort das Hauptthema. Jahwe selbst steht als Redner zwar hinter dieser Auseinandersetzung, aber handelt nicht direkt. Die Wunder in P haben nicht - wie etwa bei J - die positive Funktion, Pharao zur Anerkennung Jahwes zu führen oder den Glauben des Volkes hervorzurufen (Ex 4,8.9.30f.). Hingegen werden in 7,3b die Wunder direkt mit Jahwe verbunden durch die erste Person in Nomen und Verb. Außerdem ist dieses nicht schlicht "tun" oder "setzen", sondern "vermehren". Schließlich weicht das Vorkommen des Wortes "Zeichen" (אות) in 7,3b von seinem Gebrauch in der gesamten Priesterschrift ab: an den sicher auf P$^g$ zurückzuführenden Stellen hat אות die theologisch wichtige Bedeutung "Zeichen" bzw. "Symbol"[151]. Im allgemeinen ist zwar ein Wort nicht auf eine Bedeutung beschränkt, anders jedoch bei einem Wort mit theologisch spezifischem Sinn in einem Schriftwerk. P gebraucht tatsächlich für die Wunder ein anderes Wort (מופת in 7,9; vgl. auch 11,10), obwohl der Gebrauch von אות im Zusammenhang mit der Herausführung wahrscheinlich P bekannt war (Ex 4,8f.; 10,1f.). So ist es merkwürdig, daß sich das Wort אות auf die folgenden Wunder bezieht. Das Wort wird außerdem sonst niemals in P$^g$ als "*Gottes* Zeichen" bezeichnet, obwohl es stets in der göttlichen Rede vorkommt, während 7,3b "meine Zeichen" formuliert. P$^g$ scheut sich, "Zeichen" direkt mit Gott zu verbinden[152]. Dieser Zug setzt sich auch in P$^s$ fort[153].

---

150 Dazu s.u.S.305f.
151 Gen 1,14; 9,12f.; 17,11; Ex 12,13. Derselbe Sinn auch in Ex 31,13.17(P$^s$). Allein in Num 2,2 bedeutet das Wort konkret "Kennzeichen am Fähnlein". Die Zugehörigkeit dieses Verses zu P$^g$ ist mindestens unsicher (Elliger, KSAT 175; anders Noth, ÜP 19; ders., ATD 7, 19; Kellermann, Numeri 17f.148).
152 Dasselbe gilt für das Wort מופת (7,9; vgl. 11,10). Ähnliches läßt sich bei "Stock" in P beobachten; er wird weder als "mein Stock" von Gott genannt, noch als "Gottes Stock" (z.B. in Ex 17,9) bezeichnet; dazu s.u.S.233.
153 Ex 31,13.17; Num 17,3.25.

Aus diesen Gründen gehört 7,3b höchstwahrscheinlich nicht p[g] [154], sondern einer Bearbeitung an. Tatsächlich entsteht, wenn man v.3b herausnimmt, ein direkter Anschluß vom Nicht-hören an die Verstockung, der auch im Folgenden oft wieder-kehrt (7,13.22; 8,11aß.15; 9,12)[155].

7,3b enthält Gemeinsamkeiten mit der Bearbeitung in der folgenden Plagenerzählung (9,15f.; 10,1; 11,9). Dort spricht Jahwe von "meinen" Plagen und Wundern[156]. Das Verb רבה kehrt in 11,9 (qal) wieder. Auch 10,1f. hat die dtr Formulierung.

Das Wortpaar "Zeichen und Wunder" im Zusammenhang mit der Herausführung aus Ägypten ist sonst ausschließlich in der Literatur dtn-dtr Tradition belegt - und zwar in derselben Reihenfolge und pluralischen Form wie in 7,3b[157]. Obwohl das Wortpaar dort in der Regel mit "mit starker Hand und mit ausgerecktem Arm" verbunden ist, erscheint diese Wen-dung in den nächsten Versen (7,4f.) nicht, in denen P von der Hand Jahwes redet. Man kann darum kaum behaupten, daß P in 7,3b dtr Sprache verwende. Warum hätte sie P dann im Folgenden nicht fortgesetzt?

Warum ist dieser Halbvers nachträglich ergänzt worden? Jahwe sagt das kommende Ereignis in 7,1-5 allgemein voraus, ohne auf die Einzelheiten einzugehen. Der Bearbeiter ergänzt nun eine konkrete Erwähnung der Wunder[158]. Wurde 7,3b hin-zugefügt, als die Priesterschrift noch selbständig war, oder nachdem sie mit der älteren Erzählung durch R[P] ver-flochten wurde? Die Gemeinsamkeiten mit den Bearbeitungen, die sich in der jahwistischen Erzählung (9,15; 10,1) finden,

---

154 Anders Stolz, WuD 1979, 141.
155 פרעה in v.4a ist wohl nachträglich eingefügt worden, da der Ein-schub von v.3b das Subjekt des Verbes in v.4a unklar macht. Dieselbe Satzstruktur (Verb, Präposition mit Suffix, Subjekt) kehrt gerade in 11,9 (Bearbeitung) wieder.
156 Im ganzen Pentateuch kommt "meine Zeichen" nur noch in Num 14,22 vor. Dieser Vers gehört ebenfalls zur Bearbeitung an J; Noth, ÜP 34; vgl. ders., ATD 7, 93.
157 Dtn 4,34; 6,22; 7,19; 26,8; 29,2; 34,11; Jer 32,20f.; Neh 9,10; Ps 135,9; vgl. Ps 78,43; 105,27. Ohne Bezug auf die Exodustradition.
158 Das Wortpaar könnte an sich zwar nicht nur die Plagen und Wunder, sondern verschiedene wunderhafte Tat Jahwes bedeuten (dazu s. Wei-mar, Exodus 219 Anm.280; Childs, VT.S 1967, 33f.), in 7,3b kann es sich aber nur auf die folgenden Wunder und Plagen beziehen, da

sprechen für die letzte Möglichkeit. Dann verbindet diese
Bearbeitung die Wunder und Plagen in Ägypten direkt vor ihrem Beginn in 7,8 durch die formelhafte Wendung "Zeichen
und Wunder" mit der dtn-dtr Literatur.

Die gesamte Rede Jahwes in 7,1-5 wird durch Hinzufügung
des v.3b einer Umdeutung unterzogen: a) Das Nichthören Pharaos in v.4 wird von dem Gespräch Moses mit ihm, das zwischen der Berufung und den Plagen vorausgesetzt wird[159],
getrennt, indem "die Wunder und Zeichen" bereits vor v.4
vorangestellt werden. Das Nichthören bezieht sich nun ausschließlich auf das Verhalten des ägyptischen Königs bei
den Wundern. b) Die konkrete Anspielung v.3b erweckt die
Frage, welche der verschiedenen Ereignisse - Plagen, Passa
oder Rettung am Meer - die göttliche Rede (v.3-5) meint.
Jedoch ist eine eindeutige Antwort nicht möglich, da auf
die Herausführung als Ganzes, ohne nähere Einzelheiten,vor-
ausgeblickt wird.

Die Nachträge, die mehr oder weniger dtn-dtr Tradition
nahestehen, finden sich in der priesterschriftlichen Berufungsgeschichte[160]. Dieses Ergebnis wirft einige Fragen
bezüglich der Redaktionsgeschichte des Pentateuch auf[161].
Erfolgte die dtr Redaktion ($R^{D\langle tr\rangle}$) vor der Einarbeitung
von P? Unter diesen Umständen lassen sich die dtr Formulierungen in P schwer erklären - anders, wenn $R^{D(tr)}$ nach der
Verflechtung von JE mit P tätig war. Die wenigen Belege sprechen nicht für die Ansicht, die noch selbständige P sei dtr
erweitert worden. Oder gebrauchte $R^P$, der in einer seiner
Vorlagen das Dtn bzw. dtr Geschichtswerk vorfand, dtn-dtr
Sprache? Oder wurden alle Quellenschriften nach $R^P$ noch einmal dtn-dtr bearbeitet?

---

    das Wort מופת gleich in der priesterschriftlichen Wundererzählung
    (7,9) wiederkehrt.
159 Dazu, daß dieses Gespräch in P vorausgesetzt wird, s.u.S.304f.
160 In 6,6.8; 7,3. Auch sonst in P z.B. in Ex 16,4f.28f.31f. (Ruprecht,
    ZAW 1974, 274.279.298ff.; Maiberger, Manna 201ff.221) und in Num
    14,8. In Ex 3 kommt die dtn-dtr Bearbeitung in v.8 (J) vor.
161 Vgl. Ruprecht, ZAW 1974, 302; Weimar, Redaktionsgeschichte bes.
    162ff.

## 2. Aufbau

Im Unterschied zu den älteren Quellenschriften berichtet
die Priesterschrift vor der Berufungsgeschichte über Israels Klagen und Jahwes Erhörung. Es ist zwar möglich, daß
bereits die älteren Quellenschriften in ihrer ursprünglichen Form einen ähnlichen Bericht enthielten und dieser bei
ihrer Verflechtung mit P wegen der Überschneidung entfallen
ist. Aber es ist wahrscheinlicher, daß erst die Priesterschrift den vorangehenden Bericht gestaltet hat. In E spricht
Gott in der Berufung sowohl vom Kommen des Geschreis der Israeliten zu ihm als auch von seiner eigenen Wahrnehmung (3,9),
so daß seine Rede in sich geschlossen ist und keiner Ergänzung eines vorangehenden Berichtes bedarf. Jahwe spricht
aber nach P in der Berufung (6,5) nur von seiner Erhörung
und nicht vom Emporsteigen des Seufzens, von dem P zuvor
(2,23b) berichtet. Schließlich ist die Wiederholung der Erhörung - im Bericht und in der Rede Gottes - ein für P typisches Stilmittel[162].

Dem Bericht folgt die von Jahwes Selbstkundgabe eingelei-
tete umfangreiche Rede Gottes. Sie bildet den Hauptteil der
priesterschriftlichen Berufungsgeschichte. In ihr erscheinen
alle mit den älteren Quellenschriften vergleichbaren Erzählelemente. Von ihnen kehren nur zwei, nämlich der Auftrag
(6,11) und die Herausführungsformel (7,4b.5b), später wieder[163].

Mit dem zweiten Auftrag Jahwes an Mose beginnt ein neuer
Abschnitt, der den folgenden Handlungsverlauf vorwegnimmt:
das Nichthören Pharaos aufgrund von Jahwes Verstockung, die

---

162 Allerdings ist 2,24-25 in der Priesterschrift insofern auffällig,
    als der Bericht über Gott in ihr meistens kurz (ausnahmsweise Gen
    2,2f.), die Gottesrede dagegen lang ist. Hier geht der Bericht über
    Gott seiner Rede voran, während der Bericht als Ausführung der Rede
    Gottes sonst meistens folgt.
163 Es gibt kein mit den älteren Quellenschriften gemeinsames Element,
    das nur im zweiten Teil erscheint (vgl. u.S.40).

göttliche Gerichte (12,12) und die Erkenntnis der Ägypter
(14,4.18). Der Anlaß zu dieser Vorwegnahme könnte der Priesterschrift vorgegeben sein[164], aber die vorliegende Ausgestaltung ist gewiß auf sie selbst zurückzuführen[165], denn
einerseits ist es typisch priesterschriftlich, das spätere
Geschehen schon vorher als Rede Gottes darzustellen, andererseits ist die Entfaltung der Erzählung gut motiviert.
Das Vorangehende erscheint als Voraussetzung, ja als Ursache für das Folgende. Daran ist die schriftstellerische
Tätigkeit der Priesterschrift zu erkennen: Das Scheitern
des ersten Auftrages, den Israeliten anzukündigen, was Gott
vorhat, führt zum zweiten Auftrag, zum Pharao zu gehen und
zu ihm zu sprechen. Moses Einwand gegen diesen Befehl ist
durch das Mißlingen des ersten Auftrages begründet und führt
zur göttlichen Bestimmung Aarons als Moses Sprecher vor
Pharao. Darauf folgt Gottes Rede als Voraussage des Kommenden. Schließlich kommt die Verstockung Pharaos durch Jahwe,
ein schwieriges, für die Deutung der Priesterschrift wichti-
ges Theologumenon[166], in der Berufungsgeschichte der nachträglich bearbeiteten älteren Quellenschriften nicht vor.

Die Priesterschrift komponiert diesen Abschnitt dem ersten
Abschnitt entsprechend. Aus dem Vorangehenden nimmt sie
den Auftrag Jahwes an Mose (6,6) in 6,11, die Herausführungsformel (6,6f.) in 7,4f., die Erkenntnisformel (6,7b)
in 7,5 und das Hören (שמע 6,9) in 7,4 wieder auf. Nicht nur
einzelne Ausdrücke, sondern auch die Struktur sind mehr
oder weniger gleich; der Auftrag Jahwes an Mose findet seine
Ausführung am Ende jedes Abschnittes (6,9; 7,6). Die Erkenntnisformel steht gegen Ende der Rede Gottes (6,7b; 7,5),
die Herausführungsformel geht der Erkenntnisformel voran
und schließt sich wieder direkt an sie an (6,6a.7b; 7,4b.5b).

---

164 Auch die späteren Bearbeitungen der alten Berufungsgeschichte in
    3,18-22 nehmen den folgenden Erzählfaden vorweg.
165 Selbst Weimar, der in Ex 6 eine schriftliche Vorlage der Priester-
    schrift annimmt, ist der Meinung, "in der Jahwerede 7,1-5 liegt
    eine freie Komposition der P$^g$ vor" (Untersuchungen 233; vgl. 228).
166 Näheres dazu s.u.S.329ff.; vgl. v.Rad, GStAT II, 193f.

So gestaltet P den Abschnitt als den zweiten Teil der Berufungsgeschichte.

Im zweiten Teil der Berufungsgeschichte spricht Jahwe
hauptsächlich über Pharao und die Ägypter; sie lösen die
Israeliten ab, die im ersten Teil Subjekt der Erkenntnis
(6,7) und des Hörens (6,9) sind. Der Auftrag Jahwes an Mose
gilt ebenfalls nicht mehr den Israeliten, sondern Pharao
(6,11). Es ist neu in der Priesterschrift, daß Pharao und
die Ägypter, über die die alte Erzählung erst nach der Berufungsgeschichte zu erzählen weiß, schon vorweg in die Berufungsgeschichte integriert sind. Aus welcher theologischen Absicht die Priesterschrift das Vorgegebene umgestaltet, wird später erörtert werden.


### 3. Spezifische Ausdrücke der Priesterschrift

Die priesterschriftliche Berufungsgeschichte enthält Ausdrücke, die auch sonst in P vorkommen. Diese sind zwar nicht
für sie (P$^g$) allein spezifisch, sondern gehören meistens
zu einem bestimmten Traditionskreis jüngerer Zeit[167], unterscheiden aber die priesterschriftliche Berufungsgeschichte
von den älteren Quellenschriften und sind in der Regel für
die theologische Interpretation durch die Priesterschrift
von Belang:
"des Bundes gedenken" (זכר ברית") in 2,24; 6,5; (Gen 9,15f.).
"Gott tat sich kund" (ידע אלהים ni.) in 2,25; 6,3.
die Erkenntnisaussage (ידע qal) in 6,7; (16,12; 29,46;
vgl. 16,6); mit den Ägyptern als Subjekt in 7,5; 14,4.18.
"den Bund aufrichten" (הקים את־ברית") in 6,4; (Gen 6,18;
9,9.11.17; 17,7.19.21).
"als Schutzbürger weilen" (גור) in 6,4; ארץ מגריך Gen 17,8;
28,4; 36,7.
sog. Bundesformel in 6,7: Ihre erste Hälfte findet sich in
Gen 17,7; Ex 29,45.

---

167 "Des Bundes gedenken" in Lev 26,42.45; Ez 16,60; Ps 105,8; 106,45;
    111,5; Jer 14,21; "den Bund aufrechterhalten" in Lev 26,9; Dtn 8,
    18; Ez 16,60.62; Jer 34,18.

"mit Gerichten" (בשפטים) in 6,6; 7,4; (12,12).

"meine (=Jahwes) Heerscharen" (צבאתי) in 7,4; (12,41); vgl. in
P^S 6,26; 12,17.51.

C. Reicht die Beziehung zwischen der Priesterschrift
   und den älteren Quellenschriften aus, um eine
   direkte literarische Abhängigkeit zu beweisen?


1. Enge Berührungen

In der Erhörungsaussage weisen die drei Quellenschriften
ziemlich enge Berührungen untereinander auf. Die Taten Gottes werden mit gleichen Verben bezeichnet: ראה (3,7 J.9 E;
2,25 P), שמע (3,7 J; 2,24; 6,5 P)[168]. Aber sowohl die Reihenfolge ihres Vorkommens in J und P als auch die Objekte
der Verben sind unterschiedlich, so daß keine wörtliche
Übereinstimmung zwischen den Quellenschriften besteht. Der
Wortschatz für die Notlage Israels in Ägypten stammt aus
der Sprache der Klage (עני, לחץ, צעק und נאק); ihre Zusammengehörigkeit zu einem Wortfeld bestätigt sich darin, daß
sich die Ausdrücke, die hier in verschiedenen Quellenschriften vorkommen, anderswo zusammen finden[169]. Auch מכאוב[170]
(J) und אנח[171] (P) berühren sich mit der Sprache des Klage-
liedes. Nicht nur einzelne Wörter, sondern auch die Wendungen "das Elend sehen" ("ראה את־עני" in 3,7 J) und "die Hilfe-
rufe aufsteigen" ("עלה שועת" in 2,23b P) sind für die Schilderung der Klage typisch[172]. Zwischen der Priesterschrift
und den älteren Quellenschriften läßt sich also in der Darstellung der Erhörung keine direkte Entlehnung nachweisen,
vielmehr hat ihre Sprache einen gemeinsamen Ursprung in der
Klage.

---

168 ידע erscheint zuvor in 3,7 J qal und in 2,25 P ni., aber 2,25 ge-
    hört nicht zur Erhörung.
169 עני (J) kommt in Ps 44,25 mit לחץ (E) zusammen vor. Das Wort
    לחץ (E) steht in Jdc 4,3; 10,12; Jes 19,20 zusammen mit צעק (J,
    E) und in Jdc 2,18 mit נאק (P).
170 Thr 1,12.18; Ps 38,18.
171 Thr 1,4.8.11.21.
172 Der erste Ausdruck findet sich wieder in Ps 9,14; 25,18; 31,8; 119,

In der elohistischen Berufungsgeschichte bestimmt von v.10
an das Berufungsformular die Darstellung. In v.9 greift E
kaum in das vorgegebene Gut ein[173], so daß die Überlieferung
darin relativ unmittelbar zum Ausdruck kommt. Gerade zu diesem Halbvers (v.9a) bietet der Text von P (2,23b) eine ähnliche Aussage, die nicht durch die spezifisch priesterschriftliche Sprache geprägt ist. Einige Unterschiede bestehen zwar: P berichtet über Israel und Gott in der dritten Person (2,23aß-25), während in E (v.9) Gott spricht. In
P wird das Hinaufsteigen des Hilferufes erst nach dem Seufzen und Schrei der Israeliten berichtet, während in E vorher von ihrem Tun keine Rede ist. Aber beide Sätze sprechen
von derselben Sache. Wenn die Priesterschrift die elohistische Berufungsgeschichte als schriftliche Vorlage gebraucht
hätte, hätte sie dann 3,9a nicht übernommen und den Satz
ihrem Kontext entsprechend modifiziert, um dieselbe Intention auszudrücken? In der selbständigen Priesterschrift,
die die spätere Verflechtung mit den anderen Quellenschriften nicht voraussetzt[174], hätte diese Übernahme keine Wiederholung gebildet[175]. Das Wort צעקה (3,9 E), das P in ver-
baler Form in Ex 14,10bß gebraucht, findet sich trotzdem
in 2,23b nicht wieder. P gebraucht שועתם. Das Verb בוא in
der Rede Gottes braucht nicht im Bericht über Gott von עלה
abgelöst zu werden. Beide Verben können im Bericht vorkommen (עלה in I Sam 5,12 und בוא in Ps 18,7; 102,2). Die
gleiche theologische Intention wird also mit verschiedenen
Wörtern formuliert. Dieser Tatbestand spricht deutlich gegen eine direkte literarische Abhängigkeit der Priesterschrift von E.

---

153; Thr 1,9; Hi 10,15; Gen 29,32; 31,42; Ex 4,31; I Sam 1,11; II
   Reg 14,26; Neh 9,9. Der zweite Ausdruck kehrt in I Sam 5,12 und
   mit dem Verb בוא in Ps 18,7; 102,2 wieder.
173 S.o.S.26ff.
174 Dazu s.o.S.2ff.
175 Wenn P eine Ergänzung zu den älteren Quellenschriften wäre, hätte
   sie den gleichen Ausdruck eher vermieden.

2. Finden sich Eigentümlichkeiten der älteren Quellenschriften in der Priesterschrift wieder?

Der Jahwist und der Elohist geben ihre vorgegebene(n) Über-
lieferung(en) nicht einfach wieder, sondern bearbeiten diese
aus eigenem Interesse und mit eigener Gestaltungskraft. Wenn
die Priesterschrift allein eine ältere Quellenschrift oder
Quellenschriften kennt, ist ihr die Erzählung nur als Einheit, d.h. ohne Unterscheidung zwischen vorgegebenem Gut und
den je eigentümlichen Bearbeitungen durch J und E bekannt.
Dann muß die Priesterschrift auch deren Intentionen übernommen haben, insoweit diese nicht ihrer theologischen Absicht
widersprachen. Im Folgenden wird darum die Frage untersucht,
ob sich Eigentümlichkeiten des Jahwisten und des Elohisten
in der Priesterschrift wiederfinden, und zwar entweder direkt übernommen oder umgedeutet.

Von den aus der jahwistischen Feder fließenden Wörtern[176]
findet sich keines in der priesterschriftlichen Berufungsgeschichte. Wenn die Priesterschrift sie anderswo gerne gebrauchen würde, könnte man aus ihrem Fehlen in der Berufungsgeschichte eindeutig darauf schließen, daß sie die jahwistische Berufungsgeschichte nicht als schriftliche Vorlage
gekannt hat. Aber sie erscheinen in der Priesterschrift (P$^g$)
überhaupt nicht. P spricht vom "Hinaufsteigen" (עלה) Gottes
nach seiner Erscheinung und seiner Rede (Gen 17,22; 35,13;
vgl. Ex 24,18), aber nicht vom "Hinabsteigen" (ירד) Gottes.
Auch "Boten Jahwes" kennt P nicht. Sie gebraucht weder ענן
noch נגש. Der Sachverhalt erlaubt also nicht zwingend den
Schluß, daß die jahwistische Berufungsgeschichte der Priesterschrift unbekannt gewesen sei, aber es liegt nahe, daß
sie die jahwistische Berufungsgeschichte nicht genau kennt
oder daß sie ihrer Vorlage nicht folgt.

Läßt sich ein Einfluß der elohistischen Spezifika des Berufungsformulars auf die Priesterschrift nachweisen? Sie

---

176 S.o.S.24ff.

gebraucht שלח in anderem Sinn und anderem Zusammenhang, nämlich für die Entlassung der Israeliten durch Pharao in Ex
6,11; 7,2 (pi.)[177]. Im Auftrag Jahwes an Mose, zu den Israeliten zu reden (אמר) Ex 6,6 und zum Pharao zu sprechen
(דבר) 6,11, fehlt jedoch das Verb שלח. Die Herausführung
aus Ägypten wird zwar auch in P mit יצא hi. formuliert,
aber als Tat Gottes, nicht als Tat Moses (3,10ff. E). Nur
im Munde der murrenden Gemeinde wird die Herausführung als
Tat Moses formuliert (Ex 16,3), die mit der Herausführung als
Tat Jahwes 16,6 in der Antwort Moses an die Gemeinde auffällig kontrastiert. Sonst stellt die Priesterschrift (P[g])
den Exodus als Tat Jahwes dar (Ex 6,6.7; 7,4.5; <12,51>;
29,46). Die Beistandsformel gebraucht sie nirgendwo[178].
Das Wort אות (vgl. 3,12a) kommt zwar in 7,3b vor; aber
selbst wenn 7,3b zur ursprünglichen Priesterschrift gehört[179], kann man nicht vom Einfluß des Elohisten sprechen,
denn das Wort hat hier sowohl eine andere Form - es ist
pluralisch konstruiert und bildet mit מופת ein Wortpaar -
als auch einen anderen Sinn, da es sich auf die Wunder in
der Plagengeschichte bezieht. Die priesterschriftliche Berufungsgeschichte wird durch bloße Gottesrede (דבר und אמר
in 6,2) eröffnet und kennt weder Gottes Anruf (קרא) mit
Namen noch Moses Antwort (vgl. 3,4b)[180]. Auch die für den
Elohisten spezifischen Ausdrücke finden sich also in der
Priesterschrift nicht. Ein negativer Tatbestand ist zwar
für verschiedene Deutungen offen, aber die Sachlage spricht
wenigstens stark dafür, daß die Priesterschrift die elohistische Berufungsgeschichte nicht präzis kennt.

---

177 P gebraucht das Verb in qal-Form für die Aussendung Jakobs durch
   Isaak in Gen 28,5 und der Kundschafter in Num 13,2f. u.a.
178 Holzinger, Einleitung 348.
179 S.o.S.34ff.
180 ויקרא אל־משה steht in Ex 24,16, aber meistens wird die Rede Gottes in P einfach mit דבר oder אמר eingeführt.

### 3. Folgerung

Die älteren Quellenschriften und die Priesterschrift berühren sich weniger im Wortlaut als in einzelnen Gedanken.
Sie drücken gleiche theologische Intentionen in verschiedener Sprache aus. Außerdem kommen die aus den Interpreta-
tionen der älteren Quellenschriften stammenden Ausdrücke
in P nicht wieder vor. Eine literarische Beziehung wird damit zwar nicht völlig ausgeschlossen, aber wenigstens ist
zu schließen, daß sich die Priesterschrift von den älteren
Quellenschriften nicht direkt beeinflussen läßt. Bleibt
eine unmittelbare literarische Abhängigkeit also unwahrscheinlich, so ergibt sich die Notwendigkeit, "in das dunkle und unübersichtliche Gebiet der vorliterarischen mündlichen Überlieferung"[181] einzutreten.

---

181 Noth, ÜP 4.

D. Rekonstruktion der Überlieferung und Vergleich
   der Priesterschrift mit der Überlieferung,
   dem Jahwisten und dem Elohisten


## 1. Grundsätzliches

Die in J und E vorgegebene Überlieferung ist uns nicht
direkt erhalten geblieben. Jedoch ist ein Versuch, indirekt
die Überlieferung zu verfolgen, theoretisch möglich, denn
wir kennen sie durch Vermittlung der schriftlichen Werke.
Läßt sich die Interpretation des Verfassers in der vorliegenden schriftlichen Erzählung abheben, ist die ihm vorgegebene Überlieferung erreichbar. Stehen uns im Fall der
Mosesberufung zwei voneinander unabhängige Fassungen der
Überlieferung zur Verfügung, oder liegt uns nur ein Zeugnis
vor, da E und J literarisch abhängig sind?

Schon über das Verhältnis zwischen den beiden älteren Quellenschriften klaffen die Meinungen auseinander. Einerseits wird die Ansicht vertreten, daß sich zwischen Jahwisten und dem Elohisten keine unmittelbare literarische Beziehung nachweisen läßt[182]. Andererseits besteht
die Auffassung, daß der Elohist das jahwistische Werk als literarische
Vorlage benutzt habe[183]. Zwischen J und E lassen sich trotz aller Übereinstimmungen im großen gewisse "Abweichungen in Stoffauswahl und Stoff-
bearbeitung"[184] im einzelnen nicht aus unmittelbarer literarischer Abhängigkeit erklären. Dieses Ergebnis soll durch unsere kurze Untersuchung der Berufungsgeschichte bestätigt werden.
Die für J typischen Ausdrücke[185] fehlen in der jüngeren, elohistischen
Berufungsgeschichte völlig, obwohl E einige von ihnen anderswo gebraucht.
Weder das Verb ירד mit Gott als Subjekt noch das Nomen נגשים, noch
der Bote Gottes (מלאך), noch das Wort עני kommen in Ex 3* E vor. Vom
göttlichen Boten weiß er jedoch in der Vätergeschichte (Gen 21,17; 22,11;
28,12; 31,11) wie in der Auszugsgeschichte (Ex 14,19a) zu erzählen.

---

182 Gunkel, HK 1,1, LXXXIII.322 (zu Gen 28,11-22); Procksch, Sagenbuch
    305ff.; Greßmann, Mose 373; Noth, ÜP 40ff.; W.H.Schmidt, VuF 1974,
    87f.; ders., Einführung 47.87; Smend, Entstehung 89.
183 Meyer, Israeliten 7ff.14.21; Smend, Hexateuch 33; Auerbach, Moses 9;
    Richter, Berufungsberichte 135f.; Schulte, Entstehung 20.39.54.68;
    Kaiser, Einleitung [4]99f.[5]102f.
184 Noth, ÜP 41.
185 Dazu s.o.S.24ff.

Das Wort עני gebraucht E in Gen 31,42[186]. Hätte er die jahwistische
Berufungsgeschichte als schriftliche Vorlage gehabt, gäbe es kein Hin-
dernis für ihn, jene Wörter auch hier zu übernehmen. Dasselbe gilt für
"die Ältesten" זקני und wohl auch für פקד (Ex 3,16)[187]. Nicht nur von
der Interpretation durch J, sondern auch aus der Entdeckersage, die
einst selbständig überliefert war und sich nun in der jahwistischen Berufungsgeschichte findet, kehrt in E nichts wieder[188].

Dieser Tatbestand spricht eindeutig gegen direkte literarische Abhängigkeit des Elohisten vom Jahwisten, infolgedessen für einen überlie-
rungsgeschichtlichen Zusammenhang zwischen beiden älteren Quellenschriften. Diese Bestätigung ist für die folgende Untersuchung von Bedeutung[189], denn zwei literarisch voneinander unabhängige Quellenschriften
bezeugen die Überlieferung doppelt, so daß die Rückfrage nach der Überlieferung erleichtert wird.

Auch durch Vergleich der Interpretationsvorgänge der beiden älteren Quellenschriften läßt sich die Überlieferung
bestimmen. Ist auch der *Wortlaut* der Überlieferung auf diese
Weise meistens nicht rekonstruierbar, so sind doch ihre
*Grundzüge* noch ungefähr vorstellbar. Wenn beide älteren
Quellenschriften aus eigener Interpretation die Überlieferung stark umgestalten, ohne eine Spur von ihr zu hinter-
lassen, bleibt ein Zurücktasten in die vorliterarische Form
vage. Die Untersuchung der Überlieferung ist also teilweise
unsicher[190] und muß darum mit Vorsicht und Sorgfalt durchgeführt werden. Auch ist im Einzelfall Sicheres und Unsi-
cheres zu unterscheiden.

Erst nach der Rekonstruktion der Grundzüge der Überlieferung kann der Vergleich der Priesterschrift mit der alten
Überlieferung und der jahwistischen und der elohistischen
Erzählung vollzogen werden. Welche Beziehung läßt sich aus
den Übereinstimmungen mit und den Abweichungen der Priesterschrift von den drei anderen Fassungen erschließen?

---

186 Vgl. Gen 41,52; dazu Noth, ÜP 38.
187 "זקני erscheint in Ex 18,12, vielleicht, indem E es aus einer alten
    Überlieferung aufnimmt. E gebraucht פקד in Gen 50,24f.; Ex 13,19.
188 Z.B. erzählt E nicht von der Theophanie. Dazu s.u.S.52f.
189 Dabei kann die Frage, wieweit sich der ganze Umfang der Überliefe-
    rung erstreckt, offen bleiben.
190 Dies besagt nicht, daß die überlieferungsgeschichtliche Arbeit ganz
    und gar unsicher sei. Eine literarkritische Arbeit scheint zwar
    sicherer zu sein, weil sie sich auf die im AT unmittelbar vorlie-
    genden Texte beziehen kann. Aber es ist zu fragen, wie sich die be-
    treffenden Texte eigentlich zueinander verhalten, ob man sie in
    einen direkten Zusammenhang setzen kann.

## 2. Lokalisierung

Der augenfällige Unterschied zwischen den Quellenschriften liegt in der Lokalisierung von Moses Berufung[191]. In
der Priesterschrift ist sie, wie aus dem vorangehenden und
anschließenden Zusammenhang (Ex 1,1-7.13f.; 7,10) zu schließen ist, als in Ägypten geschehen gedacht, obwohl nicht
ausdrücklich ein Ort angegeben ist[192]. Nach der vorliegenden Form von Ex 3, d.h. in der Verflechtung der beiden
älteren Quellenschriften, ist der Berufungsort der "Gottesberg (Horeb) hinter der Wüste" (3,1b)[193]. In J ist Mose bei
seiner Hirtentätigkeit zufällig "hinter die Wüste" gekommen. Diese Aufgabe hat er durch seine Verschwägerung mit
dem Priester von Midian (2,16) übernommen. In E geschieht
die Berufung am Gottesberg. Die uns spärlich erhaltene elohistische Berufungs- und Auszugsgeschichte gibt keine weitere Auskunft über den Gottesberg. Doch kommt die Ortsbe-
zeichnung wieder im elohistischen Teil des Berichts von
einem gemeinsamen Opfer der Midianiter und Israeliten vor
(Ex 18,5)[194]. "(Jitro), Priester von Midian, Schwieger-
vater Moses" (18,1)[195] besucht Mose am Gottesberg. Der Berufungsort liegt sowohl nach J als auch nach E außerhalb
Ägyptens (anders P) und wird vielleicht an einem Ort lokalisiert, der mit den Midianitern in enger Beziehung steht,
aber nicht innerhalb ihres Lebensbereiches selbst zu liegen
braucht[196]. Aus der sachlichen Übereinstimmung der beiden

---

191 Noth (43) bezeichnet den Unterschied als "den einzigen und augenfäl-
ligen Unterschied". Das erste Adjektiv trifft jedoch nicht zu.
192 Ausdrücklich erst in Ex 6,28 P[S].
193 Zur Literarkritik dieses Verses s.o.S.18.
194 Der Bericht besteht aus der Erzählung des Elohisten und gewissen
Ergänzungen. Vgl. W.H.Schmidt, Glaube 67ff.; ders., Exodus 115ff.
195 Zum Namen Jitro s.o.S.19.
196 Ex 3,1bß und 18,5 stimmen miteinander im Wortlaut ... אל ... ויבא
überein, wenn auch das Subjekt der Handlung verschieden ist. In E
ist der Gottesberg kein Wohnplatz Moses bzw. der Midianiter, sondern gilt als ein Ort, vielleicht als Wallfahrtsort, zu dem man
kommt. Dasselbe gilt auch für die jahwistische Berufungsgeschichte:
Die Präposition אחר (nach, über hinaus) in 3,1bα soll wohl andeuten, "daß Mose das übliche Weideland verläßt. Tritt er damit zugleich aus dem Lebensbereich seines midianitischen Schwiegervaters
heraus?" (W.H.Schmidt 154).

älteren Quellenschriften ist zu schließen, daß die alte
Überlieferung den Berufungsort außerhalb Ägyptens lokalisiert und die Heirat Moses mit einer Midianiterin kennt.
Die Ortsangabe ist also keine rein geographische Frage,
sondern enthält wohl zugleich eine Nachricht über die Verwandtschaft Moses mit den Midianitern.

Wie ist der Unterschied zwischen der Priesterschrift und
der Überlieferung oder den älteren Quellen entstanden?
Kennt P Moses Verbindung mit den Midianitern gar nicht? Es
ist aus folgenden Gründen unwahrscheinlich, daß der Priesterschrift das Motiv der Heirat Moses mit einer Midianiterin und der Verwandtschaft mit dem midianitischen Schwie-
gervater unbekannt war. a) Das Motiv gehört zu den Urelementen der Moseüberlieferung[197]. b) Durch ihr Schweigen
nimmt die Priesterschrift indirekt zur Heirat Moses mit
der Tochter eines Midianiterpriesters kritisch Stellung.
Da P Mose große Bedeutung zuweist, läge es nahe, daß sie
die priesterliche Genealogie von ihm herleitet[198]. Aber
das ist bei P nicht der Fall. In der Priesterschrift, die
an Genealogien großes Interesse hat, fehlt auffälligerweise eine eigene Genealogie Moses. In Ex 6,20 findet sich
der Name Mose zwar in einer Genealogie, die aber nicht von
ihm hergeleitet wird und nicht zu $P^g$, sondern zu $P^s$ gehört. Zwischen Mose und der späteren Priesterschaft steht
Aaron als Bruder Moses; er stellt eine indirekte genealogische Verbindung zwischen Priesterschaft und Mose dar.
Außerdem leitet sich die bei P oft genannte Levitengruppe
der Gerschoniten (Num 3,17ff.), deren Ahnherr Gerschon
kaum von Moses Sohn Gerschom[199] getrennt werden kann, nicht

---

197 Noth (ÜP 185f.200f.) meint, daß es sich ursprünglich nicht spezifisch um eine midianitische Frau, sondern allgemeiner um eine ausländische Frau handelt. Zur Kritik s. W.H.Schmidt 87; ders., Exodus 110f.

198 In Jdc 18,30 kann man vielleicht mit Vul., Handschriften von LXX
und £ Gerschom, Sohn Moses lesen und eine genealogische Verbindung
der danitischen Priesterschaft mit Mose als ein spezifisch nord-
israelitisches Element finden; Noth 25; W.H.Schmidt 94f. (Lit.).

199 Der Name des Sohnes Levis schwankt zwischen Gerschom (I Chr 6,1f.;
23,15) und Gerschon (I Chr 5,27; 23,6; Gen 46,11; Ex 6,16f.; Num
3,17; 4,22). Selbst in Ex 2,22 (J) findet sich eine harmonisierende

von Mose, sondern von Aaron her[200]. Hindert das Wisse    n
Moses Heirat mit einer Midianiterin die Priesterschrift
daran, die Gruppe des Kultpersonals direkt auf die geschichtlich große Gestalt Mose zurückzuführen? Oder ist die Ab-
leitung von Aaron längst vorgegeben? Nach der Priesterschrift soll Mose anscheinend unverheiratet sein. Das ist
ein Beispiel dafür, daß sie aus eigenem Interesse das Vorgegebene gewaltsam unterdrücken kann.

Warum hat die Priesterschrift die Heirat Moses und seine
Verwandtschaft mit den Midianitern verschwiegen? a) Für P
ist schon die Heirat mit einer Ausländerin anstößig. Dies
läßt sich aus den Verhältnissen ihrer Zeit verstehen, in
der "die Mischehen die Reinheit der Gemeinde und der Reli-
gion bedrohten"[201]. Aus der Kritik an den Mischehen wandelt P auch die Jakob-Esaugeschichte um. Durch die Ehe mit
Ausländerinnen hat Esau den Segen verscherzt (Gen 26,35; 28,
1ff.), und Jakob soll nach Paddan-Aram gehen, um sich seine
Frauen aus der Familie seiner Mutter zu holen, was in der
alten Sage zunächst nicht das Ziel, sondern nur ein Erfolg
der Reise war[202]. b) Die Verschwägerung mit einem fremden
Priester (Ex 3,1 J; 18,1a E) kann noch anstößiger als die
Heirat mit einer Ausländerin selbst gewirkt haben[203].
c) Die später gespannten Beziehungen zu den Midianitern
können schließlich als Ursache des priesterschriftlichen
Schweigens über Moses Kontakt mit ihnen gelten[204].

---

Veränderungslesart durch Pescht. (Orig.).
200 Noth, ÜP 202.
201 Gunkel, HK 1,1, 386. In den gleichen Verhältnissen gewinnen die
    Sabbathaltung (Ex 16; vgl. Gen 1) und die Beschneidung (Gen 17)
    als Unterscheidungsmerkmale an Bedeutung.
202 Gunkel, ebd.; vgl. Gross, Bib 1968, 340. P hat aus der Vorlage,
    daß Esaus Frauen Hethiterinnen und eine Ismaelitin gewesen sind,
    Jakob aber Labans Töchter geheiratet hat, diese Umdeutung geschaf-
    fen. Mit den Kanaanäerinnen, die nicht zu heiraten Isaak dem Jakob
    befahl (Gen 28,1), scheint keine spezifische ethnische Vorstellung
    verbunden zu sein, denn die Priesterschrift hat die Frauen Esaus
    nicht in Kanaanäerinnen verändert (Gen 26,34f.). Bei P handelt es
    sich eher um Ausländerinnen überhaupt. So kann man daraus kaum auf
    Palästina als Entstehungsort der Priesterschrift schließen.
203 Nach Eißfeldt (KS IV, 85) empfindet P die midianitisch-kenitische
    Herkunft Jahwes als Gefährdung der Selbständigkeit und Einzigartig-
    keit der israelitischen Jahwe-Religion.

Die Priesterschrift ignoriert also Moses Heirat und verlegt die Berufung stillschweigend nach Ägypten. Da die Heirat Moses nicht zu den Theologumena einer der älteren Quellenschriften, sondern zu den Urelementen der Moseüberlieferung gehört, bleibt es strenggenommen allerdings offen,
ob die Priesterschrift die älteren Quellenschriften in diesem Fall kennt oder nicht, denn sie kann dieses Motiv sowohl durch Vermittlung von J bzw. E als auch durch eine J
und E parallele Überlieferung oder durch eine im Laufe der
Jahrhunderte umgewandelte Überlieferung erfahren haben[205].
Man kann aus dem Schweigen der Priesterschrift die Art und
Weise des ihr vorgegebenen Guts, z.B. ob dieses wie der
Elohist den "Gottesberg" kennt, nicht feststellen.


### 3. "Gotteserscheinung"

In der jahwistischen Erzählung steht die Rettungsankündigung (v.7f.) im Rahmen der göttlichen Erscheinung, genauer gesagt, der Erscheinung des Jahweboten (v.2a). Der
Jahwist fügt v.2a als deutende Überschrift zu der Überlieferung hinzu[206]. Die elohistische Erzählung berichtet weder von einer Gotteserscheinung noch von einem visuellen
wunderbaren Phänomen. Häufig nimmt man aufgrund von v.6b
an, daß auch die elohistische Erzählung in ihrer ursprünglichen, nicht mehr vollständig erhaltenen Form irgendeine
göttliche Erscheinung an einem bestimmten Ort enthalten
hat[207]. Aber dieser Halbvers, der von Moses Reaktion aus
Scheu vor dem "Anschauen" Gottes berichtet, gehört wahrscheinlich nicht zu E, sondern zu R$^{JE}$ [208]. Selbst wenn er

---

204 Vgl. Jdc 6-8; Num 25,6ff.16f.; 31.
205 Wenn die Heirat mit einer Midianiterin eine Folge der theologischen
    Interpretation einer Quellenschrift wäre, könnte das Ignorieren der
    Vorlage durch P dafür sprechen, daß sie eine Quellenschrift kannte.
206 Dazu s.o.S.24.
207 Etwa so Noth 22.25. Bei der Redaktion der beiden Quellenschriften
    sei sie durch das jahwistische Erzählungselement verdrängt wor-
    den.
208 Dazu s.o.S.17f.

elohistisch wäre, bliebe jene Annahme wenig wahrscheinlich:
a) Hinter dem Verhalten Moses, das Angesicht zu verbergen,
steht zwar das Motiv "Niemand schaut mich und bleibt am
Leben" (Ex 33,20), aber aus ihm ist nicht ohne weiteres
auf die Erscheinung selbst zu schließen, denn die Reaktion
ist bereits so selbstverständlich geworden, daß sie sich
nicht nur speziell auf die sichtbare göttliche Erscheinung
(Jdc 13,20; Gen 17,3), sondern auch auf die Offenbarung
durch seine Rede beziehen kann (I Reg 19,9ff.)[209]. b) Die
Tatsache, daß Mose in dem Wort, das er zu den Israeliten
nach der Beauftragung zu sprechen hat, die göttliche Erscheinung gar nicht erwähnt (v.13), spricht gegen die Annahme einer Theophanie bei E; andernfalls wäre sie den Israeliten wohl mitgeteilt worden, wie das Auftragswort in
der jahwistischen Erzählung zeigt (v.16), zumal da sie
Moses Wort gegenüber skeptisch sind (v.13b). Dieses Erzählelement brauchte bei der Verflechtung der beiden Quellenschriften nicht gestrichen zu werden, denn gerade die jahwistische Erzählung, mit der die elohistische kombiniert
wird, schildert eine sichtbare Erscheinung, und die Doppelung bleibt im vorliegenden Text erhalten[210]. c) Weder
das "Berufungsformular" (v.10-12a)[211] noch die Lieblings-
wendung des Elohisten mit dem Anruf Gottes und der Antwort
des Menschen (v.4b.6)[212] braucht die göttliche Erscheinung
als Einleitung.

Der jehowistische Redaktor stellt die Erscheinung des
Boten Jahwes (v.2 J) dem Anruf Gottes (E) voran, so daß
die göttliche Erscheinung in der vorliegenden Erzählung
die gesamte Berufungsgeschichte einleitet.

Wie sah die Überlieferung vor ihrer schriftlichen Fixierung in den Quellenschriften aus? In der jahwistischen Er-

---

209 W.H.Schmidt 159.
210 Gottes Erhörung und Eingreifen finden sich in v.7f. (J) und in
    v.9f. (E), die Mitteilung an die Israeliten in v.16f. (J) und in
    v.13 (E).
211 Das Berufungsformular in I Sam 9f. und Jer 1,4ff. kennt keine gött-
    liche Erscheinung, anders in Jdc 6,12.
212 Gen 22,1.11; 21,17 (Gottesboten), anders in Gen 46,2 in der nächt-
    lichen Vision.

zählung dient der vermutlich ursprünglich selbständig umlaufende Erzählstoff der überraschenden Entdeckung eines
heiligen Orts als Einleitung zur Berufungsgeschichte Moses[213]. Hat erst der Jahwist die "Entdeckersage" (v.1-5*)
mit der Berufungstradition (v.7f.16f.) kombiniert? Oder
enthält schon die Überlieferung beides? Die als Beiname
Jahwes zu verstehende Bezeichnung "Dornbuschbewohner" im
Mosesegen (Dtn 33,16), der innerhalb der Pentateucherzäh-
lung Sondergut ist[214], könnte für die Existenz einer alten
Tradition vom Dornbusch sprechen, falls beide Ortslagen zu
identifizieren sind, wenn auch das Verb שכן in Ex 3 unbekannt ist[215]. Da in v.16 die Erscheinung Jahwes mit der
Rettungsankündigung des Berufungswortes verknüpft ist,
liegt es scheinbar nahe, daß die Berufung Moses und die
Entdeckersage, die von der Erscheinung Jahwes berichtet,
bereits in der Überlieferung verbunden sind. Der Jahwist
korrigiert diese Überlieferung durch die Einfügung des
Jahweboten im Dornbusch (v.2a). Aber in v.16 muß Jahwe
selbst genannt werden, weil er mit dem Vätergott identifiziert wird. Außerdem gebraucht J den Boten Jahwes anstelle
von Jahwe auch sonst nicht konsequent[216]. Die Gesamtkompo-
sition seines Werkes, in der man seit Gen 4,26 Jahwe an-
ruft, nötigt den Jahwisten, die von der Überlieferung ge-
botene Einführung des neuen Namens Jahwe aus seiner Berufungsgeschichte zu verdrängen. Anstelle der Einführung
des neuen Namens setzt er wohl die ursprünglich selbständig umlaufende Entdeckersage als neue Einleitung der Berufungsgeschichte. Darum ist es wahrscheinlicher, daß der
Jahwist selbst Entdeckersage und Berufung Moses kombiniert.
Selbst wenn die Zusammenfügung der beiden Motive bereits J
vorgegeben wäre, ist diese Überlieferung für eine spätere
Entwicklung zu halten, denn in ihr sind das Berufungswort
und die Entdeckersage nebeneinander gestellt und nicht or-

---

213 Greßmann, Mose 21ff. bes. 39f.; Noth, ÜP 221.
214 Noth, ÜP 202 Anm.518.
215 W.H.Schmidt 117.
216 Gen 16,13f. gegenüber 16,7ff.; 18,2 gegenüber 19,1.15.

ganisch ineinander verflochten[217]. Die alte Überlieferung
der Moseberufung enthielt vermutlich keine göttliche Erscheinung, und sie ist dem Elohisten vorgegeben. Die elohistische Geschichte repräsentiert auch sonst manchmal ein
früheres Stadium der Überlieferungsgeschichte als J[218].

Durch das Fehlen der göttlichen Erscheinung stimmt die
Priesterschrift mit der alten Überlieferung und dem Elohisten überein, und sie weicht vom Jahwisten und dem Jehowisten ab. Wie ist dieses Verhältnis entstanden?

Die Priesterschrift gebraucht den Offenbarungsterminus
ידע (ni.) in Ex 2,25[219], dem keine visuelle Erscheinung
Gottes, sondern die Offenbarung durch Gottes Rede folgt.
Das Wort ידע (ni. 2,25) bezieht sich speziell auf die Offenbarung des neuen Gottesnamens (wiederum ni. 6,3b), und
weiter richtet es sich auf die Erkenntnis Israels als Ziel
des Sichkundtuns Jahwes (6,7b). Der Offenbarungsterminus
ידע trägt also die theologische Intention der Priesterschrift. Es ist schwer, hinter ihrer eigenen Absicht zu
erfassen, was ihr vorgegeben war. Man kann jedoch wenigstens folgendes feststellen: Selbst wenn die göttliche Erscheinung als Einleitung der Berufungsgeschichte P bekannt

---

217 Die sekundäre Verknüpfung besagt jedoch nichts über das Alter der
Entdeckersage selbst.
218 Z.B. die lautlose Vision des Himmelstores (E) gegenüber dem Gespräch zwischen Jakob und Jahwe in Gen 28,10-17 oder Ruben statt
Juda in der Josephsgeschichte.
219 Noth 17; W.H.Schmidt 79; anders zuletzt Weimar, Untersuchungen
65ff. Es ist nicht leicht festzustellen, wie sich dieser Offenbarungsterminus ידע (ni.) zu dem anderen Offenbarungsterminus ראה
(ni.) in der gesamten Priesterschrift verhält. Wird die Erscheinung
Gottes nur einer vorläufigen Stufe der Offenbarung zugewiesen (so
etwa Rendtorff, GStAT 43)? Wie ist dann die Erscheinung der Herrlichkeit Jahwes von Ex 16 an zu interpretieren? Dagegen ist die
Ansicht kaum überzeugend, daß die Priesterschrift die Rede mit der
Erscheinung aufwertet, so daß "diese göttlichen Offenbarungen im
Sinne der priesterschriftlichen Theologie auf andere, tiefere Weise
für die Existenz Israels grundlegend sind als das sonstige Sprechen
Gottes" (Lohfink, Bib 1968, 5; vgl. auch Weimar, Untersuchungen
82ff.), da sie die Erscheinung gar nicht im einzelnen schildert
und an die bloße Feststellung des Geschehens die lange Rede Gottes
anschließt. Am Schluß dieser mit der göttlichen Erscheinung er-
öffneten Berichte wird die Handlung Gottes mit dem Wort דבר zusammengefaßt (Gen 17,22; 35,13.15). Übrigens ist דבר in Gen 35,15 besonders auffällig, denn es handelt sich hier um die Benennung des

gewesen wäre, hinterläßt sie im vorliegenden Text keine
Spur, denn in ihm findet sich weder eine ausdrückliche Entsprechung der jahwistischen Erscheinungserzählung (v.2-5),
noch läßt sich indirekter Einfluß nachweisen, wie dies bei
der Lokalisierung der Fall war[220]. So ist die überlieferungsgeschichtlich sekundäre oder wohl erst vom Jahwisten
eingeführte göttliche Erscheinung für die Priesterschrift
nicht bindend.


## 4. Ankündigung der Rettung


Die Ankündigung der Rettung entspricht in den älteren
Quellenschriften insofern dem priesterlichen Heilsorakel,
als sie aus der Erhörung Gottes, die als Rede Gottes[221]
und ausschließlich im Perfekt formuliert ist, und aus dem
Versprechen von Gottes Eingreifen, das sich auf die Zukunft bezieht, besteht[222]. Es fehlen aber hier die für das
Heilsorakel typische Anrede und eine Versicherung der hilf-
reichen Nähe Jahwes in nominaler Aussage. Aus der Übereinstimmung der beiden älteren Quellenschriften kann man
schließen, daß auch in der ihnen vorgegebenen Überlieferung
die Rettungsankündigung Gottes Erhörung und sein Eingreifen

---

Ortes, d.h. ein charakteristisches Element der Heiligtumslegende,
die ursprünglich durch eine Theophanie einen Wallfahrtsort legiti-
mieren will, vgl. Gen 28,19; 32,31; Jdc 6,24. Die Einführung des
Namens Jahwe ist der des Namens אל שדי, die mit der Erscheinung
verbunden ist, überlegen und zwar durch ihre Begründung, durch die
Erklärung der vorangegangenen Zeit und durch den konsequenten
Gebrauch des Namens nach seiner Einführung.
220 Vgl. o. zum Fehlen einer Genealogie Moses in P (S.50ff.).
221 Ex 2,23aß-25 ist allerdings Bericht über Gott.
222 Begrich, GStAT 220f. Selbst wenn die Heilsankündigung als selbständige Gattung aus dem Heilsorakel auszugliedern wäre (Westermann, FAT 120ff.; demgegenüber sind Elliger BK XI/1, 159f. und
W.H.Schmidt 161f. skeptisch), besteht kaum Anhalt, in der Rettungsankündigung der drei Quellenschriften eine "Heilsankündigung" zu
sehen (Wimmer, Aug 1967, 411f.), denn die Erhörung ist in ihnen
stets perfektisch formuliert, während die "Heilsankündigung" durchweg futurisch formuliert wird (z.B. Jes 41,17-20) und darum den
Tempusunterschied von der perfektischen in der Erhörung zur futurischen Formulierung im Eingreifen nicht kennt.

beinhaltet. Die Priesterschrift stimmt in der Gottesrede
(6,5f.) mit der Überlieferung und beiden älteren Quellenschriften überein. P nimmt die Erhörung allein vorweg und formuliert sie in einen Bericht um (2,23aß-25)[223]. P fügt nach
der erweiterten Zusage des Eingreifens (v.6.7a) die Erkenntnis Jahwes durch die Israeliten als Ziel (v.7b) hinzu.

Die jahwistische Ankündigung der *Erhörung* wird mit drei
Verben der Wahrnehmung formuliert (sehen ראה, hören שמע und
erkennen ידע ). Nach E berichtet Gott vor seiner Wahrnehmung
(sehen ראה ) davon, daß das Hilfeschreien der Israeliten
zu ihm kam. Will man zwischen den Formulierungen beider
Quellenschriften abwägen, wird die elohistische Gestalt
wohl der Überlieferung näher sein, denn die Konzentration
auf die göttlichen Taten durch den Jahwisten läßt sich aus
seiner Betonung des freiwilligen Beschlusses Jahwes erklären[224] und in v.9 findet sich keine Spur einer elohistischen Bearbeitung. Die Priesterschrift stimmt mit dem Elohisten und wohl auch mit der Überlieferung überein, indem
sie vom Aufstieg des Hilferufes der Israeliten zu Gott
(2,23b) berichtet, nachdem sie vorher auch von dem Seufzen der Israeliten (2,23aß) erzählt hat.

Da der Jahwist und der Elohist die Bedrückung durch die
Ägypter[225] und die Notklage der Israeliten zwar mit verschiedenen Worten, aber der Sache nach übereinstimmend in
der Erhörung erwähnen, entspricht diese Fassung wohl der
Überlieferung. Die Priesterschrift stimmt mit diesen dreien
überein (6,5a).

Während alle Quellenschriften die Erhörung Gottes stets
perfektisch formulieren, bedienen sie sich bei der Ankün-
digung des Eingreifens Gottes zwar der grundlegenden futu-
rischen Formulierung, zeigen aber je eigene Umgestaltungen.
J stellt das Eingreifen Gottes als schon geschehen dar:
"Ich bin herabgestiegen" (וארד). Erst die Herausführung der
Israeliten aus Ägypten wird als Folge des Eingreifens mit
Infinitiven futurisch formuliert. E unterscheidet deutlich

---

223 ידע ni. in 2,25 könnte als Eingreifen Gottes verstanden werden.
224 S.o.S.24ff.
225 Zur spezifischen Bezeichnung נגשים von J s.o.S.24.

durch die Einfügung ועתה ("und nun") das künftige Eingreifen von der Erhörung und formuliert bereits die Sendung
futurisch (ואשלחך), die der imperativisch formulierten und
als Folge zu verstehenden Herausführung[226] vorangeht. In
der Überlieferung wird der Übergang von der perfektischen
Erhörung zum futurischen Eingreifen deutlich formuliert
gewesen sein[227], denn die jahwistische Darstellung des
schon geschehenen Eingreifens mit Imperfekt waw consec.
wird durch die Betonung des gegenwärtigen Beschlusses Jahwes verursacht[228]. Die Priesterschrift stimmt darin mit der
Überlieferung und dem Elohisten überein, daß sie die Taten
Jahwes als Eingreifen durchwegs futurisch mit Perfekt waw
consec. formuliert. P benutzt den Umschlag von der Erhörung zum Eingreifen, um die Rede an Mose durch die Rede
an die Israeliten[229] abzulösen. Daher sagt Jahwe in P zwischen der Erhörung und dem Eingreifen: "darum[230] sage zu den
Israeliten, ich bin Jahwe".

Wie in der Überlieferung das Eingreifen Jahwes eingeleitet wurde, kann nicht mehr erschlossen werden, da die jeweiligen Bearbeitungen der älteren Quellenschriften keine
deutliche Spur des vorgegebenen Gutes bewahrt haben; das
Wort ירד mit seiner imperfektischen waw consec. Form kehrt
auch sonst in J wieder[231]. Im nächsten Verb נצל könnte ein
Relikt der Überlieferung vorliegen, weil das Wort nicht spezifisch jahwistisch ist. Der Elohist gebraucht infolge der
Übertragung des Berufungsformulars das Wort שלח und wohl
auch das Wort הלך[232]. Jahwe kündigt bereits in der Überlieferung die Herausführung aus Ägypten als sein Ein-

---

226 W.H.Schmidt 150.
227 Ob das Eingreifen mit der den Übergang betonenden Partikel wie beim
    Elohisten ( ועתה ) beginnt oder ohne sie, kann man nicht sicher sa-
    gen. Mit einer Partikel wird das Heilsorakel in Jes 41,11 ( הן ) und
    43,2 ( כי ) formuliert.
228 S.o.S.24ff.
229 In v.5 werden die Israeliten in der dritten Person erwähnt, von
    v.6 an in der zweiten Person angeredet.
230 Die Partikel לכן betont den Übergang, indem sie das Folgende als
    Konsequenz des Vorangehenden darstellt.
231 S.o.S.24.
232 Dazu s.o.S.26f.

greifen an, obwohl unklar bleibt, wie er diese Ankündigung
formuliert.

Der Begriff "mein Volk" (עמי), der im Mund Gottes dessen
Verhältnis zu Israel prägnant bezeichnen kann, kommt sowohl
beim Jahwisten wie auch beim Elohisten erst in der Rettungs-
ankündigung Gottes bei der Berufung Moses vor (3,7 J.10 E).
Auch die Priesterschrift gebraucht den Begriff im gleichen
Zusammenhang, aber noch nicht in 6,6, sondern erst in 7,4.

Näheres Zusehen trifft aber auf einen Unterschied zwischen
J und E. In J kommt das Wort עמי schon im ersten Satz der
Rettungsankündigung vor, nämlich in der Erhörung Gottes,
während E dabei "die Israeliten" (בני־ישראל v.9) und erst
in der Herausführungszusage als Folge der Erhörung das Wort
עמי (v.10) gebraucht. Die elohistische Wendung steht wohl
der alten Überlieferung näher, denn die Vorwegnahme des
Wortes durch den Jahwisten erklärt sich aus seiner theologischen Intention, den gegenwärtigen Beschluß Jahwes zu betonen. Außerdem beginnt die elohistische Bearbeitung erst
mit v.10, und in v.9 kommt das vorgegebene Gut direkt zum
Ausdruck. Die Priesterschrift stimmt mit dem Elohisten und
der Überlieferung überein, insoweit sie in der Erhörung
noch בני־ישראל und erst im Zusammenhang mit der Herausführungszusage das Wort עמי benutzt (7,4)[233].
Die jahwistische Geschichte zeigt in Bezug auf die Herausführung aus Ägypten die folgenden Züge: a) Sie wird zum
erstenmal in der Ankündigung des Eingreifens Jahwes (3,8)
und wieder im Auftrag an Mose (v.17) angesprochen. b) Sie
wird beidemal als Tat Jahwes (עלה hi.) dargestellt. c) Das
Objekt der Herausführung ist einfach mit dem Personalpronomen bezeichnet (v.8), das sich auf "mein Volk" im vorangehenden Vers bezieht. d) Die Tat der Herausführung wird
mit "aus diesem Land" (v.8; vgl. 1,10) und "aus der Unterdrückung in Ägypten" näher bestimmt.

In der elohistischen Darstellung läßt sich folgendes beobachten: a) Die Herausführung wird ebenfalls im Versprechen

---

233 P fügt "meine Heerschar" (צבאתי, zum Sinn dieses Ausdruckes s.u.
    S.320f) zu den עמי בני־ישראל (3,10 E) hinzu. Bei J steht עמי
    ohne die Apposition בני־ישראל.

von Gottes Eingreifen (3,10) angesagt. b) Sie wird aber als
Tat Moses imperativisch formuliert. c) Objekt ist "mein
Volk, die Israeliten". d) Es wird "aus Ägypten" herausge-
führt.

Aus beiden Quellenschriften lassen sich als Züge der alten Überlieferung rekonstruieren: a) Die Herausführung wird
im Rahmen der Rettungsankündigung als Eingreifen Gottes
nach der Erhörung angekündigt. Dies ist J und E gemeinsam.
b) Die Herausführung wird in der Überlieferung als Tat Gottes formuliert, denn die Umgestaltung als Moses Tat ist auf
die theologische Interpretation von E zurückzuführen[234].
c) Objekt der göttlichen Tat ist "mein Volk, die Israeliten". Der Begriff "mein Volk" wird bei J wegen seiner Betonung der Gegenwart vorweggenommen[235]. d) "Aus Ägypten"
bildet die nähere Bestimmung, die Zielangabe fehlt[236].

Die Herausführung aus Ägypten kommt innerhalb der priesterschriftlichen Berufungsgeschichte in 6,6f.; 7,4f. vor.
Wie verhält sich ihre Fassung zu der Überlieferung und den
älteren Quellenschriften? a) Die Herausführung wird als
Gottes Eingreifen zugesagt (6,6). b) Sie wird stets (6,6f.;
7,4f.) als Tat Gottes angekündigt. c) Objekt der Herausführung sind in 6,6; 7,5[237] "die Israeliten" und in 7,4
"meine Scharen, mein Volk, die Israeliten". Warum erst in
7,4 der Begriff "mein Volk" vorkommt, erklärt sich aus der
theologischen Intention der Priesterschrift[238]. d) Eine
Zielangabe fehlt in der Herausführungsformel[239]. Die Priesterschrift führt stattdessen סבלות in 6,6f. ein[240]. Sie
tut dies, weil sie die Herausführung als Befreiungsakt versteht, wie die folgenden Verben נצל und vor allem גאל bestätigen. Die Priesterschrift stimmt mit dem Jahwisten in

---

234 s.o.S.27.
235 s.o.S.25.
236 Die Zielangabe in 3,8 (J) ist sekundär; dazu s.o.S.19f. Das Wort
    עני in v.17 wird von J eingeführt; dazu s.o.S.24.
237 Sam. liest hier unter dem Einfluß des v.4 "mein Volk, die Israeli-
    ten".
238 Dazu s.u.S.318f.
239 Zur Literarkritik von 6,8 s.o.S.31ff.
240 Zum בשפטים גדלים in 7,5 s.o.S.41.

(a) und (b), mit dem Elohisten in (a) und (c), und mit der Überlieferung in (a), (b), (c) und teilweise (d) überein[241]. Sie enthält Übereinstimmungen mit J und E nur dann, wenn die Züge auf die Überlieferung zurückgehen. Diese Übereinstimmungen sprechen danach nicht dafür, daß die Priesterschrift die Quellenschriften näher kennt, sondern daß sie auf eine Überlieferung zurückgreift, an der die Quellenschriften allerdings beteiligt sein können.

Im jahwistischen Text kommt eine weitere Bezeichnung für die Ägypter neben מצרים (v.8) vor, das der Elohist nur kennt (v.9), nämlich נגשיו (v.7b). Die den beiden vorgegebene Überlieferung kennt in der Berufungsgeschichte wohl nur מצרים, denn das Wort נגשים wird aus dem anschließenden jahwistischen Zusammenhang in Ex 5 durch J in die Berufung Moses eingeführt. Die Priesterschrift kennt nur מצרים und ist hierin mit E und der Überlieferung einig.

Der Jahwist bezeichnet die Situation der Israeliten in Ägypten mit "Fronarbeit" (סבלות in Ex 1,11; 2,11; 5,4f.). In der spärlich erhaltenen elohistischen Erzählung findet sich kein Wort dieser oder ähnlicher Bedeutung[242]. Die Priesterschrift kennt סבלות (6,6f.), gebraucht aber das Wort in anderem Zusammenhang als J: erst in der Berufungsgeschichte zusammen mit der Herausführungszusage und noch nicht im Bericht der Fronarbeit in Ex 1,13f. P bezeichnet die Arbeitslage in Ägypten kaum mit "Sklaverei"[243], denn (a) עבד (hi.) in 1,13 ist nicht als "zum Sklaven machen", sondern allgemein als "arbeiten lassen, zur Arbeit anhalten" zu verstehen[244]. b) Das Wort פרך, mit dem P die harte Arbeit in Ägypten charakterisiert, kann zwar sonst im Zusammenhang

---

241 Die Herausführungsaussage in 7,4 bleibt der Überlieferung näher wegen des Begriffes "mein Volk" und der Ortsangabe "aus dem Land Ägypten". Dagegen ist in 6,6 nur ein Zug der Überlieferung erhalten, nämlich der des Eingreifens Gottes.

242 Nur "bedrängen, bedrücken" (לחץ) in 3,9.

243 Die dtn-dtr Tradition nennt die Situation in Ägypten "Sklavenhaus": Dtn 5,6; 6,12; Ex 13,3.14; 20,2. Die Israeliten sind "Sklaven": Dtn 5,15; 6,21; 7,8; 8,14. Merkwürdigerweise bezeichnet sie sie auch mit dem Begriff "Fremdling" (גר) in Dtn 10,19; 23,8; der soziologisch mit dem Sklaven nicht identisch ist.

244 W.H.Schmidt 41.

mit der Behandlung von Sklaven vorkommen (Lev 25,43.46.53),
aber es ist wohl doch nicht spezifisch mit Sklaverei verbunden (vgl. Ez 34,4)[245].

## 5. Auftrag Gottes an Mose

An Mose ergeht der Auftrag weiterzugeben, was Gott ihm
in der Berufung kundgetan hat.

In der jahwistischen Erzählung lassen sich folgende Züge
beobachten: a) Der Auftrag (v.16f.) folgt auf die Rettungsankündigung (v.8aα). b) Mose soll zu den Ältesten Israels
gehen, um den Auftrag auszuführen. c) Der Befehl besteht
aus einer Reihe von Verben (sehen, sammeln und sagen), die
direkt aufeinander folgen. d) In der Rede Moses an die Ältesten kehrt das in der Berufung vorhergehende Geschehen
und Wort wieder; Mose soll den Ältesten die Erscheinung
Jahwes als Gottes der Väter, seine Erhörung und seine Herausführung aus Ägypten mitteilen.

Die elohistische Erzählung enthält folgende Züge: a) Gott
erteilt Mose den Befehl schon in der Ankündigung seines
Eingreifens (v.10). Sein Vollzug wird in der Frage Moses
gestreift (v.13). b) Mose soll zu den Israeliten gehen[246].
c) Der Befehl umfaßt "Gehen" (לכה) und "Herausführung"
(והוצא) in v.10. Zwischen beiden Verben steht eine göttliche Tat: "senden" (שלח). Mose spricht über den Vollzug
des Befehls, zu gehen und zu sagen (v.13). Hier fehlt das
Verb שלח. d) Mose berichtet den Israeliten nur von seiner
Sendung durch den Gott der Väter (v.13).

Obwohl die Abweichungen der beiden Quellenschriften zum
Teil sehr groß sind und ein weiteres Vortasten zur Überlieferung schwierig ist, kann man folgendes sagen: a) Daß
bei J der Auftrag hinter der Rettungsankündigung steht,

---

245 Auch das entsprechende Wort im Akkadischen ist nicht mit der Skla-
      verei verbunden; vgl. v.Soden, Akkadisches Handwörterbuch II,
      828 s.v. "parāku".
246 "Zu Pharao" in v.10f. ist wahrscheinlich nachträglicher Zusatz,
      s.o.S.20f.

entspricht wohl der Überlieferung, denn die elohistische
Stellung ist Folge der Übertragung des Berufungsformulars[247]. Die Frage Moses nach dem Vollzug in v.13 kann als
Relikt der Stellung des Auftrages in der Überlieferung verstanden werden. b) In der Frage, zu wem Mose gehen und
sprechen soll, existieren vielleicht schon in der Überlieferung zwei verschiedene Versionen, zum einen mit den Ältesten Israels und zum anderen mit den Israeliten als Adressaten, denn זקנים ist kaum spezifisch jahwistisch und der
Elohist hätte das Wort aufgenommen, wenn es ihm in der Überlieferung vorgegeben gewesen wäre[248]. c) Der Befehl in der
Überlieferung besteht wohl aus "Gehen" (בוא oder הלך) und
"Sagen", denn beide Wörter kommen sowohl bei J (v.16)[249]
als auch bei E (v.13) vor, wenn sie bei E auch nicht dem
Auftrag selbst angehören. "Sammeln" stammt wohl erst vom
Jahwisten, dem eine plastische Darstellung eigen ist. Beide
Verben sind noch nicht mit der göttlichen Sendung verknüpft, denn das Verb שלח findet sich bei E (v.10) infolge
der Übertragung des Berufungsformulars auf das Gespräch
zwischen Gott und Mose. d) Die Rede an die Israeliten beinhaltet die Zusammenfassung des vorhergehenden Geschehens
in der Berufung. Die Erwähnung der Erscheinung Gottes hat
der Jahwist eingeführt. In der E vorgegebenen Überlieferung,
wo die göttliche Erscheinung mit Moses Berufung noch nicht
verbunden war, wird statt einer Theophanie über den neuen
Namen Jahwe[250] berichtet, und daran schließt sich die Rettungsankündigung an. Die vorliegende elohistische Erzählung
enthält keine Rettungsankündigung in v.13, da der dortige
Erzählfaden durch das Thema שלח im vorangehenden Berufungsformular und durch die Komposition, die in die folgende
Namensdeutung (v.14) münden soll, bedingt ist.

---

247 Dort muß eine Aufgabe an den Berufenen gestellt werden; s.o.S.27.
248 Zu Variationen in der mündlichen Überlieferung s.o.S.11f.
249 ואספת ist wohl auf J zurückzuführen, s.o.S.24.
250 In v.6 (E) kommt nur אלהי אביך vor und der Gottesname Jahwe nicht.
    Dies geht daraus hervor, daß der Elohist יהוה, genauer gesagt an
    יהוה anklingendes אהיה, erst ans Ende der Erzählung in v.14 als
    Namensdeutung setzt.

Wie verhält sich die Priesterschrift zu der Überlieferung
und zu den älteren Quellenschriften? a) Der erste Auftrag
begegnet uns schon vor dem Versprechen von Gottes Eingreifen (6,6) und der zweite, zum ägyptischen König zu gehen
und zu sprechen, nach dem Scheitern des ersten Auftrages
und damit nach der Rede Gottes (6,11). Die Stellung des
ersten Auftrags ist dem Elohisten und der Priesterschrift
gemeinsam, aber ihre Gestaltung ist voneinander unabhängig:
Bei E ist sie Folge der Übertragung des Berufungsformulars
auf die Überlieferung. Die Priesterschrift gestaltet die
Berufungsgeschichte in ihren beiden Teilen parallel[251].
Dieser Aufbau stellt den Auftrag schon in die Rettungsankündigung, dessen Ausführung sich gegen Ende jedes Abschnittes findet. b) Mose soll zu den Israeliten und zum Pharao
gehen. Die Priesterschrift kennt זקנים nicht. Darin stimmt
sie mit dem Elohisten und der ihm vorgegebenen Überlieferung
überein. c) Der Befehl besteht in "Sagen" (6,6), "Gehen" und
"Sprechen" (6,11). Im ersten Auftrag fehlt "Gehen" wohl deswegen, weil die Berufung in Ägypten, und zwar unter den Israeliten geschehend, gedacht ist, wie es die Ausführung des
ersten Auftrags (v.9) bestätigt. Im Befehl Gottes, den Mose
gegenüber Pharao auszuführen hat, stehen "Gehen" und "Stehen" unmittelbar nebeneinander, nämlich ohne Einfügung des
Wortes שלח. Hierin stimmt die Priesterschrift mit dem Jahwisten und der Überlieferung überein. Die Priesterschrift
kennt wie E und die Überlieferung "Sammeln" nicht. d) Mose
soll den Israeliten Jahwes Selbstvorstellung und seine Herausführung mitteilen. Die Erhörung Gottes wird nicht weitergegeben. Der Aufbau der Priesterschrift bestimmt die vorliegende Darstellung. Eine dreimalige Erwähnung wird vermieden.

---

251 Dazu s.o.S.38ff.

### 6. Der Gottesname Jahwe

In der jahwistischen Berufungsgeschichte lassen sich folgende Züge beobachten: a) Auch beim Jahwisten, der keinen Namen in Ex 3 einführt, bleibt der Gottesname Jahwe nicht unbetont (v.16). Allerdings identifiziert der Jahwist Jahwe mit dem Vätergott schon in seiner Vätergeschichte (Gen 28, 13; 32,10). b) Mose soll sich vor den Vertretern Israels auf Jahwe, den Gott der Väter, berufen. Merkwürdigerweise ist der Name Jahwe erst im Auftrag (v.16) erwähnt, während sich in der göttlichen Erscheinung (v.1-5*) keine Selbstvorstellung Jahwes findet (vgl. Jos 5,14). c) Die Apposition "Jahwe, Gott eurer Väter" bezeugt die Identität Jahwes mit dem Vätergott[252]. d) Die Formel "יהוה אלהי אבי" ist, wie schon in der Vätergeschichte[253], mit der Verheißung verbunden, aber der Inhalt der Verheißung ist neu; hier folgt auf die Identifikationsformel die Mitteilung der Erscheinung Gottes, dessen Erhörung und Zusage der Herausführung aus Ägypten. e) Der Jahwist gebraucht den Gottesnamen Jahwe vom Anfang seines Werkes (Gen 2) an, und nach seiner Erzählung in Gen 4,26 soll man seit den Tagen Enoschs den Jahwenamen anzurufen begonnen haben.

Die elohistische Erzählung, die in v.13f. den Gottesnamen näher erklärt, zeigt folgende Züge: a) Der Jahwename selbst ist im vorliegenden elohistischen Text ausdrücklich nicht erwähnt[254], sondern das an das Tetragramm anspielende Verb אהיה (v.14). Bei E handelt es sich daher eher um die Deutung des Namens, die den neuen Namen Jahwe voraussetzt[255].

---

252 "Gott Abrahams, Isaaks und Jakobs" in v.16 ist sekundär wohl vom Redaktor (RJE) aus der elohistischen Erzählung eingefügt worden; dazu s.o.S.22 Anm.68.

253 In Gen 28,13 die Verheißung des Landes und der Nachkommenschaft, in 32,10 die Verheißung der Rückkehr zur Heimat und des Wohltuns; vgl. auch 26,24.

254 Anders, wenn man den Vorschlag, in v.14b יהוה statt אהיה zu lesen, akzeptiert (vgl. W.H.Schmidt 134) oder wenn man eine weitere Fortsetzung des elohistischen Fadens nach v.14 annimmt.

255 Das Gespräch zwischen Gott und Mose in v.13f. ist geschickt gestaltet. Die Frage und die Antwort sind genau parallel formuliert. Darum kann man hier nicht von der Verweigerung einer Antwort durch Gott sprechen.

b) Erst am Ende der Berufungsgeschichte kommt das Verb אהיה
vor. In der ersten Anrede stellt Gott sich selbst einfach
als Gott der Väter vor (v.5), ohne den Namen Jahwe zu erwähnen. c) Eine ausdrückliche Identifikation Jahwes mit dem
Gott der Väter (v.16f.) fehlt zwar beim Elohisten, aber aus
der genauen Parallelität der Aussage in v.13 אלהי אבותיכם
שלחני אליכם "der Gott eurer Väter hat mich zu euch gesandt" und der in v.14 אהיה שלחני אליכם "der 'ich werde
sein' hat mich zu euch gesandt" ist die Identität der beiden zu erschließen. d) אהיה ist zwar unmittelbar weder mit
dem Zuhören noch mit dem Eingreifen Gottes verbunden.
Aber die Verbindung des Jahwenamens mit der Verheißung
läßt sich auch hier beobachten, denn zunächst steht אהיה
im großen Kontext der Verheißung von der Befreiung aus der
Not (v.9f.). Außerdem ist "ich bin mit dir" (אהיה עמך) in
v.12 die Zusicherung göttlichen Beistands. Schließlich
setzt E anstelle einer konkreten Verheißung der Herausführung eine allgemeine und damit grundsätzliche Verheißung[256] als Deutung des Jahwenamens in v.14[257] ein. e) Der Elohist vermeidet vor der Berufung Moses durchweg den Jahwenamen. Auch danach verwendet er wenigstens in den mit hin-
reichender Sicherheit ihm zuzuweisenden Abschnitten weiterhin אלהים (3,14b; 13,17f.; 18 usw.). Vielleicht gebraucht
der Elohist in seiner ganzen Erzählung überhaupt nur אלהים
als Bezeichnung Gottes. Hat er darum nicht explizit von
der Einführung des Namens Jahwe in der Berufungsgeschichte - selbst wenn die Überlieferung davon spricht -, sondern nur von der Deutung des Namens Jahwe berichtet?

Aus den beiden älteren Quellenschriften läßt sich die
Überlieferung ungefähr rekonstruieren: Der Jahwename (a)

---

256 Hos 1,9 verneint diese Verheißung. Der Vers kann direkt auf unsere
Stelle oder auf eine gemeinsame Tradition im Nordreich zurückge-
griffen haben.
257 Fehlt hier gegenüber der Beistandszusage in v.12 die Beziehung "mit
dir", "so scheint 14a ... gleichsam Gottes geschichtliche Bindung
im Sinne seines Wirkens in der Geschichte überhaupt zu generalisie-
ren" (W.H.Schmidt 178). Die Form des paronomastischen Relativsatzes
bringt weiter die Unbestimmtheit der Aussage zur Geltung; vgl. auch
v.Rad, Theologie I, [4]194.

wird schon am Anfang der Berufung (b) eingeführt, denn die
Kundgabe des göttlichen Namens gehört sachlich als Einlei-
tungsakt zum Offenbarungsvorgang und im jahwistischen Auftrag (v.16f.) läßt sich wenigstens noch ein Hinweis darauf
beobachten; der Gottesname soll gleich zu Anfang der Rede
Moses an die Israeliten erwähnt werden. In der vorliegenden
jahwistischen Erzählung löst die göttliche Erscheinung
(v.1-5*) die Einführung des neuen Gottesnamens ab. Der Elohist läßt bei der Selbstvorstellung Gottes in der ersten
Anrede (v.6) den Gottesnamen יהוה weg, um ihn erst am
Schluß (v.13f.) als Deutung des Jahwenamens indirekt ein-
zuführen. c) Die Identifikation Jahwes mit dem Vätergott
wird ausdrücklich formuliert, der Jahwist bezeugt sie explizit, der Elohist implizit. d) Der Selbstvorstellung
Jahwes folgt seine Ankündigung der Rettung, wie die jahwistische Zusammenfassung in v.16 zeigt. Da der Elohist die
Herausführung aus Ägypten als Tat Moses darstellt (v.10),
kann er sie nicht mehr als göttliche Verheißung mit אהיה
verbinden. Stattdessen führt er eine allgemeine und grundsätzliche Verheißung ein.

Wie verhält sich die Priesterschrift zu der Überlieferung
und zu den älteren Quellenschriften? In ihrer Berufungsgeschichte beginnt Gott seine Rede an Mose mit der Selbstvorstellung als Jahwe (6,2). Mit dem Namen Jahwe (a) und
seiner Anfangsstellung in der Berufung (b) stimmt die Priesterschrift genau nur mit der Überlieferung überein. c) In
der priesterschriftlichen Berufungsgeschichte klingt die
Identifikation Jahwes mit dem Vätergott in anderer Gestalt
nach als bei J und E, da diese Identifikation für P die
Existenz verschiedener Götter voraussetzen würde. Die Priesterschrift vermeidet daher Gottesbezeichnungen, die poly-
theistisch klingen könnten. Der Ausdruck "Gott der Vä
ter"[258], der die Existenz verschiedener Götter für die je-
weilige Epoche andeuten kann, fehlt ebenso wie Verbindun-

---

258 Ex 3,6.16 J. 13 E. P gebraucht das Wort "Väter" im Sinne der Erzväter nicht, aus unbekanntem Grund. Sie zählt sie namentlich auf
(2,24; 6,3).

gen wie "Gott Abrahams, Gott Isaaks und Gott Jakobs"[259],
die an die Verehrung verschiedener Götter innerhalb der
Väterzeit denken lassen. Auch J und E gehen von einem Gott
Moses und der Väter aus. Bei P handelt es sich jedoch - be-
tonter als in den älteren Quellenschriften - um verschiedene Gottesnamen desselben einen Gottes. Der Gottesname
אל שדי faßt verschiedene Bezeichnungen der Väterzeit zusammen. Die Namensoffenbarung begleiten verschiedene Offenbarungsweisen und Verheißungen. Eine ausdrückliche Identifikationsformel "יהוה אלהי אבות" fehlt in P. Daraus ist jedoch nicht zu schließen, daß der Priesterschrift diese Identifikation unbekannt sei, da sie die Apposition יהוה אלהי
אבותך durch die Erklärung über das Verhältnis des neuen Namens zum אל שדי in der Väterzeit (v.3f.) ersetzt. d) In
v.6 folgt der Selbstvorstellung (אני יהוה) unmittelbar die
Herausführungszusage. P stimmt mit der Überlieferung und
mit J in der Verbindung des Gottesnamens Jahwe mit der konkreten Verheißung überein. Außer dieser kennt P die Zusicherung Gottes, Gemeinschaft zu gewähren: "Ich will euch
für mich als Volk annehmen und will für euch Gott sein"
(v.7a). Die Allgemeinheit des Versprechens erinnert uns an
die elohistische Verheißung in der Namensdeutung. Nimmt
die Priesterschrift die Zusage des Elohisten auf und entfaltet sie weiter? Oder läßt sich ihre Allgemeinheit aus
ihrer theologischen Intention erklären? Die zweite Möglichkeit ist wohl wahrscheinlicher, da die sog. "Bundesformel"
(6,7a) auch sonst in P vorkommt[260]. e) Die Gesamtdarstellung der Priesterschrift gliedert sich nach den Gottesnamen
in drei Epochen: אלהים in der Urgeschichte, אל שדי[261] in
der Vätergeschichte, יהוה von Mose an. Während Gott sich
den Erzvätern als אל שדי vorstellt und sie von ihm mit
diesem Namen sprechen (Gen 17,1; 28,3; 35,11; 48,3), redet

---

259 Ex 3,6 E. 15 R[JE]; vgl. Gen 28,3ff.; 35,11f.; 48,3.
260 Gen 17,8; Ex 29,45.
261 Zu den etymologischen Möglichkeiten s. M.Weippert, שדי THAT II,
    873-881. Für die Priesterschrift war "diese Wortbedeutung kaum sehr
    wesentlich" (Noth 44). Als *die* Gottesbezeichnung der Väterzeit ge-
    braucht sie den Namen אל שדי .

P selbst meistens von אלהים[262]. Mit Ex 6,2 wechselt sie
ganz konsequent die Gottesbezeichnung, um von dieser Stelle
an in der Erzählung den Gottesnamen Jahwe zu verwenden[263].
Die Priesterschrift gestaltet ihr literarisches Werk im Anschluß an die geschichtliche Erinnerung, daß der Jahwename
den Vätern noch nicht vertraut und erst seit Mose bekannt
ist. Die Einführung des Jahwenamens durch Mose, die wegen
ihrer Gottesbezeichnungen weder J noch E ohne weiteres aufnehmen können, bewahrt die Priesterschrift explizit.
Allein die Priesterschrift weist Übereinstimmungen mit
der Überlieferung im Namen Jahwe (a) und seiner Stellung
(b) auf. In der Verbindung der Verheißung mit dem Namen
(d) stimmt sie teilweise mit der Überlieferung und teilweise mit dem Jahwisten überein. In der Identifikation Jahwes mit dem Vätergott (c) setzt die Priesterschrift die
Kenntnis der Überlieferung oder der älteren Quellenschriften voraus. Im Gesamtduktus ihres Werkes (e) und teilweise
in der Allgemeinheit der Verheißung (d) berührt sie sich
ohne Übereinstimmung mit der Überlieferung mit dem Elohisten.


7. Alte Überlieferung


Aus den vorhergehenden Beobachtungen läßt sich die dem
Jahwisten und dem Elohisten vorgegebene alte Überlieferung[264] rekonstruieren. Die nicht wörtlich fixierte Überlieferung läßt sich kaum genau abgrenzen, enthält aber
*wenigstens* folgende Elemente, *ungefähr* in der unten angegebenen Reihenfolge. Die Überlieferung ist einerseits für
die persönliche Modifikation offen, so daß sie J und E je
aus eigener, theologischer Intention umgestalten können.

---

262 Einmal kommt יהוה in Gen 17,1 vor. Handelt es sich um einen Schreib-
    fehler? Vgl. Holzinger 339.
263 Noth 43.
264 Vorläufig nehmen wir *eine* Überlieferung an: Zur möglichen Umwandlung
    der Überlieferung s.u.S.71. Für das Meerwunder ist die Umwandlung
    und ihre Herkunft erschließbar, da dieses entscheidende Ereignis
    beim Auszug außerhalb des Pentateuch oft angesprochen wird.

Andererseits gilt die Überlieferung den Quellenschriften-
verfassern als bindend, so daß ihre Wirkungen noch in den
vorliegenden literarischen Erzählungen deutlich oder zumindest spürbar sind.

Die Überlieferung läßt sich wie folgt zusammenstellen:
I. Bericht über die Ankunft Moses an einem Ort außerhalb
   Ägyptens und des späteren israelitischen Wohngebietes.
II. Gottesrede 1. Einführung des neuen Namens Jahwe als
                   dessen Selbstvorstellung und Identifika-
                   tion mit dem Vätergott.
              2. Ankündigung der Rettung
                 (a) Gottes Hören der Notklage der Israe-
                     liten wegen der Bedrückung durch die
                     Ägypter
                 (b) Gottes Eingreifen als Herausführung
                     "meines Volkes" aus Ägypten.
              3. Auftrag an Mose, zu den Israeliten/Älte-
                 sten Israels zu gehen und zu ihnen zu
                 sprechen.

Über die Umwandlung der Überlieferung durch jede der Quellenschriften läßt sich vorsichtig folgendes erschließen: J fügt
hinter dem Bericht der Ankunft Moses am Berufungsort die
Dornbuschsage als Einleitung zur folgenden Rede Gottes ein,
läßt die Einführung des neuen Namens fort und verlegt die
Identifikation Jahwes mit dem Vätergott in den Auftrag am
Ende. E stellt die Einführung des neuen Namens erst ans
Ende der Berufung, bewahrt aber die Identifikation des Gottes mit dem Vätergott am ursprünglichen Ort. Er läßt das
letzte Element in der Gottesrede und das erste des Berufungsformulars, nämlich den Auftrag an Mose, sich überschnei-
den und setzt hinter dieses Formular die Deutung des Gottesnamens Jahwe. P läßt den Bericht von der Ankunft Moses
an einem Ort fort und verlegt den Schauplatz ins Land Ägypten. Stattdessen berichtet P vor der Berufung vom Schreien
der Israeliten und der Erhörung durch Gott. P stellt den
Auftrag an Mose schon vor das göttliche Eingreifen als
Herausführung, so daß Mose dieses den Israeliten weitergeben soll. Das Scheitern des Auftrags bestimmt den folgen-

den Ablauf der Geschichte.

Die Berufungsgeschichte setzt sowohl in den literarischen Formen der
Quellenschriften als auch bereits in der Überlieferung größere Erzäh-
lungszusammenhänge des Pentateuch voraus: die Herausführung aus Ägypten
ist mit der Vätergeschichte durch die Identifizierung Jahwes mit dem
Vätergott, mit der Sinaitradition durch die erste Gottesbegegnung und
die Namenkundgabe als einleitenden Akt göttlicher Offenbarung sowie
schließlich mittelbar mit der Führung in der Wüste durch die Lokalisierung am Gottesberg (Ex 18) verbunden. Es handelt sich also um ein überlieferungsgeschichtlich junges Stück. Dennoch wirkt eine geschichtliche
Erinnerung darin nach, daß der Gottesname Jahwe den Vätern noch nicht
vertraut und erst durch Mose Israel bekannt gemacht wurde (vgl. Hos
12,10; 13,4)[265], und wohl weiter darin, daß "die Offenbarungsstätte
... außerhalb der späteren Wohngebiete Israels und des Lebensraums der
in Ägypten zur Fronarbeit verpflichteten Israeliten"[266] liegt (vgl.
Jdc 5,4f.; Dtn 33,2).

Wenn man mit dem Zeitabstand von Jahrhunderten zwischen
den älteren Quellenschriften und der Priesterschrift rechnet und berücksichtigt, daß die Überlieferung in Form von
Varianten existieren kann[267], sind Umwandlungen der Überlieferung naheliegend. So stellt sich die Frage, ob die
Züge der alten Überlieferung bis zur Zeit der Priesterschrift erhalten blieben oder wie und wodurch sie sich ver-
änderten - etwa durch eine Entwicklung innerhalb der Überlieferung selbst oder durch Einflüsse von außen, z.B. von
den älteren Quellenschriften. Diese möglicherweise inter-
essanten Fragestellungen lassen sich aber nicht genauer be-
antworten, denn es mangelt an sicheren Anhaltspunkten für
eine Feststellung der Änderungen der alten Überlieferung,
die ja selbst nur im Umriß nachzuzeichnen ist, da ihre Er-
mittlung aus den älteren Quellenschriften nicht bis ins einzelne präzis ist, wie wir es gerade gesehen haben. Darum
ist es methodisch sachgemäß, darauf zu verzichten, nach Änderungen der Überlieferung weiter zu suchen[268].

---

265 Gunkel, HK 1,1, 266; Greßmann, Mose 55; W.H.Schmidt 144ff
266 W.H.Schmidt 146; vgl. Noth, Geschichte 126f.
267 Dazu s.o.S.11f.
268 Weimar (Untersuchungen bes. 246ff.) nimmt eine von der Priester-
    schrift verwendete schriftliche Vorlage an. Sie weicht von der Über-
    lieferung in wesentlichen Zügen ab; ihr fehlen die Identifikation
    Jahwes mit dem Vätergott und der Begriff "mein Volk" (עמי), ob-
    wohl beide Züge bei den älteren Quellenschriften wie auch bei
    der Priesterschrift sich finden und deshalb sicher alt sind. Weiter
    kommt die Selbstvorstellung Jahwes, die bei der Einführung eines

## 8. Folgerungen

Welches Verhältnis läßt sich aus den bisherigen Beobachtungen von Übereinstimmungen und Unterschieden zwischen der
Priesterschrift einerseits, der Überlieferung, der jahwistischen und elohistischen Erzählung andererseits erschließen?
Wenn die beiden älteren Quellenschriften miteinander übereinstimmen und die Züge der Überlieferung bewahren, stimmt
häufig auch die Priesterschrift mit ihnen allen überein:
Struktur der Rettungsankündigung, Bedrückung durch die Ägypter und Notklage der Israeliten mit folgender Erhörung Gottes, Ankündigung der Herausführung aus Ägypten als sein
Eingreifen und Fehlen einer Zielangabe in der Herausführungszusage. Selbst wenn P von der Überlieferung und den
beiden älteren Quellenschriften abweicht, bleibt eine Spur
erhalten, daß P die Züge der Überlieferung bekannt sind.
P verschweigt die Berührung Moses mit den Midianitern völlig[269] und läßt weiter die Identifikationsformel Jahwes mit
dem Vätergott "יהוה אלהי אבות" fort, da diese die Existenz
verschiedener Götter nahelegen kann. Stattdessen erklärt
Gott das Verhältnis seines Namens יהוה zum Namen der Väterzeit אל שדי mit verschiedenen Offenbarungsweisen (6,3f.).
P kennt also beide Züge, aber wandelt sie aus ihrer theologischen Intention um. Die Übereinstimmungen können verschieden erklärt werden, denn P kann diese Züge sowohl durch
Vermittlung der Quellenschriften wie auch durch eine Überlieferung erfahren haben und das ihr vorgegebene Gut kann
wegen ihrer eigenen Umgestaltungen kaum präzise festgestellt
werden. P kennt entweder nur die Überlieferung oder nur
die älteren Quellenschriften - in noch selbständig umlau-
fender Form oder in bereits vereinigter Form - oder gar
beides zugleich.
Wenn die älteren Quellenschriften voneinander abweichen,

---

neuen Namens gegen Anfang der Rede Gottes steht, erst in 6,6 vor.
Schließlich wird die theologische Interpretation der Priesterschrift in Bezug auf das Erkennen Israels (v.7) zu wenig berücksichtigt.
269 S.o.S.49ff.

stimmt die Priesterschrift meistens[270] mit der Quellenschrift überein, die den Zug der Überlieferung bewahrt;
solche Übereinstimmungen mit der Überlieferung und dem Elohisten sind: Fehlen einer Gotteserscheinung, "Hinaufsteigen"
des Hilfeschreis, deutlicher Übergang vom Erhören zum Eingreifen, Bezeichnung der Ägypter, "mein Volk" in der Zusage
des Eingreifens sowie die Sendung Moses zu den Israeliten. Übereinstimmungen mit der Überlieferung und dem Jahwisten sind Ankündigung der Herausführung als Tat Jahwes
und Verbindung des Jahwenamens mit der Herausführungszusage.
Dieser Tatbestand wäre unerklärbar, wenn P statt der Überlieferung nur die älteren Quellenschriften gekannt hätte.
Darum ist die Möglichkeit, daß die Priesterschrift nur die
älteren Quellenschriften kennt, ausgeschlossen.

Die Annahme, daß die Überlieferung bis zur Zeit der Priesterschrift weiterlebt[271], wird dadurch gestützt, daß P
zweimal, ohne mit einer der älteren Quellenschriften zusam-
menzugehen, nur mit der Überlieferung einig ist: sowohl im
Auftrag an Mose, zu den Israeliten zu gehen und zu ihnen zu
sprechen, als auch in der Erwähnung des Jahwenamens am Anfang der Gottesrede[272]. Für eine noch lebendige Überlieferung spricht weiter der Tatbestand, daß P eine zwar nicht
wörtlich übereinstimmende, aber der Sache nach ähnliche
Aussage (2,23b) wie die elohistische Erzählung gerade da
bietet, wo E keine eigene Interpretation vollzieht und damit die Überlieferung relativ unmittelbar zum Ausdruck
bringt (3,9a)[273].

Vor allem ist die treibende Kraft der Überlieferung noch
in der literarischen Gestalt der Priesterschrift spürbar.
P kann zwar den Ort der Berufung, der Moses Verwandtschaft
mit den Midianitern voraussetzt, nach Ägypten versetzen,
ohne in Schwierigkeiten zu geraten, verschweigt aber Moses

---

270 In der Beauftragung Moses (6,6) stimmt die Priesterschrift nicht
    mit der Überlieferung und J, sondern allein mit E (3,10) überein.
    Wegen ihres eigenen Aufbaus der Berufungsgeschichte nimmt jedoch
    P den Auftrag vorweg.
271 Allgemein dazu s.o.S.12f.
272 Näheres dazu s.o.S.64.67f.
273 S.o.S.26f.

Heirat mit einer Midianiterin. Bleibt Mose unverheiratet?
Außerdem versieht die doch an Genealogien interessierte
Priesterschrift Mose mit keiner eigenen Genealogie.

Wie in dem genannten Beispiel kann P ihre eigene Interpretation gegen die Überlieferung durchsetzen, aber auch
einen Zug der Überlieferung bewahren. P kennt sonst nur die
eine Hälfte der sog. "Bundesformel": "Ich will euch Gott
sein"[274]. Dieser Teil entspricht ihrer theologischen Intention, Gottes Initiative zu betonen[275]. In der Berufungsgeschichte übernimmt P trotzdem die vollständige Formel,
denn der Begriff "mein Volk" (עמי) ist schon in der alten
Überlieferung verwurzelt. Wirkt die Überlieferung in der
einmaligen Ausgestaltung der sog. Bundesformel durch P
Ex 6,7a nach?

Vielleicht läßt sich noch weiterer Einfluß der Überlieferung auf P
beobachten. Obwohl der der Berufungsrede vorangehende Bericht (2,23b-
25) mit Notschilderung (1,13f.), Klage (2,23ff.) und Verheißung (6,2ff.)
in Abfolge und Sprache der Klage entspricht, "fehlt das Herzstück der
Klage: die Bitte und mit ihr die Anrede"[276]. Darin kann sich wohl die
Tradition, daß der Jahwename erst Mose bekannt gemacht wird und "Israels Beziehung zu Gott in Ägypten vor Mose gleichsam nur eine gebrochene
oder eher eine noch-nicht-existente ... war"[277], ausdrücken, denn das
Verb אנח hat zwar auch sonst keinen Adressaten bei sich, aber das Verb
זעק nennt oft (allerdings nicht immer) den Angeredeten mit den Präpo-
sitionen אל oder ל. Schon vor der Aussage über die Ankunft des Hilferufes bei Gott kann dieser als Adressat erwähnt werden (II Sam 22,7 =
Ps 18,7).

Daraus ergibt sich nicht, "daß P mit der Tradition, die
er vorfand, recht willkürlich umgesprungen ist"[278], vielmehr
muß "anerkannt werden, daß sich bei der P die Tendenz des
Bewahrens neben der Tendenz des Neugestaltens erkennen lassen"[279].

Im Unterschied zur Überlieferung, deren treibende Kräfte
sich in der Priesterschrift noch ablesen lassen, üben die

---

274 Gen 17,7; Ex 29,45.
275 S.u.S.317f.
276 W.H.Schmidt 96.
277 W.H.Schmidt ebd.
278 Gunkel, HK 1,1, XCVII: "Dieser Erzähler (P) weiß also nichts von
    der Treue der Alten; er wird den Eindruck gehabt haben, man müsse
    hier kräftig durchgreifen, um einen Gottes würdigen Bau zu errich-
    ten. Die alten J und E waren nicht eigentlich <Schriftsteller>,
    sondern nur Sammler, P aber ist ein richtiger <Schriftsteller>".
279 Westermann, BK I/1, 791.

älteren Quellenschriften auf die Priesterschrift eher nur
geringen Einfluß aus, da sie Übereinstimmungen mit dem Jahwisten bzw. dem Elohisten hauptsächlich dann enthält, wenn
diese Züge auf die Überlieferung zurückgehen[280]. Wenn P mit
einer der älteren Quellenschriften in einem Punkt übereinstimmt, der in der Überlieferung noch nicht enthalten war,
dann kann P durch die älteren Quellenschriften angeregt
sein, die Übereinstimmung könnte sich aber auch aus eigener
Intention ergeben.

Die Priesterschrift, die ihre Darstellung an der Schwelle
der Einwanderung Israels in Palästina enden läßt, stimmt
in der Komposition mit der jahwistischen und damit der jehowistischen Erzählung überein: Urgeschichte, Vätergeschichte,
Herausführung aus Ägypten, Offenbarung am Sinai und Führung
durch die Wüste. Da die gesamte Komposition der Überliefe-
rungskomplexe wenigstens zum Teil literarische Leistung des
Jahwisten ist[281], bleibt es wahrscheinlich, daß P "sich den
Gesamtaufriß ... zumindest indirekt von dort (= dem jehowistischen Erzählungswerk) hat geben lassen"[282]. Das literarische Werk des Jahwisten bzw. Jehowisten war der Priesterschrift also bekannt. Aber es handelt sich wohl nur um die
Kenntnis der großen Umrisse der Komposition, so daß P es
nicht sehr genau zu kennen braucht.

---

280 Dies ist teilweise durch die Wiederholungen der Priesterschrift
    bedingt. Sie folgt einerseits der Überlieferung, andererseits ge-
    staltet sie diese um. Aber die mit den älteren Quellenschriften
    gemeinsamen Erzählelemente werden nicht oft wiederholt: Erhören
    Gottes (2,24f.; 6,4), Herausführung aus Ägypten (6,6f.; 7,4f.) und
    Auftrag an Mose (6,6.11).
281 Nach v.Rad (GStAT I, 9ff.) seien auf J drei Ausgestaltungen zu-
    rückzuführen: Einbau der Sinaitradition, Ausbau der Vätertradition
    und Vorbau der Urgeschichte. Da aber sowohl J als auch E die Sinai-
    tradition und die Vätergeschichte enthalten, sind beide Überliefe-
    rungskomplexe wohl schon der ihnen vorgegebenen Tradition bekannt.
    Nur die Voranstellung der Urgeschichte geht auf J zurück, denn E
    kennt sie nicht und gibt damit ein älteres Stadium der Tradition
    wieder, das noch nicht über die Menschheit berichtet.
282 Smend, Entstehung 53.

Exkurs 1: Die "Ältesten" in der Priesterschrift

Jahwist und Elohist sind sich darin einig, daß die "Ältesten" die Repräsentanten des Volkes sind. Ihre Funktion
scheint jedoch in den beiden älteren Quellenschriften verschieden zu sein. Beim Elohisten treten sie in seinen ur-
tümlichen Erzählungen von einem gemeinsamen Opfer der Midianiter und Israeliten (Ex 18,12) und vielleicht von der
Gottesbegegnung in Ex 24,(1.)9 auf. Sie nehmen mit Mose
(und einigen anderen) zusammen an diesen besonderen Ereignissen teil. Nach J kommen sie in der Sinaigeschichte (Ex
19) nicht vor. Sie werden aber von Mose über Gottes Vor-
haben, die Israeliten aus Ägypten herauszuführen, unterrich-
tet (Ex 3,16) und erhalten von ihm die Anweisung für das
Passa (Ex 12,21)[283]. Es ist schwierig, präziser zu untersuchen, wieweit sich diese Unterscheidung durchhält und wie
sich beide Funktionen zueinander verhalten, da die Quellenzugehörigkeit der betreffenden Stellen nicht eindeutig
ist[284] und vor allem der überlieferungsgeschichtliche Tatbestand, daß die "Ältesten" allmählich verdrängt werden,
kein deutliches Bild von ihnen erkennen läßt. In der vorliegenden literarischen Fassung sind sie stumme, inaktive
Nebenpersonen. Überlieferungsgeschichtlich betrachtet, sind
sie vielleicht namenlose Repräsentanten des Volkes, die
durch das Sichdurchsetzen der Führergestalt Mose verdrängt
und degradiert worden sind[285].

Obwohl der Priesterschrift die "Ältesten" durch die älteren Quellenschriften oder durch die Überlieferung bekannt
waren, kommen sie in P$^g$ nicht vor[286]. Auch in der Berufungsgeschichte spricht Mose nicht zu den Ältesten (זקני in 3,
16 J), sondern zu den Israeliten (6,6.9).

Warum verschweigt P die "Ältesten"? Spiegeln sich darin

---

283 Vgl. auch Num 16,25.
284 Z.B. Num 16,25.
285 Noth, ÜP 178, über die elohistische Erzählung von Ex 24.
286 Die "Ältesten" in Lev 9,1 sind auf eine spätere Redaktion zurück-
    zuführen. Auch Lev 4,15, "in einer relativ jungen Schicht des Sünd-
    opfergesetzes" (Elliger, HAT 1,4, 123), findet sich das Wort. Num
    22,4.7 (2mal) gehören zu P$^s$ (Elliger, KSAT 122).

zeitgenössische Verhältnisse wider, in denen sich die In-
stitution der Ältesten aufgelöst hatte? Dies ist nicht der
Fall, denn die "Ältesten" sind im Exil das führende Organ
der wahrscheinlich in Sippen und mit begrenzter Selbstver-
waltung lebenden Judäer (Jer 29,1; Ez 8,1; 14,1; 20,1.3)[287].
In der Tilgung der "Ältesten" aus der Mosezeit durch die
Priesterschrift liegt darum ohne Zweifel eine Absicht.
Bringt P zum Ausdruck, daß Mose *der* Vertreter des Volkes
ist, nicht nur an der Spitze der Vertreter steht? Oder
meint P, daß Mose das Volksganze anredet, und lehnt deshalb eine Differenzierung innerhalb des Volkes ab?

Exkurs 2: Das Mosebild der Priesterschrift[288]

Im AT, meistens in jüngerer Zeit, finden sich Versuche,
Mose als geschichtlich und theologisch wichtige Gestalt mit
einem Titel zu charakterisieren. Die dtn-dtr Tradition nennt
ihn "Prophet" (נביא)[289]. Die dtr Tradition und Redaktion
versteht ihn als "Knecht (עבד) Jahwes"[290]. Ps 99,6 deutet
ihn mit Aaron zusammen als "Priester" (כהן)[291]. Die Priesterschrift bezeichnet Mose dagegen nicht mit einem Begriff.
Vermeidet sie absichtlich, ihn durch einen mehr oder weniger
festgelegten Titel einzuordnen[292]?
Tatsächlich fehlt außerdem eine Beschreibung von Moses
Person oder Eigenschaften[293]. Einmal, in der Erzählung der

---

287 J.Conrad, זקן ThWAT II, 647. Ez 7,26 ist ein späteres kommentieren-
   des Element; vgl. Zimmerli, BK XIII/1, 184.
288 Zum Mosebild s. Smend, Mosebild bes. 48ff.69ff.; Osswald, Mose bes.
   335ff.; H.Schmid, Gestalt 57-83
289 Dtn 18,15; 34,10. Wahrscheinlich auch Hos 12,14 (vgl. auch 6,5
   allerdings in der pluralischen Form) ohne Nennung des Namens.
290 Ex 14,31b; Num 12,7; Jos 1,1f.7 u.a.
291 Israelitische Priester leiten sich vielleicht von Mose her (Jdc
   18,30 gegen MT!), s.o.S.50.
292 "Was Mose bei P ist, läßt sich nicht mehr mit den gängigen Begriffen Priester, Wundertäter, Prophet o.ä. erfassen" (v.Rad, Theologie I, 4308).
293 In der Priesterschrift ist z.B. von Moses Zorn (Ex 11,8; 32,19)
   keine Rede; vgl. zum Zorn Gottes u.S.86 Anm.340.

Einsetzung Josuas als Nachfolger Moses, wird diesem "Lebenskraft" (הוד) zugeschrieben (Num 27,20)[294]; Gott befiehlt
Mose: "Hole Josua, den Sohn des Nun, einen Mann, in dem Geist
(רוח) gegenwärtig ist, stemme deine Hand auf ihn (v.18) ...
und übertrage auf ihn etwas von deiner Lebenskraft (מהודך)!
(v.20)"[295]. Was das Wort הוד, das ursprünglich Königsprädi-
kation ist[296], in diesem Zusammenhang konkret bedeutet, ist
nicht deutlich. Sicher handelt es sich aber um die Amts-
übertragung, durch die Josua erst mit dem Geist der *Weisheit
erfüllt* wird (Dtn 34,9). Zuvor ist noch nicht von Weisheit
(חכמה) und Erfülltsein mit Geist, sondern schlicht vom Vorhandensein des Geistes die Rede (Num 27,18)[297]. Da die Kon-
tinuität von Mose zu Josua durch das "Stemmen der Hand"
(Num 27,18.23; Dtn 34,9) und die Übertragung der Lebenskraft (Num 27,20) betont wird, könnte die Eigenschaft Josuas
wohl auf Mose selbst zurückgeführt werden: Mose ist vom
Geist der Weisheit erfüllt. Bei der Einsetzung Josuas als

---

294 Die Meinung, "daß nur das Stück Num 27,12-14 zum ursprünglichen Be-
    stand der P-Erzählung gehört hat und später in 5.Mose 32,48-52
    wiederholt ist, daß hingegen das Stück 27,15-23 erst im Zuge der
    Vereinigung des Pentateuch mit dem deuteronomistischen Geschichts-
    werk hinzugekommen ist" (Noth, ATD 7, 185) hat kaum recht, denn
    a) die Aufgabe Josuas ist in diesem Stück eine ganz andere als in
    der dtr Literatur; hier ist Josua kaum kriegerischer Führer (so
    Noth, ATD 7, 186f.), sondern Führer im allgemeinen (vgl. Plöger,
    Deuteronomium 178-184; E.Jenni, בוא THAT I, 266). Dort (Dtn 3,23-
    29; 31,1-8; Jos 1,1f.) ist er kriegerischer Führer, speziell bei
    der Landnahme. b) Das Auftreten des Priesters Eleasar in der Prie-
    sterschrift ist leichter verständlich als sein Eindringen bei der
    Vereinigung mit dem dtr Geschichtswerk. Eher stellt das ganze Stück
    Num 27,15-23 eine priesterschriftliche Erzählung dar, die von der
    in den älteren Quellenschriften nicht mehr erhaltenen älteren Über-
    lieferung abhängig ist (Noth, ÜP 193). Allerdings kann der Priester
    Eleasar auch erst bei einer späteren Bearbeitung innerhalb der
    priesterschriftlichen Tradition erwähnt werden, denn seine Hinzu-
    fügung scheint eine Doppelung der präpositionalen Wendung (לפני)
    in v.19.21.22 entstehen zu lassen und scheint auch das Subjekt in
    v.21aß und das Suffix (על-פיו) in v.21bα nicht eindeutig ver-
    ständlich zu machen. Außerdem ist von Eleasar in Dtn 34,9 keine Rede.
295 "Lebenskraft" Noth, ATD 7, 184.
296 D.Vetter, הוד THAT I, 472ff.; vgl. G.Warmuth, הוד ThWAT II,
    375ff.
297 Scharbert (Fleisch 58) interpretiert den "Geist" (Num 27,18) und
    den "Geist der Weisheit" (Dtn 34,9) beide Male als ein von Gott
    geschenktes Charisma.

Nachfolger Moses wird wiederholt Jahwe als Urheber der Amtseinsetzung genannt (Num 27,18. besonders 22a.23b). In Ex
28,3 ist ausdrücklich davon die Rede, daß Jahwe selbst die
Erfüllung durch den Geist der Weisheit vollzieht[298].

Wer ist Mose dann in der Priesterschrift? Welche theologische Funktion weist sie ihm zu? "Nach dem Priesterkodex
ist Mose Religionsstifter und Gesetzgeber, so wie wir ihn
uns gewöhnlich vorstellen"[299]. Mose ist soweit "Religionsstifter", als P ihn unter den Quellenschriften am deutlichsten mit der Offenbarung des Jahwenamens verbindet (Ex 6).
Er ist auch "Gesetzgeber", insofern er die Anweisungen für
die Einrichtung des Kultes von Gott empfängt und dem Volk
vermittelt (Ex 25ff.). Er ist auch "Wundertäter" (Ex 9,8-12;
14; Num 20). Die Priesterschrift läßt Mose diese verschiedenen Funktionen, die ihr mehr oder weniger schon vorgegeben
sind, durch die eine Tätigkeit erfüllen: - er teilt mit,
was Jahwe ihm sagt. In P spricht Gott nur zu Mose, nur zweimal ist Aaron zugegen[300]. Daß Mose *der* Empfänger des göttlichen Wortes ist, wird ausdrücklich betont, wenn ein anderer als er den Befehl ausführt[301]. Jahwe sagt zu Mose: "Sage
(דבר) den Israeliten, daß ..." (Ex 25,1f.)[302]. Er soll Gottes Wort weitergeben[303], ist also Mittler der Jahwerede[304].
Allerdings ist er nicht allgemein Mittler zwischen Gott und
Israel, denn er ist nie - umgekehrt - Sprecher oder gar Vertreter des Volkes vor Gott[305]. Mose ist der erste, der zu

---

298 Jahwe ist Subjekt des Verbs "erfüllen" ( מלאתיו ).
299 Wellhausen, Proleg. [5]351f.
300 Ex 12,1; Num 14,26. Aaron allein wird nie angesprochen.
301 Ex 12,28; Lev 8,36; Dtn 34,9.
302 Auch in Ex 29,42b: "Ich begegne euch, indem ich dort mit dir rede"
     (vgl. Noth 187). "Euch" ist etwas problematisch, da von den Israe-
     liten in v.43 und von Aaron und seinen Söhnen in v.44 in dritter
     Person die Rede ist.
303 Meistens den Israeliten und seltener Aaron (und dessen Söhnen).
304 Rost, StAT 58.
305 Die Israeliten sprechen oder murren direkt gegen Gott (Ex 16,2.7;
     Num 14,28). Aber sie hören ihn nicht direkt, sondern den Menschen
     Mose oder Josua (Ex 6,9b.12; 16,20; Dtn 34,9). Gott hört der Klage
     der Israeliten (Ex 2,24; 6,5; 16,7) zu, aber spricht nicht direkt
     zu ihnen. In P wenden sich die Israeliten an Jahwe nur in der Not-
     lage, und "der Gedanke, daß Israel in und durch den Kult die Auf-
     gabe habe, Gottes Taten zu preisen und zu rühmen, fällt völlig aus"
     (Koch, ZThK 1958, 44).

Jahwe redet, aber auch nur zweimal (Ex 6,12; Num 27,15).
Die Kommunikation zwischen Jahwe und Mose geht also fast
ausschließlich von Gott aus. Entspricht diese Darstellung
dem Fehlen eines Titels für Mose?

# E. Vergleich zwischen der Priesterschrift und späteren Bearbeitungen

Da sich der Bearbeiter mit der/den bereits schriftlich fixierten Vorlage(n) beschäftigt[306], erfolgt die redaktionelle Gestaltung literarisch. Wenn P sie kennt, waren P auch die älteren Quellenschriften in miteinander verflochtener Form bekannt.

## 1. Die jehowistische Bearbeitung in Ex 3,15

Die Priesterschrift gliedert ihre Gesamtdarstellung nach dem Wechsel der Gottesnamen in drei Perioden[307]. Knüpft diese geschichtstheologische Periodisierung an die älteren Quellenschriften oder an deren Bearbeitungen an? Ex 3,15, der vom Redaktor (R[JE]) stammt[308], käme als Anknüpfungspunkt in Frage. V.15 selbst spricht - anders als 6,2f. P - nicht von einer Einführung bzw. Ablösung eines neuen Namens, aber vielleicht in Verbindung mit dem vorangehenden elohistischen Text von einer Periodisierung[309]. Der Elohist spielt durch die Namensdeutung auf die Einführung des Namens Jahwe in der Überlieferung an (v.13f.). Der Redaktor übernimmt die Aussage von v.14 und ersetzt אהיה durch יהוה in v.15. Während der Elohist den Jahwenamen nur implizit erwähnen kann, da er in seiner Erzählung durchweg die Gottesbezeichnung אלהים gebraucht, kann erst der Redaktor explizit יהוה sagen, da eine seiner schriftlichen Vorlagen, nämlich die jahwistische Erzählung, den Gottesnamen יהוה gebraucht.

---

306 Allerdings kann das Material, das der Bearbeiter in sein schriftliches Werk hineinfügt, eine alte Überlieferung sein.
307 S.o.S.68f.
308 S.o.S.22f.
309 Vgl. Smend, Entstehung 65.

Weiter betont der Redaktor die Verbindung des Jahwenamens,
der in v.14 in der Form אהיה eingeführt wird, mit dem Vätergott[310] durch die Apposition: "Gott eurer Väter" aus v.13
und "Gott Abrahams, Gott Isaaks und Gott Jakobs" aus v.6.
V.15 bemüht sich also darum, zwischen dem jahwistischen und
elohistischen Text zu vermitteln. Bei dieser redaktionellen
Bearbeitung handelt es sich nicht um eine geschichtstheologische Periodisierung mit verschiedenen Gottesnamen, denn
sowohl J als auch E benutzen durchweg je eine Gottesbezeichnung. Die Periodisierung der Priesterschrift mit den Gottesnamen ist also kaum von der jehowistischen Bearbeitung in
3,15 entlehnt. Eher ist sie "an das Überlieferungsmaterial,
das in dieser Hinsicht recht eindeutig sprach, gebunden"[311].
Die jüngste Quellenschrift betont, direkt an die Überlieferung anschließend, am stärksten den Bruch in der Offenba-
rungsgeschichte, daß nämlich der Jahwename erst in der
Mosezeit bekannt wird.


## 2. Ex 4


### a) Literarkritik


Da die Priesterschrift die Berufung Moses nicht im Bereich
der Midianiter, sondern in Ägypten lokalisiert[312], kann sie
weder von seiner Rückkehr nach Ägypten[313] noch von seiner
Heimsuchung durch ein göttliches Wesen auf dem Weg dorthin
erzählen[314]. Dadurch fehlt P eine Entsprechung zu Ex 4,18-
26. Die Selbstcharakterisierung Moses, nicht beredt zu sein
(v.10), und die Bestimmung des Verhältnisses zwischen Mose
und Aaron (v.15f.) kehren bei P in der Berufungsgeschichte

---

310 W.H.Schmidt 133.
311 v.Rad, Theologie I, [4]193; vgl. W.H.Schmidt 144ff.
312 Dazu s.o.S.49ff.
313 Ex 4,18-23. In der Regel wird v.18.20b auf E, v.19-20a auf J und
    v.21-23 auf einen Bearbeiter zurückgeführt (Holzinger 9; Baentsch
    34f.; Noth 19.33; ders., ÜP 31; W.H.Schmidt 209).
314 Ex 4,24-26. Der Abschnitt wird in der Regel J zugerechnet (Baentsch
    35; Noth, ÜP 31; W.H.Schmidt 220).

(6,12; 7,1f.) und die Verwandlung des Stockes in die Schlange
(v.1-4) und des Nilwassers in Blut (v.9) in der Wunderreihe
(7,8ff.) wieder.

Von wem stammt 4,1-9? Der Abschnitt unterscheidet sich
von der - durch die frühere Forschung erschlossenen - elohistischen Plagenerzählung[315]; setzt man die alte Literarkritik voraus, so kennt "E" nur die Wunder vor Pharao und
kein Beglaubigungswunder vor dem Volk. Außerdem vollzieht
Mose in dieser Schicht die Wunder stets *mit* dem Stock, während in 4,1-9 ein Wunder *an* dem Stock verrichtet wird. Die
Darstellung des Wundergeschehens in v.1-9 paßt demnach nicht
zu "E". Infolgedessen ist der Abschnitt J zugewiesen worden[316]. Nach unserer Analyse findet sich in der Plagenreihe
wahrscheinlich kein elohistischer Anteil[317], so daß jene
Argumentation hinfällig wird. Dennoch gehören v.1-9 nicht
zu E, denn Mose (v.1) und Jahwe (v.5) reden von der göttlichen Erscheinung bei der Berufung Moses, von der der Elohist in Ex 3 nicht berichtet[318]. Hat dann die Zuweisung
des Abschnittes zu J recht? Die Sprache "weist nicht gerade
spezifische Merkmale von J auf"[319], sondern enthält Ausdrücke, die kaum zu J passen: J gebraucht für "das Trockene"
sonst stets das Wort חרבה (Gen 7,22; Ex 14,21), während in
v.9 יבשה vorkommt[320]. Das Verb "glauben" ( האמין in v.1.5.8.9)
ist jünger als J[321]. Ex 4,1-9 stammt also eher aus jüngerer
Zeit. Andererseits zeigt der Abschnitt Gemeinsamkeiten nicht
nur mit J[322], sondern auch mit JE[323] in Ex 3[324]. Daher

---

315 Z.B. Baentsch 17.27f.
316 Holzinger 9; Baentsch 17.27f.; Wellhausen, Comp. [3]70; Noth 18.32;
    ders., ÜP 31f.
317 Dazu s.u.S.93ff.
318 Dazu s.o.S.52f.
319 Baentsch 28.
320 P benutzt die Wurzel יבש (als Nomen in Gen 1,9, Ex 14,16.22.29;
    als Verb in Gen 8,7).
321 S. vor allem Smend, FS Baumgartner 284ff.
322 "Auf deine/meine Stimme hören" (v.1) findet sich bereits in 3,18a
    und "Jahwe ist dir/mir erschienen" (v.1.5) in 3,16.
323 "Jahwe, Gott eurer/ihrer Väter, Gott Abrahams, Gott Isaaks und
    Gott Jakobs" (v.5) in 3,15.
324 Der folgende Teil enthält Gemeinsamkeiten mit E; "geh" (4,12) be-
    gegnet in 3,10 und die Beistandsverheißung "ich werde mit dir sein"
    (4,12) in 3,12.

stammt er frühestens aus der Hand von R[JE]. Auch wenn man
v.5.8.9 aufgrund des Fehlens einer Einführung als Gottesrede[325] als Zusatz ausklammert[326], ist der Grundbestand
selbst jünger als J, denn bereits in v.1 kommt das Verb
"glauben" (האמין) vor. Außerdem taucht dieses Wort in dem
Halbvers 31a auf, der gegenüber dem folgenden jahwistischen
Teil (v.31b)[327] sekundär ist, da das "Hören" (v.31b) von
Gottes Zusage nach dem "Glauben" (v.31a) zu spät kommt[328].

4,10-16 nimmt zwar nicht ausdrücklich Bezug auf den voran-
gehenden Wunderbericht[329], setzt ihn aber voraus, denn die
Untauglichkeit im Reden, deren Überwindung das Thema des
Wechselgesprächs zwischen Jahwe und Mose ist, rückt in der
Situation von v.1-9 ins Blickfeld. 4,10-16 gliedert sich in

---

325 Die Abweichungen des dritten Wunders von den ersten beiden berech-
    tigen nicht, v.9 von v.2-4.6f. literarisch zu trennen, denn sie sind
    sachlich bedingt; das dritte Wunder kann nicht sofort probeweise
    vollzogen werden, da Mose sich nicht in Ägypten, sondern in Midian
    befindet und nicht in der Lage ist, das Wasser aus dem Nil zu ho-
    len. Das bedeutet, daß die Folge der Mose angewiesenen Handlung
    nicht berichtet werden kann wie bei den vorangehenden Wundern.
    Stattdessen kündigt Jahwe die Verwandlung des Wassers in Blut be-
    reits mit dem Befehl zusammen an.

326 Holzinger 9; Noth 32; ders., ÜP 31. Wenn man v.5.8f. herausnimmt,
    bleibt nur die Handlung, und ihre Interpretation fällt aus. Es ent-
    steht keine Unebenheit im Ablauf der Erzählung, obwohl das deutende
    Wort Gottes, das die Skepsis Moses in v.1 zu tilgen versucht, fehlt.
    Ob dieser literarkritische Eingriff notwendig ist, bleibt zu fra-
    gen. Trotz des unvermittelten Übergangs zu den Gottesworten halten
    Baentsch (28) und W.H.Schmidt (190) v.1-9 für eine literarische
    Einheit. Die Erzählung ist nicht ganz streng konstruiert; z.B. im
    zweiten Wunder wird das Herausziehen der Hand aus dem Gewandbausch
    nicht von Jahwe befohlen (v.6f.).

327 Hier wimmelt es von Ausdrücken, die früher im jahwistischen Zusam-
    menhang erscheinen; "daß sich Gott um sie kümmerte" 3,16, "daß er
    auf ihr Elend achtgab" 3,7 und "sich verneigen und niederfallen"
    in Gen 24,26.48; 43,28; vgl. Ex 12,27b; 34,8; Num 22,31. Außer v.31b
    gehört v.29 zum jahwistischen Erzählfaden, da die Ausführung des
    Auftrages (3,16 J) in wörtlicher Entsprechung berichtet wird. Aaron
    ist nachträglich eingetragen worden. V.27.30-31a ist dagegen die
    Fortsetzung von v.1-16, denn die Textgestalt setzt die Einsetzung
    Aarons (v.14ff.) voraus und übernimmt die Ausdrücke daraus (האמין
    in v.31a) und aus J und E ("Wüste" und "Gottesberg" in v.27 aus
    3,1).

328 W.H.Schmidt 235.

329 Kein Wunder wird erwähnt. Erst in v.16 wird klar, daß Mose zum Volk
    (אל-העם) sprechen soll. Vorher fehlt ein Adressat für die Verben
    "sprechen" (דבר in v.12), "gehen" (הלך in v.12) und "schicken"
    (שלח in v.13).

v.10-12 und v.13-16[330]. Der zweite Teil ist oft auf einen anderen Faden als der erste zurückgeführt worden, weil der Abschnitt nicht zur jahwistischen Darstellung paßt[331]. Er führt Aaron in die Erzählung ein und bestimmt ihn als Sprecher Moses zum Volk, während in J Aaron sekundär ist und Mose selbst zum Volk spricht[332]. Da sich aber v.1-9 kaum als jahwistisch erweisen lassen, braucht man v.13-16 von dem vorangehenden Teil nicht zu trennen. 4,10-16 stellt eine literarische Einheit dar[333]. 4,1-16 bildet dann eine fortlaufende Erzählung[334] und stammt von einem Bearbeiter/ Redaktor, der jünger als J und E ist. Sein Verhältnis zu P ist noch zu untersuchen.

## b) Vergleich zwischen Ex 4,10-16 und 6,12; 7,1f.

In P befiehlt Jahwe erneut Mose nach dessen gescheiterter Rede vor den Israeliten, zu Pharao zu gehen und zu ihm zu sprechen (6,10). Mose erhebt aufgrund des Mißerfolges bei seinen Landsleuten den Einwand, daß Pharao ihn nicht einmal anhören werde. Am Ende seiner Rede sagt Mose: "Ich bin an den Lippen unbeschnitten"[335]. Auf die Ablehnung des Auftrags hin bestellt Jahwe Aaron als Moses Sprecher, um dessen Bedenken zu beseitigen (7,1f.)[336].
In Ex 4 führen Jahwe und Mose das entsprechende Gespräch vor der Rede zu dem Volk. Nach den Beglaubigungswundern, mit deren Macht Jahwe den angesichts des göttlichen Auftrags zögernden Mose ausrüstet, versucht dieser dennoch, sich der Aufgabe zu entziehen, indem er seinen Mangel an rednerischer Begabung geltend macht. Auf diesen Einwand folgt hier nicht sofort die Einsetzung Aarons, sondern Jahwe stellt zunächst eine rhetorische Frage, die die Einsicht herbeiführen will, "daß der Auf-

---

330 Der zweite Teil kann in v.14aßb beginnen; so Holzinger 9; Baentsch 29.
331 Holzinger 9; Baentsch 29; Noth 33; ders., ÜP 31.
332 Zu den Ältesten in 12,21.
333 Bereits Smend, Hexateuch 117; Eißfeldt, Synopse 114*; Richter, Berufungsberichte 117ff.; W.H.Schmidt 191. V.17 wurde früher E zugewiesen (Wellhausen, Comp. 370; Holzinger 9; Baentsch 32; Noth 33). Aber ein Übergang zu v.18 (E) fehlt. Der Vers enthält sowohl wörtliche Berührungen mit dem direkt vorangehenden Teil (מטה, ביּדך aus v.2 und חקק, האתות aus v.9) als auch Gemeinsamkeiten mit 7,15b; 17,5b (vgl. 14,16); s. W.H.Schmidt 191f. Ist v.17 Fortsetzung von v.1-16 oder gehört der Vers zu einer anderen redaktionellen Bearbeitung?
334 Zu den möglichen Zusätzen in v.5.8f. s.o.S.84 Anm.326.
335 Zum Sinn des Ausdrucks s.u.S.86 Anm.341.
336 In P^g folgt 7,1f. direkt auf 6,12.

traggeber den Menschen einschließlich seiner Nachteile, Mängel und De-
hinderung ... geschaffen hat"[337], dann wiederholt er den Auftrag "nun
geh!" und erteilt die Beistandszusage (v.12). Trotzdem lehnt Mose seine
Beauftragung ab (v.13). Obwohl Moses hartnäckige Weigerung Jahwes Zorn
erregt, setzt dieser Aaron als Moses Sprecher (v.14) ein.

Im Vergleich zu Ex 4 fehlen in P also die rhetorische
Frage mit Beistandsverheißung durch Gott (4,11f.) und der
zweite Einwand Moses (v.13). Ist ein kürzerer Bericht der
Priesterschrift erweitert oder umgekehrt der Abschnitt
4,10-16 gekürzt worden? Wenn sich v.10 und v.14 entsprechen und v.11-13 von der Umgebung abweichen würden, läge
es nahe, daß sich aus der in P vorliegenden zweiteiligen
Form sekundär ein längeres Wechselgespräch ausgebildet hätte. Dies ist aber nicht der Fall; die rhetorische Frage
(v.11) geht zwar mit dem zweiten Gegensatzpaar "sehend,
blind" über das eigentliche Diskussionsthema der Redefähigkeit hinaus, schließt mit dem Ausdruck "Mund" aber gut an
v.10 an[338]. Hat die Priesterschrift absichtlich das Mittel-
stück (4,11-14aα) fortgelassen? In P fragt Jahwe nie einen
Menschen (v.11). P spricht außerdem nicht vom göttlichen
Beistand (v.12), weder mit עם noch mit את[339]. Schließlich
wird Gottes Zorn (v.14aα) als "Anthropopathismus(,) von P
stets vermieden"[340]. So erklärt sich das Fehlen von v.11-
14aα aus der theologischen Intention der Priesterschrift.

Die Priesterschrift gebraucht für die mangelnde Redefähigkeit eine andere bildhafte Wendung: "unbeschnitten an den
Lippen" (ערל שפתים)[341]. P kann den wohl vorgegebenen Aus-

---

337 W.H.Schmidt 202.
338 Auch in der Forschungsgeschichte wurden v.11-13 nicht vom vorangehenden und folgenden Teil getrennt behandelt. Allenfalls wurde
   ein Einschnitt vor v.13 oder v.14aα angenommen; aber dazu s.o.S.85.
339 Holzinger, Einleitung 348.
340 Baentsch 31. P spricht nicht vom Zorn Gottes, selbst wenn seine
   Rede dem Inhalt nach zornig ist (Num 14,26; vgl. Num 11,1.10.33 J).
341 Zu verschiedenen Deutungsmöglichkeiten des Ausdrucks s. Tigay, BASOR
   1978, 57ff. Die singuläre Redewendung meint kaum "einen religiösen
   Mangel" (vgl. Hermisson, Sprache 72), wie etwa Unreinheit vor dem
   heiligen Gott. Die Parallelität von ערל und טמא in Jes 52,1 und
   die ähnliche Formulierung von der Unreinheit der Lippen (טמא-שפתים)
   in Jes 6,5 könnten dafür sprechen. Der Textzusammenhang der priesterschriftlichen Berufungsgeschichte macht diese Deutung aber wenig
   wahrscheinlich, da diese Wendung zusammen mit dem Scheitern des ersten Auftrags, zu den Israeliten zu *sprechen*, vorkommt. Außerdem

druck "schwer" (כבד in 4,10) durch ערל ersetzt haben, da
das Wort auch sonst in P vorkommt (Gen 17), allerdings nicht
im übertragenen Sinne, sondern konkret für die Beschneidung
als Bundeszeichen. Aber schon für das Sprechorgan stehen
unterschiedliche Worte: "Lippen" (שפתים) in 6,12 und "Mund"
(פה) und "Zunge" (לשון) in 4,10. Ein weiterer Unterschied
liegt in der Stellung des Motivs in Moses Rede; der Mangel
an Beredsamkeit[342] ist der einzige Einwand in 4,10. Mose
kann weder von Erfolg noch Mißerfolg sprechen, da er noch
keinen Auftrag Gottes ausgeführt hat. In 6,12 wird die Untauglichkeit im Reden mit dem vorangegangenen Scheitern der
Verkündigung verbunden. Da er vor seinem Auftreten vor dem
Volk nicht darüber sprach, hat man den Eindruck, "als sei
ihm derselbe durch seinen ersten Mißerfolg erst recht zum
Bewußtsein gekommen"[343]. Dementsprechend fehlt hier für die
mangelnde Redefähigkeit eine Zeitangabe "bisher - auch seit-
dem" wie in 4,10. Angesichts dieser Unterschiede ist es unwahrscheinlich, daß ein Verfasser den anderen Text als
schriftliche Vorlage benutzte. Es ist aber genausowenig
wahrscheinlich, daß beide Texte völlig unabhängig voneinander entstanden sind, da zwei Erzählelemente, die Untauglichkeit im Reden und die Einsetzung Aarons als Moses Sprecher, in demselben Zusammenhang der Berufung Moses wiederkehren. Beide greifen auf eine gemeinsame Tradition zurück,
oder ein Text ist dem Verfasser des anderen bekannt. Wenn
die zweite Möglichkeit zutrifft, ist es wahrscheinlicher,

---

reagiert Jahwe auf Moses Einwand damit, einen *Sprecher* für ihn ein-
zuführen und nicht etwa, die Unreinheit oder Schuld und Sünde (Jes
6,7) zu beseitigen. Der Ausdruck bedeutet also "im Reden uneinge-
weiht, ungeschickt" (KBL 737). Während die Formulierung כבד + Kör-
perorgan (dazu C.Westermann, כבד THAT I, 797) auch im profanen Bereich gebraucht werden kann (Gen 48,10), kommt die Redewendung mit
ערל stets im Zusammenhang mit dem Verhalten Jahwe gegenüber vor.
Wirkt darin der Ursprung der Beschneidung als religiöser Sitte nach?
6,12 unterscheidet sich jedoch vom sonstigen Gebrauch (Lev 26,41;
Dtn 10,16; Jer 4,4; 6,10; 9,25; Ez 44,7.9) darin, daß Gott zwar
den Auftrag zu sprechen gibt, aber, was Mose mit den unbeschnittenen
Lippen tun soll, sich nicht an Jahwe richtet, sondern an den ägyptischen König.

342 Die "Schwerfälligkeit" von Mund und Zunge und die Selbstbezeichnung
"ich bin kein Mann von Worten".

343 Baentsch 48.

daß die Priesterschrift Ex 4 umgestaltet hat, wie es sich
aus dem Strukturvergleich zwischen 4,10-16 und 6,12; 7,1f.
ergibt.

Die zweite Parallele liegt nicht im Einzelausdruck wie
die rednerische Untauglichkeit Moses, sondern in der ganzen
Rede (4,14-16; 7,1f.).

Beide Male spricht Jahwe. Es geht jeweils um die Beziehung zwischen
Mose und Aaron; auf sie wird das Verhältnis zwischen Gott und Propheten/
Seher übertragen. Beide Male besteht Gottes Rede in der Rollenverteilung und der Aufgabenbestimmung. Auch die Formulierungen entsprechen
sich mehr oder weniger: das Verb "sprechen" (דבר) kehrt je zweimal
wieder. Das Verhältnis wird in der Regel mit dem Verb "werden" (היה)
festgelegt.

Ein näherer Blick läßt jedoch Abweichungen in der Formulierung erkennen: In P fehlt der Adressat für Moses Sprechen
(7,2; vgl. ודברת אליו in 4,15), den LXX mit αὐτῷ ergänzt.
Der Unterschied kann sich aber aus Umgestaltung durch P erklären, denn daß Mose zu Aaron sprechen soll, ist eindeutig,
weil in P die Rollenfestlegung der Bestimmung der Tätigkeit
vorangeht. Die parallelen Aussagen unterscheiden sich außerdem in der Satzstruktur und dementsprechend auch in der
Verbform; in 4,15f. steht das Verb an der Spitze des Satzes
und im Perfekt waw consec., während in 7,2 das Subjekt vor
dem Verb steht und die Verben die Imperfekt-Form annehmen.
Schließlich findet sich in 7,1b keine entsprechende Formulierung für "er soll für dich zum Mund werden" (לך לפה in 4,16b),
sondern das Nomen ist mit einem Personalsuffix versehen
(נביאך) und ein präpositionaler Ausdruck (ל) fehlt. Hätte
P Ex 4,14-16 schriftlich vor Augen gehabt, hätte sie die
Formulierung ל+היה übernommen, die auch in der folgenden
Wunderreihe der Priesterschrift begegnet[344]. Angesichts
dieser Abweichungen in den entsprechenden Aussagen ist
wiederum wenig wahrscheinlich, daß ein Text den anderen
als schriftliche Vorlage benutzt, obwohl die Bekanntschaft
ziemlich gut ist, wie die engen Berührungen zeigen.

Darüber hinaus lassen sich weitere Unterschiede beobachten: Nur 4,15 enthält die Aussage, daß Mose "die Worte in

---

344 Dort formuliert P die wunderbaren Verwandlungen in der Gottesrede
    überwiegend mit היה + ל (7,9; 8,12; 9,9 aber 7,19) und im Bericht
    auch mit היה allein (8,13; 9,10 aber 7,10.12).

seinen (= Aarons) Mund legen soll", was sonst Gott für den
Seher oder Propheten tut[345], und die Beistandszusage. Umgekehrt wird nur in P am Ende das Ziel des Gesprächs genannt: "so daß Pharao die Israeliten aus seinem Land entlasse" (7,2bß). Auch gemeinsame Bestandteile treten in verschiedener Reihenfolge auf: In 4,15f. folgt auf die Tätig-
keitsbestimmung die Rollenverteilung, in P umgekehrt. Innerhalb der Aufgabenverteilung spricht P zunächst über Mose
und dann über Aaron, 4,16b umgekehrt. Aaron wird beide Male
Moses Bruder und nur in 4,14 zusätzlich Levit genannt.
Aaron wird für Mose in 4,16 zum Mund und in 7,1 zum Propheten bestimmt und soll in 4,14ff. zum Volk, in 7,1f. zu
Pharao sprechen. Wie erklären sich diese Abweichungen? Welche Fassung ist älter?

Liegt 7,1f. der Aussage von 4,14-16 zugrunde? Die Hinzufügung der Beistandszusage (v.15) würde als Weiterführung
von v.12b verstanden, in der der göttliche Beistand auch
dem Mund Aarons zugesprochen wird. Die Zielangabe von 7,2bß
muß der Verfasser von Ex 4 fortlassen, da in Ex 4,14-16
nicht Pharao, sondern die Israeliten von Aaron angesprochen
werden. Er hätte aber die erste Tat Gottes in 7,1 "ich setze
dich zum Gott" (נתתיך) ohne weiteres aufnehmen können, da
er im vorangehenden Vers Gott in der ersten Person sprechen
läßt (ידעתי in v.14). So wären die Ablösung der Gottestat
durch die Bestimmung "er soll sein" und die zweimalige Um-
stellung der gemeinsamen Aussagen in diesem Fall unmotiviert. Nicht nur diese konkreten Beobachtungen am Text,
sondern auch allgemeine Überlegungen über die Entstehungsgeschichte des Pentateuch machen diese Annahme unwahrscheinlich; wäre 4,14-16 jünger als Ex 7,1f., wäre dieser Abschnitt später als P anzusetzen und dann auf R[p] [346] zurückzuführen. Eher wird diese Doppelung jedoch nicht von R[p] geschaffen, sondern vorgefunden[347].

---

345 Mit dem Verb שים in Num 22,38; 23,5.12; Jes 51,16; 59,21; mit dem
    Verb נתן in Dtn 18,18; Jer 1,9; 5,14.
346 So z.B. Holzinger 16.
347 Vgl. W.H.Schmidt 195.

Oder war 4,14-16 der Priesterschrift vorgegeben? Die Änderung der Reihenfolge würde sich aus der theologischen
Intention der Priesterschrift erklären; P betont das Wirken
Jahwes bei der Aufgabenbestimmung[348]. Das Sprechen, das Ex
4,15 bereits vor der Rollenverteilung erwähnt, ist Tun des
Menschen und kann nicht in eine göttliche Handlung umformuliert werden. So nimmt P die zweite Aussage vorweg und
stellt die Bestimmung Moses zum Gott für Aaron nun als
Jahwes Tat voran. Außerdem läßt P die Beistandszusage fort,
wie in 6,10 gegen 4,12[349]. Schließlich fügt P am Ende das
Ziel des Gesprächs hinzu, das sie bereits in 6,11 Jahwe in
den Mund gelegt hat. Nicht nur die Umgestaltung der Aussagen, sondern auch die Einfügung Pharaos in das Verhältnis zwischen Mose und Aaron führt zum Ergebnis, daß P 4,14-
16 gegenüber sekundär ist; wenn Aaron der Prophet oder der
Mund Moses ist, "so ist, nach der ursprünglichen weil sach-
gemäßen Konzeption, Moses der Gott eben für Aaron und nicht
der Gott für Pharao"[350]. Die göttliche Stellung Moses für
Pharao in P "wird nur als Abwandlung von 4,16 verständlich"[351]. P meint mit der Änderung des Adressaten: "Mose
soll mit göttlicher Vollmacht, ja gleichsam selbst als ein
Gott vor Pharao hintreten ..."[352]. Pharao wird von P als
Angeredeter hervorgehoben, da er in 7,1f. am Anfang der
Rollenverteilung und am Ende der Tätigkeitsanweisung vorkommt, während in 4,14-16 der Adressat des Redens durch
Aaron nur einmal und erst in der zweiten Aussage erwähnt
(אל-העם in 4,16) wird[353]. Auch "dein Bruder Aaron, der

---

348 Dazu s.u.S.319f.
349 Dazu s.o.S.85 Anm.335. S.86 Anm.341.
350 Wellhausen, Proleg. 6338 Anm.1.
351 W.H.Schmidt 195.
352 Baentsch 53.
353 Das Verhältnis zwischen Mose und Aaron in P wird Pharao gegenüber
　　festgelegt und gilt darum nur für die Zeit der Herausführung, da-
　　gegen in Ex 4 dem Volk gegenüber, so daß diese Beziehung zwar ins-
　　besondere für die Situation gedacht ist, in der Mose die Botschaft
　　der Exoduszusage den Israeliten weitergeben soll, aber nicht auf
　　die Herausführung beschränkt zu werden braucht. Was Mose und Aaron
　　tun sollen ( תעשון in v.15), wird ebenfalls nicht mit den Zeichen
　　spezifiziert (gegenüber 4,30).

Levit" (4,14) ist wahrscheinlich älter als P. Der Ausdruck
"Aaron dein Bruder" findet sich zwar sonst nur in P[354],
aber die Bezeichnung Aarons als Levit ist in oder nach der
Priesterschrift schwer denkbar, denn er ist in P der erste
Hohepriester Israels und wird mit seinen Söhnen als Israels
einzigen legitimen Priestern durch Gott bestallt, denen
alle nicht priesterlichen Leviten untergeordnet werden[355].

Levit ist hier Bezeichnung des Amts, kaum der Stammeszugehörigkeit,
"da in dieser Beziehung Mose selbst ein Levit wäre (2,1ff.)"[356]. Den
Leviten ist es aufgegeben, Rechtssatzungen und Tora zu lehren (Dtn 33,
10; vgl. 27,14), so daß bei ihnen Rednergabe vorausgesetzt wird[357].
Allerdings wird diese Amtsbezeichnung in der Aufgabenverteilung nicht
genannt, wie es bei dem "Propheten" der Fall ist[358]. Wegen dieser Bezeichnung "Levit" könnte der Begriff "Prophet" in 4,16 fehlen. Stattdessen wird Aaron als "Mund" (פה) bezeichnet[359].

Die Schlußfolgerung, daß P von Ex 4 abhängig ist, wird
auch durch den Vergleich der Amtseinsetzung Aarons bestätigt. 4,14-16 ist also älter und liegt P zugrunde[360].

Mit der Möglichkeit, daß P eine Überlieferung kennt, die das Verhältnis zwischen Gott und dessen Propheten/Seher auf die Beziehung zwischen
Mose und Aaron oder allgemeiner zwischen zwei Menschen überträgt, ist
zu rechnen. 4,15aα und v.16a bilden ursprünglich eine Einheit, da beide
mit demselben Verb "sprechen" (דבר) und in derselben Satzstruktur formuliert sind. Außerdem weisen nicht nur v.15aα und v.16a, sondern auch
v.16b einen gewissen Parallelismus auf. Nur diese Aussagen finden ihre
Entsprechung in P.

---

354 Ex 7,1f.; 28,1.2.4.41; Lev 16,2; Num 20,8; 27,13; Dtn 32,50.
355 A.Cody, Aaron TRE I, 2; bereits Baentsch 32; vgl. Noth 33; W.H.
    Schmidt 195.
356 Baentsch 31.
357 Baentsch 31; Noth 33; Gunneweg, Leviten 97; W.H.Schmidt 204.
358 Eine entsprechende Formulierung "er ist für dich wie ein Levit"
    kommt nicht vor.
359 Der Prophet kann als Jahwes Mund auftreten (Jer 15,19).
360 So Wellhausen, Proleg. [6]338 Anm.1; Baentsch 53; Noth 45; Cody,
    Priesthood 51; ders., Aaron TRE I, 2; W.H.Schmidt 192ff.; anders
    Holzinger 16; Valentin, Aaron 106f.; Weimar, Berufung 354.

III. PLAGEN- UND WUNDERERZÄHLUNG


A. Literarkritik in Ex 7,8-11,10[1]


1. Die I.-VII. Plagen und Wunder

I. Ex 7,8-13 gehört einheitlich zu P[2].
II. In 7,14-25 gehört v.19-20aα.21b.22 zu P[3]. Vielleicht
kann man noch in v.20aγb einen Rest der priesterschriftlichen Erzählung sehen[4], denn sie berichtet in den anderen
vier Plagen die Ausführung des göttlichen Befehls (7,10;
8,2.13; 9,10) nach der Vollzugsbestätigungsformel, falls
diese vorkommt (7,10; 8,13). Auch der Ausdruck לעיני פרעה
ולעיני... begegnet uns in P (7,10; 9,8)[5].
Der verbleibende Rest von 7,14-25 ist noch nicht spannungs-
frei. ונהפכו לדם in v.17 erscheint vor der priesterschriftlichen Erzählung (v.19ff.*) zu früh. Der Redaktor (R[P]) nimmt
aus ihr diesen Satzteil (v.19.21b auch 20b*?) vorweg und
verbindet dadurch die zwei Erzählfäden eng miteinander[6]. Im
vorliegenden Text wird in v.17 auffällig und ganz unvermittelt von der Jahwerede (v.17a) in die Moserede (v.17b) über-

---

1 Die Ergebnisse der Literarkritik sind in "Überblick über die Plagen-
  und Wundererzählung" (S.126) aufgeführt.
2 Wellhausen, Comp. 362; Holzinger 21; Baentsch 54ff.; Beer 47; Noth,
  ÜP 18; ders. 45f.; Elliger, KSAT 174; Fohrer, Exodus 59; Friebe,
  Plagenzyklus XXXVII; Childs 131.151ff.; Zenger, Exodus 269 Anm.45.
3 Holzinger 22; Baentsch 62; Beer 49; Elliger, KSAT 174; Noth, ÜP 18;
  ders. 46; Fohrer, Exodus 70; Friebe, Plagenzyklus XXXVII; Childs 131.
4 So Friebe, Plagenzyklus 42.
5 In 9,8 steht im MT nur "vor den Augen des Pharao", während LXX dazu
  noch "und vor den Augen seiner Diener" liest.
6 Auf ähnliche Weise wird der jahwistische Text durch den Stil der
  Priesterschrift auch sonst erweitert, wo beide Quellenschriften ineinander verflochten sind (Gen 6,7a; 7,7.23a); vgl. Gunkel, HK 1,1,
  137ff.; Smend, Entstehung 42; Donner, Henoch 1980, 16.

gegangen[7], da der Stock (במטה אשר-בידי in v.17b) nach v.15b
für Mose in Anspruch zu nehmen ist. Sonst tritt Jahwe als
Subjekt des Partizips in der Ankündigungsformel auf: הנני/הנה
אנכי mit Partizip (7,27; 8,17; 9,18; 10,4; vgl. 9,3). Es
liegt also nahe, daß auch in 7,17 Jahwe ursprünglich bis
zum Schluß das redende und handelnde Subjekt gewesen ist[8].
Wenn man in v.17b במטה אשר ביד על ביד als sekundär ausklammert,
ergibt sich tatsächlich ein glatter Wortlaut, der eine gewisse Entsprechung in v.20aß hat (vgl. auch v.25b). Auch
v.15b, in dem wieder von dem Stock die Rede ist, wirkt sekundär, da der Versteil die Verbindung zwischen der Sendung
und dem Sprechen zerstört, während sonst im Botenauftrag
dem "Gehen" (v.15a) das "Sprechen" (v.16) direkt folgt
(7,26; 8,16; 9,1.13; vgl. auch 10,3). Die Sendung des Boten
kann allenfalls mit einer Zeit- und Ortsangabe erweitert
werden (8,16; 9,13).

Die Textteile (7,15b.17b), die vom Stock sprechen, sind kaum einer
Quellenschrift entnommen[9], da sie zu fragmentarisch bleiben, um einen
sinnvollen Zusammenhang zu ergeben. Eher handelt es sich um eine redaktionelle Bearbeitung. Da sie den Stock ausschließlich in die jahwistische Erzählung einfügt und auf P keinen Bezug nimmt[10], läßt sie sich
von der redaktionellen Verklammerung der P mit JE trennen, die in den
beiden letzten Worten von v.17 und eventuell auch in v.20b zu Wort
kommt. Wahrscheinlich setzt der Verfasser von Ex 4 in die erste jahwistische Wundererzählung den Stock ein. V.15b nimmt tatsächlich ausdrücklich auf 4,2-4 Bezug[11]. Das Verb נכה (hi.) in v.17b und v.20b
gibt dem Redaktor den Anlaß zur Einführung. Allerdings meint נכה
(hi.)[12] in der ursprünglichen jahwistischen Fassung "allgemein im übertragenen Sinne eine unheilbringende Handlung"[13], im vorliegenden Textzusammenhang konkret "schlagen".

---

7 Stünde zwischen v.17a und v.17b etwa "Mose sagte", wäre dieser Übergang problemlos.
8 Schon Wellhausen, Comp. [3]64; zuletzt Noth 55; H.Schmid, Mose 48.
9 Mit Noth 46; Friebe, Plagenzyklus XXXVII; Zenger, Exodus 270
   Anm.270f.; anders Baentsch 60f.; Holzinger 22; Beer 49; Fohrer,
   Exodus 70; Childs 131.
10 Der Stab kehrt zwar auch in P wieder. Aber im direkt vorangehenden
   Abschnitt vom Schlangenwunder (7,8-13 P) handelt es sich nicht um
   den Stock Moses (7,15), sondern Aarons, und das hebräische Wort für
   Schlange heißt dort nicht נחש (7,15), sondern תנין (7,9f.).
11 Wahrscheinlich ist derselbe Bearbeiter auch in 17,5b tätig; dazu
   s.u.S.109.
12 Die Verbindung des Stockes mit dem Verb "schlagen" (נכה hi.) kehrt
   wieder in Ex 8,12f.; 17,5f.; Num 20,11.
13 Noth 55f.

III. 7,26-8,11. Nimmt man die Priesterschrift (8,1-3.
11aßb)[14] heraus, ist der verbleibende Text mit Ausnahme
von 8,5*.6a.8bß jahwistisch. Allerdings ist Aaron in
8,4.8 für sekundär zu halten[15]. Ex 8,2b darf man aufgrund
der Form des Verbs[16] nicht aus dem priesterschriftlichen
Zusammenhang herauslösen und als ursprünglich jahwistisch
erklären[17]. Diese literarische Operation schafft mehr Probleme als sie löst.

8,2b widerspricht zunächst der Aussage der Priesterschrift
in 8,1-3.11aßb nicht, denn ein Geschehen kann von verschiedenen Aspekten aus berichtet werden. Ohne 8,2b fehlt in P
zudem eine Beschreibung darüber, was nach der Handlung
Aarons oder Moses geschieht; diese Beschreibung taucht jedoch in den anderen priesterschriftlichen Plagen stets auf
(7,10b.21b; 8,13a; 9,9). Schließlich ergänzt 8,2 zwar das
Fehlen einer Ausführung des Wortes Jahwes (7,26-29) in J.
Aber im jahwistischen Ausführungsbericht steht immer "Jahwe
tut/schlägt ..." vor dem Bericht des wunderbaren Phänomens
(7,20*; 8,20; 9,6.23; 10,13; 12,29; vgl. auch 10,22).
8,2a, der von der Handlung Jahwes nichts zu berichten weiß,
weicht von der jahwistischen Struktur ab. Es liegt also
nahe, daß der Vollzugsbericht in J bei der Verflechtung mit
P ausgefallen ist[18] und 8,2 einen Bestandteil von P bildet.

Als Pharao unter den vielen Fröschen leidet, ruft er Mose
herbei. Auf Moses Frage: "Wann soll ich für dich Fürbitte
einlegen?", antwortet Pharao: "Morgen" (8,6). Diese Zeit-
bestimmung widerspricht in gewissem Sinne der Dringlichkeit
der Situation, denn der ägyptische König hat doch wohl Mose
geholt, um die lästigen Frösche hinwegnehmen zu lassen
(v.4). Warum sagt Pharao nicht "sofort", wenn er selbst die

---

14 Holzinger 23; Baentsch 64f.; Beer 49; Noth, ÜP 18; ders. 53;
   Elliger, KSAT 174; Fohrer, Exodus 70; Childs 131.
15 Smend, Hexateuch 130; Greßmann, Mose 98; Rudolph, Elohist 19;
   Noth 46f.
16 עלה qal in 7,28f.; 8,2 und hi. in 8,1.3.
17 So Friebe, Plagenzyklus 43ff.
18 Holzinger 23; Baentsch 64; Beer 49; Noth 57; anders Zenger, Exodus
   267 Anm.45.

Zeit für das Ende der Plage bestimmen kann[19]? Nicht nur sachlich, sondern auch dem Ausdruck nach weicht v.5f. von J ab.
Das Verb "flehen" (עתר hi.) hat meistens die Bestimmung "für
Jahwe" (8,4.25; 9,28; 10,17f.) bei sich, die hier fehlt (auch
in 8,24), so daß das logische Subjekt zu להכרית in diesem Zusammenhang nicht eindeutig ist. Sonst tritt Mose für Pharao
allein (8,24) ein, und erst die Folge des Flehens bezieht
sich auch auf dessen Diener und Volk (8,7.25), während hier
das "Flehen" dem Pharao, seinen Dienern und seinem Volk gilt,
die Beendigung der Plage jedoch Pharao allein trifft; die
Frösche gehen von Pharao und seinen Häusern weg (8,5a)[20].
Die Betonung wird darum in 8,5 vom Aufhören der Plage in die
Tat des Flehens verlagert. "Morgen" (מחר) formuliert J sonst
ohne Präposition ל (8,25; 9,5.18; 10,4)[21].

Der ursprüngliche Wortlaut in v.5a[22] läßt sich zwar nicht
genau wiederherstellen, aber aus der Analogie zu 8,25 vermuten, etwa: "ich werde zu Jahwe flehen". Darauf folgt v.7:
"so daß die Frösche (morgen)[23] von dir und deinen Häusern
und von deinen Dienern und deinem Volk weichen werden".

Der Bearbeiter findet den Charakter des Wunders in der jahwistischen Erzählung "noch nicht scharf genug hervorgehoben"[24] und schafft durch die Einführung des Motivs, daß

---

19 Holzinger (24) versucht zu erklären: "Pharao wagt schon nicht mehr,
   um sofortiges Verschwinden der Plage zu bitten". Haben schon die
   ersten zwei Plagen Pharao so tief beeindruckt? Er wagt jedoch nachher wiederholt, seine Zusage hinsichtlich der Entlassung der Israeliten zu brechen.
20 LXX ergänzt hinter "von dir" "auch von deinem Volk", während Sam.
   und Vul. hinter "von deinen Häusern" "und von deinen Dienern und
   von deinem Volk" hineinlesen.
21 Gerade im sekundären Vers (8,19) kehrt למחר wieder. Auch in Num
   11,18, wo למחר vorkommt, läßt sich eine nachträgliche Überarbeitung
   beobachten (dazu s. Fritz, Wüste 17).
22 Die zweite Hälfte des Verses, die Pescht. fehlt, ist bereits von
   Holzinger (23) und Noth (ÜP 32; ders. 46) J abgesprochen worden;
   anders Baentsch 64; Beer 49f.; Childs 131.
23 Die jahwistische Erzählung kennt wohl "morgen" (מחר) als den Zeitpunkt für das Aufhören der Plage, wie es in der Hundsfliegenplage
   der Fall ist. Der Frösche- und der Hundsfliegenplage ist auch "und
   Jahwe tat nach dem Worte Moses" gemeinsam (8,9.27). Der Bearbeiter
   bildet aus der Voraussage des Zeitpunkts für das Aufhören der Plage
   durch Mose die freie Bestimmung des Zeitpunktes durch Pharao heraus.
24 Greßmann, Mose 70. Zenger (Exodus 271 Anm.54) führt das Motiv der
   Terminfestsetzung durch Pharao auf die jehowistische Geschichtsdarstellung zurück.

Pharao selbst die Zeit für das Eintreffen der Rettung bestimmen darf, einen unanfechtbaren Beweis, daß die Plage
von keinem anderen als Jahwe kommt und beendet wird.

Die Bearbeitung betont auch sonst die Wunderkraft der Plage (9,19-21;
10,21-23). Ein neues Erzählelement kann in die erste Verhandlung leicht
eingeführt werden, denn ihr Aufbau ist einfach, da der Abschnitt weder
eine Verhandlung über die Bedingungen des Auszugs noch ein Sündenbekenntnis Pharaos enthält.

V.8bß ist wohl gleichzeitig hinzugefügt worden. Die Ausführung der zugesagten Fürbitte wird sonst schlicht in der
Form "er (= Mose) flehte zu Jahwe" berichtet (8,26; 9,29;
10,18). V.8bα allein entspricht diesem Ausdruck genau, so
daß v.8bß überflüssig wirkt. Der Bearbeiter möchte mit
v.8bß wohl sagen: "wegen der Fröscheangelegenheit, die er
(= Mose) Pharao festgesetzt (שׂם) hatte"[25].

IV. 8,12-15 ist einheitlich priesterschriftlich[26].

V. 8,16-28 ist jahwistisch[27], aber mit Ausnahme von
8,19[28].

Das zweite Wort in v.19 "Erlösung" oder "Befreiung" (פדת)
paßt in dem Zusammenhang kaum. Stattdessen ist פלת "Tren-
nung, Unterscheidung" mit LXX (Pescht. und Vul.) als ursprünglich anzunehmen: "Ich will einen Unterschied machen
zwischen meinem und deinem Volk"[29]. Dann stellt v.19 zu der
direkt vorangehenden Aussage in v.18: "Ich will das Land
Goschen, ..., besonders behandeln" eine Doppelung dar.
Außerdem fallen in v.19 Unterschiede zu J auf. Er benutzt
in der Plagenerzählung das Wort מחר "morgen" durchweg ohne
Präposition ל[30], während sie hier zugefügt ist. Die Ausnahmebehandlung des Landes Goschen durch Jahwe (v.18) erweist, daß die Plage durch das Eingreifen Jahwes, des Gottes Israels, geschieht, und beweist damit dessen Macht über

---

25 Vgl. Holzinger 24; anders übersetzen Baentsch (65) und Noth (47),
   etwa: "wegen der Frösche, die er (= Jahwe) Pharao gesandt hatte".
26 Holzinger 24; Baentsch 65ff.; Beer 51; Noth, ÜP 18; ders. 47.53;
   Elliger, KSAT 174; Fohrer, Exodus 70; Childs 131.
27 Beer 51; Noth 47; Fohrer, Exodus 70; Childs 131.
28 Holzinger 25; Baentsch 67ff.
29 Vgl. Baentsch 68f.; Holzinger 25; Beer 50; Greßmann, Mose 71 Anm.6;
   Noth 47.
30 Dazu s.o.S.96.

Pharao. Dagegen legt J nicht auf Wunderzeichen Jahwes den
Nachdruck, vielmehr charakterisiert er die außergewöhnlichen Ereignisse als Plage, indem er die Erschwerung des
Lebens ausmalt[31]. So ist v.19 wohl einer der späteren Bearbeitungen zuzuschreiben[32].

V.19 ist durch die Auffassung der Plage als Schauwunder mit 10,1
(auch אח!) und wohl auch mit 9,19-21 verbunden. Beide Stellen sind
ebenfalls nicht jahwistisch, sondern redaktionell[33]. Diese Bearbeitung,
die in den Plagen die göttliche Wunderkraft sehen will, greift kaum
zufällig gerade da ein, wo die Verschonung der Israeliten durch Jahwe
zum ersten Mal auftritt. Der Bearbeiter verbindet die Voraussage des
Zeitpunktes "morgen", die J zunächst beim Aufhören (8,25) und dann
beim Eintritt (9,5) der Plage gibt, mit der Verschonung der Israeliten
durch Jahwe.

VI. 9,1-7. Auf Grund der Unebenheit in v.3f.[34] und der
Tatsache, daß eine Verhandlung mit Pharao fehlt, meint Noth,
daß 9,1-7 ein sekundärer Zuwachs zur J-Erzählung sei[35].
Aber der Ausfall einer Verhandlung ist hier sachlich begründet; die Pest ist plötzlich eingetreten, in einem Augenblick kam der gesamte Viehbesitz Ägyptens um. So bleibt
kein Raum mehr übrig, die Plage abzuwenden[36]. Die erste
Plage, in der ebenfalls vom Sterben berichtet wird (מות in
7,18.21), ist auch ohne Verhandlung verlaufen[37]. Nur wenn
die Plagen länger dauern, kann Pharao versuchen, den zuneh-
menden Schaden zu stoppen, indem er Mose herbeirufen läßt
und ihn darum bittet, der Plage ein Ende zu machen (8,4;
9,28; 10,17). In v.3f. bleibt aber die Unebenheit, daß von
der Jahwerede (v.1) ganz unvermittelt in die Moserede
(v.3f.) übergegangen wird. Infolgedessen ist in der Ankündigung von Jahwe in der dritten Person die Rede[38]. Diese

---

31 Dazu s.o.S.170.
32 Baentsch (69) hält nur das Wort Zeichen (אות) für redaktionell
   (R[JE] oder R[D]); anders Stolz, WuD 1979, 137.
33 Dazu s.u.S.121f.116.
34 S.u.S.98f.
35 Noth 60f.; Schulte, Entstehung 67f.; H.Ch.Schmitt, Josephsgeschichte
   122 Anm.135. Noth hält jedoch in ÜP 32 diesen Abschnitt für jahwistisch.
36 Vgl. schon Jülicher, JPTh 1881, 91.
37 S.u.S.128.
38 Vul. liest darum ידי statt יד-יהוה in v.3, und LXX setzt in
   v.4 die erste Person Jahwes fort. Holzinger (26) denkt an Textverderbnis.

formale Unstimmigkeit bleibt anstößig, selbst wenn man den
Abschnitt in J für sekundär hält. Darum kann 9,1-7 insge-
samt als jahwistisch gelten[39].
VII. 9,8-12 ist wiederum einheitlich priesterschriftlich[40].


## 2. Redaktionelle Bearbeitung in der Hagel-, Heu-
schrecken- und Finsternisplage, Umfang und
Datierung dieser Redaktion


"Schwierig wird die literarkritische Frage erst am Ende
der ganzen 'Plagen'-Erzählung von 9,13 an"[41], denn nun tauchen neue Probleme auf:

a) Ist nach 9,8-12 noch ein priesterschriftlicher Anteil
zu finden?

b) Läßt sich eine Beteiligung des Elohisten an den folgenden Plagenerzählungen nachweisen?

c) Wie ist der Widerspruch zwischen 9,6 und 9,19-21 innerhalb der jahwistischen Erzählung zu verstehen?

d) Spätere Bearbeitungen nehmen nun an Häufigkeit und Umfang zu.

Die ersten beiden Fragen laufen auf dasselbe Problem hinaus, denn sie betreffen dieselben Textstücke. Zunächst ist
der Umfang des Textes festzustellen, dann zu prüfen, ob
diese Textstücke als einheitlich zu betrachten sind, weiter
zu untersuchen, von wem sie stammen, und schließlich, wann
sie anzusetzen sind.

Welche Textteile können nicht zu J gehören? In der Hagelplage stellt 9,22 eine Doppelung zu v.18 dar[42], da in v.22
der Hagel ohne Artikel (ברד) eingeführt (vgl. v.18) und das
Eintreffen des Hagels wiederum berichtet wird. Der Befehl in

---

39 So Holzinger 26; Wellhausen, Comp. [3]36; Baentsch 71f.; Beer 52f.;
Rudolph, Elohist 19; Friebe, Plagenzyklus XXXVIII; Noth, ÜP 32;
Fohrer, Exodus 70; Childs 131.157f.
40 Holzinger 26; Baentsch 72f.; Beer 53; Noth 53; Elliger, KSAT 174;
Fohrer, Exodus 70; Childs 131.158.
41 Noth 52; vgl. W.H.Schmidt 211.
42 Noth (ÜP 32) hält v.17-22a für einheitlich. Wellhausen (Comp. [3]65),
Baentsch (75f.), Holzinger (27), Rudolph (Elohist 19), Friebe
(Plagenzyklus 45f.) sehen hier eine Doppelung.

v.22 wird in v.23aα ausgeführt. In v.23aß ist das Wort "und
Hagel" (וברד) zu streichen, es wurde vielleicht als Parallele zu v.33 (הקלות והברד) sekundär eingesetzt[43]. In
v.24a unterbrechen die Worte ברד ואש מתלקחת בתוך die Verbindung ויהי הברד כבד und stellen einen schlecht eingefügten Zusatz dar[44]. Mit diesen Textänderungen braucht man aus
v.23f. nicht zwei Darstellungen herauszulesen, die auf zwei
Quellenschriften zu verteilen wären, weil die Stärke des
Hagelwetters unterschiedlich berichtet wird[45]. In der Ankündigung (v.18) ist zwar nur vom Hagel und nicht vom Gewitter die Rede, aber das Geschehen der Plagen wird in der
Regel konkreter und näher beschrieben als ihre Ankündigung
(vgl. v.18 mit v.24f.). Der Hagel kann auch sonst mit Donner und Feuer verbunden sein (Jes 30,30; Ps 18,13f.)[46]. Da
in der ursprünglichen jahwistischen Erzählung der Widerspruch zwischen Pest (9,1-7) und Hagelplage (9,13-34*)
nicht vorhanden ist[47], braucht man den jahwistischen Hagel-
schaden nicht auf das Kraut des Feldes in v.25 zu beschränken[48]. Eher sind "Menschen und Tier" sowie "alles Kraut und
alle Bäume" nötig, um "alles auf dem Felde" (v.25a) zu kon-
kretisieren[49]. V.23aßb erzählt den Eintritt der Plage,
v.24* berichtet von ihrem Ausmaß, das in v.25 mit dem Schaden durch den Hagel konkret dargestellt wird. 9,23aßb kann

---

43 So Rudolph, Elohist 19; Noth 48.
44 Eerdmann, Exodus 27; Wellhausen, Comp. [3]65; Rudolph, Elohist 19;
   Noth 48; Friebe, Plagenzyklus 47. Hält man הברד בתוך מתלקחת ואש
   für Zusatz, muß man ברד mit einem Artikel (vgl. Sam. und LXX) versehen, so Rudolph, Elohist 19. Eher beginnt der Zusatz bereits mit
   dem Wort ברד, da auch das nächste Wort ואש trotz v.23aß keinen
   Artikel hat.
45 Holzinger (27): "E scheint im Unterschied von J mit dem Hagel starke
   Gewittererscheinungen verbunden zu haben". Umgekehrt meint Beer (53):
   "Anscheinend beschränkt sich bei E die Plage auf einen furchtbaren
   Hagelschlag 22.23a.25, den J[2] durch Gewitter und Platzregen verschärft".
46 Da beim Aufhören der Plage in 9,33f. nur vom Hagel und Donner die
   Rede ist, ist wohl das Feuer als Erscheinung aufzufassen, die den
   Hagel nur bei seinem Eintritt begleitet.
47 Dazu s.u.S.115ff.
48 Mit Einschränkungen Wellhausen, Comp. [3]65; Baentsch 75f.
49 Dazu s.u.S.117.

also mit der Streichung in v.24a einheitlich als jahwistisch
verstanden werden[50].

Nun die Heuschreckenplage. Da in 10,12 die Heuschrecken
anders als der Hagel in 9,22 nicht neu eingeführt werden,
ist es nicht völlig ausgeschlossen, 10,4f. als allgemeine
und v.12aßb als konkrete Ankündigung der Heuschreckenplage zu
verstehen, so daß v.12b keine Doppelung gegenüber v.5b
wäre[51]. Aber in der Ankündigung (v.12) lassen sich Abweichungen von J beobachten: Der gehobene Stock bringt die Heuschrecken hervor, ohne daß Jahwe direkt eingreift, auch
kommen sie sofort und nicht am folgenden Tag (10,4.13aßb)[52].
Die Ankündigung der Wunder und deren Ausführung in v.12-13aα
widersprechen also der üblichen jahwistischen Darstellung[53].
Das Geschehen der Heuschreckenplage wird in v.13aß-15 so
eingehend berichtet, daß die Darstellung wiederholend wirken
könnte[54]. Stellt v.14aα als Bericht über den Eintritt der
Plage eine Doppelung von v.14aß dar[55]? Da das Verb נוח aber
nicht nur eine Bewegung, sondern auch einen Stillstand bedeuten kann[56], kann v.14aß als Aussage über den Zustand
nach dem Auftreten der Heuschrecken verstanden werden[57].
Diese Deutung wird durch die ähnliche viergliedrige Struktur

---

50 Noth, ÜP 32; ders. 48. Die Wiederholung des Subjekts (יהוה) in
   v.23aßb widerrät nicht unbedingt, diesen Teil einheitlich zu lesen. Auch erscheinen das Subjekt (הברד) und das Verb (נכה hi.)
   in v.25 wohl deswegen wieder, weil die zwei Sätze dort umgekehrt ge-
   baut sind: (Verb + Subjekt) + Objekt in v.25a und Objekt + (Verb +
   Subjekt) in v.25b.
51 So Noth, ÜP 32.
52 Das Wort מחר "morgen" in der Ankündigung der jahwistischen Plagengeschichte wird in der Ausführung ausdrücklich (9,5f.) oder indirekt mit כן/כ (8,25-27; 8,6-9*.20) bestätigt.
53 So Noth 63; Smend, Entstehung 48. Allerdings halten sie diesen Teil
   für priesterschriftlich.
54 Z.B. "über das ganze Land Ägypten" (על כל-ארץ מצרים) und "im
   ganzen Gebiet von Ägypten" (בכל גבול מצרים) in v.14.
55 Z.B. Holzinger 29.
56 "niedergelassen sein, bleiben, ruhen" (KBL 601).
57 Vgl. "kommen" (בוא) und "niederlassen" (נוח) von den Fliegen und
   Bienen in Jes 7,19.

im Bericht vom Aufhören der Plage in v.19 gestützt[58]. Dann
können sowohl v.14aα als auch v.14aß in der jahwistischen
Erzählung bleiben[59]. Auch v.15 kann einheitlich gelesen werden, denn ein Versuch der Quellenscheidung läßt sich anhand
von עשב השדה und עשב הארץ nicht durchführen[60]. Nicht nur
dem Wortschatz nach, sondern auch inhaltlich ist v.15a von
einer Doppelung frei, denn v.15aα₂ß ( "ויאכל" ) berichtet die
Tat der Heuschrecken und v.15b den Schadenszustand als Folge
der vorangehenden Tat[61]. V.13aß-15 kann also einheitlich jahwistisch sein. V.13aßb-14a erzählt den Eintritt der Plage,
v.14b berichtet ihr Ausmaß, das v.15 mit der Schilderung des
durch die Heuschrecken angerichteten Schadens konkret darstellt. Ähnlich wird von der Hagelplage erzählt.

Warum wird das Geschehen der Hagel- und Heuschreckenplage so ausführlich erzählt? Anders als der Bericht sind die Ankündigungen von fast
gleichem Umfang, so daß beide Plagen wahrscheinlich bereits in mündlicher Überlieferung ausgestaltet wurden[62]. Der Bericht vom Kommen der
Hundsfliege ist allgemein, kurz[63]. Während das Überhandnehmen von Fröschen und Fliegen ein für Ägypten charakteristischer Vorgang ist, ist
der Hagel mit Gewittererscheinung eher palästinisch und das Kommen von
Heuschrecken allgemein orientalisch[64]. Die Überlieferung und der Verfasser der Plagenerzählung kennt darum die beiden einheimischen Katastrophen gut, so daß er über sie, sowohl über ihren Eintritt als auch
den angerichteten Schaden, eingehend erzählen kann. Dabei wirken palä-
stinische Erfahrungen auf die Erzählung ein: Die Heuschrecken kommen

---

58 Eingreifen Jahwes durch den Wind: v.13aß          v.19aα
   Wirken des Windes (נשא )           : v.13b          v.19aß
   Bewegung der Heuschrecken          : v.14aα         v.19aß
   Zustand als Folge der Bewegung
   (בכל גבול מצרים)                   : v.14a          v.19b
59 So Noth 49; Smend, Entstehung 48.
60 Der Ausdruck עשב השדה , den man im Gegensatz zu עשב הארץ (Ex 10,
   15a.12) als charakteristisch für J erklären will, erscheint aber
   nicht nur bei ihm (Gen 2,5; 3,18; Ex 9,25;10,15b), sondern auch in
   dem als elohistisch angenommenen Fragment (Ex 9,22); vgl. Friebe,
   Plagenzyklus 48f. J kann verschiedene Worte gleicher Bedeutung gebrauchen: z.B. יתר (v.15; vgl. v.5) und שאר (v.19; vgl. v.5).
61 In diesem Teil erscheinen die Worte עשב , עץ und יתר zunächst in
   dieser, dann in der umgekehrten Reihenfolge.
62 J bringt seine theologische Interpretation in der Ankündigung stärker zum Ausdruck als im Bericht; dazu s.u.S.169f.173.177f.
63 Die jahwistische Erzählung vom Geschehen der Fröscheplage ist durch
   die Redaktion weggelassen. Wenn es sich bei der Plage um Sterben
   handelt, kann nicht vieles vom Vorgang des Ereignisses erzählt werden, da es nach Eintreffen der Plage gleich zu ihrem Ende kommt.
64 Noth, ÜP 74f.; ders. 57.59.62f.

in Palästina gewöhnlich mit dem Ostwind (10,13), in Ägypten dagegen
mit dem Westwind[65]. Eine ähnliche Tendenz, die sich auch in Ps 78; 105
beobachten läßt, stützt unsere Vermutung: Der Schaden durch den Hagel
wird ausführlicher berichtet (78,47) und seine Begleiterscheinung hinzugefügt (105,32). Die Heuschrecke wird mit den synonymen Bezeichnungen
doppelt genannt (78,46; 105,34f.).

Nach der bisherigen Diskussion erweisen sich 9,22.23aα;
10,12.13aα der umliegenden jahwistischen Erzählung gegenüber
als sekundär.

Im Abschnitt der Finsternisplage (10,21-27) hat man auf
verschiedene Weise versucht, zwei Quellenschriften auseinanderzuhalten. Nach Noth[66] finden sich in v.21.22.27 die
Elemente einer kurzen P-Version und im verbleibenden Rest
die unvollständig erhaltene J-Version[67]. Diese Quellenscheidung zerlegt jedoch die ähnlichen Aussagen über die
dreitätige Finsternis in v.22b und v.23a. Friebe sieht
darum in v.23a noch eine priesterschriftliche Fortsetzung[68].
Aber diese Textanalyse spaltet wieder den engen Zusammenhang zwischen v.23a und v.23b auf. Beide Versteile ergänzen
einander und können nur zusammen die von Jahwe vollzogene
Unterscheidung zwischen Israel und Ägypten darstellen. Der
dritte Versuch scheidet v.21-23 aus und meint, daß v.24-26
in der jahwistischen Erzählung ursprünglich unmittelbar an
9,19 angeknüpft haben[69]. Damit soll in der vorangehenden Heuschreckenplage eine zweite Verhandlung zwischen Mose und
Pharao gestanden haben, was sonst in der jahwistischen Plagengeschichte niemals der Fall ist. 10,24ff. kann aber kaum
die Verhandlung der vorangehenden Plage (9,19) fortsetzen,
denn nach dem Verschwinden der Heuschrecken braucht Pharao
nicht mehr mit Mose zu verhandeln. Die erneute Verhandlung
ist ohne das Eintreten der Finsternis nicht erforderlich[70].

Die Versuche, v.21-27 in zwei Quellenschriften zu zerlegen,
bieten also keine überzeugende Lösung. Wird dieser Text ohne

---

65 Greßmann, Mose 74.
66 Noth 50.64.
67 An ihn anschließend Smend, Entstehung 48.
68 Plagenzyklus, zusammengestellt XXXIX.
69 Smend, Hexateuch 128.130; Baentsch 83f.; Beer 55; Fohrer, Exodus 70.
   Sie finden in v.21-23 E. Rudolph (Elohist 21) sieht hier keine Quellenschrift, sondern "eine Beischrift unbekannter Herkunft".
70 So auch Floss, Dienen 221f.

Vorurteil für sich betrachtet, stellt er einen einheitlichen
Abschnitt dar[71]. Hier finden sich weder eine Spannung, wie
sie die sekundäre Hinzufügung des Stocks in die erste jahwistische Plage (7,14-25) entstehen läßt[72], noch Doppelungen,
wie in der Hagel- und Heuschreckenplage im Bezug darauf, ob
Jahwes Eingreifen oder Moses Handlung beide Plagen hervorbringt. Gehört sie dann zu J? Mit der jahwistischen Erzählung lassen sich zwar thematische Ähnlichkeiten[73] beobachten, aber der regelmäßige Aufbau und die charakteristischen
Elemente des J fehlen[74].

Die Finsternis ist zwar unangenehm und unheimlich, aber richtet keinen
Schaden an. So handelt es sich nicht um eine eigentliche Plage, wie
sonst bei J, sondern um ein Schauwunder[75]. Gänzlich fehlt eine Ankündigung an Pharao vor der Plage: die Sendung Moses als Boten Jahwes zu
Pharao, die Aufforderung und die Strafankündigung. Auch Art und Weise
des Geschehens sind unterschiedlich; Mose erhebt seine Hand, dann tritt
spontan die Finsternis (v.22f.) ein, während nach J das Eingreifen
Jahwes die Plage zur Folge hat (7,20*; 8,20; 9,6.23*; 10,13*).

V.24-26 enthält in der Verhandlung zwischen Mose und Pharao
ein mit J gemeinsames Erzählelement. Ihm sind daher nicht
ohne Grund nur diese Verse zugeschrieben worden[76]. Aber auch
in diesem Teil lassen sich Abweichungen von der jahwistischen
Erzählung nachweisen.

Hier spricht Pharao weder Schuldbekenntnis noch Bitte um Fürbitte
(anders 8,4a.24b; 9,27.28a; 10,16f.). Während J זבח allein gebraucht
(5,3; 8,4.21.24), und zwar stets in Verbform, steht das Wort in v.25
als Nomen und bildet mit עולה zusammen ein geläufiges Wortpaar (Ex
18,12; Lev 17,8; Num 15,3.5.8). Während in der vorliegenden jahwistischen Erzählung Aaron zusammen mit Mose von Pharao gerufen wird (8,4.21;
9,27; 10,16; 12,31), fehlt Aaron in v.24[77].

---

71 So Wellhausen, Comp. [3]66; Noth, ÜP 32.
72 S.o.S.93f.
73 Die Dauer der Plage in angemessener Zeit (v.22f.; vgl. 7,25), die
   Unterscheidung zwischen Israel und Ägypten durch Jahwe in v.23 (vgl.
   8,18; 9,4.6.26) und die Verhandlung zwischen Pharao und Mose in
   v.24-26.
74 Aus dem formelhaften Aufbau (s.u.S.128) kann man leicht ersehen, daß
   10,21-27 auffällig wenig Gemeinsamkeiten mit J hat. Darum weist
   Wellhausen (Comp. [3]66) v.21-27 E zu.
75 Rudolph, Elohist 21; Noth, ÜP 75 Anm.202.
76 S.o.S.103 Anm.69.
77 2 Mss, LXX und Vul. versuchen, v.24 mit den anderen Stellen zu harmonisieren, indem sie Aaron hinzufügen.

Eine Plage nach dem Heuschreckenschwarm würde außerdem die innere Struktur der jahwistischen Erzählung stören, die ihren Höhepunkt bereits dort erreicht[78]. Die Finsterniserzählung ist also wie die vorangehenden Fragmente (9,22f.; 10,12f.) nicht jahwistisch.

Kann man diese drei Stellen zusammen betrachten? 9,22f. und 10,12f. sind in die jahwistische Hagel- und Heuschreckenplagenerzählung eingefügt worden und stellen eine Doppelung zu ihr dar, während die Finsternisplage keine entsprechende jahwistische Erzählung hat und in sich geschlossen ist. Diese drei Abschnitte erzählen aber gemeinsam, daß Mose dem göttlichen Befehl gemäß seine Hand ausstreckt und darauf die Wunder ohne Gottes Eingreifen geschehen. Die Formulierung selbst ist dabei ähnlich[79]. Die Schlußformeln in den drei Plagen sind gleich[80]. Diese Gemeinsamkeiten legen es nahe, die drei Abschnitte als miteinander verbundene Einheit zu betrachten.

Von wem stammen diese Abschnitte?

Soweit ich sehe, sind diese Textstücke früher in der Forschungsgeschichte einstimmig für elohistisch erklärt worden[81]. Erst nachdem Rudolph ihre Zugehörigkeit zu E bestritten und sie als Zusätze angesehen hat[82], gehen die Meinungen über ihre quellenhafte Zuordnung auseinander. Noth (ÜP) hat sie teils für jahwistisch, teils für sekundär (J^S) gehalten[83]. Die traditionelle Meinung, diese Stellen seien

---

78 Zur Struktur der Plagenreihe von J s.u.S.202ff.
79 Im einzelnen s.u.S.110f.
80 Dazu s.u.S.111f.
81 Wellhausen, Comp. $^3$65ff.: 10,21-27; 11,1-3. "Auf eine genaue Scheidung von J und E in Nr. 1.2 (?).5.6 wird man besser verzichten".

Holzinger   XVI: 9,22.23a.24a; 10,12.13aαא.14aα + ויבן. 21-23*.24aαß.25.27*.11,1-3.

Baentsch    76ff.: 9,22*.23a.25a.35a; 10,12*.13aα.14aα. 15aß.20.21-23a.27; 11,1-3*.

Smend,      Hexateuch 128ff.: 9,22.23aα.24a(25a).35a; 10,12.13aα.14aα.15 הברד...ויאכל.20.21-23a.27; 11,1-3.

Beer        53ff.: 9,22.23aα.25.35; 10,12.13aα.14aα.15a. 20.21-23a.27; 11,1-3.

Die damaligen Arbeiten, die sich mit P allein beschäftigten, setzten diesen Forschungsstand in ihrer Zeit voraus und erkannten den priesterschriftlichen Anteil in der Plagengeschichte nur bis einschließlich 9,8-12: Greßmann, Mose 66 Anm.6; v.Rad, Priesterschrift 46. Diese Begrenzung findet sich schon bei Nöldeke, Untersuchungen 39f.
82 Rudolph, Elohist 18ff.
83 Noth (ÜP 32) scheidet 9,17-22a(22b).23.(35); 10,3-19.(20-27) als J (bzw. J^S) aus.

auf E zurückzuführen, wird weiterhin vertreten[84]. Aber auch der Vorschlag, sie P zuzuweisen, ist gemacht worden[85].

Da in diesen Textstücken regelmäßig der Gottesname Jahwe vorkommt, hat die Annahme, hier den elohistischen Faden wiederzufinden, wenig Wahrscheinlichkeit für sich[86], denn E verwendet in seiner Erzählung durchgehend die Gottesbezeichnung אלהים und führt in der Berufungsgeschichte Moses den Gottesnamen Jahwe nicht ausdrücklich ein[87]. Auch die Tatsache, daß dem Verfasser dieses Stückes die jahwistische Ausgestaltung der Plagenerzählung bekannt zu sein und er sie vorauszusetzen scheint[88], spricht dagegen, ihn mit E zu identifizieren[89].

Mit P bestehen in der Einleitung der Erzählung Gemeinsamkeiten (9,22f.; 10,12f.21f.) - sowohl im Schema, Jahwes Befehl und dessen Ausführung, als auch im Inhalt des Befehls, die Hand/den Stock auszustrecken (in P 7,19f.; 8,1f.12f.). P weiß im Meerwunder zu erzählen, daß Mose nach dem Befehl Jahwes seine Hand ausstreckte (14,21), um das Wunder hervorzubringen. Aber selbst eine annähernd gleiche Ausdrucksweise läßt nicht immer die Folgerung zu, daß der Text zu P gehört, denn eine spätere Bearbeitung kann sich des Stils von P bedienen[90]. Diese Stücke enthalten aber auch Unterschiede zu P; in den ersten vier Wundern von P ist Mose nicht Handelnder, sondern nur Mittler des Wortes Gottes (7,9.19; 8,1.12). Die letzte Geschwürplage (9,8-12) führt Mose zwar zusammen mit Aaron aus, dabei ist aber vom Stock keine Rede. Auch im Meerwunder benutzt Mose ursprünglich in P keinen Stab[91]. In der Exodusgeschichte von P vollbringt Mose also nirgendwo mit seinem Stock Wunder. Auch im Anfangsteil lassen sich Abweichungen von P beobachten; sie erwähnt den Stock stets

84 Fohrer, Exodus 65ff.70f.; Weimar, Untersuchungen 212; Childs 130f.
85 Noth 53; Friebe, Plagenzyklus XXXVIIIf.; Reindl, FS Priesterseminar Erfurt 53; Smend, Entstehung 48, allerdings einschränkend "eventuell"; van Seters (ZAW 1986 im Druck Anm.12) sieht in 10,21-23 P.
86 Noth 53.
87 S.o.S.65ff.81f.
88 Zu den thematischen Ähnlichkeiten s.o.S.104 Anm.73.
89 Zum Verhältnis zwischen J und E s.o.S.47f.
90 Z.B. in der Sintflutgeschichte; dazu s.o.S.93 Anm.6.
91 Zu 14,16 s.u.S.232f.

schon im Befehl Jahwes in jedem Wunderabschnitt (7,9.19;
8,12; vgl. auch 8,1), während in diesen drei Abschnitten
zunächst nur die Hand vorkommt. Auch fehlt eine Eröffnungshandlung mit dem Stock in 9,22, wo Mose den Stock zum ersten
Mal erhebt[92]. Nach der Einleitung, in den Berichten von der
Ausführung der Wunder, gibt es keine Gemeinsamkeiten mit P
mehr. Vor allem kennt P keine so konkrete Beschreibung des
Schadens wie 10,12b. Auch die Schlußformel stimmt mit P
nicht völlig überein[93]. Wären diese Stellen priesterschriftlich, bliebe redaktionsgeschichtlich noch ein schweres Problem zu lösen: Der Redaktor hat bis einschließlich 9,8-12
die Priesterschrift fast vollständig erhalten[94], und die jahwistische Erzählung ist zum Teil weggefallen, wie es in der
Ausführung der Fröscheplage der Fall ist. Warum hat der Redaktor trotzdem von 9,13 an so einseitig der jahwistischen
Erzählung vor P den Vorzug gegeben?

Diese drei Abschnitte gehören demnach kaum zu einer der
Quellenschriften. Sind sie also auf einen redaktionellen Bearbeiter zurückzuführen[95]? Tatsächlich legen verschiedene
Beobachtungen diese Folgerung nahe. a) Bei der Hagel- und
Heuschreckenplage wird der Stock erst im Bericht der Ausführung des Befehls erwähnt[96]. Im vorangehenden Befehl Jahwes ist als selbstverständlich vorausgesetzt, daß Mose einen
Stock in seiner Hand hat, so daß dort nur die Hand genannt
wird. Weder J noch P, sondern die redaktionelle Bearbeitung
kennt Moses Stock (7,15.17; 4,17.20b). Daher sind diese Abschnitte mit ihr identisch oder jünger als sie. b) Wenn man
10,21-27 für sich liest, bleibt die Verhandlung zwischen
Pharao und Mose unmotiviert. Da Mose den Befehl Jahwes nicht
vor den Augen Pharaos ausführt[97], kann das Wunder kein gött-

---

92 Zur Eröffnungshandlung mit dem Stock in P s.u.S.233.
93 Dazu s.u.S.117f.
94 Mit kleinen Ausnahmen im Wasserwunder vor 7,21b und in der Schlußformel in 8,11.
95 Noth (ÜP 32.75 Anm.202) hält 10,20-27 für sekundäre Ergänzung zum
   jahwistischen Werk, aber ohne nähere Begründung.
96 Wäre der Stock schon vor der Hand genannt (so 8,1f.), könnte sich
   die später vorkommende Hand auf ihn beziehen.
97 Der Schauplatz des Wunders wird zwar nicht genannt, aber vor der
   Verhandlung ruft Pharao Mose herbei (v.24).

liches Zeichen gegenüber Pharao sein[98]. Trotzdem kennt Pharao
die Aufforderung Moses und führt die Verhandlung mit ihm.
Selbst wenn man v.24-26 aus v.21-27 als fremdes Quellenstück
herausnimmt, bleibt die Schlußformel in v.27 (auch in 9,35;
10,20) unmotiviert in der rekonstruierten Erzählung. Dabei
ist vorausgesetzt, daß Pharao weiß, was die Plagen zu bedeuten haben[99], denn die Schlußformel berichtet über seine Haltung gegenüber der Aufforderung Jahwes, das Volk zu entlassen (7,16.26; 8,16; 9,1.13; 10,3).

Der sekundäre Charakter dieses Abschnitts läßt sich erhärten. Das
Verhältnis zwischen dem Zeitpunkt des Herbeirufens (v.24) und dem Ablauf der drei Tage (v.23) bleibt unklar. Hat Pharao Mose mit der Absicht herbeigerufen, durch die Verhandlung die Finsternisplage zu beenden? Warum kommt dann auffälligerweise eine Bitte um Beendigung der
Plage durch Fürbitte hier nicht vor? Sind die drei Tage schon vorbei,
als Mose gerufen wird? Das legt die Tatsache, daß hier eine Bitte um
das Aufhören der Finsternis fehlt, nahe. Aber nach Ablauf der drei
völlig finsteren Tage braucht Pharao Mose in der Forderung des Auszugs
der Israeliten nicht weiter nachzukommen. Jedenfalls bleibt in diesem
Abschnitt unbestimmt, warum Pharao Mose zur Verhandlung gerufen hat.

Den drei Abschnitten fehlt also jene Geschlossenheit, wie
jeder Plagenabschnitt des Jahwisten oder der Priesterschrift
sie aufweist. Außerdem setzen sie den vorliegenden Kontext
voraus. Darum entstammen sie kaum einer ursprünglich selbständigen Erzählung, sondern redaktioneller Bearbeitung.

Wann ist diese redaktionelle Bearbeitung anzusetzen? Sie
ist sicher nach J geschehen. Eine redaktionelle Bearbeitung
ist prinzipiell erst nach einem literarischen Werk möglich,
und tatsächlich setzt sie die älteste Quellenschrift voraus,
da die Aufforderung Jahwes, die Israeliten zu entlassen, zur
jahwistischen Erzählung gehört. Einige thematische Gemeinsamkeiten zwischen dem Finsterniswunder und J lassen sich
damit erklären, daß dem redaktionellen Bearbeiter die jahwistische Plagengeschichte bekannt gewesen ist.

Im Finsterniswunder weist mancherlei auf eine späte Entstehungszeit hin. a) Aaron fehlt in diesem Abschnitt. Hat
der Bearbeiter, der Aaron in den jahwistischen Text eingefügt hat, ihn hier zufällig vergessen? Angesichts der Tat-

98 Vgl. Baentsch 81.
99 Vgl. Fohrer, Exodus 66.

sache, daß Aaron zwar nicht überall auftritt, aber mindestens stets zur Verhandlung Pharaos mit Mose hinzugezogen
wird (8,4.21; 9,27; 10,16; 12,31), liegt es näher, daß dieser Abschnitt später als das sekundäre Eindringen Aarons in
die jahwistische Erzählung entstanden ist. Nimmt der Verfasser des Abschnitts dann auf das sonstige Auftreten Aarons
keine Rücksicht oder hat er kein Interesse an ihm? b) Die
für die jüngere Literatur charakteristischen Ausdrücke kommen in diesem Abschnitt vor; das Wort מושב (v.23) gebraucht
zwar auch J[100], jedoch ist seine pluralische Form ausschließlich in späterer Zeit belegt[101]. Die Belege von עשה für "Zu-
richten und Darbringen von Opfern" (v.25) stammen ebenfalls
hauptsächlich aus jüngerer Zeit[102].

Außerhalb der beiden Abschnitte kommt Moses Stock noch einige Male
vor (Ex 4,2; 7,15b[103]; 14,16a; 17,7b). 4,2; 7,15b; 17,5b sind durch
Erwähnung der jeweils früheren Wunder miteinander verbunden. Da die
letzte Stelle nicht auf den im vorliegenden Text direkt vorangehenden
Stock Moses im Meerwunder (14,16a) oder in der Plagenerzählung (9,23;
10,13), sondern auf die Nilwasserverwandlung in 7,14-25 zurückgreift,
stammen 4,2ff.; 7,15b; 17,5b wahrscheinlich von einem Bearbeiter, der
älter als unsere Stellen und die nachpriesterschriftliche Bearbeitung
in 14,16a[104] ist. 9,23; 10,13 sind jünger als er. Sind sie auf denselben nachpriesterschriftlichen Redaktor (14,16a) zurückzuführen oder
vor P anzusetzen?

Drei Abschnitte werden mit demselben Formaufbau eingeleitet:

---

100 Gen 10,30; 27,39.
101 Ex 12,20; 35,3; Lev 3,17; 7,26; 23,3.14.17.21.31; Num 15,2; 31,10;
    Ez 6,6.14; 34,13; I Chr 4,33; 6,39; 7,28. Aus diesem Grund nimmt
    Holzinger (30) an, daß v.23b späterer Zusatz sei; vgl. auch Baentsch
    (83) und Friebe, Plagenzyklus XXXIX. Ein paralleles Phänomen läßt
    sich für das Wort נפש beobachten. Sein Gebrauch in pluralischer
    Form ist meistens in der späteren Literatur belegt (KBL 626).
102 Vgl. Holzinger 31. Lev 9,7 P; 16,24 P[g]; Num 6,16f.; 15,3.8; 28,6;
    Ez 45,23; 46,2.13; Jer 33,18 (sekundär); I Reg 12,27 (dtr Noth,
    BK IX/1, 281). Problematisch: Jdc 13,16; Dtn 12,27; II Reg 10,24.
103 Dazu s.o.S.94.
104 Dazu s.o.S.232f.

|  | Kap. 9 | 10 | 10 |
|---|---|---|---|
| "Und Jahwe sagte zu Mose" | : v.22a | v.12a | v.21a |
| Rede Jahwes: Befehl, "deine Hand" | | | |
| auszustrecken | : v.22a | v.12a | v.21a |
| Folge der Handlung | : v.22a-b | v.12a-b | v.21a-b |
| Bericht der Ausführung: Handlung | : v.23 | v.13a | v.22a |
| Folge der | | | |
| Handlung | : | | v.22b |

Dieser Aufbau stimmt mit der Einleitung der priesterschriftlichen Wunder insoweit überein, als der göttlichen Rede direkt der Bericht ihrer Ankündigung folgt und auch die Handlung und das Geschehen des Wunders als deren Folge jeweils
wiederholt werden[105]. Die Entsprechung zwischen Gottes Wort
und dessen Ausführung begegnet uns oft im AT. Jedoch ist der
Formaufbau, der sich gemeinsam in 10,21f. und den priesterschriftlichen Wundern findet, nicht allgemein üblich. Einmal
läßt sich in einer Wundererzählung beobachten, daß die Handlung und ihre Folge sowohl in der Rede als auch im Bericht
wiederkehren (II Reg 5,10.14). Elischa hat einen Boten zu
Naaman gesandt, und dieser ist zunächst dem Wort Elischas
nicht nachgekommen, so daß ein Abstand zwischen dem Ergehen
und der Ausführung des Befehls festzustellen ist. Wenn der
Bericht von der Ausführung des Befehls direkt der Rede folgt,
sind eher die folgenden zwei Formulierungen üblich, um eine
unmittelbare Wiederholung zu vermeiden. a) Gott befiehlt
die Handlung allein und erwähnt ihre Folge nicht. Das Geschehen des Wunders wird erst nach der Ausführung des göttlichen Befehls berichtet (Ex 4,3a.4.6.7)[106]. b) In der Rede
Gottes wird die Handlung befohlen und ihre Folge als Wunder-
ereignis vorausgesagt. Dann werden die Ausführung des Befehls

---

105 Die ursprüngliche Priesterschrift hat wohl auch im zweiten Wunder
    einen Bericht von der Ausführung enthalten. Dazu s.u.S.219ff.
106 Auch in Jos 8,18 spricht Jahwe vom Befehl und von seiner Begrün-
    dung, aber nicht von der Folge der Handlung. Vgl. auch die symbo-
    lische Handlung der Propheten, bei der oft der Befehl Jahwes zu-
    nächst allein berichtet wird und die Deutung der Handlung erst auf
    die Ausführung des göttlichen Wortes folgt, Jes 20,2ff.; Jer
    13,1ff.

und das Geschehen des Wunders gar nicht berichtet (Ex 4,9)
oder mit der Formel "und er tat so" ( ויעש כן ) bestätigt
(Ex 17,5-6a und 6b).

Wie erklärt sich die Übereinstimmung zwischen P und den
drei Abschnitten in diesem seltenen Formaufbau? Können beide
unabhängig voneinander so formuliert haben? Oder ist der
Priesterschrift jene Formulierung vorgegeben? Dagegen spricht,
daß die theologische Intention der Priesterschrift gerade
in der genauen Entsprechung zwischen göttlichem Wort und
seinem Geschehen ihren Ausdruck findet. Sie betont diese
Entsprechung mit der Vollzugsbestätigungsformel in 7,10.20;
8,13. Auch außerhalb der Plagenerzählung wiederholt P oft
die Handlung und das Geschehen des Wunders nach der Rede
Gottes im folgenden Bericht (Ex 14,16* und 21*.26 und 27f.*;
Num 20,8 und 11). Hingegen spielt die genaue Entsprechung
zwischen Wort und Geschehen in der redaktionellen Bearbeitung
kaum eine Rolle. So ist der Formaufbau der Einleitung des
Wunders eher priesterschriftlich, und der redaktionelle Bearbeiter nimmt ihn auf.

Daß die Bearbeitung nach P anzusetzen ist, ergibt sich
auch aus dem Vergleich der Schlußformeln. Unsere Stellen
(9,35; 10,20.27)[107] haben mit J die Aussage gemeinsam, daß
Pharao das Volk nicht entließ. Dabei findet sich nur eine
kleine Abweichung von J; nicht das Volk (העם in 8,28; 9,7),
sondern die Israeliten stehen als Objekt der Entlassung[108].
9,35; 10,20.27 formulieren die Verstockung Pharaos mit dem
Verb חזק, das für P charakteristisch ist[109]. Die Übereinstimmung betrifft nur den ersten Teil. P weiß zwar in 6,11; 7,2

---

107 Vgl. 11,10.
108 P gebraucht das Wort עם in der Herausführungsgeschichte nur in
    Ex 6,7; 7,4, wo der Begriff vorgegeben ist, sonst stets בני ישראל
    (1,1.7.13; 2,23.25; 6,5.6.9.11.12; 7,2.4.5; 14,2.3.8.10.15.16.
    22.29) und עדת־ישראל(12,3.6). J spricht aber seltener von בני
    ישראל(1,9.12; 9,4.6.26; zu den Stellen in der Plagenreihe s.u.S.162 Anm.366;
    mit שטרי verbunden in 5,14.15.19). Meistens verwendet J עם .
109 In 9,35 steht das Verb in qal-Form, und es hat das Herz Pharaos als
    Subjekt. In 10,20.27 ist Jahwe Subjekt und das Verb ist in hi.-
    Form formuliert.

zu erzählen "er (= Pharao) soll die Israeliten entlassen",
jedoch wird diese Aufforderung niemals in der Wunderreihe
an Pharao gerichtet[110]. 9,35 hat noch ein mit P gemeinsames
Element: כאשר דבר יהוה ביד-משה, obwohl P die letzten zwei
Worte nicht kennt. Die Schlußformel in 9,35; 10,20.27 stimmt
also als Ganze weder mit der jahwistischen noch mit der
priesterschriftlichen Formel überein, sondern besteht aus
zwei Gliedern, von denen jedes aus einer der beiden Quellenschriften entlehnt und ein wenig abgeändert worden ist[111].
Darum gehört die Schlußformel an den drei Stellen kaum zu
einer der Quellenschriften. Es ist nicht völlig ausgeschlossen, daß sie von einem Bearbeiter nach dem Jahwisten stammt
und vor Einfügung der Priesterschrift entstanden ist und P
von daher den Ausdruck חזק übernimmt. Würde ein Bearbeiter
jedoch einen neuen Ausdruck verwenden und nicht eher eine
vorgegebene Formulierung gebrauchen[112]? Es liegt also näher,
daß diese Schlußformel jünger als beide Quellenschriften
ist. Auch sonst verbindet der Redaktor, der die jahwistische
und die priesterschriftliche Fassung in der Fröscheplagen-
erzählung (7,26-8,11) zusammengestellt hat, beide Glieder
der Schlußformel[113]. Außerdem bildet in 4,21b ein späterer
Bearbeiter[114] die Schlußformel aus der ersten Hälfte von P
und der zweiten Hälfte von J.

Der Verfasser von 9,35 verdrängt die ihm vorgegebene Schlußformel des
Jahwisten in v.34b vielleicht deswegen nicht völlig, weil dort nicht
nur von der Verstockung Pharaos, sondern auch seiner Diener die
Rede ist (vgl. auch 9,30). Vergleicht man 10,1 mit 9,34b und 9,35, fällt
auf, daß 10,1 sich nicht an v.35, der direkt vorangeht, sondern an
v.34b anschließt; das Verb כבד (hi.) für die Verstockung und die Erwähnung der Diener Pharaos, die von der folgenden Aussage doch nicht

---

110 Ein Versuch, die mögliche Ablösung des Schlußglieds "und er hörte
    nicht auf sie, wie Jahwe angekündigt hatte" durch "und er entließ
    die Israeliten nicht" innerhalb P mit dem Erfolg oder Mißerfolg
    der ägyptischen Zauberer zu motivieren (Friebe, Plagenzyklus 66),
    kann sich angesichts 8,14f. nicht durchsetzen.
111 Beabsichtigt der Bearbeiter, die beiden Quellenschriften enger zu
    verflechten, indem er in der jahwistischen Formulierung העם durch
    den in der Priesterschrift oft vorkommenden Ausdruck בני-ישראל
    ablöst?
112 So gebraucht der dtr Bearbeiter in 10,1 an 9,34 (J) anschließend
    כבד לב (hi.).
113 Holzinger 23; Baentsch 65; Noth 47.
114 S.o.S.82 Anm.313.

motiviert ist, verbinden 9,34b und 10,1. Es liegt darum nahe, daß die
dtr Bearbeitung von 10,1f.[115] v.35 noch nicht kennt. Die Schlußformel
in v.35 ist also jünger als die dtr Bearbeitung in 10,1f.

Die Betrachtung der Zahl der Plagen und Wunder führt zu
demselben Ergebnis: der Bearbeiter in den drei Abschnitten
setzt J und P voraus. Die jahwistische Erzählung kennt sieben Plagen: Fischsterben, Frösche, Hundsfliege, Pest, Hagel,
Heuschrecken und Passa.

Das Passa wird von J als Teil der Plagen aufgefaßt. Die Tötung der
Erstgeburten wird nicht mehr Pharao, sondern den Israeliten (11,4ff.)
angekündigt[116]. Moses Anweisungen für das Passa enthalten die Vorkehrungen, die die Israeliten treffen müssen, um vor dem Verderben verschont zu bleiben. Statt einer Verhandlung wird hier die Erlaubnis
Pharaos zum Auszug (12,31f.) berichtet, weil nach dem Eintritt der endgültigen Plage eine Verhandlung zwischen Pharao und Mose unnötig ist.
Diese Unterschiede des Passa von den anderen Plagen sind also sachlich
bedingt. In J herrschen eher Gemeinsamkeiten zwischen der letzten Plage
und den vorangehenden vor. Auf die Ankündigung Jahwes (11,4ff.) folgt
seine Ausführung der Plage (12,29f.). Daran schließt sich das Herbeirufen Moses und Aarons durch Pharao an. Sowohl in den ersten sechs Plagen als auch beim Passa (11,4; 12,29) greift Jahwe selbst in die Geschichte ein.

In der Priesterschrift bilden Schlangen-, Wasser-, Frösche-,
Mücken- und Geschwürwunder eine geschlossene Einheit, in der
sich die Auseinandersetzung zwischen Mose und Aaron einerseits, Pharao und den ägyptischen Zauberern andererseits entwickelt und zu ihrem Schluß kommt[117].

Der Passabericht ist in P ganz anders als ihre Wundererzählung[118].
Weder ist von der Handlung durch Aaron oder Mose noch von der Auseinandersetzung die Rede, und Jahwe selbst führt die Plage aus (12,12f.).
Hier nimmt die Rede Jahwes (12,1ff.) großen Platz ein, deren Ausführung
schlicht mit einem Satz bestätigt wird (v.28).

Also berichtet J sieben, P fünf Wunder. Auch sonst zeigt
J eine Vorliebe für "sieben"[119], P für "fünf"; so ist die
Genealogie in Gen 4 (J) siebengliedrig, die in Gen 5 (P)
zehngliedrig. "Zehn" ist Doppelung von fünf[120]. Diese Zahlen

---

115 Dazu s.u.S.121.
116 Dazu s.u.S.122f.
117 Zum Ablauf der Auseinandersetzung s.u.S.226ff.
118 Vgl. Childs 139.192.
119 Auch in der jahwistischen Noachgeschichte kehrt die Zahl "sieben"
   wieder; sieben Paare von reinen Tieren in Gen 7,2f. und sieben Tage
   in 7,4.
120 S.u. den Überblick über die Plagen- und Wundererzählung (S.126).
   Auch bei der Numerierung der Plagen durch die Forscher spielt die
   runde Zahl eine Rolle.

beruhen kaum auf Zufall[121], sondern werden durch den Symbol-
wert der Rundzahl bestimmt. Wenn die redaktionelle Bearbeitung der drei Abschnitte vorpriesterschriftlich ist, zählt
man acht Plagen. Dieser Zahl wird keine Bedeutung beigemessen.

Wie verhält es sich, wenn die Bearbeitung mit der Redaktion
nach P ($R^P$) identisch ist? Der Redaktor stellt den priesterschriftlichen Passabericht dem jahwistischen voran, so daß
der Unterschied des Passas gegenüber den vorangehenden Plagen
und Wundern in den Vordergrund tritt. Die Doppelung der Anweisung bezüglich des Passaritus (in 12,3-13 und v.21-23)
trennt diese Plage tiefgreifend von den vorangehenden[122].
Der Redaktor hebt den Unterschied der letzten von den wir-
kungslosen und darum vorläufigen Plagen hervor, indem er
eine Voraussage für das Passa einfügt (11,1-3). Jahwe kündigt dabei noch einen Schlag an, der sicher zum Ziele führen soll.

Der Redaktor verflechtet die jahwistische und die priesterschriftliche Erzählung ineinander, wenn das Stichwort dasselbe ist (Wasser- und Fröscheplage). Er stellt zwei Fassungen nebeneinander, wenn sie dem Thema nach gleich, aber ihre
Stichworte verschieden sind (Mücke und Hundsfliege, Pest und
Geschwür). Dann zählt die Reihe der vorläufigen Plagen und
Wunder vom Schlangenwunder bis zur Heuschreckenplage insgesamt neun[123]. Der Redaktor macht daraus die runde Zahl
zehn, indem er das Finsterniswunder in die Reihe einfügt.
Dabei bearbeitet er die letzten zwei jahwistischen Plagen,
die keine entsprechende Erzählung in der Priesterschrift
finden.

---

121 Denn die Nebeneinanderstellung des Wasser- und Fröschewunders in P z.B.
    trägt zur Entwicklung der Auseinandersetzung nichts Neues bei, so
    daß P nur mit einem der beiden eine Reihe von vier Wundern gebil-
    det haben könnte.
122 Jülicher, JPTh 1881, 83ff.
123 Das Schlangenwunder (7,8ff.) fällt nicht nur in P, sondern auch in
    der vorliegenden Form völlig mit der folgenden Plagen- und Wunder-
    reihe zusammen. Darum ist es unbegründet, erst in 7,14 einen eigent-
    lichen Anfang der Plagen zu sehen und zehn Plagen und Wunder ein-
    schließlich Passa zu zählen; vgl. Holzinger 21; Beer 45; Fohrer,
    Exodus 79ff.; anders Baentsch 54. 7,8 beginnt, genau so wie 7,14,
    mit "und Jahwe sprach" (ויאמר יהוה), und der Redaktor setzt keine
    neue Einleitung vor 7,14.

9,22.23aα.35; 10,12.13aα.20-27 stammen also von einem späteren Bearbeiter, der sowohl J als auch P voraussetzt[124].
Daraus ergibt sich, daß sich kein elohistischer Anteil in der Plagenerzählung nachweisen läßt und die Priesterschrift ihre letzte Plagenerzählung in 9,8-12 bringt[125].

Die drei Abschnitte enthalten keine Wendung, die eventuell auf einen bestimmten Traditionskreis hinweisen kann. Dennoch lassen sich Intentionen der redaktionellen Bearbeitung umreißen.

Das Finsterniswunder bringt keinen Schaden, so daß dieses Ereignis weniger als Plage denn als Schauwunder wirkt, das die göttliche Kraft anschaulich macht. Die nachträgliche Bemerkung der Vorsichtsmaßregel vor dem Hagel (9,19-21) teilt dieses Verständnis[126]. Gehören sie dann zu derselben redaktionellen Bearbeitung?

Die Handlung, die Hand mit dem Stock auszustrecken, sowie die Entsprechung von Gottes Wort und dessen Ausführung ist schon durch P vorgegeben. Mose tritt in diesen Abschnitten als Subjekt der Handlung an die Stelle von Aaron in P. Findet der Redaktor in den vorgegebenen Verhaltensweisen Moses, als Boten Jahwes bei J und als Wortmittler in P, einen Mangel? Beabsichtigt er, durch Einfügung der drei Abschnitte Moses Anteil am Geschehen der Wunder zu ergänzen? Hingegen hat er wohl kein Interesse an Aaron[127].

### 3. Ein Widerspruch innerhalb der jahwistischen Erzählung in Bezug auf das Vieh der Ägypter?

Nachdem 9,6 berichtet: "... und es kam der gesamte Viehbesitz (מקנה) Ägyptens um", befindet sich der Viehbestand der Ägypter in der folgenden Heuschreckenplage wieder am Leben (9,19-21; vgl. auch v.25). Wie wird dieser Widerspruch verständlich? Stellt J ursprünglich selbständig umlaufende, ihm vorgegebene Erzählungen nebeneinander, ohne in sie einzugreifen und seine Geschichte straff zu komponieren? Aus dieser Unebenheit wäre dann zu ersehen, daß die verschiedenen Plagengeschichten als Einzelerzählungen für sich ent-

---

124 Floss (Dienen 225) sieht "in Ex 10,24ff. eine nachexilische, priesterschriftlich beeinflußte Redaktion der Plagenerzählung", die den Jahwedienst als Schlacht- und Brandopfer auslegt.
125 Schon Nöldeke, Untersuchungen 40; Jülicher, JPTh 1881, 83ff.; auch Lohfink, FS Schlier 44 Anm.20.
126 S.u.S.116f.
127 Dazu s.o.S.108f.

standen und nicht recht aufeinander abgestimmt waren[128]. Oder
war die ursprüngliche jahwistische Erzählung einheitlich und
wurde erst nachträglich umgeordnet? Wird 9,1-7 als sekundär
betrachtet, weiß sie nur in der Heuschreckenplage vom Viehbesitz zu erzählen[129]. Hält man 9,19-21 für redaktionell[130]
und schränkt den Schaden der Hagelplage durch die Ausklamme-
rung von v.25a aus J auf das Kraut ein[131], so berichtet J
vom Tod des Viehs nur in der Pestplage.

9,19-21 fallen in verschiedener Hinsicht auf: a) Die Vorsichtsmaßregel, zu der Mose die Ägypter ermahnt, die Menschen
und das Vieh (מקנה und בהמה) vor dem Hagel in Sicherheit zu
bringen, widerspricht in gewisser Weise dem eigentlichen
Zweck der Plagen in J, denn sie sollen durch ihren katastrophalen Schaden die hartnäckigen Ägypter und ihren verstock-
ten Pharao zwingen, die Israeliten freizulassen. So handelt
es sich angesichts der Vorsichtsmaßregel um keine Plage, sondern um ein Schauwunder, das die Größe von Gottes Macht zeigen
soll[132]. b) Pharaos Diener verhalten sich hier anders als in
der übrigen jahwistischen Erzählung, die sonst nicht zwischen
ihnen differenziert. In 9,34 verstocken sie sich wieder soli-
darisch mit Pharao[133]. Die Diener geben Pharao in 10,7 den
Rat, die Israeliten zu entlassen, aber nicht aus Furcht vor
Gottes Wort (9,20f.), sondern aus der Besorgnis, das Land
möchte noch ganz zugrundegehen[134]. 9,19-21 erweist sich also
als sekundär gegenüber der jahwistischen Hagelplage[135]. Im
jetzigen Erzählzusammenhang hat dieser Zusatz zweierlei Funktion; der Verfasser hebt die Verstocktheit Pharaos im Gegensatz zum Verhalten einiger seiner Diener hervor[136], indem er

---

128 So Noth, ÜP 74 Anm.201. Ähnliche Spannungen lassen sich innerhalb
    J auch sonst beobachten. So stellt die Völkertafel in Gen 10 die
    Vielfalt der Völker dar, obwohl die Turmbaugeschichte in Gen 11 die
    Einheit der Völker wieder voraussetzt.
129 S.o.S.98.
130 Baentsch 75.
131 Baentsch 75f.; Wellhausen, Comp. [3]65.
132 Vgl. Greßmann, Mose 76.
133 Schon Baentsch 75.
134 Baentsch ebd.
135 So Jülicher, JPTh 1881, 93; Holzinger 27; Baentsch 75; Beer 54f.
    Anders Smend, Hexateuch 128 Anm.1; Noth, ÜP 32.74 Anm.201; ders. 48;
    vgl. auch Friebe, Plagenzyklus XXXVIII; Fohrer, Exodus 125; Childs
    131.141f.
136 Schon Baentsch 75; auch Beer 54.

von einer "Glaubensprobe"[137] berichtet, in der diese das
Wort Jahwes ernst nehmen. Die Vorsichtsmaßregel verschont
zudem einen Teil des Viehs der Ägypter und stellt ihn für
die letzte Plage zur Verfügung[138].
Nach 9,25 vernichtete der Hagel alles, was auf dem Feld
war. Betroffen sind alle Lebewesen. Die Ganzheit wird mit
der Totalitätsaussage (עד...מן) und der viermaligen Wiederholung von כל betont. V.25a spricht von allem tierischen
und v.25b von allem pflanzlichen Leben. Das Wort בהמה[139] bedeutet darum in diesem Textzusammenhang nicht "Vieh", sondern allgemein "Tier", anders als im Zusatz (v.19-21). האדם
und הבהמה kommen auch in der Vorsichtsmaßregel (v.19) nebeneinander vor[140]. Ihnen geht dort das Wort מקנה[141] voran,
das hier wohl "Besitz" meint, wie die folgende Aussage erklärt (כל-אשר-לך)[142]. האדם und הבהמה unter dem Oberbegriff
מקנה (Besitz) schließen "Sklaven" (עבד) und "Vieh" (מקנה)
ein, wie es die folgende Ausführung bestätigt (v.20f.). Nachdem v.19-21 nachträglich vor v.25 eingefügt worden sind,
wird die Bedeutung von בהמה in v.25 auf "Vieh" beschränkt,
denn das Nachgestellte ist von dem Vorangestellten her zu
verstehen[143]. Also kennt die jahwistische Erzählung ursprünglich keinen Widerspruch in Bezug auf das Vieh der
Ägypter[144], da die Pest das Vieh (מקנה) der Ägypter vernichtet und der Hagel die Tiere (בהמה) als Teil aller Lebewesen auf dem Felde trifft.
    Das "Vieh" (בהמה) der Ägypter[145] wird noch einmal in der

---

137 Noth 62.
138 Beer 54f.; vgl. auch Noth, ÜP 32 Anm.201. Zu den Erstgeburten von
    בהמה in 11,5; 12,29 s.u.S.117.
139 בהמה hat einen großen Bedeutungsbereich: Getier, Vieh, Haustier,
    Wild (G.J.Botterweck, בהמה ThWAT I, 524).
140 Vgl. auch den sekundären Vers v.22.
141 מקנה bedeutet "Erwerb, Besitz, Viehbesitz" (KBL 561).
142 V.19a ist wohl zu übersetzen "Nun sende hin, bringe in Sicherheit
    deinen Besitz, d.h. alles, was du hast, auf dem Felde".
143 Dasselbe gilt auch für das Verb נכה (hi.) in 9,25; dazu s.u.S.
144 Ob es sich dabei um das Vieh der Ägypter (v.4.7) oder spezifisch
    um das Vieh der Ägypter auf dem Felde (v.3) handelt, ist nicht ein-
    deutig, da der Verfasser von 9,1-7 den Gegensatz zwischen "auf dem
    Felde" und "zu Hause" nicht betont, wie in v.19-21.
145 Die Israeliten, die sowohl von der Pest als auch vom Hagel verschont
    blieben (9,6.26), können damit ihr Kleinvieh für das Passaopfer
    (12,21) bewahren.

vorliegenden jahwistischen Erzählung (11,5; 12,29) erwähnt.
Eine Inkonsequenz könnte hier insofern verständlich sein,
als "die Viehpest jetzt schon weit zurückliegt"[146]. Aber "und
alle Erstgeburten des Viehs" (וכל בכור בהמה) ist an beiden
Stellen wahrscheinlich Zusatz. Die Bemerkung am Satzende
hinkt nach, da sie an die mit מן beginnende und mit עד ab-
schließende Kette, die weiter mit der Präposition עד fortgesetzt werden könnte[147], einfach mit ו anschließt. Außerdem denken die Ägypter in J nach der Tötung der Erstgeburten
nur an ihr eigenes Sterben, und das Vieh wird dabei nicht
erwähnt (12,33), obwohl es der vorliegende Text sowohl in
der Ankündigung (11,5) als auch im Bericht (12,29) nennt.
R[D(tr)] (13,15)[148] und P (12,12; vgl. 9,9) sprechen von der
Tötung der Erstgeburten der Menschen und der Tiere in Ägypten. Bei der redaktionellen Bearbeitung wird "alle Erstgeburten des Viehs" wohl nachträglich in J eingesetzt sein,
um zu harmonisieren[149].


## 4. Die VIII.-XI. Plagen

VIII. 9,13-34. Da die Plagen Jahwes, obwohl vielfach wiederholt, bei Pharao wirkungslos geblieben sind, taucht nun
in der siebten Plage die naheliegende Frage auf, warum Jahwe
es so geschehen ließ. Darauf antwortet v.15f.[150]. Daß die

---

146 Baentsch 86; vgl. auch Beer 59.
147 Sam. und LXX versuchen in 11,5 einen glatten Anschluß herzustellen,
    indem sie ועד statt וכל lesen; vgl. Gen 6,7; 7,23 u.ö.
148 Noth, ÜP 32 Anm.106; ders. 79; vgl. Laaf, Pascha 29. Das Wort בהמה
    (v.12.15) bedeutet "Vieh" (so Noth 67f.), da es sich um Opfertiere
    handelt.
149 So Holzinger 31; Rudolph, Elohist 23; Greßmann, Anfänge 41; ders.,
    Mose 100 Anm.2; Friebe, Plagenzyklus 68; vgl. Baentsch 103 (R[D]?);
    anders Noth, ÜP 73f. Anm.200. Ein späterer Bearbeiter spricht von
    der Tötung der menschlichen Erstgeburten, aber nicht von den tieri-
    schen (4,23), auch in Ps 78,51; 105,36. Dagegen kennt Ps 135,8 auch
    das בהמה.
150 V.15 ist im irrealen Sinn zu verstehen: "Denn ich hätte bereits
    meine Hand ausgestreckt und dich und dein Volk mit der Seuche ge-
    schlagen, so daß du von der Erde vertilgt worden wärest" (Wellhausen,
    Comp. [3]67; Baentsch 74; Holzinger 28; Beer 52; Noth 48).

Plagen Jahwes bisher auf Pharao keine Wirkung ausgeübt haben
und er noch lebt, beweist keineswegs die Ohnmacht Jahwes, sondern entspricht seinem eigenen Plan, seine Kraft an Pharao
zu erweisen, damit man Jahwes Ruhm im ganzen Land[151] erzählt. V.15f. sucht also trotz der vergeblichen Plagen Jahwe
zu rechtfertigen. Diese theologische Reflexion ist J fremd[152].
Er weiß zwar Probleme[153] theologisch darzustellen, aber entfaltet nicht mit Begriffen eine Reflexion darüber. Auch die
Begriffe von v.16 stammen aus wesentlich späterer Zeit als J.

Keine der Quellenschriften kennt das Wort שם in der Bedeutung "Herrlichkeit, Ruhm" und "Macht" in der Auszugsgeschichte[154]. Erst spätere
Texte sagen, "Jahwe hat sich durch die Rettung seines Volkes aus Ägypten
einen Namen gemacht"[155]. Der Begriff "Kraft (כח) Jahwes" ist erst in
der dtr Tradition auf den Exodus angewandt, und zwar in der Formel בכח
גדול[156]. Auch das Verb ספר im Sinne von "preisen" entspricht jüngerem
Sprachgebrauch[157].

Nicht nur v.15f., sondern auch v.14 sind auf einen späteren
Bearbeiter zurückzuführen[158]. Nimmt man v.15f. aus dem vorliegenden Text heraus, unterbricht v.14 noch den Zusammenhang von "Aufforderung-Bedingung-Ankündigung" in der jahwistischen Plagenerzählung[159]. Außerdem kommt das Wort מגפה
im Pentateuch sonst nur in späteren Texten vor[160].

Die Hagelplage scheint ursprünglich in J hinter 9,18 eine Fortsetzung
der Plagenankündigung gehabt zu haben. Dafür kann man folgende Gründe
nennen: a) In den übrigen Plagen kündigt Jahwe das Eintreten der Plage
*und* die Beeinträchtigung des ägyptischen Lebens durch sie an; das letzte
fehlt hier. b) Die Ankündigung der Plage (1-e) ist gewöhnlich länger als
der Bericht, bestenfalls sind beide vom gleichen Umfang[161]. Die Ankündigung der Hagelplage ist im vorliegenden Text (v.17) hingegen viel kürzer als ihr Bericht (v.23aßb-25). c) Die nachträgliche Bearbeitung in

---

151 Vgl. 10,15. Man kann כל-הארץ auch "auf der ganzen Erde" übersetzen
    (Baentsch 74; Noth 61).
152 So schon Jülicher, JPTh 1881, 92; Baentsch 74; Wellhausen, Comp. [3]67f.;
    Rudolph, Elohist 20; Noth 61; Fohrer, Exodus 125; Friebe, Plagen-
    zyklus 33; Childs 131.141.
153 Z.B. die "Verstockung" Pharaos.
154 A.S. van der Woude, שם THAT II, 958. שם in J: 2,10.22; 5,23; in E:
    1,15; 3,13.15 und in P: 1,1; 6,3.(16).
155 Jes 63,12.14; Jer 32,20; Dan 9,15; Neh 9,10; vgl. II Sam 7,23.
156 Ex 32,11; Dtn 4,37; 9,29; II Reg 17,36; Jer 27,5; 32,17; Neh 1,10.
157 Holzinger 27.
158 So Baentsch 73; Noth 48.61; anders Rudolph, Elohist 20.
159 Friebe, Plagenzyklus 331; s.u.S.128.
160 Num 14,37 P; 17,13.15; 31,16 P[S] und Num 25,8f.18f. Sonst noch Ps
    106,29; Ez 24,16; Sach 14,12.15.18; Si 48,21; I Chr 21,17.22;
    II Chr 21,14; I Sam 4,17; 6,4; II Sam 17,9; 18,7.
161 So in der ersten Plage; vgl. die Tabelle S.128.

v.19-21 spricht auch von der Vernichtung von Menschen und Vieh durch die Plage. Warum der Bearbeiter den vorgegebenen jahwistischen Text verdrängt und nicht bewahrt, wie etwa in 8,19 gegenüber 8,18, erklärt sich in diesem Fall leicht; Jahwe muß angekündigt haben, daß der heftige Hagel Tiere und Pflanzen vernichten soll, wie der Bericht (v.25) zeigt. Da die Vorkehrung für das Vieh[162], die der Bearbeiter hier nachträglich einführt, für den Pflanzenwuchs des Landes ohnehin unmöglich ist, läßt er die gesamte jahwistische Ankündigung über den Schaden durch den Hagel fort. Ursprünglich spricht Jahwe in J wohl auch von der Verschonung der Israeliten als seiner Tat mit dem Verb פלה (hi. vgl. 8,18; 9,4), wie J es auch im Bericht (v.26) tut.

Nach 9,31f. hätten die spätreifen Getreidearten vom Hagel vernichtet werden können, weil sie noch nicht in Blüte standen. Diese Bemerkung, die hinter v.25 an passender Stelle gestanden haben könnte[163], stört den Anschluß von v.33 an v.29 und stellt eine Glosse dar[164]. Sie sucht 9,25 mit 10,15 auszugleichen, da sie den Schaden durch den Hagel als völlige Vernichtung versteht. Nachdem die Bemerkung vom *Sterben* der Menschen und der Tiere durch den Hagel (9,19-21) nachträglich vor v.25 eingefügt wurde[165], bedeutet נכה (hi.) in v.25 ausschließlich "erschlagen, zerschlagen". Da das Wort an sich aber auch "schlagen, treffen"[166] bedeuten kann, spricht v.25 ursprünglich nicht eindeutig von plötzlicher, totaler Vernichtung der Lebewesen. Sicher brachte der Hagel nicht sofort eine völlige Zerstörung, denn er dauerte bis zum Eingreifen Moses nach seiner Verhandlung mit Pharao an (v.33).

Nimmt man also aus 9,13-34 die v.14-16.19-21.22.23aα.31f. 35[167] heraus, ergibt sich die fortlaufende, widerspruchsfreie jahwistische Erzählung der Hagelplage.

IX. 10,1-20. 10,1b-2 wirkt im jahwistischen Zusammenhang

---

162 Zur Verschiebung des Sinnes von "בהמה" durch die Bearbeitung s.o.S.117.
163 Die Kräuter und Bäume von v.25 werden in v.31 auf das Getreide eingeschränkt.
164 Holzinger 27; Baentsch 77; Beer 55; Rudolph, Elohist 19; Noth 63; Fohrer, Exodus 125; Friebe, Plagenzyklus XXXIX; Childs 131.142.
165 Dazu s.o.S.116f.
166 KBL 615f.
167 Zu v.22.23aα.35 s.o.S.99f.

auffällig. Die Aussage betrifft allgemein[168] den Zweck der
Plagen[169], ohne konkrete Erwähnung oder Anspielung auf die
vorangehenden oder kommenden Plagen. Diese Allgemeinheit
ist J fremd. Außerdem ist das Verb für Verstocken (כבד) zwar
mit J gemeinsam, aber hier steht es als Tat Jahwes, während
nach J Pharao selbst sein Herz verstockt (8,11.28; 9,34).
Stattdessen lassen sich hier dtn-dtr Motive beobachten:
a) Jahwe tut die Zeichen nicht um Pharao und der Ägypter,
sondern um der Israeliten willen. Das Interesse konzentriert
sich auf Israel[170]. b) Die didaktische Zielsetzung der geschichtlichen Ereignisse für die künftigen Generationen
Israels ist typisch deuteronomistisch[171]. c) Die dtn-dtr
Tradition gebraucht das Wort אות für das Eingreifen Jahwes
bei der Herausführung aus Ägypten, allerdings mit מופת zusammen[172]. In den späteren Bearbeitungen kommen beide Worte
auch getrennt vor[173]. 10,1b-2 stammt also nicht von J[174],
sondern von einem späteren Bearbeiter, der der dtn-dtr Tradition nahesteht[175].

Beide Zusätze zu J (9,14-16 und 10,1b-2) haben einige Gemeinsamkeiten;
sie sprechen von mehreren Plagen Jahwes, allerdings mit verschiedenen
Worten[176]. In beiden Fällen geht es um Ziel und Zweck der Plagen; die
Konjunktion למען kehrt wieder. Die Erkenntnisaussage kommt beide Male
vor, allerdings mit wechselndem Subjekt[177]. Auch das Verb ספר ist
gemeinsam.

Nimmt man also aus 10,1-20 die v.1b-2.12.13aα.20[178] heraus,
ergibt sich die in sich geschlossene jahwistische Erzählung

---

168 Der Verfasser spricht von einer Mehrheit der Zeichen אתתי אלה
    (zum Fehlen eines Artikels bei אלה vgl. GK §126 y) und von der Miß-
    handlung der Ägypter durch Jahwe (עלל hitp.).
169 Die Konjunktion למען kommt zweimal vor. Die Erkenntnisaussage ist
    zwar ohne sie eingeführt, steht aber am Ende der Rede Gottes, so daß
    sie das Ziel der gesamten Ankündigung darstellt.
170 Weder בני ישראל noch העם kommt zwar vor, aber durch die zweite
    Person von תספר und ידעתם wird in Mose Israel angeredet.
171 Ex 12,26f.; 13,8.14; Dtn 6,7.20; 31,12f.; Jos 4,20-24.
172 Dtn 4,34; 6,22; 7,19; 26,8; 29,2; 34,11; Jer 32,20f.; Neh 9,10;
    Ps 135,9.
173 אות in Ex 4,8.9.17; מופת in 4,21; 11,9f.
174 So Beer 55; Rudolph, Elohist 20; Noth, ÜP 32; Hesse, Verstockung 18;
    Fohrer, Exodus 125; anders z.B. Noth 63; F.Stolz, לב THAT I, 866;
    ders.,WuD 1979, 137; van Seters, ZAW 1986 (im Druck).
175 So Jülicher, JPTh 1881, 96f.; Baentsch 78f.; Holzinger 29; Childs
    131.142.
176 "Meine Plagen" (מגפתי) in 9,14 und "meine Zeichen" (אתתי) in 10,1.
177 Pharao in 9,14 und die Israeliten in 10,2.
178 Zu v.12.13aα.20 s.o.S.99ff.

der Heuschreckenplage.

X. 10,21-27. Der Finsternisabschnitt geht insgesamt auf spätere Bearbeitung zurück[179].

XI. 11,1-10. In der ursprünglichen jahwistischen Erzählung schließt sich 11,4ff. an den Abschnitt 10,1-20 an. 10,28f. allein ist kaum jahwistisch[180], denn die Androhung der Todesstrafe durch Pharao in v.28 und die Gegenrede Moses in v.29 haben nach dem Aufhören der Heuschreckenplage keinen Sinn und bilden eher die Fortsetzung der gescheiterten Verhandlung in 10,24-27. Vor dem Vollzug der Fürbitte an Jahwe, die Heuschreckenplage zu beenden, geht Mose von Pharao weg (10,18), so daß er nicht mehr vor dem ägyptischen König als dessen Gesprächspartner steht.

11,1-3 ist in der Regel E zugewiesen worden[181], ist aber eher für redaktionelle Bearbeitung zu halten[182].

a) V.1b scheint J vorauszusetzen. Meint כשלחו כלה "wenn er (euch) gänzlich entläßt", so setzt die Formulierung die Verhandlung über die Auszugsbedingungen voraus, die nur J erzählt[183]. Das Verb "wegtreiben" (גרש) findet sich mit dem Volk als Objekt in 6,1 (J) und mit Mose als Objekt in 10,11 (J). b) Das Motiv vom Entleihen silberner und goldener Geräte kam, wenn auch mit kleineren Unterschieden[184], in 3,22 (Zusatz) vor. c) In v.3, wo der Erfolg dieser Aktion begründet wird, ist wie im späteren Text vom großen Ansehen Moses die Rede[185].

Bleibt der Adressat in v.4 ungenannt, so stellt sich die Frage, zu wem Mose hier spricht, zu Pharao[186] oder zu den

---

179 Dazu s.o.S.103ff.
180 Anders Noth, ÜP 32.
181 Holzinger 31; Baentsch 85; Fohrer, Exodus 81.
182 Noth (ÜP 32) hält den Abschnitt für Zusatz zu J; Laaf (Pascha 7f.) sieht wenigstens in v.2f. "eine Einfügung durch einen Redaktor"; nach Zenger (Exodus 112) besteht er aus R[JE] und R. Da das Stück nicht ganz intakt ist, bleibt unsicher, ob die redaktionelle Bearbeitung aus einem Guß ist. In v.3 geht die Rede Jahwes in den Bericht über ihn über.
183 Baentsch 85.
184 Hier ergeht die Aufforderung nicht nur an die Frauen (so in 3,22), sondern an Männer und Frauen. Im Unterschied zu 3,22 und 12,35 fehlen hier die Festgewänder; vgl. W.H.Schmidt 143.181.
185 S.u.S.124 Anm.197.
186 So Holzinger 31; Baentsch 86; Schulte (Entstehung 66) vermutet, daß der ganze Anfang weggebrochen worden sei; Fohrer, Exodus 81; Childs 161. Schon der Bearbeiter von v.8 war der Meinung, daß Mose zu Pharao spreche.

Israeliten[187]. Verschiedene Beobachtungen sprechen für die
zweite Möglichkeit: a) Es fehlen hier eine Aufforderung an
Pharao und der Bedingungssatz, der mit Pharao als Subjekt
formuliert ist, so daß der Botenformel[188] die Ankündigung
des göttlichen Eingreifens direkt folgt. b) In der Botenformel fehlt die Apposition "Gott der Hebräer" zu Jahwe.
Dasselbe Phänomen läßt sich zwar schon bei der Rede Jahwes
an Pharao beobachten (7,26; 8,16), allerdings ist diese Bezeichnung gerade in der Rede an die Israeliten überflüssig.
c) In v.5 ist von Pharao in dritter Person die Rede. d) Wenn
Pharao und den Ägyptern schon vorausgesagt worden wäre, daß
allein die Erstgeburten sterben sollen (11,5), hätten sie
sich nach deren Tötung (12,29) nicht gesagt: "Sonst sind
wir alle des Todes" (12,33). Die Rede, die Mose als Bote
Jahwes den Israeliten weitergibt[189], endet eher mit v.6[190]
als mit v.7[191], denn die Erkenntnisaussage und die Verschonung durch Jahwe (פלה) in v.7 sind zwar jahwistische Erzählelemente, eine Erkenntnisaussage in der zweiten Person Plural kennt J jedoch nicht, sondern nur ein Bearbeiter (10,2).
Nach J soll die Verschonung Israels durch Jahwe Pharaos Erkenntnis bewirken (8,18). Dagegen ist hier diese Sonderbe-
handlung selbst zum Inhalt der Erkenntnis geworden[192]. J
nennt bei der Verschonungsaussage zunächst Israel und dann
Ägypten (9,4; vgl. 8,19). In v.7 ist die Reihenfolge umgekehrt[193]. Schließlich geht in v.7 die Rede Jahwes in die

---

187 Noth 72f.; Laaf, Pascha 7f.; vgl. auch Otto, VT 1976, 11. Weimar-
    Zenger (Exodus 25.44) ergänzen in der von ihnen rekonstruierten
    Vorlage des Jahwisten als Adressaten "zu den Söhnen Israels";
    Schreiner, FS Kornfeld 77.
188 Wenn Mose nach seiner Berufung den Ältesten Israels die göttliche
    Rede mitteilt, fehlt die Botenformel (3,16). Die Ankündigung an die
    Israeliten mit der Botenformel ist wohl aus der Parallelität mit
    den bisherigen Plagenabschnitten formuliert.
189 Zu v.5 s.o.S.118.
190 Baentsch (85) hält v.4-5a für sicher jahwistisch. Noth (65.72f.)
    führt v.1-6 auf J zurück. Zu v.6a vgl. 12,30 (J) und zu v.6b vgl.
    9,18.24; 10,6.14 (alle J). Nach Otto (VT 1976, 8) stellt v.7f. den
    Zusatz zu v.4-6 dar.
191 So Laaf, Pascha 8.
192 Vgl. Otto, VT 1976, 8.
193 Vgl. Laaf, Pascha 8.

Aussage über ihn über[194]. V.8a erweist sich gegenüber dem
Vorangehenden als sekundär[195], da das "Ich" Moses hier zu
plötzlich erscheint[196]. Auch entspricht das Verhalten Pharaos
nach der Tötung der Erstgeburten (12,31) nicht v.8a, in dem
das große Ansehen Moses hervorgehoben wird: "Deine Diener
werden vor mir niederfallen" und "das Volk, das dir nach-
folgt"[197]. "Nach 11,8 sollte man erwarten, daß Pharao oder
seine Beamten sich selbst zu Mose bemühen"[198]. In 12,31 ruft
Pharao aber Mose und Aaron herbei, wie es in der jahwistischen Plagenerzählung üblich war (8,4.21; 9,27; 10,16).

Die beiden letzten Verse in Ex 11, in denen viele mit P
gemeinsame Ausdrücke[199] vorkommen, sind manchmal für priesterschriftlich gehalten worden[200]. Aber man versteht nicht
recht, warum Jahwe nach den Wundern noch einmal diese und
die negative Reaktion Pharaos voraussagt[201]. Die Kombination
der mit חזק formulierten "Verstockung" mit dem Nichtentlassen kehrt in der Schlußformel wieder, die die Bearbeitung
nach P bildet[202]. Höchstens v.10a allein könnte darum die

---

194 Die erste Person Gottes (v.4) wird durch die dritte (v.7b) abge-
    löst. Auch die Israeliten werden in v.7a nicht mehr angeredet.
195 Anders Fohrer, Exodus 42.81; Childs 131.
196 יהוה in der dritten Person in v.7b veranlaßt, daß die Jahwerede
    durch eine Moserede abgelöst wird.
197 Von demselben Thema "Das große Ansehen Moses" spricht v.3b. Auch
    "Diener Pharaos" ist beiden Stellen gemeinsam. V.3b ist wohl gegen-
    über v.1f. sekundär, denn v.3 geht aus der Rede Jahwes in den Be-
    richt über ihn (v.3a) und Mose (v.3b) über. Der Ausdruck האיש משה
    (v.3b) kehrt wieder in Num 12,3, wo es sich ebenfalls um die Sonder-
    stellung Moses handelt. Der Vers gehört weder J noch E (Baentsch 86)
    an, sondern dem Zuwachs zu J (Noth, ÜP 34; Fritz, Wüste 19). Vgl.
    auch Ex 32,1.23. Zu ברגליך vgl. Dtn 11,6; Jdc 4,10; 8,5 u.a.
198 Baentsch 103.
199 Nichthören des Pharaos, מופת (7,9) und Verstockung mit dem Verb
    חזק (7,13.22; 8,15; 9,12).
200 Beer 58; Noth 73; Friebe, Plagenzyklus XXXVIIIf.; Fohrer, Exodus
    80.125; Laaf, Pascha 4; Otto, VT 1976, 7 Anm.23; Childs 131.160f.;
    Smend, Entstehung 48; Ska, Bib 1979, 26; Schreiner, FS Kornfeld 77.
201 Das Verb (לא-ישמע) steht im Imperfekt; vgl. Wellhausen, Comp. 3̇68.
202 9,35; 10,20.

Bemerkung der Priesterschrift sein, die ihre Wundererzählung
abschließt. V.9f. insgesamt stammt jedoch wahrscheinlich von
einer späteren Hand als P[203]. V.10 enthält auffällig viele
gemeinsame Stichworte mit 4,21[204].


## 5. Überblick über die Plagen- und Wundererzählung

Die Ergebnisse der literarkritischen Untersuchung werden
in einer Tabelle auf der nächsten Seite zusammengestellt[205].
Die Textverhältnisse sind in der Plagenerzählung ganz anders als in der Berufungsgeschichte. Hier findet sich nur
eine ältere Quellenschrift (J). Ohne mindestens einen zweiten verwandten Zeugen ist es nur bedingt möglich, eine alte,
J vorgegebene Überlieferung zu rekonstruieren. Die überlieferungsgeschichtliche Analyse ist allein auf den jahwistischen
Text in Ex 7ff. angewiesen. Sowohl J als auch P stellen
ihre Plagenerzählung nach ihrem je eigenen Schema dar. So
lassen sich einerseits die Charakteristika der jeweiligen
Quellenschriften leicht erfassen, andererseits ist es schwierig, über die schematische Darstellung hinaus die vorgegebene
Überlieferung zu erreichen. Bei den Wiederholungen innerhalb
P und J treten ab und zu jedoch kleinere Verschiedenheiten
auf, die etwas vom vorgegebenen Gut verraten können. Bei der
Untersuchung der Wundererzählungen entsteht eine spezifische
Schwierigkeit, denn man kann zuweilen nicht eindeutig entscheiden, ob Auffälligkeiten des Textes auf Unausgeglichen-
heiten zwischen dem Altüberlieferten und der Intention der
Quellenschriften beruhen oder eben durch die Wundererzählung
inhaltlich bedingt sind.

---

203 Holzinger 31; Greßmann, Mose 97 Anm.1; Elliger, KSAT 174; Lohfink,
     FS Schlier 44 Anm.20; R[P] bereits Jülicher, JPTh 1881, 85f.;
     Baentsch 87; P[s] Noth, ÜP 12.
204 עשה, פרעה לפני, כל-המופתים, חזק (hi.), שלח.
205 Vgl. Childs 131f.; Norin, Meer 14 Anm.10. Die vorliegende Arbeit
     schließt sich an die Numerierung durch Baentsch (54) an. Holzin-
     ger (22ff.) und Beer (47) beginnen die Zählung erst mit dem Nil-
     wunder; dazu s.o.S.114 Anm.123.

| Numerie-rung | J | P | redaktionelle Bearbeitungen |
|---|---|---|---|
| I. | | 7,8-13<br>Stock in die<br>Schlange (תנים) | |
| II. | 7,14-18.20aα*.<br>21a.23-25<br>Sterben der<br>Fische im Nil | 7,19-20aα.21b.22<br>Wasser ins Blut | 7,15b.17b*.20b |
| III. | 7,26-29; 8,4.5*.<br>7.8abα.9-11aα<br>Frösche | 8,1-3.11aßb<br>(צפרדעים) | 8,5*.6.(8bß) |
| IV. | | 8,12-15<br>Mücke (כנם) | |
| V. | 8,16-18.20-28<br>Hundsfliege (ערב) | | 8,19 |
| VI. | 9,1-7<br>Pest (דבר) | | |
| VII. | | 9,8-12<br>Geschwür (שחין) | |
| VIII. | 9,13.17f.23aß-<br>30*.33f.<br>Hagel (ברד) | | 9,14-16.19-23aα.<br>31f.35 |
| IX. | 10,1a.3-11.13aß-19<br>Wanderheuschrecke<br>(ארבה) | | 10,1b-2.12.13aα.<br>20 |
| X. | | | 10,21-29<br>Finsternis (חשך) |
| XI. | 11,4-6<br>Erstgeburten<br>(בכור) | | 11,1-3.7f.(9f.) |

B. Die Plagenerzählung des Jahwisten


1. Der formelhafte Aufbau

Jeder jahwistische Plagenabschnitt ist formelhaft aufgebaut und besteht aus vier Teilen, die sich wieder in verschiedene Elemente gliedern (vgl. die Tabelle auf der nächsten Seite). Diese Elemente kommen nicht unbedingt alle zusammen vor[206], treten jedoch mit Ausnahme der ersten Plage
in gleichbleibender Reihenfolge auf[207]. Die Erkenntnisaussage[208] und die Verschonung der Israeliten von der Plage[209]
haben keinen festen Standort im Formaufbau.

a) Reihenfolge der Elemente

1. Ankündigung der Plage. Jeder Abschnitt beginnt mit "und
Jahwe sprach zu Mose". Darauf folgt der Auftrag an Mose durch
Jahwe.

In 10,3 geht die Auftraggebung (v.1) in die Auftragsausführung über.
Hat eine Auftraggebung ursprünglich in der jahwistischen Erzählung ge-
standen und hat die spätere Bearbeitung in v.1b-2 die Umgestaltung in die
Auftragsausführung zur Folge[210]? Oder erzählt J seit je her eine Auf-

---

206 In der Nil- und Pestplage fehlt das Gespräch zwischen Mose und Pharao, denn eine Beendigung der Plage kommt dort nicht in Frage, da
Fisch und Vieh bereits mit dem Eintreffen der Plagen sterben. Nach
J bringt Jahwe die Getöteten nicht wieder ins Leben; anders in der
Wundergeschichte von Elischa in II Reg 4,8-27; vgl. auch I Reg 17,
17-24. War J der Meinung, daß der Tod zu einem Machtbereich gehört,
für den Jahwe (noch) nicht zuständig ist? Darf man daraus auf ein
hohes Alter von J schließen, da der Tod später in den Machtbereich
Jahwes integriert wird (Am 9,2 u.a.)?
207 Dazu s.u.S.135f.
208 Sie begegnet in der Ankündigung in 7,17 mit dem Eingreifen Jahwes
und in 8,18 mit der Verschonungsaussage, und dann in der Verhandlung
in 9,29 mit dem Aufhören der Plage durch die Fürbitte Moses verbunden; zu den sekundären Stellen (8,6; 10,2) s.o.S.95f.120f.
209 Das Motiv der Verschonung taucht je zweimal in der Ankündigung der
Plage (1-e) in 8,18; 9,4 und im Bericht vom Geschehen der Plage (2)
in 9,6.26 auf.
210 Baentsch 78. Floss (Dienen 191.216) vermutet in v.3 und v.6b eine
umgestaltende Hand.

|  | II. Nil | III. Frösche | V. Hundsfliegen | VI. Pest | VIII. Hagel | IX. Heuschrecken | XI. Erstgeburten | X. Finsternis |
|---|---|---|---|---|---|---|---|---|
| 1. Ankündigung der Plage |  |  |  |  |  |  |  |  |
| a) Botensendung | 7,15a | 7,26a | 8,16a | 9,1a | 9,13a | 10,1a |  |  |
| b) Botenformel | (16aα) | 26bα | 16b | 1bα | 13bα | 3aα | 11,4a |  |
| c) Aufforderung | 16aβ | 26bβ | 16b | 1bβ | 13bβ | 3b |  |  |
| d) Bedingung |  | 27a | 17aα | 2 | 17? | 4a |  |  |
| e) Ankündigung der Plage | 17b*-18 | 27b-29 | 17aβb | 3 | 18 | 4b-6 | 4b-6 |  |
| 2. Geschehen der Plage | 21 |  | 20 | 6 | 23ff. | 13aβ-15 | 12,29f. | 10,22b.23 |
| 3. Beendigung der Plage |  |  |  |  |  |  |  |  |
| a) Herbeirufen |  | 8,4a | 21a |  | 27aα | 8f.16a | 31 | 24aα |
| b) Pharaos Rede |  |  |  |  |  |  |  |  |
| Bitte um die Beendigung |  | 4a | 24b |  | 28a |  |  |  |
| Zusage der Entlassung |  | 4b | 24a |  | 28b | 17 |  |  |
| c) Rede Moses |  |  |  |  |  |  |  |  |
| Zusage der Fürbitte |  | 5-7* | 25a |  | 29 |  |  |  |
| Voraussage der Beendigung |  |  |  |  |  |  |  |  |
| d) Herausgehen |  | 8a | 26a |  | 33aα | 18a |  |  |
| e) Fürbitte und Aufhören der Plage |  | 8b-10 | 26b-27 |  | 33aβb | 18b.19 |  |  |
| 4. Schlußformel |  | 11aβ | 28 | 7b | 34 | 20* |  |  |

tragsausführung[211]? V.6b spricht für die zweite Möglichkeit, denn dieser
Halbvers berichtet vom Weggehen Moses von Pharao[212], das den Gang Moses
zu ihm voraussetzt (v.3). Die Ausrichtung des Auftrags in der Heuschrek-
kenplage entspricht einerseits der Eröffnung der Verhandlung in Ex 5[213].
So bilden die erste und die letzte Verhandlung in J einen Bogen. Andererseits trägt die Auftragsausführung mit dem wiederholten Hin- und Weggehen
Moses[214] in der Heuschreckenplage dazu bei, die Dringlichkeit der Situation darzustellen.

l-a) Jahwes Auftrag an Mose als Bote ist zweiteilig: "Gehe
... und sage". Das zweite Glied ist in der Regel mit ואמרת
formuliert, während allein in der Pestplage ודברת (9,1)[215]
auftaucht. Das erste Glied kommt in zwei Formen vor: in der
Frösche-, Pest- und Heuschreckenplage einfach als "Gehe zu
Pharao" und in der Nil-, Hundsfliegen- und Hagelplage in
einer längeren Form, die Zeit, Ort und Situation beim Treffen angibt: "Gehe morgen früh zu Pharao, wenn er gerade zum
Wasser hinausgeht" (7,15). Die traditionelle Vorstellung hat
mit "Wasser" den Nil gemeint. Der von J hinzugefügte Finalsatz "um ihm (= Pharao) am Ufer des Nils entgegenzutreten"
sagt dies ausdrücklich.

Hinter dieser Bemerkung steht wohl die Vorstellung, daß Pharao sich
morgens im Nil wäscht, obwohl dafür hier keine nähere Begründung gegeben
wird. In der Erzählung von der Geburt Moses (2,1-10) wird der Grund für
das Erscheinen der Tochter Pharaos am Nil, das ein konstitutives Motiv
für den Ablauf der Erzählung darstellt, berichtet, nämlich "um sich am
Nil zu waschen" (v.5a)[216].

"Pharao ging zum Wasser hinaus" bietet zwar für die erste
Plage, das Sterben der Fische im Nil, den örtlichen Rahmen
der Erzählung, aber in den übrigen Plagenabschnitten hat die
vorgegebene Vorstellung über die ägyptischen Verhältnisse
keine konstitutive Bedeutung. So fehlt das Gehen zum Wasser
in der Fröscheplage, in der vom Nil (7,28) die Rede ist,
kehrt jedoch in der Hundsfliegenplage wieder (8,16), die
weder mit dem Nil noch mit Wasser zu tun hat. Schließlich

---

211 So Noth 63. Allerdings hält er auch v.lb-2 für jahwistisch; dazu
    s.o.S.120f.
212 Ein entsprechender Bericht fehlt in anderen Plagen.
213 5,1 und 10,3 stimmen im vorliegenden Text auch darin miteinander
    überein, daß Aaron neben Mose zu Pharao geht, während der Befehl
    Jahwes sonst an Mose allein ergeht.
214 Dazu s.u.S.137f.
215 2 Mss und Sam. ersetzen hier ואמרת. Jedoch versucht Sam. damit
    nicht, mit allen anderen Ankündigungen zu harmonisieren, denn
    Sam. liest in 7,26 ודברת statt ואמרת.
216 Dort fehlt eine Zeitangabe, die für die Erzählung kaum von Belang
    ist.

verblaßt sie in der Hagelplage zur Zeitangabe: "Morgen früh
tritt vor Pharao" (9,13)[217].

1-b) Die Rede, die Mose vor Pharao halten soll, beginnt
in der Regel mit der Botenformel: "So spricht Jahwe"[218].
An deren Stelle tritt in der ersten Plage eine Aussage, die
die gleiche Funktion wie die Botenformel hat: "Jahwe, der
Gott der Hebräer, hat mich zu dir geschickt" (7,16aα)[219].

1-c) In den ersten fünf Plagen folgt der Botenformel direkt
Jahwes Aufforderung an Pharao, während in der Hagelplage zwischen beide die Frage eingefügt ist: "Wie lange hast du
dich nun schon geweigert, dich vor mir zu demütigen?"
(10,3)[220]. Die Aufforderung lautet vorwiegend "Entlasse
mein Volk, damit sie mir dienen". Der zweite Teil, der das
Ziel der Entlassung angibt, ist in der ersten Plage durch
die Ortsangabe "in der Wüste" erweitert[221].

1-d) Zwischen der Aufforderung und der Ankündigung der
Plage findet sich in der Regel ein Bedingungssatz: "Wenn du
dich weigerst, (mein Volk) zu entlassen"[222]. Er beginnt in
7,27 mit ואם und in 8,17; 9,2; 10,4 mit כי אם[223]. Er fehlt
in der ersten Plage. Stattdessen wird die Weigerung Pharaos
hier als schon geschehen bestätigt (7,14.16b). Die Hagelplage kennt in der vorliegenden Form ebenfalls keine Bedingung.

9,17 bestätigt die bisherige Haltung Pharaos. Hat ursprünglich כי אם
an der Spitze von v.17 gestanden und ist der Einschiebung von v.14-16
zum Opfer gefallen[224]? Oder hat bereits J hier nicht als Bedingungssatz
formuliert? Die Parallelität des formelhaften Aufbaus spricht zwar für
die erste Möglichkeit, aber eine eindeutige Entscheidung ist kaum zu
fällen.

---

217 "Die Veränderungen ... in 8,16 und 9,13 lassen solche in der Plagenerzählung selbst begründete Motivierung nicht mehr erkennen" (Floss,
   Dienen 190).
218 Statt Jahwe (7,26; 8,16; 11,4) kommt "Jahwe, Gott der Hebräer" in
   7,16; 9,13; 10,3 vor; vgl. "Jahwe, Gott Israels" in 5,1.
219 Zum Grund dafür s.u.S.135ff.
220 Zur Querverbindung dieser Frage mit den beiden direkt vorangehenden
   Plagen s.u.S.179.206ff.
221 Vgl. 5,1. LXX ergänzt im Hundsfliegenabschnitt diese Ortsangabe
   (8,16) wohl deswegen, weil nach dieser Plage Mose und Pharao darüber
   verhandeln, *wo* die Israeliten opfern sollen (8,21ff.).
222 Ohne Objekt "mein Volk" ist der Satz in 7,27 formuliert.
223 Näheres s.u.S.205f.
224 So Baentsch 74.

1-e) Die Ankündigung der Plage gliedert sich in zwei Teile.
Sie umfaßt Jahwes Wirken und seine Folgen. Der erste Teil
wird הנה אנכי (7,17.27) bzw. הנני (8,17; 9,18; 10,4) + Partizip formuliert. In der Pestplage kommt nach הנה das Nomen
"Hand Jahwes" vor, so daß die Jahwerede in die Moserede über-
geht. Während Jahwes Wirken stets mit einem Verb formuliert
ist, wird seine Folge als ein Ereignis[225] oder als mehrere
direkt nacheinander folgende Ereignisse[226] geschildert, so
daß die Ankündigung der Folgen von Jahwes Eingreifen gegenüber der gleichförmigen Gestaltung der bisherigen Elemente
im Botenauftrag ungleichen Umfang aufweist. Auch die konkrete
Darstellung ist unterschiedlich, da es sich um verschiedene
Naturkatastrophen handelt.

    2. Geschehen der Plage. Daß Mose den Botenauftrag Jahwes
an Pharao ausgerichtet und dieser die göttliche Aufforderung
abgelehnt hat, wird bis einschließlich zur Hundsfliegenplage[227] weder berichtet noch festgestellt, sondern schlicht
vorausgesetzt, so daß der Bericht über das Geschehen der
Plage direkt ihrer Ankündigung folgt. Der Bericht über die
Fröscheplage wird durch die Redaktion verdrängt[228] und fehlt
im vorliegenden Text.

    Der vorangehenden Ankündigung entsprechend wird das Ge-
schehen der Plage ebenfalls zweiteilig als Eingreifen Jahwes
und dessen Folge berichtet. In der Hundsfliegen- und Pestplage wird die göttliche Tat allgemein mit dem Verb "tun"
(עשה) bezeichnet. Wieweit die Ankündigung und der Bericht
übereinstimmen, ist je nach Plage unterschiedlich. Ein Einzelvergleich zwischen beiden wird unten durchgeführt[229].

    3. Beendigung der Plage. 3-a) Fängt der erste Teil mit der
Rede Jahwes, die Mose Pharao übermittelt, und der zweite mit
der Tat Jahwes an diesen an, so beginnt der dritte Teil mit
Pharaos Reaktion: "Und Pharao rief Mose herbei"[230]. Dieser

---

225 In der Hundsfliegen- und Pestplage.
226 In der Nil-, Frösche- und Heuschreckenplage.
227 Zum Bericht in der Heuschreckenplage s.u.S.128f.137f.
228 Dazu s.o.S.95.
229 S.u.S.150ff.
230 Aaron, der im vorliegenden Text stets nach Mose erwähnt wird, kam
    in der jahwistischen Erzählung noch nicht vor (Wellhausen, Proleg.
    ⁶135 Anm.1; Gunneweg, Leviten 81f.). Er taucht im vorliegenden Text

Ruf wird in 8,4.21 allein mit dem Verb קרא formuliert, während ihm in 9,27 noch ein Verb שלח vorangestellt wird[231].
In 10,16 erfordert die dringliche Situation das Verb "eilen" (מהר) statt שלח[232]. In 10,8a wird Mose bereits vor dem Plagengeschehen zu Pharao zurückgeholt[233].

3-b) Pharao spricht zu Mose und bittet um Fürbitte zu Jahwe, damit dieser die Plage beende. In der Hagel- und Heuschreckenplage legt Pharao vor der Bitte ein Sündenbekenntnis ab (9,27aßb; 10,16b). Da im Hundsfliegenabschnitt die Bitte um die Fürbitte erst nach der Verhandlung über den Ort des Opferbringens auftaucht und der Adressat der Bitte fehlt, der sonst stets genannt wird[234], und um die Beendigung der Plage hier nicht gebeten wird, "wirkt in v.24 die Aufforderung des Pharao 'Flehe für mich' sehr abrupt"[235]. Die Beendigung der Plage wird zweimal als Tat Jahwes formuliert (8,4a; 10,17b). Statt einer künftigen Tat Jahwes findet sich in 9,28a ein Nominalsatz[236], der den gegenwärtigen Zustand beschreibt und damit die Bitte begründet[237].

Die Zusage Pharaos, die Israeliten zu entlassen, folgt in 8,4; 9,28 auf seine Bitte, unterstützt sie und eröffnet die Rede Pharaos in der Verhandlung über die Auszugsbedingung (8,21b; 10,8). Die Zusage besteht in der Regel aus der Er-

---

nur dann auf, wenn die Ausführung des Botenauftrags berichtet wird (5,1; 10,3). So gibt Jahwe Mose allein seinen Botenauftrag (7,14.26; 8,16; 9,1.13; 10,1). Nach dem Plagengeschehen ruft Pharao stets Aaron mit Mose zusammen herbei (8,4.21; 9,27; 10,8.16), und seine Bitte um die Fürbitte nimmt infolgedessen ständig die Pluralform an (העתירו in 8,4.24; 9,28; 10,17). Kann Aaron nur Fürbitte und keine Sündenvergebung tun, da in der Bitte der Sündenaufhebung in 10,17 das Verb singularisch formuliert ist (anders Sam., LXX, Pescht. und Vul.)? Die Fürbitte wird immer von Mose allein ausgeführt (8,8.26; 9,33; 10,18). Beim Weggang von Pharao, der der Ausführung der zugesagten Fürbitte vorangeht, wird vorwiegend Mose allein (8,26; 9,33; vgl. 10,18) und nur in 8,8 auch Aaron genannt.

231 Näheres zu 9,27 s.u.S.194ff.
232 Näheres dazu s.u.S.137f.
233 Kann allein schon die Ankündigung der Plage Pharao zur Verhandlung zwingen, nachdem die bisherigen Plagen genauso, wie sie vorausgesagt wurden, geschehen sind? Hier wird zudem der Schaden gegenüber den vorangehenden Plagen verdoppelt. Dazu s.u.S.137.
234 "Für Jahwe" (אל־יהוה) in 8,4; 9,28; 10,17.
235 Noth 59.
236 Der Satz beginnt mit einem Adjektiv "רב".
237 Die Konjunktion ו, die am Anfang von 9,28aß steht, ist mit "denn" zu übersetzen; vgl. GK §158 a; daran anschließend Baentsch 76.

laubnis zum Auszug der Israeliten und zum Opfern, während
in 9,28 das erste Glied allein vorkommt. Diese zweiteilige
Formulierung entspricht der Aufforderung Jahwes in der Ankündigung (1-c).

Das erste Glied ist als Tat Pharaos mit dem Verb שלח (pi. in 8,4.24;
9,28) oder als Tat der Israeliten mit dem Verb הלך (qal in 8,21; 10,8)
formuliert. Das zweite Glied nimmt meistens den Ausdruck זבח (8,4.21.
24) und einmal den Ausdruck עבד (10,8) auf.

3-c) Auf die Bitte Pharaos folgt in der Regel eine ent-
gegenkommende Zusage Moses. In der Heuschreckenplage fehlt
sie, so daß unmittelbar nach der Bitte Pharaos die Ausführung der Fürbitte durch Mose berichtet wird (10,17f.). Die
Zusage ist der vorangehenden Bitte Pharaos entsprechend
wiederum zweiteilig. Mose verspricht, zu Jahwe zu flehen,
und damit das Aufhören der Plage. Das Flehen wird mit עתר
(8,25 wohl auch 8,5)[238] oder mit einer konkreten Handlung
bezeichnet: "meine Hände ausbreiten" (9,29). Die Beendigung
der Plage wird zwar nicht als Jahwes Tat dargestellt, sondern als Verschwinden der Tiere (mit סור in 8,7.25) oder
als Aufhören des schlimmen Wetters (mit חדל in 9,29), kann
aber ohne weiteres als Folge der Wirkung Jahwes verstanden
werden, da die Plage stets direkt nach dem Flehen Moses zu
Jahwe endet. In der Hundsfliegenplage - wie ursprünglich
wohl auch in der Fröscheplage (8,5f.*)[239] - wird ein Zeitpunkt für das Aufhören der Plage vorausgesagt (8,25). In
der Hundsfliegen- und Hagelplage beschließt Mose seine Rede
mit einer Warnung an Pharao (8,25b; 9,30), weil dieser vorher die Zusage, die Israeliten zu entlassen, zurückgenommen
hat, nachdem die Plage beendet worden war (8,11.28).

3-d) und 3-e) Das Flehen zu Jahwe und das Aufhören der
Plage kehrt nach der Bitte Pharaos und der Zusage Moses noch
einmal im Bericht wieder, den der Weggang Moses von Pharao
(stets mit יצא) eröffnet. Eine neue, konkrete Handlung beim
Flehen wird in 8,8 genannt, "schreien" (צעק)[240]. In der
Frösche- und der Hundsfliegenplage steht "und Jahwe tat

238 Dazu s.o.S.96.
239 Zum ursprünglichen Text s.o.S.95ff.
240 Daneben finden sich "Flehen" (עתר) in 8,26; 10,18 und "Hand aus-
    breiten" (פרש־כף) in 9,33.

nach dem Worte Moses" (ויעש יהוה כדבר משה) in 8,9.27 vor dem
eigentlichen Vorgang des Aufhörens der Plage, und in der
Heuschreckenplage bringt die Tat Jahwes das Aufhören in
Gang (10,19), so daß offenkundig Jahwe die Plagen beendet,
während in der Hagelplage (9,33) der Zusammenhang mit Jahwe
nur durch das Flehen zu ihm angedeutet wird. In der Hunds-
fliegen-, Hagel- und Heuschreckenplage wird, während der Vorgang des Aufhörens mit dem Imperfekt waw consec. geschildert
wird, der Zustand nach Beendigung der Plage in einem negativen Satz mit Perfekt festgestellt (8,27; 9,33; 10,19b).
Kein paralleler Satz findet sich in der vorangehenden Zusage
Moses. Diese und der Bericht entsprechen sich in der Hunds-
fliegen- und Hagelplage ziemlich genau. In der Heuschreckenplage, in der Moses Voraussage fehlt, wird die Beendigung
der Plage ausführlich berichtet, indem der Ablauf der Ankunft des Insektenschwarms (10,13aß-14) in umgekehrter
Reihenfolge wiederholt wird[241].

   4. Die Schlußformel, die aus einem Hinweis auf die Verstockung Pharaos und deren Folge besteht, fehlt nach der
Nilplage.

Hatte diese seit je keine Schlußformel? Oder ist sie sekundär verdrängt worden? Für die erste Möglichkeit kann die Tatsache sprechen,
daß eine Verstockungsaussage in diesem Abschnitt bereits in 7,14 auftaucht. Jedoch bezieht sie sich auf die vorangehende Verhandlung in
Ex 5 und nicht auf die Nilplage. Das trotzige Verhalten Pharaos nach
dem Eintreffen der Plage (v.23) entspricht sachlich der Verstockung, so
daß J hier eine eigentliche Verstockungsaussage fortgelassen haben
kann. Aber v.23 steht am Schluß des Abschnitts, während sonst von
der Verstockung stets in der Schlußformel die Rede ist. Aufgrund der
vollständigen Schlußformel der Priesterschrift in v.22b wäre es möglich,
daß eine jahwistische Entsprechung durch die Redaktion (R[P]) weggelassen
wurde, um eine Doppelung zu vermeiden. Auch in der folgenden Fröscheplage, in der die Redaktion ebenfalls die beiden Quellenschriften zusam-
menfügt, findet sich nur *eine* Schlußformel (8,11)[242]. So ist es wahrscheinlicher, daß die jahwistische Nilplage ursprünglich eine Schlußformel enthielt, aber eine ausreichend begründete Entscheidung ist kaum
zu fällen. Eine wohl in der jahwistischen Erzählung vorhandene Schlußformel wird mit dem Verb כבד (qal) und mit dem Herzen Pharaos als Subjekt
formuliert gewesen sein, wie in der Pestplage[243].

---

241 Auch die Richtung des Windes wird umgekehrt.
242 Allerdings werden dort die jahwistische als erste und die priester-
    schriftliche als zweite Hälfte der Schlußformel zusammengezogen.
243 Zur näheren Begründung s.u.S.217f.

Die Schlußformel wird am Ende der Heuschreckenplage sekundär verdrängt (10,20). Das zweite Element, "und er entließ
das Volk nicht", wird nach der Hundsfliegen- und Hagelplage
durch eine andere Formulierung ersetzt (8,11; 9,34), so daß
die ursprüngliche Schlußformel nur in 8,28 und 9,7 vollständig erhalten bleibt. In der Regel steht Pharao als Subjekt und sein Herz als Objekt der Verstockung (8,11.28;
9,34), während nach der Pestplage sein Herz (פרעה לב) als
Subjekt der Verstockung genannt wird (9,7). 9,7 unterscheidet sich von den anderen Stellen auch dadurch, daß hier
eine Verbindung mit den vorhergehenden Verstockungsaussagen
fehlt, die bereits 8,28 mit "auch diesmal" und später 9,34
mit "und er sündigte *weiter*" (ויסף) erfolgt[244]. Der Wechsel
der Formulierung vollzieht sich kaum zufällig[245]. Nach der
Frösche- und Hagelplage geht der Verstockungsaussage ein
Satz voran, der vom Aufatmen Pharaos berichtet und damit
seinen Willenswandel begründet. Das zweite Glied der Schlußformel bestätigt die Folge der Verstockung. Enthält die Verstockungsaussage zwei verschiedene Formen desselben Verbs,
so wird das Nichtentlassen stets gleich formuliert.

b) Abweichungen vom Grundschema

Merkwürdigerweise weichen die erste und die vorletzte Plage
am stärksten vom Grundschema ab.
Die erste Plage (7,14-25*) hebt sich durch die stark erweiterte Rede Jahwes zu Anfang (v.14-17) von den folgenden
Plagen ab. Die meisten eingefügten Sätze und damit verbundenen Änderungen[246] beziehen sich auf die vorangehende Antwort Pharaos in 5,1f.[247]. Schon vor dem Befehl, zu Pharao
zu gehen (v.15), der sonst zu Anfang der göttlichen Rede
steht, bestätigt Jahwe die Verweigerung des ägyptischen
Königs mit zwei perfektischen Verben: "Das Herz Pharaos hat

---

244 Die Verstockungsaussage in 8,11 kennt solche Verbindung *noch* nicht.
245 Zur Intention s.u.S.217f.
246 Zur Hinzufügung von "um ihn am Ufer des Nils zu treffen" s.o.S.129f.
247 In der Plagenerzählung ist vom Ergebnis der langen Verhandlung in
    Ex 5, nämlich der Verschlechterung der Bedingungen der Fronarbeit
    keine Rede. Jahwes Rede in 7,14-17 knüpft ausschließlich an 5,1f. an.

sich verstockt; er hat sich geweigert, das Volk zu entlassen" (v.14)[248]. Zwischen der Aufforderung und der Ankündigung der Plage wird erneut festgestellt: "siehe, du hast
bis jetzt nicht gehorcht" (v.16b). Darauf folgt die Erkenntnisaussage (v.17a). Hier fehlt ein Bedingungssatz, der in
der Regel zwischen der Aufforderung und der Ankündigung
steht[249]. Dabei werden die Verben aus 5,2 "hören" (שמע) und
"erkennen" (ידע) in derselben Reihenfolge wieder aufgenommen. Die Botenformel, die sonst stets die Aufforderung einleitet, ist mit der Erkenntnisaussage verbunden. Die Aufforderung (v.16b) wird hier mit einer Aussage über die Sendung durch den "Gott der Hebräer" eröffnet, so daß eine Doppelung der Botenformel vermieden wird[250].

Wie verhalten sich die Feststellung der vorangegangenen Antwort Pharaos und die Ankündigung der kommenden Plage zueinander? Während die Rede Jahwes an Pharao in 5,1 nur die Aufforderung zur Entlassung der Israeliten enthält, kündigt
Jahwe nun in 7,14ff. darüber hinaus die Nilplage an. Aus
dem Rekurs auf 5,1 in 7,16 ist wohl zu schließen, daß die
Aufforderung allein bei dem ägyptischen König wirkungslos
bleibt und darum die Plagen notwendig werden. Dieser Zusammenhang kann Jahwes Rede in Ex 7 selbst entnommen werden.
Die Feststellung der Weigerung Pharaos (v.16b) und die Ankündigung der Plage (v.17b) sind zwar nicht mit einer kausalen
Konjunktion, die aus einer Tatsache eine Folgerung zieht,
wie לכן oder על־כן, verbunden[251], aber mit dem gemeinsamen
Satzanfang eng zusammengefügt[252]. Pharao hat die Aufforderung
Jahwes schroff abgelehnt, so daß Jahwe sich nun mit den Pla-

---

248 Zur Besonderheit der vorliegenden Formulierung s.u.S.183. Aufgrund
der abweichenden Stelle und Form der Verstockungsaussage in 7,14b
hält es Childs (173f.) für möglich, daß dieser Halbvers redaktionell
wäre. Er berücksichtigt aber die Bezugnahme auf Ex 5 nicht.
249 Zum Grund für sein Fehlen s.u.S.182 Anm.442.
250 Diese von J umformulierte Aussage wäre nach Weimar-Zenger (Exodus
24ff.) bereits in der J vorgegebenen ältesten Erzählung vorhanden.
251 Abgesehen von der Konjunktion "darum" (על־כן), die einen üblichen
Schluß der Ätiologie einleitet (Gen 2,24; 11,9; 26,33; 32,33) findet
sich eine kausale Konjunktion in J überhaupt sehr selten; כי על־כן
in Gen 18,5; 38,26.
252 Das göttliche Ich wird hier gegenüber Pharao betont (vgl. 5,1):
"Siehe, *du* hast nicht gehorcht (והנה לא־שמעת) bis jetzt. Siehe,
*ich* werde schlagen (הנה אנכי מכה) das Wasser am Nil".

gen für die Freilassung der Israeliten einsetzen muß. Durch
die Plagen soll Pharao Jahwe anerkennen. Im Verb ידע löst
das Imperfekt der zweiten Person (v.17) das Perfekt der
ersten Person in Pharaos Rede (5,2) ab, so daß aus einer
negativen Selbstaussage Pharaos eine positive Zukunftsaussage Jahwes über ihn gebildet wird.

Jahwes Rede nimmt nicht nur auf die Vergangenheit, sondern
durch die später wiederkehrenden Erzählelemente auch auf die
Zukunft Bezug. So wird das Wort "bis" (עד), das in 7,16b dem
negativen Verhalten Pharaos zugeordnet ist, in der letzt-
ten Plage durch die Frage "wie lange" (עד־מתי in 10,3; vgl.
9,2.17) wieder aufgenommen.

Im Abschnitt der Heuschreckenplage (10,1-20) treten die
Erzählelemente, die früher getrennt vorkamen, gesammelt und
miteinander verbunden auf. Das Eindringen des Insektenschwarms in die Häuser wurde bei der Hundsfliegenplage bereits vorausgesagt (8,17),und die Vernichtung des Grünwuchses wurde wohl ursprünglich in J bei der Hagelplage angekündigt[253]. Nun kommen die beiden Schäden in der Ankündigung
der Heuschreckenplage zusammen vor (10,5bf.). Die Verhandlung über die Auszugsbedingungen hat Pharao schon nach der
Hundsfliegenplage geführt (8,22f.),und das Sündenbekenntnis
legt er bereits nach der Hagelplage (9,27) ab. Beide tauchen
nun vor und nach dem Geschehen der Heuschreckenplage auf.
Dieser Abschnitt wird also erweitert und gesteigert gegenüber den vorangehenden Plagen.

Nach dem Eintreffen der Heuschrecken wird Mose von Pharao
herbeigerufen, wie es auch sonst geschieht (10,16). Neu ist
hier, daß zum einen über die Ausführung des Botenauftrags
und nicht über seine Erteilung (v.3) berichtet und zum anderen Mose unmittelbar nach der Plagenankündigung zur Verhandlung zurückgeholt wird (v.8), so daß das dreimalige Hin-
gehen Moses zu Pharao (v.16a) und anschließend jeweils sein
Weggehen (v.6b.11b.18a) berichtet wird. Die Wiederholung
vom Hin- und Weggehen Moses stellt die Dringlichkeit der

---

253 Dazu s.o.S.119f.

Situation lebhaft dar[254]. Tatsächlich geschieht in dieser
Plage alles in rascher Kürze; Pharao beeilt sich diesmal,
Mose herbeizurufen[255]. In seiner Rede an Mose (10,16b-17)
fehlt die Zusage der Entlassung der Israeliten, die sonst
die Bitte um die Beendigung der Plage begründet. Nach der
Bitte Pharaos entfällt auch die Antwort Moses (vgl. 8,25; 9,
29f.). Mose handelt also unverzüglich auf die Bitte Pharaos
(v.18). Auch hört die Plage diesmal sehr schnell auf; während beim Eintritt der Katastrophe der Ostwind einen ganzen
Tag und eine ganze Nacht lang weht und dann erst die Heuschrecken bringt (v.13), treibt der Westwind, dem nun
"sehr stark" (חזק מאד) beigefügt wird (v.19), den Insektenschwarm sofort weg[256]. Auf diese Steigerung bereitet schon
die vorangehende Plage vor, indem der Hagel nach Moses Fürbitte bald aufhört (9,29), während die Frösche- und Hundsfliegenplage erst am folgenden Tag zu Ende gehen (8,9*.27)[257].


## Exkurs 3: Spätdatierung der jahwistischen
## Plagenerzählung?[258]


Es ist der Versuch unternommen worden, in der mehr oder
weniger schematischen Darstellung der jahwistischen Plagengeschichte einige Gemeinsamkeiten mit der prophetischen Rede
in ihrer späteren Entwicklung zu entdecken. Aus ihnen hat
man die Folgerung gezogen, daß diese Erzählung in eine wesentlich spätere Zeit gehört[259]. Enthält die jahwistische
Plagengeschichte Gemeinsamkeiten mit der prophetischen Rede?
Weisen diese Züge eventuell auf einen bestimmten Traditions-

---

254 Die verschiedenen Verben entsprechen dem jeweiligen Verhältnis zwi-
    schen Mose und Pharao. Nach der gescheiterten Verhandlung wurde Mose
    weggetrieben ( גרש in v.11b), während sonst das Verb יצא für "weg-
    gehen" gebraucht wird (v.6b.18a). Auf Initiative Pharaos wurde Mose
    zurückgeholt ( שוב hof. in v.8) und herbeigerufen ( קרא in v.16).
255 Zur Umgestaltung der üblichen Formulierung in v.16 s.o.S.132.
256 Vgl. auch "einen starken Ostwind" ( רוח קדים עזה ) in Ex 14,21.
257 Zur Bearbeitung der Fröscheplage s.o.S.95ff.
258 Vgl. jetzt Gunneweg, ThR 1983, bes. 243ff.
259 H.H.Schmid (Jahwist 52) denkt an "eine spätprophetische, dem deute-
    ronomisch-deuteronomistischen Denken nicht allzuweit entfernte Si-
    tuation". Friebe (Plagenzyklus 80f.) spricht nicht von der dtn-dtr

kreis und damit auf eine bestimmte Zeit hin?

## 1. Einleitungswort

Jeder Plagenabschnitt beginnt mit einem Wort Jahwes an
Mose. Die Einleitung besteht aus vier Gliedern: dem Bericht
vom Reden Gottes (ויאמר יהוה אל-משה), dem Befehl zum Gehen
(לך/בא/התיצב Imperativ) wie zum Sprechen (ואמרת/ודברת in
Suffixkonjugation mit ו)[260] und der Botenformel (כה אמר
יהוה)[261].

Der Auftrag Jahwes wird auch in Am 7,15ff.; Jes 7,3ff. mit
dieser viergliedrigen Formulierung berichtet. Statt Jahwes erteilt sein Bote Elija einen Befehl in II Reg 1,3[262]. In
I Reg 14,7a gibt Ahija der Frau Jerobeams das Wort Gottes weiter,
das Jahwe an den Propheten in v.5 hat ergehen lassen. In
beiden Fällen wird die Beauftragung mit vier Elementen gestaltet. Diese Stellen in der Ahija- und Elijageschichte
könnten alt sein; ob aber die viergliedrige Formulierung
schon zur Grundüberlieferung in Prophetenkreisen gehört oder
nicht[263], kann nicht entschieden werden. So fehlt ein sicherer alter Beleg für die viergliedrige Formulierung mit Jahwe
als Subjekt. Ist dann die jahwistische Plagengeschichte später als die Schriftpropheten zu datieren? Ist diese viergliedrige Formulierung der Beauftragung spezifisch prophetisch und erst nach Auftritt der Propheten möglich?

---

Tradition, sieht aber in dem Aufbau des Botenauftrags (Botensendung,
Botenformel, Aufforderung und bedingte Ankündigung), in der zweigliedrigen Ankündigung: Jahwes Eingreifen und dessen Folge, und in
dem "Ich" Jahwes, die deutlichen Merkmale prophetischer Rede und
nimmt an, daß der Verfasser hier prophetische Redeformen verwendet;
vgl. auch van Seters, ZAW 1986 (im Druck).

260 In der VIII. Plage wird nicht die Erteilung, sondern die Ausführung
des Auftrages berichtet; dazu s.o.S.128f.

261 Anders in der I. Plage; dazu s.u.S.136.

262 Vgl. auch v.6, wo die Boten des Königs diesem die Beauftragung durch
Elija wiedergeben.

263 Zu I Reg 14,1-8 s. Noth, BK IX/1, 312. Alter und Entstehung der Prophetenerzählungen in den Samuel- und Königebüchern ist heute sehr umstritten: vgl. Würthwein, ATD 11/1; Dietrich, Prophetie; die Literatur bei H.Ch.Schmitt, ZThK 1977, 255-272. Gegen den Versuch, diese
Erzählungen als rein literarische Geschichtsentwürfe zu betrachten
und der früheren Prophetie die Wortverkündigung abzusprechen, ist
zweierlei zur Geltung zu bringen: a) Warum spiegelt sich in den

Das vierte Element, die Botenformel, ist Einleitung des
dem Boten aufgetragenen Wortes[264] und hat ihren Ursprung in
der profanen Botensendung. Die Prophetie hat eine allgemeine, bekannte Wendung aufgenommen (Gen 32,5; Num 22,16).
Das zweite und das dritte Element entsprechen dem Vorgang
der Botensendung. Ein Absender schickt einen Boten mit einer
Botschaft zu einem Empfänger, der vom Absender mehr oder
weniger weit entfernt ist und zu dem darum der Absender
selbst nicht direkt sprechen kann. Der Bote muß gehen, um
die Mitteilung auszurichten. So folgt einem Verb des Gehens
(הלך, בוא, יצא, שוב, עלה und ירד) ein Verb des Redens (אמר
und דבר). Das erste Element, der Bericht vom Reden, findet
sich bei Erteilung des Auftrags, während es bei der Ausführung des Auftrags naturgemäß fehlt. Die viergliedrige
Formulierung ist also von der Botensendung selbst bestimmt
und enthält an sich kein Element, das spezifisch prophetisch ist[265]. So fehlen Belege auch im profanen Bereich
nicht (Gen 45,4.9; I Reg 22,27).

Dabei ist die Botenbeauftragung kein festgeprägtes Stilmittel, sondern bleibt für Umgestaltungen offen. Ob das erste Glied vorkommt oder nicht, hängt davon ab, ob die Ver-
gabe oder die Ausführung des Auftrags berichtet wird. Das
zweite Glied, ein Verb des Gehens, kann ausfallen, wenn das

---

Worten der früheren Propheten, wenn sie bereits die Schriftprophetie
voraussetzen, nicht deren radikale Verkündigung wider? b) Nach der
sog. Reichsteilung treten die Propheten im Nordreich auf (Ahija,
Elija und Micha ben Jimla). Wäre ihre Verkündigung erst später als
722 gestaltet, warum findet sich in ihr keine Anspielung auf den
Untergang des Staates? Der Verfasser hätte in seine freie Gestaltung zugleich seine Beurteilung dieses großen Ereignisses einfließen
lassen. So wäre es sachgemäß, das überlieferte Wort und spätere Be-
arbeitung(en) durch verfeinerte Fragestellungen in einzelnen Fällen
zu erfassen. Jedoch können wir hier darauf nicht eingehen.
264 Allerdings ist die Botenformel keineswegs immer Bestandteil des
Auftrags, so "daß das Vorhandensein oder Nichtvorhandensein der
Botenformel kein eindeutiges Kriterium für einen Botenspruch ist"
(Rendtorff, GStAT 246); vgl. S.Wagner, אמר ThWAT I, 353ff.
265 Man kann kaum von einem "fest geprägten Stilmittel der erzählenden
Darstellung einer prophetischen Einzelbeauftragung" (H.H.Schmid,
Jahwist 46) sprechen.

Schicken (שלח) eines Boten schon vorher berichtet wurde[266].
Diese Umgestaltungen finden sich sowohl im profanen als auch
im prophetischen Bereich. Bei der Prophetie tritt Jahwe an
die Stelle des Absenders, so daß er im ersten und vierten
Glied als Subjekt des Redens auftritt. Diesen Zug hat die
Auftraggebung der Plagengeschichte mit der Prophetie gemein-
sam. Insoweit ist sie prophetisch[267]. Allerdings bedeutet
Gemeinsamkeit nicht immer direkten Einfluß.

In der Geschichte des Jahwisten sind die profane (Num
22,16) und die "prophetische" (Ex 5,1) Auftragsausführung
belegt. Auf Grund dieser Stellen kann man allerdings noch
nicht behaupten, daß die "prophetische" Auftragsgebung der
jahwistischen Plagenerzählung alt ist, wenn das Alter des
ganzen jahwistischen Werkes in Frage gestellt wird[268].
I Sam 2,27; II Sam 12; I Reg 20,13 und II Reg 1,15f.; 20,1 berichten über die Ausführung des Auftrags Jahwes durch einen
Propheten. Dort finden sich die letzten drei Glieder der
Formulierung. Wird diese Ausführung zur Auftraggebung umgestaltet, so entsteht die viergliedrige Konstruktion der Plagenerzählung. Jedoch ist II Sam 12,1ff., die eventuell älteste unter diesen Stellen, kaum ein sicherer alter Beleg,
da der Umfang der ursprünglichen Nathanperikope nicht eindeutig ist[269]. In I Reg 2,30; II Reg 9,18; 19,2-4 findet
sich die Ausführung im profanen Bereich, als Erfüllung eines
königlichen Auftrags. Wenn I Reg 2,30 von einem Verfasser
stammt, der dem berichteten Ereignis "noch ziemlich nahe gestanden"[270] hat, liegt damit ein Beleg für die profane Auftragsausführung in der Zeit des Jahwisten vor. Gestaltet man

---

266 Jdc 11,14f.; I Reg 20,2f.; II Reg 1,11; 19,2f. Dabei kann das Verb
   des Redens einfach mit dem Infinitiv formuliert werden: II Reg 19,20;
   vgl. auch Num 21,21f.; 22,5; Jdc 9,31; 11,12; I Reg 2,29; II Reg 19,9f.
267 Westermann meint, daß Ex 7,16f. "den profanen Botensendungen ganz
   nahe" sei (Grundformen 120 Anm.2). Wie kann man aber die Auftraggebung in der Plagenerzählung eher profan als prophetisch bezeichnen, da der Botenspruch keine deutlich abgrenzbare Form ist? Vgl.
   Rendtorff, GStAT 57, 247ff.
268 H.H.Schmid, Jahwist.
269 Rost (Credo 204) hält nur v.1-7a.13.14.15a für ursprünglich, und dann
   fällt die Botenformel in v.7b aus; vgl. auch Dietrich, Prophetie
   127ff. Nach Hertzberg (ATD 10, 257f.) ist nur v.11f. spätere Einfügung.
270 So Noth, BK IX/1, 11f.

diese profane Auftragsausführung in die Auftragsgebung um
und formuliert sie als direkte Rede Jahwes, ergibt sich die
viergliedrige Formulierung. Aber die Entstehung des Abschnittes I Reg 2,13-35 ist wiederum nicht eindeutig[271].
Gen 45,9f. und I Reg 22,26f. berichten eine profane Auftraggebung. Ersetzt man den menschlichen Sprecher durch Jahwe,
entsteht ein der Auftraggebung in der Plagenerzählung entsprechender Bericht. Gen 45,9ff. könnte elohistisch sein[272].
Selbst wenn die oben genannten Stellen zu einer späteren
Stufe der schriftlichen Fixierung oder einer sekundären Bearbeitung gehören, braucht man daraus nicht zu folgern, daß
die viergliedrige Formulierung erst aus späterer Zeit stammt,
denn für die Gestaltung dieser Formulierung ist eine besondere Voraussetzung, z.B. die radikale Unheilsankündigung der
Schriftpropheten oder die dtr Auffassung der Propheten, nicht
nötig. Möglicherweise hat J als erster, d.h. ohne Einfluß
der Propheten, die Botensendung aus dem profanen Bereich
übernommen und Jahwe in den Mund gelegt. Vielleicht waren
auch Propheten wie Samuel und Gad, die mit den Schriftpropheten nicht zu vergleichen sind, dem Jahwisten bekannt.

Läßt sich in einem Teil der viergliedrigen Einleitung der
Plagenerzählung eine bestimmte Formel beobachten?

Gelegentlich kommt im AT die sog. Wortereignisformel als
erstes Glied der Einleitung vor (II Sam 7,4f.; 24,11f.;
I Reg 21,17; II Reg 20,4f.; vgl. I Reg 12,22-24). Die Ablösung der einfachen Formulierung (ויאמר יהוה) durch die
sog. Wortereignisformel setzt vielleicht dtr Tradition voraus, da die Vorkommen der Formel in den Prophetenerzählungen
der frühen Königszeit wohl auf dtr Bearbeitung zurückzuführen sind[273]. Die jahwistische Plagenerzählung kennt diese
Formel nicht.

Kann man in der Konstruktion אמרת+לך in Ex 7,15f. die "Auftragsformel", die für den prophetischen Botenspruch charak-

---

271 Noth, BK IX/1, 9-11; Veijola, Dynastie 19ff.; Würthwein, ATD 11/1,
    21ff.
272 So Noth, ÜP 31.
273 W.H.Schmidt, דבר ThWAT II, 121 (Lit.); vgl. auch Smend, Entstehung
    122.

teristisch ist, sehen[274]?

Richter stellt fest, daß in der Konstruktion: לך + Imperativ im Munde
Jahwes verschiedene Verben auf לך folgen können, so daß sie keine fest-
geprägte Formulierung ist. Dagegen ist die Konstruktion: לך + Suffixkonjugation im Munde Jahwes nur wenig belegt, so daß eine Gruppe mit dem
Verb des Redens als "Auftragsformel" herausgearbeitet (II Sam 7,5; Jes
6,9; Ez 3,4) wird. Hat die Unterscheidung zwischen dem Imperativ und der
Suffixkonjugation einen Sinn? a) In der Elijageschichte (II Reg 1) kommen דבר im Imperativ und דבר in der Suffixkonjugation ohne Unterschied
vor: In v.3 befiehlt der Bote Jahwes,Elija "קום עלה" Imperativ + דבר
(Imperativ)", und in v.6 referieren die Boten des Königs die Ausführung
des göttlichen Auftrags durch Elija "לכו שוב (Imperativ) + ודברתם
(Suffixkonjugation)". b) Auch im profanen Bereich wird ein Auftrag zum
Sprechen mit dem Verb der Suffixkonjugation gegeben (Gen 45,9: עלו +
ואמרתם ; I Reg 22,26: קח... והשיבהו + ואמרת). c) Ist nur לך + ודברת
(Ez 3,4) im Gegensatz zu דבר + לך (Imperativ) (Ez 3,1) als spezifisch
prophetische Auftragsformel zu bezeichnen? d) Auch wenn die "Auftragsformel" als prophetisch herausgearbeitet werden mag, kann man sie in
der Plagengeschichte wiederfinden? Die Verben des Redens (דבר/אמר)
sind zwar konstant in der Suffixkonjugation formuliert, aber das vorangehende Verb הלך (Ex 7,16) kann von einem anderen בוא (7,26; 9,1) abgelöst werden.

Es handelt sich also mindestens in Ex 7,14f. weniger um die
für den prophetischen Botenspruch charakteristische Auftragsformel als um den allgemeinen Botenauftrag, der sich in
vielfältigen Zusammenhängen findet.

In der jahwistischen Einleitung läßt sich also weder die
sog. Wortereignisformel noch die "Auftragsformel" nachweisen.

## 2. Ankündigung

In der II., IV., V. und VIII. Plage steht ein Bedingungssatz zwischen der Aufforderung (1-c) und der Ankündigung der
Plage (1-d). Läßt sich darin eine Gemeinsamkeit mit dem
Prophetenwort beobachten? Der Dtr formuliert die prophetische Rede als Alternative (I Reg 9,1-7; Jer 7,1-5; 17,19-27;
22,1-5; 42,10-17). Danach stellen die Propheten dem Hörer
zwei Möglichkeiten (... אם לא... אם) vor Augen und ermahnen
sie zum guten Verhalten; der guten Alternative folgt eine
Heilszusage, der bösen eine Gerichtsankündigung, so daß das

---

274 So Richter, Berufungsberichte 153f. An ihn anschließend, meint
Perlitt (EvTh 1971, 607), daß Mose bei J prophetische Züge annimmt.

Verhalten das künftige Schicksal bedingt[275]. In der Plagengeschichte findet sich nur eine Bedingung; es fehlt das für
die Alternativformulierung konstitutive Element, die Nebeneinanderstellung der zwei Möglichkeiten. Das Verb ist in der
Alternativformulierung fast stets ein Imperfekt oder ein
Infinitiv abs. + Imperfekt[276], so daß der konditionale Charakter der Aussage betont wird. In der Plagenerzählung kommt
nach der Partikel אם niemals ein Imperfekt, sondern stets
ein Partizip vor (7,27a; 9,2; 10,4). Der konditionale Charakter kann hier nicht im Vordergrund stehen[277], denn, falls
sich Pharao anders entscheiden sollte, können die Plagen
nicht mehr geschehen. In der Tat fehlt der Bedingungssatz
in der ersten Plage. Man kann im Bedingungssatz also keine
Parallelität zu der Alternativformulierung finden[278].

Das Eingreifen Jahwes in der Ankündigung ist mit הנה אנכי
(7,17.27b) oder הנני (8,17; 9,18; 10,4) + Partizip formuliert.
Ein הנה findet sich oft auch im profanen Botenwort zu Beginn
eines neuen Redeteils (Num 20,16)[279]. Dort beginnt mit dem
הנה eine Aussage, die einen abgeschlossenen Tatbestand berichtet[280]. In der Plagengeschichte bestätigt J eine schon
geschehene Handlung mit הנה + Perfekt (Ex 7,16)[281]. Mit הנה
+ Partizip wird ein bevorstehendes Handeln Jahwes angekündigt
(7,17.27b; 8,17; 9,18; 10,4). Diese Zukunftsankündigung in
göttlicher Ichrede mit הנני begegnet oft im Prophetenwort
(II Sam 12,11; I Reg 11,31; 14,10; 16,3; 20,13; 21,21; II Reg
19,7; 20,5; 21,12; 22,16.20). Ist in dieser Gemeinsamkeit
ein Element zu sehen, das unter dem Einfluß der Stilform der

---

275 In Jer 7,1-15; 17,19-27; 22,1-5 ist diese Alternativformulierung
    noch spezifischer als Alternativpredigt gestaltet; s. Thiel, Jeremia
    I, 290ff.
276 Einmal Partizip in Jer 7,8, wo der verarbeitete, überlieferte Text
    sich zur Geltung bringt (Thiel, Jeremia I, 290ff.).
277 Kann man nicht die Partikel אם in ihrer ursprünglichen Bedeutung
    als deiktische Interjektion (zu diesem Sinne vgl. BS §164 b; KBL
    57f.) verstehen?
278 Anders H.H.Schmid, Jahwist 47f.
279 So schon Rendtorff, GStAT 254. Ohne Botenformel in Gen 48,2; Num 22,5;
    Jdc 9,31; I Reg 15,19b; II Reg 18,21; 19,9.11.
280 Infolgedessen ist das Verb meistens perfektisch formuliert: Gen 48,2;
    Num 22,5; I Reg 15,19b; II Reg 18,21; 19,9.11. Auch ein Partizip
    (Jdc 9,31) bezieht sich nicht auf ein kommendes Ereignis. Ein Nomi-
    nalsatz steht in Num 20,16.
281 Auch in Num 22,32 J.

Prophetenrede gebildet worden ist? Diese Schlußfolgerung ist ebenfalls nicht zwingend, denn J formuliert auch sonst ein bevorstehendes Handeln Jahwes mit הנה + Partizip in göttlicher Ichrede (Ex 16,4; 17,6)[282]. Selbst wenn ein Einfluß prophetischer Rede angenommen wird, ist es nicht nötig, die jahwistische Plagengeschichte jung zu datieren, denn diese Formulierung ist nicht mit einer bestimmten Tradition innerhalb der Prophetie verbunden, sondern vielmehr allgemein in der Prophetenrede belegt[283].

Die Plagenankündigung wird mit dem direkten Eingreifen Jahwes eröffnet, dann folgt der Bericht über die Wunder als Folge des Eingreifens (7,17.27; 8,17; 9,3.18; 10,4; 11,4b). Diese Zweigliedrigkeit findet sich zwar auch in einigen Gerichtsankündigungen (z.B. Jer 28,16; II Sam 12,11 <Zusatz>)[284]. Einfluß prophetischer Gerichtsankündigung läßt sich jedoch kaum nachweisen[285], denn die formale Parallelität bleibt sehr allgemein und die zweigliedrige Ankündigung der jahwistischen Plagenerzählung ist sachlich bestimmt. Wie kann man anders formulieren, wenn Jahwe die Plage hervorbringt, aber nicht die Einzelheiten der Katastrophe bewirkt?

In der jahwistischen Plagengeschichte finden sich einige Gemeinsamkeiten mit der Prophetenrede. Ein Einfluß von ihr kann jedoch höchstens in der viergliedrigen Einleitung und in der Ankündigung vom bevorstehenden Eingreifen Jahwes mit הנה + Partizip angenommen werden. Eine Parallelität mit der dtr Tradition ist nicht feststellbar. So läßt sich eine Spät-

---

282 In Gen 7,4 fehlt הנה oder הנני, während die parallele Priesterschrift in Gen 6,13 so formuliert. Nur für bevorstehendes Handeln Jahwes gebraucht J die Formulierung: Partizip oder הנה/הנני + Partizip, da seine Handlung als Verheißung an die Erzväter (Gen 12,2; 28,15) und als Zusage der Herausführung aus Ägypten (Ex 3,17) mit Imperfekt oder Kohortativ oder Perfekt waw consec. formuliert wird.

283 II Sam 12,11 ist sekundär gegenüber der Thronnachfolgegeschichte (dazu s.o.S.141 Anm.269). I Reg 11,31 gehort zur Prophetenerzählung, die der Dtr aufgenommen hat: vgl. Noth, ÜSt 72; anders ders., BK IX/1, 245f.259; Dietrich, Prophetie 15-20.54f.; Veijola, Dynastie 58. I Reg 14,10 ist Bestandteil der Grundüberlieferung über den Propheten Ahija von Silo, die bereits vor dem Dtr in den Kreis der Erzählungen über Jerobeam und die Konstituierung des selbständigen Staates Israel aufgenommen worden ist: vgl. Noth, BK IX/1, 312.

284 S. Westermann, Grundformen 107ff.

285 Anders Friebe, Plagenzyklus 80f.

datierung der jahwistischen Plagenerzählung auch nicht mit
jenen Argumenten verfechten.


### 2. Überlieferungsstoff und jahwistische Interpretation

In der regelmäßig wiederkehrenden formelhaften Darstellung der jahwistischen Erzählung ist zwischen dem, was J
vorgegeben war und was er selbst in die Plagenerzählung neu
eingeführt hat, zu unterscheiden, damit die von ihm vollzogene Interpretation der Überlieferung deutlich wird[286].

War J ein schriftliches Werk vorgegeben? Eine ihm vorgegebene, literarisch abgefaßte Erzählung ist hin und wieder
angenommen worden, und zwar in wechselnder Form[287]. Der
vorgegebene Wortlaut kann aber kaum überzeugend im vorliegenden Text abgegrenzt werden[288].

Auch in einem anderen Textbereich innerhalb J ist eine
schriftliche Vorlage nicht überzeugend nachgewiesen worden.

Fritz hat die Stoffe, die in der Überlieferungseinheit vom Wüsten-
aufenthalt Israels aufgenommen und verarbeitet worden sind, traditions-
geschichtlich untersucht und ist zu dem Ergebnis gekommen, daß "der
Jahwist der gesamten Überlieferung insofern eine neue Deutung gegeben"
hat, "als er den Aufenthalt Israels in der Wüste als eine Zeit des Ungehorsams und des Abfalls von Jahwe dargestellt hat"[289]. Mag auch sein
Gesamturteil richtig sein, so kann man doch aus folgenden Gründen kaum
seiner Annahme eines größeren Geschichtswerkes, das J schriftlich fi-

---

286 Ein entsprechender Versuch fehlt bisher in der Plagenerzählung.

287 Nach Friebe (Plagenzyklus 38.94) war J ein umfangreicher im Stil
    und in der Form festgeprägter Erzählstoff vorgegeben, der der jetzt
    J zugeordneten Erzählung fast entspricht, nach Floss (Dienen 189f.)
    die Reihe der sechs Plagen. Weimar-Zenger (Exodus 22ff.; vgl. Weimar,
    Redaktionsgeschichte bes. 163) arbeiten drei Plagen (Fisch-, Vieh-
    und Erstgeburtensterben) als Bestand der ältesten Exodusgeschichte
    heraus. Gegen ihre Arbeit ist eine Frage zur Methode zu stel-
    len. Bei der Suche nach der ältesten Exodusgeschichte wird eine
    "literarkritische Analyse" unternommen. Bestimmt die Methode be-
    reits das Ergebnis der Untersuchung? Es ist zu fragen, ob eine
    *literarkritische* Analyse für die Untersuchung des J vorgegebenen
    Gutes geeignet ist oder nicht, da sie nur eine schriftliche Vorlage
    als Ergebnis haben kann. Van Seters (ZAW 1986 im Druck) bestreitet
    das Vorhandensein einer J vorgegebenen Tradition jeglicher Form in
    der Plagenerzählung. Nach seiner Ansicht erfindet J die Plagenreihe
    aufgrund der allgemeinen Formulierung in Dtn "Gottesgericht in
    Ägypten".

288 Zur Kritik an der von Weimar-Zenger angenommenen Vorlage (Exodus
    24ff.) s.o.S.136 Anm.250. u.S.215 Anm.566.

289 Fritz, Wüste 136.

xiert vorgegeben war, und das Fritz einem Protojahwisten zuschreibt[290],
zustimmen[291]: a) Der jahwistische Anteil und die vorgegebene Tradition
lassen sich nicht eindeutig abgrenzen. Die Erzählung von der Weigerung
Dathans und Abirams wird aufgrund des Sprachgebrauchs J zugerechnet.
Die Worte, die Fritz für jahwistisch hält, kommen jedoch nicht in der
jahwistischen Erweiterung, sondern ausschließlich in den Versen vor,
die nach ihm zur Überlieferung gehören; "Num 16, ... 12.25.27b.28-31.
33abα.34 ist wahrscheinlich eine Überlieferung innerhalb der vorjahwistischen Landnahmeerzählung gewesen"[292]. Nach seiner Analyse liegt der
für die Zugehörigkeit zu J sprechende sprachliche Befund in נצב (ni.)
und טף in 16,27b, שׁאול in 16,30.33a und פצה in 16,30[293]. Demgegenüber ist aber zu bedenken: J gebraucht zwar bestimmte Stilelemente[294]
und Ausdrücke[295] mit Vorliebe, aber einen eindeutig geprägten Stil,
der sich in P und der dtn-dtr Literatur findet, hat er nicht. Sollten
jene Worte nicht gerade im Anteil des Jahwisten auftauchen, wenn sie
für ihn spezifisch wären? Sie sind jedoch in der ganzen Erzählung verstreut, so daß sein Anteil nicht eindeutig abgrenzbar ist.

b) Die vorgegebenen Erzählungen haben kaum ein einheitliches Thema
oder eine theologische Konzeption, die man von einem größeren schriftlichen Geschichtswerk erwarten darf. Beispielsweise spricht die Überlieferung des Quellwunders in Ex 17 bereits von der Verfehlung des
Volkes gegen Mose, während die Tradition der Wachteln in Num 11 "völlig
unbefangen"[296] vom Weinen und Wünschen des Volkes nach Fleisch erzählt,
und zwar nicht als Äußerung verwerflicher Begierde. Außerdem redet sie
davon, "wie Mose den Wunsch des Volkes Jahwes vorträgt 11,13, woraufhin
Jahwe eine wunderbare Versorgung des Volkes ankündigt"[297]. Erst durch
die Überarbeitung des Jahwisten werden sie unter ein gemeinsames Thema

---

290 Fritz, Wüste 107; vgl. auch Weimar, Meerwundererzählung 68ff.
291 Fritz, Wüste 75.88.107.185. In der Einzeluntersuchung vom Quell-
    wunder zu Meriba (Ex 17) bezeichnet Fritz die Fassung als "wahr-
    scheinlich" von einer schriftlichen Form übernommen (55) und
    schreibt: "In dieser Fassung kann die Überlieferung dem Jahwisten
    vorgelegen haben, doch ist Sicherheit über die jahwistische Vorlage
    nicht zu gewinnen, wenngleich diese schriftlich fixiert gewesen zu
    sein scheint" (52). Über den Umfang dieses größeren Geschichtswerkes
    teilt er lediglich mit, daß es in der Erzählung der Landnahme von
    Süden seine Fortsetzung habe (107),gibt aber weiter keine genauere
    Auskunft. Wenn er bei diesem an ein Geschichtswerk, das sich über
    verschiedene Traditionskomplexe erstreckt, denkt (vgl. Weimar-Zen-
    ger, Exodus 22 Anm.2), basierte seine Behauptung nicht mehr auf
    seiner Analyse der Wüstentradition. Weimar-Zenger sind der Ansicht,
    daß dem Jahwisten keine schriftliche Vorlage in Form eines fort-
    laufenden, größeren Geschichtswerkes, sondern in Form von Erzähl-
    kränzen für jeden Traditionskomplex vorgelegen habe (Exodus 22ff.).
292 Fritz, Wüste 89.
293 Fritz, Wüste 25 Anm.6.
294 Z.B. וירא אליו ב‎ (Gen 18,1; Ex 3,2a) und ירד von Gott (Gen 11,5.7;
    18,21; Ex 3,8; 19,11.18.20; 34,5). Der Gebrauch beider Ausdrücke
    wird zwar nicht auf J beschränkt, jedoch sind die mit ihnen verbun-
    denen Intentionen und deren Funktion, damit die Tradition zu korri-
    gieren, jahwistisch.
295 אדמה und לבלתי‎ + Infinitiv in der Plagenerzählung; vgl. auch Hol-
    zinger, Einleitung 93ff.; u.S.157 bes. Anm.340; u.S.158 bes. Anm.347.
296 Fritz, Wüste 71.
297 Fritz, ebd.

"Zeit des Ungehorsams und des Abfalls von Jahwe" gestellt. Dem Jahwisten
war in diesem Textbereich also kaum ein schriftlich fixiertes Geschichtswerk, sondern eher eine mündliche Überlieferung vorgegeben.

### a) Was war dem Jahwisten vorgegeben?

### (1) Aufforderung Jahwes

Jeder jahwistische Plagenabschnitt beginnt mit dem Auftrag
Jahwes an Mose: Und Jahwe sagte zu Mose "Gehe zu Pharao und
sage zu ihm: So hat Jahwe gesagt 'Entlasse mein Volk, damit
sie mir dienen'"[298]. Die gleichbleibende Formulierung findet
sich außerhalb der Plagenreihe bereits in 5,1, aber nicht
als Rede Jahwes, sondern als Bericht der Ausführung durch
Mose. Ex 5 stellt abgesehen von v.1-3 und v.4[299] eine in sich
geschlossene, fortlaufende Erzählung des Jahwisten dar[300].
Hat der Auftrag im ersten Vorkommen in 5,1 seinen ursprünglichen Platz, und ist er dann in die Plagenreihe übernommen
worden?

Die Rede an Pharao v.1 und dessen Antwort v.2 sind in der
Erzählung von der Verschlechterung der Arbeitsbedingungen
in Ex 5 kaum verwurzelt, denn nichts davon, was Pharao hier
spricht, kehrt in seinen späteren Reden (v.5ff.17f.) wieder,
obwohl er auf die Forderung der Israeliten, zur Opferfeier
zu gehen (v.3; vgl. v.1), zurückgreift. Ein Motiv in seinem
Wort, die Entlassung der Israeliten (שׁלח pi.), wird von der
Jahwerede erst am Ende des hinteren Rahmens der Erzählung
(6,1) übernommen. Außerdem wird der Wunsch der Israeliten
im Ablauf der Erzählung nicht in der Formulierung von v.1,
sondern in der von v.3 wiederholt (v.8.17).

---

298 Zu kleinen Abweichungen s.o.S.128ff.

299 V.4 ist aus folgenden Gründen J abzusprechen (Noth 38; zuletzt W.H.
Schmidt zu 5,4f.): a) V.4 und v.5 bilden eine Doppelung, da Pharao
den Vorwurf, Israel von der Fronarbeit abzuhalten, wiederholt.
b) V.5 ist neu eingeführt, obwohl sich die Rede von v.4 in v.5 fortsetzt. c) V.4 spricht vom "König von Ägypten" im Gegensatz zu "Pharao" im Kontext. d) In v.4 werden die Redenden mit dem Volk identifiziert, während in v.5 beide unterschieden werden (לסבלתיכם vgl.
מסבלתם ).

300 Wellhausen, Comp. [372]; Baentsch 37f.; vgl. Rudolph, Elohist 15ff.;
Noth 38; ders., ÜP 32; W.H.Schmidt zur Stelle; anders Smend, Hexateuch 123f.; Eißfeldt, Synopse 116*f.; Fohrer, Exodus 56ff.; zu einer
möglichen Bearbeitung in 6,1 s.o.S.29.

Da die Rede v.3 die wesentliche Information der vorangehenden Rede v.1 enthält[301], stellen beide eine gewisse Doppelung dar[302]. Aus dieser Beobachtung heraus wurde auf verschiedene Möglichkeiten über das Verhältnis zwischen v.1f. und v.3 geschlossen; es handelt sich um (a) zwei Quellenschriften[303], oder (b) die Überlieferung und den Anteil der Quellenschrift[304] oder (c) die Quellenschrift und eine nachträgliche Bearbeitung[305]. Gegen die erste Annahme von zwei Quellenschriften spricht schon der Tatbestand, daß die folgende Erzählung nicht auf zwei fortlaufende, parallele Fäden verteilt werden kann. Außerdem ist die Gottesbezeichnung in v.1-3 stets Jahwe, so daß E als die zweite Quellenschrift schwer in Frage kommen kann[306]. Die dritte Ansicht ist kaum zu teilen, da eine umfangreiche Redaktion in der folgenden Plagenerzählung nicht nachweisbar ist. So bleibt die zweite Möglichkeit wahrscheinlicher als die anderen. Daß eine Überlieferung Ex 5 zugrunde liegt, ist schon deswegen zu vermuten, weil die vorliegende Geschichte mit der folgenden Plagenerzählung nicht tief verzahnt ist; für diese ist das eigentliche Thema in Ex 5, die Verschärfung der Fronarbeit, kaum von Belang. Allein die Anfrage an Pharao und dessen Ablehnung (v.1f.) motivieren die Einführung der Plagenreihe[307]. Aber die vorgegebene Überlieferung und der Anteil des Jahwisten können bei dem vorliegenden Text nicht im Wortlaut getrennt werden, denn die mit sonstigen jahwistischen Texten

---

301 Die Israeliten sollen in der Wüste ein Opfer für Jahwe, Israels Gott, feiern. Dieser Auftrag stammt von Jahwe. V.3 erläutert darüber hinaus, "wie sie (= die Israeliten) zu dem Gotteswort gelangt sind und warum sie es weitergeben" (W.H.Schmidt zu 5,1-3).

302 "V.3 ist eine Dublette zu v.1..." (Baentsch 37). Wenn man aber beide Verse als Doppelung versteht, stellt sich die Frage, warum in v.3 das Subjekt des Verbs und die Situationsangabe fehlen.

303 So Baentsch 37f.; Smend, Hexateuch 123f.; Eißfeldt, Synopse 116*f.; Fohrer, Exodus 56ff.

304 So Noth 40f.; ders., ÜP 76 Anm.203; Friebe, Plagenzyklus 101.

305 So Floss, Dienen 229.

306 Zur Gottesbezeichnung in E nach Ex 3 s.o.S.66.

307 Dazu s.u.S.180; vgl. u.S.183.

gemeinsamen Ausdrücke sind über die ganze Erzählung verstreut[308].

Pharaos Antwort v.2 auf die Aufforderung v.1 bestätigt, daß
es sich um Jahwe[309] und seinen Befehl an Pharao[310] handelt.
Jahwe und Pharao stehen sich gegenüber[311].

War der Botenauftrag bereits in der Überlieferung der Plagen vorhanden? Da er sich gleichlautend wiederholt, ist ab
und zu angenommen worden, daß die regelmäßige Formulierung
bereits J vorgegeben sei[312]. Die Frage kann aber erst durch
die Untersuchung der folgenden göttlichen Rede beantwortet
werden, da der Botenauftrag nicht eigenständig ist, sondern
die Ankündigung einleitet.

### (2) Vergleich der Ankündigung mit dem Bericht
### der Plagen

Gegenüber einem mehr oder weniger gleichförmigen Anfang
ist die Rede Jahwes von der Ankündigung der Plagen an sowohl
im Umfang als auch in der Darstellung unterschiedlich gestaltet. Das Geschehen der Plage wird nach der Vorankündigung
nochmals berichtet, so daß es sich empfiehlt, die beiden Aussagen über die Plagen zu vergleichen. Was J in der Darstellung der Plage vorgegeben war, wird dabei untersucht, indem
gefragt wird, wie sich die Ankündigung zu dem Bericht verhält.

---

308 Vgl. W.H.Schmidt zu Ort 5,1-3.5-6,1. Eine Abweichung von der jahwi-
    stischen Formulierung findet sich jedoch, die "Aufseher der Israe-
    liten" ( שטרי בני ישראל ). J formuliert im parallelen Fall ohne
    "Söhne" "die Ältesten Israels" ( זקני ישראל 3,16; 12,21). Sam und
    Pescht. lesen 3,16 und LXX (, Pescht. und Vul.) liest 12,21 mit der
    Ergänzung von "Söhnen". In 5,2 steht ישראל allein, obwohl eindeutig
    die Israeliten (vgl. das Volk in v.1) gemeint sind; vgl. auch zur
    Pestplage (u.S.162).
309 "Wer ist *Jahwe* ...? Ich kenne *Jahwe* nicht".
310 In v.1 geht Pharaos Tat "Entlassen" ( שלח pi. Imperativ) der Handlung
    der Israeliten, dem Opferfeiern voraus. Pharao spricht in v.2 anders
    als in seiner späteren Rede (v.8.17) nicht vom Opfer, das die Israe-
    liten nach der Entlassung tun werden.
311 Vgl. Friebe, Plagenzyklus 101.
312 So Schulte, Entstehung 61; Friebe, Plagenzyklus 94; vgl. Floss, Die-
    nen 190. Dagegen meint Childs (147), daß J die Botenformel in die
    Plagenerzählung einführt.

(a) Fischsterben im Nil

In der ersten Plage folgt dem erweiterten Botenauftrag
eine knappe Ankündigung des kommenden Unheils (v.17b.18).
Sieht man von der unterschiedlichen Verbform ab[313], so weisen Ankündigung und Bericht nur eine Abweichung auf. Als
Folge der Plage können die Ägypter kein Wasser aus dem Nil
mehr trinken. Dafür werden verschiedene Verben gebraucht.
Das Verb in der Ankündigung (v.18) "sich vergeblich abmühen,
nicht im Stande sein"[314] (לאה ni.) schildert die Notlage schär-
fer als die Formulierung im Bericht (v.21) "nicht können"
(לא־יכל)[315]. Die Steigerung des Schadens durch die Plage
ist leichter zu verstehen als seine Abschwächung; so hat
man in v.18 den älteren Ausdruck zu sehen, der zugleich üb-
licher ist. Das Verb לאה kommt im ganzen Pentateuch nur noch
einmal, in qal-Form bei J in Gen 19,11, vor, während לא יכל
im folgenden Bericht nochmals (v.24) steht und auch sonst
oft gebraucht wird. Außerdem hilft die Beobachtung, daß
Pharao in v.16-17a stets direkt angeredet, aber merkwürdigerweise vom Beginn der Plage an nicht mehr erwähnt wird[316].
Verrät sich nicht darin die Wirkung des J vorgegebenen Gutes?
Statt Pharaos kommen die Ägypter vor. Diese allgemeine Bezeichnung paßt eigentlich besser zum Bericht als zur Ankündigung an Pharao.

Die Überlieferung ist J nicht in Form der Ankündigung,
sondern als Bericht über die Plage vorgegeben. Dabei wird
Pharao weder angeredet, noch speziell über ihn berichtet.
Tatsächlich erweist sich der Bericht über seine Reaktion
(v.23) aus verschiedenen Gründen als jahwistisch[317]. J greift
die überlieferte Erzählung vom Fischsterben im Nil auf, gibt
sie im Bericht wohl ohne Änderung wieder und gestaltet nach

---

313 Das Perfekt von נכה (hi.) in v.20 löst das Partizip ab. Das Perfekt
    von מות (qal) in v.21a ersetzt das Imperfekt (v.18). Das Imperfekt
    waw consec. von באש in v.21a ersetzt das Perfekt waw consec. (v.18).
314 Baentsch 61; KBL 468.
315 Vgl. Baentsch 61.
316 Er wird auch nicht indirekt angeredet, wie etwa in der Form "dein
    Volk" (vgl. 7,29) statt "Ägypter".
317 S.u.S.152.

ihr die göttliche Ankündigung. Dabei bearbeitet er nicht den
Vorgang der Plage selbst, sondern den durch sie entstandenen
Schaden, um zu betonen, wie die Plage das Leben der Ägypter
erschwert.

V.23, der berichtet, wie *Pharao* auf die Plage reagiert,
fügt sich gut in den jahwistischen Erzählfaden ein. V.23a
schlägt sowohl nach vorn als auch nach hinten einen Bogen.
V.23a setzt voraus, daß Pharao am Nilufer gewesen ist, was
J mit v.15aß explizit feststellt. Die Fröscheplage knüpft
an die Ortsangabe in v.23a an; Jahwe schickt die Frösche
gerade in das Haus (v.28), in das Pharao eintrat. V.23b unterscheidet sich dadurch vom übrigen Teil des Berichtes,
daß der Vers über das Herz Pharaos als "Tatort der Willens-
entschlüsse"[318] erzählt, während sonst der Bericht die Handlung der Ägypter schildert. V.23b besagt dasselbe wie die
"Verstockung", die J in die Plagenreihe einführt[319]. Das
Wort "Herz" ist beiden gemeinsam. Sachlich steht der Halbvers mit der Erkenntnisaussage in v.17, die J in die Plagenerzählung ebenfalls einführt, im Zusammenhang[320].

## (b) Frösche

Ein Vergleich zwischen der Ankündigung und dem Bericht
kann hier nicht unternommen werden, da der jahwistische Bericht vom Plagengeschehen durch die Redaktion (R[P]) verdrängt
wurde. Dennoch bieten Unebenheiten in der Ankündigung An-
haltspunkte dafür, die Überlieferung zu umreißen.

1. V.28 sagt die Erschwerung des alltäglichen Lebens durch
die Frösche, die zunächst im Nil wimmeln, voraus. "Bis ins
Innerste der Häuser sollen die Frösche eindringen und den
Bewohnern nicht nur die Ruhe, sondern auch den Appetit zum

---

318 Wolff, Anthropologie 86.
319 Dazu s.u.S.216ff.
320 Das Wort אֶת taucht in v.17 und v.23 auf. Da die Partikel "גַּם" in
    v.23 nicht nur "auch", sondern emphatisch "selbst" verstanden werden
    kann (Labuschagne, FS Vriezen 193ff.), braucht man sie nicht auf den
    Redaktor, dem nicht nur die Wasserplage, sondern *auch* das voran-
    gehende Stockwunder (7,8-13) bekannt war, zurückzuführen. Anders
    Baentsch 62; Noth 46.

Essen verleiden"[321]. Die Aufzählung verschiedener Orte im
Haus "Haus, Schlafzimmer, Bett, Backöfen und Backtröge" bildet eine Steigerung[322]. Im vorliegenden Text steht "das Haus
deiner Diener und deines Volkes" (ובבית עבדיך ובעמך)[323] zwischen "Bett" und "Backofen" und stört die Steigerung. So besteht der Verdacht, daß sich diese drei Worte angelagert
haben.

Die singularische Form des ersten Wortes (ובבית) hat zu textkriti-
schem Eingriff geführt, da für Pharaos Diener eher "die Häuser" zu erwarten ist. Der Vorschlag, aufgrund LXX und Sam. nur ובבית in die pluralische Form ובבתי "die Häuser deiner Diener" zu ändern[324], ist kaum
berechtigt, denn LXX und Sam. lesen die Nomen in v.28 fast immer in plu-
ralischer Form[325]. Die plurale Form der beiden letzten Worte im MT
gibt Anlaß zur Veränderung der übrigen Nomen in dieselbe Form. Durch die
Änderung erhält man den verständlicheren Text "in die Häuser deiner Diener ...". Der ursprüngliche Text stellt die schwerere Lesart dar (lectio
diffilicior) und lautet "im Haus deiner Diener"[326]. Diese Auffälligkeit
deutet den sekundären Charakter der Verbindung an.

So lassen sich in v.28 zwei Vorstellungen abheben: die Aufzählung verschiedener Orte im Haus und die Aufzählung der
Personen: Pharao, Diener und Volk. Der König, der schon mit
der zweiten Person des Suffixes in der Rede erwähnt wird,
wird nicht ausdrücklich genannt. "Die Diener und das Volk"
werden mit der ersten Ortsangabe (בביתך) zusammengestellt,
so daß die auffällige Verbindung "im Haus deiner Diener"
entstand. J führt hier die Reihe "König, Diener und Volk"
ein, die in der jahwistischen Plagenerzählung oft wiederkehrt[327].

V.29. Das Verb עלה (qal) kehrt in der Beschreibung der
Folge des Plagengeschehens wieder und hat jeweils verschie-

---

321 Baentsch 63.
322 Sie werden nicht ordnungslos aufgezählt, sondern die genannten Plätze
    werden immer kleiner, so daß allein mit präpositionalen Ausdrücken
    die Bewegung vom "Eindringen" der Frösche plastisch dargestellt wird.
323 An der Stelle von "und zu deinem Volk" (ובעמך) steht wohl ursprüng-
    lich "und deines Volkes" (ועמך vgl. LXX), das wegen ובעמך im näch-
    sten Vers (v.29) verschrieben wurde (so Holzinger 23). Oder hat J
    selbst das Wort aus v.29 vorweggenommen, indem er sich durch die Vor-
    stellung schon in v.28 beeinflussen läßt?
324 So Baentsch 63; Beer 48.
325 Sam. liest nur das erste Wort der Kette als Singular.
326 So Noth 46.
327 Vgl. Baentsch 63. Sie findet sich sonst in der Ankündigung (8,17;
    10,6) und im Bericht vom Aufhören der Plage (8,5.7.25.27), aber
    nicht im Bericht ihres Geschehens.

denen Sinn: "heraufsteigen" in v.28 und "heraufkriechen" in
v.29. Die beiden Bedeutungsnuancen desselben Verbs haben in
der vorgegebenen Tradition kaum zusammen gestanden. V.29
setzt den vorangehenden Vers voraus, denn die Frösche können
erst nach ihrem Eindringen in die Häuser an den Menschen
heraufkriechen (v.29). Es liegt darum nahe, daß J v.29 neu
gestaltet hat. Er formuliert ihn symmetrisch zu v.28[328].
Gerade hier (v.29) kehrt die Reihenbildung "König, Diener
und Volk" wieder[329].

2. Es gibt zwar auch im Haus des Königs, im Palast, eine
Küche, in der sich Backöfen und Backtröge befinden, aber die
Verbindung der Küchengeräte mit dem König selbst wirkt etwas
auffällig. Man erwartet bei ihm eher "Thron, Zepter usw.".
Die jahwistische Plagenerzählung erwähnt tatsächlich einen
"Thron" im Zusammenhang mit Pharao und eine "Handmühle"
bei der Sklavin (11,5; vgl. auch 12,29). Die Aufzählung,
die in "Backöfen" und "Backtröge" mündet, bezieht sich wohl
ursprünglich nicht auf Pharao, sondern auf die Ägypter im
allgemeinen. Außerdem wäre wohl eher von "seinen Dienern"
und "seinem Volk" die Rede, wenn sich die Voraussage der
Plage seit je speziell an Pharao gerichtet hätte.

Die Überlieferung berichtet, daß der Nil von Fröschen ge-
wimmelt hat, die heraufgekommen und in Haus, Schlafzimmer,
Bett, Backöfen und Backtröge der Ägypter eingedrungen sind[330].
J nimmt diese Überlieferung auf und fügt die Ankündigung
Jahwes an Pharao ein, so daß alle Orte mit dem Personalsuffix
der zweiten Person Singular versehen werden. Dadurch wird
das Mißverständnis möglich, daß die Frösche zwar im ganzen

---

328 Der präpositionale Ausdruck folgt auf das Verb in v.28, umgekehrt
    in v.29.
329 Allerdings in einer anderen Reihenfolge.
330 Die vorgegebene Tradition beginnt wohl erst mit dem Wimmeln von Frö-
    schen und berichtet vom göttlichen Schlagen (vgl. 7,27) nicht. Das
    Eingreifen Jahwes in v.27 scheint von J vorangestellt zu werden:
    a) Die Handlung Gottes "dein ganzes Gebiet schlagen (נגף)" ist keine
    Tat, die den Vorgang der Plage eröffnet, sondern ihr gesamtes Ge-
    schehen allgemein zusammenfaßt. b) Das Wort גבול gebraucht J oft im
    Sinn von "Gebiet" (Gen 10,19; 47,21; Ex 10,4.14.19). c) "צפרדעים"
    (Frösche) wird schon bei der ersten Erwähnung in v.27 mit dem Artikel
    versehen und steht trotzdem in v.28 ohne Artikel. Ist daraus zu fol-
    gern, daß die Fröscheplage in der vorgegebenen Tradition ohne gött-

Gebiet (v.27) heraufkommen, aber nur bei Pharao bis ins
Innerste der Häuser eingedrungen sein könnten. Um den Zug
der Überlieferung, daß die Plage alle Ägypter heimsuchte,
zu bewahren, fügt J in v.28 "die Diener und das Volk"
Pharao hinzu und formuliert v.29 neu, wiederum mit der Aufzählung. Alle Ägypter werden unter der Fröscheplage leiden.
V.29 betont die Unannehmlichkeit der Plage noch stärker als
v.28: "Sogar an den Menschen sollen die ekelhaften Thiere
hinaufkriechen"[331]. Im Zusammenhang mit den Dienern und dem
Volk werden zwar nicht alle Orte wiederholt, aber mit dem
Haus wird der gesamte Vorgang in seinem Verlauf angedeutet,
so daß die Diener und das Volk genauso intensiv wie Pharao
unter den Fröschen leiden.

Beim Aufhören der Plage heißt es nur: Die Frösche verschwinden "vom
Haus, von den Gehöften und vom Felde" (8,9). Damit ist jedoch auch das
Innerste des Hauses impliziert. Beim Eintritt der Plage wird selbstverständlich vorausgesetzt, daß die Frösche aus dem Nil heraufkommen, um
auf Gehöfte, Felder und ins Haus zu kriechen. Trotz verschiedener Ortsangaben beim Eintritt und beim Aufhören besteht kein Anlaß, zwei verschiedene örtliche Vorstellungen über den Plagenvorgang anzunehmen.

Betont J in der ersten Plage die Erschwerung des alltäglichen Lebens durch den Wassermangel, so baut er auch in
der Fröscheplage nicht ihren Geschehensvorgang, sondern die
durch sie verursachte, unangenehme Belastung aus. Die Plage
war in der Überlieferung nicht speziell an Pharao gerichtet.
Die Frage, ob die vorgegebene Tradition als Bericht oder
Ankündigung (an die Ägypter) formuliert war, kann aus Mangel des Berichtes als Vergleichsmaterial nicht entschieden
werden.

## (c) Hundsfliegen

Der jahwistische und der priesterschriftliche Erzählfaden
sind in der Hundsfliegenplage wohl mit Rücksicht auf die
verschiedenen Stichworte nicht ineinander verflochten, wie
es in den beiden ersten Plagen der Fall ist, sondern neben-

---

liches Eingreifen berichtet wird? Man kann wegen des Fehlens des Berichts Sicheres nicht erfahren.
331 Baentsch 63.

einander gestellt. So bleibt hier die jahwistische Erzählung
zum ersten Mal intakt[332]. Jedoch entsprechen sich Ankündigung
und Bericht diesmal weniger als in der Nilwasserplage. Worauf ist dies zurückzuführen?

    1. V.20.

"Und im ganzen Land Ägypten" (ובכל ארץ מצרים) ist gegen den Atnah zum
ersten Versglied zu ziehen und vom Verb "kommen" (ויבא) abhängig zu
machen[333], denn aus der vorliegenden Gliederung ergibt sich der Satz:
"... im ganzen Lande Ägypten litt das Land schwer unter den Stechfliegen", der tautologisch klingt. Da die Häuser Pharaos und seiner Diener
wohl nicht über das ganze Land verstreut waren, ist "und" (ו) in dieser
Ortsangabe beizubehalten[334].

Dann sagt der mit ויבא beginnende Satz, daß Fliegenschwärme
zur Hauptstadt, in der Pharao und seine Diener wohnen, und
über das ganze Land Ägypten kommen. Der nächste Satzteil bestätigt die Folge des Einfalls der lästigen Insekten: "...
und das Land war von den Stechfliegen verderbt"[335]. V.20aβγb
berichtet darum  olgerichtig den Ablauf einer Plage und ist
in sich geschlossen[336].

    2. V.17. Die Ankündigung hat zwar einen mit dem Bericht
gemeinsamen, zweiteiligen Aufbau, ihr fehlt jedoch die innere Einheit, die im Bericht vorherrscht. Die Ortsangabe
"auf dich, deine Diener und dein Volk" (בך ובעבדיך ובעמך)
kommt im Zusammenhang zu früh. Können die Hundsfliegen Pharao
überfallen, bevor sie in sein Haus kommen? Dasselbe gilt
auch für sein Volk, das in v.17b als "Ägypter" wiederkehrt[337]. Die beiden Aussagen über die Häuser in v.17 könnten an sich eine Abfolge des Geschehens bilden: Jahwe läßt
die Fliegenschwärme in die Häuser kommen, so daß sie davon

---

332 Zur Literarkritik von 8,19 s.o.S.97.
333 So Baentsch 69; Holzinger 25; Beer 50; Noth 47.
334 So Baentsch 69; anders Sam. und Holzinger 25; Beer 50; Noth 47.
    Die Textänderung nimmt Dittographie von ו an.
335 Vor תשחת ist mit Sam., LXX, Pescht. und Vul. eine Konjunktion
    "und" (ו) zu ergänzen. So Baentsch 69; Holzinger 25; Beer 50;
    Noth 47. GK §107 b liest ohne ו und erklärt die Imperfektform in
    der Vergangenheit als durativ.
336 Zur singularischen Form "Haus" s.u.S.159.
337 Obwohl hier ein konkretes Tun der Insekten, etwa "Heraufkriechen"
    (עלה qal in 7,29), fehlt, ist die Verbindung der göttlichen Hand-
    lung "Loslassen" (שלח hi.) mit der Dreibildung (s.u.S.157) wohl als
    persönlicher Überfall der Hundsfliegen auf Menschen zu verstehen.

voll werden. Jedoch kann der vorliegende Text wegen der verschiedenen Personalsuffixe an "Häuser" nicht von zwei direkt
nacheinander folgenden Ereignissen erzählen[338]. Außerdem
wirkt in v.17b das zweite Subjekt "auch das Land, auf dem
sie da sind" am Satzende etwas nachhinkend. Diese Unebenheiten in v.17 legen nahe, daß in diesem Vers die vorgegebene
Tradition sekundär überlagert ist. Tatsächlich enthält v.17
eine jahwistische Färbung. Die Dreibildung "auf dich, deine
Diener und dein Volk" hat sich in anderer Reihenfolge auch
in 7,29 als jahwistische, interpretierende Ausgestaltung erwiesen[339]. In v.17 steht für "Land" gegenüber ארץ in v.20
das Wort אדמה, das J "mit großer Vorliebe"[340] gebraucht.

Faßt man die Beobachtungen zusammen, so läßt sich vermuten,
daß v.20 auf eine Tradition zurückgeht und v.17 von J um-
interpretierend formuliert ist. Verrät sich nicht die Ent-
stehungsreihenfolge der beiden Verse in der Tatsache, daß
das Nomen "Hundsfliegen" (ערב) in v.17 bei der ersten Erwähnung bereits mit einem Artikel versehen ist, während es
in v.20 zunächst ohne ihn vorkommt[341]? V.17 und v.20 entsprechen der üblichen Abfolge der vorgeordneten, von J neu
formulierten Ankündigung und dem nachgestellten älteren
Bericht in den anderen Plagen.

---

338 LXX schafft die Auffälligkeit weg, indem diese Übersetzung statt "in
    deine Häuser" "in eure Häuser" liest.
339 S.o.S.153f.
340 Holzinger, Einleitung 94; Baentsch 17.68. אדמה in der Auszugsge-
    schichte ist ausschließlich jahwistisch in Ex 3,5; 8,17; 10,6. Die
    Parallelstelle zu Ex 3,5 in Jos 5,15 ist ohne אדמה formuliert. Zu
    ארץ und אדמה in der Urgeschichte und Vätergeschichte vgl. Crüse-
    mann, FS Wolff 17f.
341 Artikel des Plagenstichwortes:

| Plage | Ankündigung | Bericht |
|-------|-------------|---------|
| Frösche | mit (7,27) & ohne (7,28) | / |
| Hundsfliegen | mit (8,17) | ohne (8,20) |
| Pest | ohne (9,3) | / |
| Hagel | ohne (9,18) | ohne (9,23) |
| Heuschrecken | ohne (10,4) | mit (10,13) |

In der ersten Plage nehmen die Nomina "Wasser" und "Fisch" einen
Artikel an, weil es sich um den Nil handelt.

3. Die J vorgegebene Tradition berichtet über den Einfall
der Hundsfliegen etwa so: Jahwe ließ einen schweren[342] Hunds-
fliegenschwarm in das Haus Pharaos und seiner Diener[343] und
in das ganze Land Ägypten kommen[344], so daß das Land verderbt war. Dabei wird betont, daß das gesamte Land Ägypten
von der Plage betroffen war. Das Wort "Land" (ארץ), das im
ersten Satzglied im präpositionalen Ausdruck den Umfang der
Plage angibt, wird im zweiten Teil als Subjekt wieder aufgenommen und mit dem Verb "verderben" (שחת ni.) zusammengestellt[345]. "Pharao und seine Diener" und ihre Häuser stehen
hier für das gesamte Land.

Erzählt die Tradition bereits von der Verschonung der Israeliten vor
der Plage? Daß sie von den lästigen Insekten nicht betroffen werden, wird
durch Jahwe vorausgesagt (v.18), jedoch nicht berichtet. Die Ankündigung
dieser Ausnahmebehandlung ist mit den für J typischen Ausdrücken formuliert: das Verb פלה (hi.) "ausgezeichnet, besonders behandeln" (KBL
761)[346]; לבלתי kommt zur Negierung eines Infinitivs mehrfach, ja in
der Genesis und den Plagenerzählungen ausschließlich bei J vor[347]. Auch
die Erkenntnisaussage ist ihm zuzuschreiben[348]. Lassen diese Tatsachen
vermuten, daß J das Verschonungsmotiv aus einer anderen Plage in die
Ankündigung der Hundsfliegen übertragen hat? Im Bericht wird jedoch vom
*ganzen* Land Ägypten gesprochen, was im vorliegenden Zusammenhang nicht
motiviert ist. Die Betonung der Ganzheit läßt sich leicht verstehen,
wenn man innerhalb der Überlieferung einen Ausnahmefall bei den Israeliten in der das ganze Land betreffenden Plage annimmt (9,6.25). Ein

---

342 Oder ist "schwer" (כבד) von J zugefügt worden? Sam. harmonisiert
    diesen Vers mit 9,3.24; 10,14 dadurch, "sehr" (מאד) hinter "schwer"
    zu setzen.
343 "Pharao und seine Diener" ist wahrscheinlich hier durch die Tradi-
    tion vorgegeben. J würde dazu noch die "Ägypter" (vgl. 10,6; 12,30)
    nennen.
344 War der Satz mit dem Verb שלח (hi. in v.17) oder בוא (qal in v.20)
    formuliert? Für die erste Möglichkeit spricht die Verbform משלח im
    vorangehenden Bedingungssatz in v.17, denn die übliche Bedingungs-
    aussage: מאן + שלח (pi. in Infinitiv in 7,27; 9,2; 10,4; vgl. auch
    9,17) ist in der Absicht, ein ähnlich klingendes Wort wie משליח
    zu finden, mit dem Partizip formuliert (משלח). "Loslassen" (שלח
    hi.) hat stets Gott als Subjekt (Lev 26,22; II Reg 15,37; Ez 14,13;
    Am 8,11).
345 Auch in Gen 6,11f. (P) steht "die Erde" (הארץ) mit שחת (ni.) zu-
    sammen.
346 Das Verb kommt nicht im Bericht, sondern nur in der Ankündigung vor
    (8,18; 9,4; vgl. 11,7). Außerdem ist es nicht speziell mit einem be-
    stimmten Ereignis verbunden, so daß es für verschiedene Plagen ge-
    braucht werden kann.
347 Gen 3,11; 4,15; 19,21; 38,9; Ex 8,18; 9,17.
348 Dazu s.u.S.173ff.

Bericht über die Verschonung der Israeliten folgte vermutlich auf v.20. Er lautete ohne die jahwistische Formulierung und Deutung etwa so: (nur) in das Land Gosen, in dem sich die Israeliten[349] aufhielten, kam keine Hundsfliege.

4. Umgestaltungen und Intention des Jahwisten. J greift die Tradition vom Überfall der Hundsfliegenschwärme auf und formuliert sie in die göttliche Ankündigung um. Er läßt dabei die Verschonung der Israeliten aus dem Bericht weg und setzt die Vollzugsbestätigung an seinen Anfang, so daß diese Formel implizit feststellt, daß die Ausnahmebehandlung der Israeliten durch Jahwe so geschah, wie sie vorher angekündigt worden war. Da die Ankündigung an Pharao gerichtet ist, sind alle Ortsangaben in v.17a mit dem Personalsuffix der zweiten Person versehen: "an dich, deine Diener und dein Volk und deine Häuser". Wegen dieses Suffixes an "Häuser" in v.17a können die beiden Versglieder keinen aufeinanderfolgenden Ablauf vom Eindringen der Hundsfliegen in die Häuser darstellen. Pharao ist wohl schon der Tradition bekannt, mit "Pharaos Haus" will sie jedoch einen Teil des Landes Ägypten ausdrücken. J betont, daß die Plage vor allem die Menschen heimsucht, indem er die Dreibildung "an dich, deine Diener und dein Volk" vor "in deine Häuser" stellt, so daß die Menschen schon beim Eingreifen Jahwes, und nicht erst im Zusammenhang mit dessen Folge erwähnt werden. Infolgedessen ist der übliche Ablauf vom Eindringen der Hundsfliegen erst ins Haus und dann auf die Menschen, wie bei der Fröscheplage in 7,27ff. geschildert, umgekehrt. Die Intention, den Schaden speziell auf die Menschen zu beziehen, kommt deutlich wieder im zweiten Satzglied zum Ausdruck. Die Ankündigung (v.17b) zeigt hier gegenüber dem vorgegebenen Bericht (v.20) mancherlei Unterschiede: Das "Land", das im Bericht sowohl beim Eintritt der Plage als auch in der Beschreibung ihrer Folge vorkommt, erscheint hier nur einmal, und zwar ist es neben den "Häusern der Ägypter" das zweite Subjekt des Satzes. Das Land ist nun ein Teil von dem, was durch den Insektenschwarm betroffen ist. J ersetzt das Wort ארץ durch אדמה und fügt einen Relativsatz hinzu: "אשר-הם עליה".

---

349 "Israeliten" (בני ישראל) in der Tradition s.u.S.162 Anm.366; vgl. 9,26.

Da sich das Pronomen "sie" (הם) nicht auf Häuser, sondern Ägypter bezieht und da האדמה "hier das offene Land oder Feld im Gegensatz zu den Häusern"[350] bezeichnet, lautet der verblose Relativsatz[351] nicht "auf dem sie wohnen", sondern eher "auf dem sie da sind, sich befinden"[352].

Der Halbvers (v.17b) will also etwa folgendes sagen: ... die Hundsfliegen suchen alle Ägypter sowohl im Hause als auch auf dem Felde heim[353]. Die Plage betrifft ganz Ägypten. Die Tradition drückt dies örtlich aus, indem sie vom gesamten Land Ägypten spricht. J gibt es mit der Gesamtheit aller Menschen in Ägypten wieder: einmal durch die Dreibildung "an Pharao, seine Diener und sein Volk", zum anderen Male durch "alle Ägypter im Haus und auf dem Felde".


## (d) Viehpest


Einzigartig in der Ankündigung ist der unmotivierte Übergang von der Jahwerede in die Moserede in v.3[354]. Diese merkwürdige Erscheinung erklärt sich weder aus einer Textverderbnis[355] noch aus der Situation der Botenausrichtung[356], denn in v.3-5 ist von Jahwe immer in der dritten Person[357] die Rede und ein Bote gibt die Nachricht mit der Botenformel (v.1) genauso weiter, wie sein Auftraggeber zu ihm gesprochen hat (vgl. 10,3). Steht das Zurücktreten von Jahwes Ich mit dem Fehlen einer Verhandlung, in der Pharao mit Jahwe konfrontiert wird, in Beziehung? Setzt das Verb ודברת in v.1 gegenüber dem sonst stets vorkommenden ואמרת (7,16.26; 8,16; 9,13; vgl. 10,3) voraus, daß Mose die Rede Jahwes nicht völlig zitiert[358]? Warum diese Plage von den anderen in dem plötzlichen Übergang in die Moserede abweicht, kann man nicht eindeutig begründen.

---

350 Baentsch 68.
351 Der Satz ist analog zu "Land Goschen, in dem sich die Israeliten aufhalten" (v.18) formuliert, allerdings dort mit dem Verb עמד .
352 Anders Beer 50; Noth 49. Trotz seiner oben zitierten Bemerkung übersetzt Baentsch (68) "das Land, auf dem sie wohnen".
353 Das zweite Subjekt, dem ein Relativsatz folgt, steht schlecht direkt nach dem ersten Subjekt und wird darum erst ans Ende des ganzen Satzes gestellt, was etwas nachhinkend wirkt.
354 In v.3-5 spricht Mose über Jahwes künftiges Tun in der dritten Person, zu Pharao in der zweiten Person. In v.4 steht מקני מצרים und nicht etwa "dein Vieh", um den Gegensatz zwischen Israel und Ägypten deutlich zu machen; dazu s.u.S.162.
355 Holzinger (26) denkt an eine Textverderbnis in v.3.
356 Baentsch 71.
357 Teilweise ändert LXX die dritte in die erste Person und bildet eine Jahwerede.
358 Beim Verb אמר ist "die Rücksicht auf den Inhalt des Geredeten wichtig" (G.Gerlemann, דבר THAT I, 435); vgl. W.H.Schmidt, דבר ThWAT II, 105ff.

Mose spricht vom Pestgeschehen (v.3), von der Verschonung
des Viehs der Israeliten (v.4) und von der Bestimmung des
Zeitpunktes (v.5), jeweils als Jahwes Tat. Der ausführlichen
Voraussage folgt ein kurzer Bericht, in dem alle drei Erzählelemente zusammengestellt werden (v.6). Die beiden Teile
sind, getrennt betrachtet, in sich geschlossen und zeigen
keine Unebenheiten. Werden die Ankündigung und der Bericht
zusammengelesen, entsteht etwas Auffälliges; da die Pest
nach v.3 das Vieh Pharaos[359], nach v.6 alles Vieh der Ägypter befiel, so klingt es aus dem vorliegenden Zusammenhang,
als ob Pharao als einziger in ganz Ägypten Vieh besessen
hätte[360]. Diese Unausgeglichenheit erklärt sich daraus am
besten, daß die Ankündigung an Pharao sekundär dem überlieferten Bericht vorangestellt wurde.

V.4a stellt im gewissen Sinne gegenüber der direkten Umgebung eine Wiederholung dar; wenn man v.4b direkt v.3 folgen läßt, entsteht die folgende Voraussage: Das ägyptische
Vieh wird von der Pest, in der die Hand Jahwes wirksam
ist[361], befallen, von allem Vieh der Israeliten jedoch wird
nichts sterben. Sie schildern ohne ein mit Gott als Subjekt

---

359 Anschließend werden Viehsorten aufgezählt. Sam., LXX, Pescht. und
   Vul. versehen das zweite und dritte Wort mit ו und setzen eine Zäsur
   zwischen "Pferde, Esel und Kamel" und "Rinder und Schaf" voraus. Wenn
   diese Lesung ursprünglich ist, liegt es nahe, daß die ersten drei
   Viehsorten sekundär eingefügt worden sind. Ist die gesamte Aufzählung
   (so Holzinger 26) oder mindestens ein Teil von ihr Glosse? Diese Vermutung wird durch zwei Beobachtungen unterstützt: a) J wiederholt
   jeweils ו bei der Reihenbildung (in Bezug auf Vieh in Gen 12,16;
   47,17 und in der Plagenerzählung in Ex 7,28f.; 8,7a), während in 9,3
   nur das letzte Wort der langen Aufzählung mit ו zusammengesetzt ist.
   b) J würde wohl die Nomina mit dem Personalsuffix der zweiten Person
   versehen (7,28). Sind die Aufzählung oder die ersten drei Worte späterer Zusatz, so entfällt der Anstoß, den die "Pferde" im Rahmen der
   jahwistischen Exodusgeschichte bildeten; warum kann Pharao mit dem
   Streitwagen die Israeliten verfolgen (Ex 14,6), nachdem seine Pferde
   von der Pest befallen waren? Mit Vieh (מקנה) meint J fast nur Schafe
   (צאן) und Rinder (בקר) (Gen 26,14; Ex 12,38; Num 32,16; vor allem
   Gen 47,17; vgl. Baentsch 71). Selbst wenn die gesamte Aufzählung
   jahwistisch wäre, kann man dem Text nicht entnehmen, daß es sich um
   Pharaos Vieh auf dem Felde *und* die Pferde, Esel, Kamele, Rinder und
   Schafe handelt, da dem ersten Wort in der Aufzählung ו fehlt.
360 Nach Gen 47,16f.(J) brachten zwar alle Ägypter ihr Vieh (מקניהם)
   über Joseph zu Pharao, um Brot zu bekommen, doch die Folge dieser
   Aktion ist hier kaum mehr vorausgesetzt.
361 Die Pest wird im AT immer von Gott geschickt (G.Mayer, דבר ThWAT II,
   133).

formuliertes Verb (v.4a), daß Jahwe die Israeliten besonders
behandelt. So stellt v.4a das aus dem Vorangehenden und Folgenden Selbstverständliche fest. Der Halbvers ist wohl von J
gestaltet, um noch deutlicher zu machen, was schon die Tradition sagt: Die Verschonung ist Jahwes Handeln. Das Verb
פלה ist jahwistisch[362]. Hier steht nicht "Israeliten"
(בני ישראל), sondern "Israel", so daß sich Israel und Ägypten allgemein gegenüberstehen[363]. Der Bericht über die Reaktion Pharaos, den J am Ende des Pestabschnitts einfügt
(v.7a), spricht wiederum von Israel[364]. V.4b, in dem "Israeliten" vorkommt, ist zwar Fortsetzung der Ankündigung, wird
aber direkt aus dem vorgegebenen Bericht übernommen sein,
da der Halbvers sehr genau v.6b entspricht[365]. J gebraucht
"Israel" auch sonst, wo er neu formuliert[366]: "Israel" kommt
in 5,2 (2mal) vor gegenüber "die Israeliten" in der Verhand-
lungserzählung (5,14.15.19).

Die vorgegebene Tradition berichtet zunächst vom Eingreifen
Jahwes. Lautet sie "die Hand Jahwes wird über dem Vieh der
Ägypter sein"[367], oder "Jahwe schlug das Vieh der Ägypter mit
Pest"[368]? Das eingreifende Tun Jahwes und die konkrete Be-
zeichnung der Plage ersetzt J im Bericht durch die allgemeine
Formulierung "und Jahwe tat dies/dieses Wort" (v.6aα). Die

---

362 Dazu s.o.S.158 Anm.346.
363 "מצרים" ist darum hier als "Ägypten" und nicht als "Ägypter" zu
    übersetzen (so Noth 48; anders Baentsch 72; Beer 52), während מצרים
    in v.6a als "Ägypter" aus der parallelen Bezeichnung "die Israeliten"
    (בני ישראל) in v.6b zu übersetzen ist (so Baentsch 71; Beer 52;
    anders Noth 48).
364 V.7a stammt von J, da die Reaktion auf die Pest nicht mehr zum Plagen-
    geschehen gehört und J sich für Pharao interessiert (dazu s.u.S.170).
    Ein textkritisches Problem bleibt jedoch hier: Hat die Masora
    einen Wortverlust erlitten, da Sam., LXX, Pescht., T^MS, T^J mit בני
    "die Israeliten" lesen? Oder haben diese Textzeugen "Israel" nach-
    träglich mit den "Israeliten" im direkt vorangehenden Vers ausge-
    glichen?
365 Unterschiedlich ist allein die Wortreihenfolge.
366 Die Bezeichnung "Israeliten" begegnet uns bei J nicht in der Ankün-
    digung (11,7a ist nicht von J; dazu s.o.S.123f.), sondern außer bei
    der Pestplage nur noch im Bericht in 9,26; 12,31; vgl. 4,29 (in Ex
    12 ist v.27a nicht von J; dazu s.u.S.270) und in der sekundären
    Schlußformel in 9,35; 10,20; 11,10.
367 היה יד ב bedeutet "töten"; vgl. Gen 37,27; Jos 2,19; Dtn 2,15.
368 Etwa mit dem Verb פגע (Ex 5,3) oder שלח (pi. Lev 26,25) oder
    נכה (hi.).

Tradition lautet weiter etwa "und das gesamte Vieh der Ägypter kam um, aber vom Vieh der Israeliten kam kein einziges Stück um" (v.6aßb). Wahrscheinlich enthält die Tradition die Setzung des Zeitpunktes "anderen Tags" noch nicht[369], denn sie ist kein wesentlicher Bestandteil des Vorgangs der Pest und kann nur dann, wenn sie vorausgesagt wird, beweisen, daß die Plage von Jahwe bestimmt geschieht[370].

Hier verschärft J, anders als in den bisherigen Fällen, den durch die Plage verursachten Schaden nicht. Die Folge der Pest kann nicht weiter gesteigert werden, denn diese Plage geht ganz von selbst nach ihrem Eintreten zu Ende, und das Viehsterben hat keine weiteren Folgen, wie die erste Plage; das Fischsterben im Nil macht das Wasser untrinkbar. Daß eine tiefgreifende Umgestaltung des vorgegebenen Berichts durch J fehlt, ist darum von der Natur der Sache her bedingt.

J nimmt das Motiv der Gesamtheit aus den vorangehenden Plagen in der Ankündigung nicht wieder auf, etwa in der Form "dein Vieh, Vieh deiner Diener und deines Volkes". Will die jahwistische Erzählung so verstanden werden, daß der Viehbesitz Pharaos von der Plage befallen wird, während der Rest des ägyptischen Viehs für die letzte Plage zur Verfügung steht[371]?

### (e) Hagel

Der Abschnitt der Hagelplage ist an vielen Stellen nachträglich bearbeitet[372]. Der Text hat am Ende der Ankündigung (9,18) die Aussage über die Folge des Hagels verloren, so daß auf einen Vergleich zwischen Ankündigung und Bericht vom Plagenschaden verzichtet werden muß. Gerade in diesem verlorenen Teil greift J in der Regel stark in das vorgegebene Gut ein. Daher kann hier nicht viel über die Umgestaltungen und die Intention von J gesagt werden. Jedoch kann man aus dem Vergleich im Teil des Plagengeschehens das höhere Alter des Berichtes gegenüber der Ankündigung folgern. Der Bericht

---

369 Zwei Worte für "anderen Tags, morgen" gebraucht J auch sonst; מחר (v.5) in Ex 8,25 u.ö. und ממחרת (v.6) in Gen 19,34.
370 Dazu s.u.S.215f.
371 Dazu s.o.S.115f. Das Vieh wird in der Ankündigung (v.3) auch durch "auf dem Felde" eingeschränkt.
372 9,14-16.19-23aα.31f.35. Zur Begründung dafür s.o.S.99f.118ff.

weiß von drei Phänomenen beim Eintritt der Plage: "Jahwe
ließ donnern, und Feuer ging nieder zur Erde, und Jahwe ließ
Hagel regnen über das Land Ägypten" (9,23aßb)[373]. Allein die
Haupttat Jahwes, die mit dem Plagenstichwort verbunden ist,
kommt bereits in der Ankündigung vor (v.18). Dieser Handlung
Jahwes, Hagel fallen zu lassen, fehlt eine Ortsangabe. Dies
wirkt auffällig, denn der folgende Bericht (v.23b) gibt den
Ort mit derselben Tat an, und auch die sonstigen Ankündigungen sprechen vom Eingreifen Jahwes mit einer Ortsangabe
(7,27; 10,4). Die vorliegende Ankündigung redet vom Ort
erst im Zusammenhang mit dem Ausmaß des Hagels in v.18b[374].
Der Bericht enthält die Aussage von v.18b nach dem Eintritt
der Plage mit geringfügigen Abweichungen als selbständigen
Satz (v.24)[375]. Aus diesen Beobachtungen läßt sich die ver-
mutliche Entstehung von v.18 ableiten; der Eintritt (v.23*)
und das Ausmaß (v.24*) der Plage werden in der Ankündigung
in einem Satz (v.18) zusammengestellt, indem die Haupthandlung Jahwes allein aufgenommen und "sehr schwer" (כבד מאד)
nun als Bezeichnung des Maßes des Hagels in den Satz dieser
Handlung integriert wird. Da dabei zwei gleiche Ortsangaben
"im Land Ägypten" in einem Satz überflüssig waren, wurde die
Ortsangabe der Tat Jahwes fortgelassen. So ist die Ankündigung aus dem Bericht gestaltet worden, und nicht umgekehrt.

Die J vorgegebene Tradition findet sich im Bericht (v.23aß-26). Hat er
in sie den Zeitpunkt "morgen" eingefügt (wie in 9,6) und wird dieser
später wegen der Spannung zu v.22-23aα, wo die Plage mit dem Ausstrecken
des Stockes sofort geschehen soll, weggelassen? Oder hat J die Festset-
zung eines Zeitpunktes nur in die Ankündigung eingeführt (v.18)?

─────────────

373 Zum ursprünglichen jahwistischen Bestand in diesem Vers s.o.S.99ff.
374 Aus היום ist der Artikel wegzulassen, denn das Wort muß im status con
    structus stehen wegen des hinzugetretenen Infinitives. So Baentsch
    75; Holzinger 27; Beer 54; auch GK §127 f. Sam. liest למיום. Der
    gleiche auffällige Artikel beim status constructus findet sich in
    II Sam 19,25; II Chr 8,16.
375 Zum jahwistischen Textbestand von v.24 s.o.S.99f. Der textkritisch
    rekonstruierte Satz, der mit dem Verb היה beginnt, bezeichnet wohl
    keinen Zustand ("der Hagel *war* sehr schwer"; so Baentsch 76), son-
    dern eher ein Geschehen ("der Hagel *wurde* sehr schwer").

### (f) Heuschrecken

Die Plagenreihe nähert sich allmählich ihrem katastrophalen
Ende. Der Heuschreckenabschnitt weicht vom üblichen Aufbau
der Plagenerzählung in zweifacher Hinsicht ab. Hier wird nur
über die Ausführung (v.3) und nicht über die Erteilung des
Auftrages berichtet[376]. Während in den bisherigen Abschnitten
das Geschehen der Plage direkt auf die Ankündigung durch Gott
folgt, wird hier zwischen Voraussage und Eintreffen der Plage
die Verhandlung eingeschaltet.

Die Heuschreckenüberfälle sind im Orient eine der am meisten gefürchteten Katastrophen, denn die Insekten vernichten
in kürzester Zeit den gesamten Grünwuchs und verursachen
eine Hungersnot. Die Ankündigung und der Bericht erzählen
ausführlich vom Fressen der Heuschrecken (v.5b und v.15aßb).
V.15aßb ist folgerichtig aufgebaut, da v.15b die Folge des
Geschehens in v.15aß feststellt. Man kann darum die zwei
parataktischen Satzteile[377] fast konsekutiv übersetzen: "Sie
fraßen das ganze Kraut des Landes und alle Baumfrüchte...,
so daß nichts übrig blieb ...". Die zweiteilige Aufgliederung
der Pflanzen in Kraut (עשב) und Baum (עץ) findet sich auch
sonst (Gen 1,11f.29 P) und stellt nichts Ungewöhnliches
dar[378].

Bezeichnet "Grünes an den Bäumen" in v.15b die Blätter der Bäume? Die
Heuschrecken fressen nicht nur die Früchte der Bäume (v.15aß), sondern
auch ihre Blätter, so daß der Schaden im Folgesatz gegenüber v.15aß gesteigert wird. Oder bezeichnet "Grünes an den Bäumen und dem עשב " die
dem Menschen und den Tieren als Speise dienenden Gewächse[379]?

Im Bericht ist der Zusammenhang der Heuschrecken- mit der
vorangehenden Hagelplage (noch) nicht eng. Ein Relativsatz
in v.15aß stellt allein die Verbindung her[380]: "..., die der
Hagel übrig gelassen hatte".

---

376 Dazu s.o.S.128f.
377 So Baentsch 82.
378 W.H.Schmidt, Schöpfungsgeschichte 107f.
379 Wird "Grünes" des Krauts (auch in Gen 1,30; 9,3) auf den Baum übertragen?
380 Klammert man den Relativsatz aus, so entsteht eine Aussage, die
eventuell zum früheren Stadium der Überlieferung, in dem die einzelne
Plage für sich erzählt wurde, gehören könnte; vgl. den Rückbezug in
Gen 3,1 zu Gen 2.

Der erste Satz der Ankündigung (v.5b ) spricht weder von einem
Baum noch von Kraut, sondern allgemein vom Rest. פלט und שאר
kommen zwar auch sonst parallel oder zusammen vor[381], aber
die dreifache Verbindung "vom Rest des für euch vom Hagel
übriggebliebenen geretteten Bestandes" (יתר הפלטה הנשארת לכם)
wirkt etwas überfüllt. Der Ausdruck betont, "dass ein
Ueberrest vom Hagel verschont geblieben sei"[382]. Dadurch wird
eine enge Verknüpfung mit der vorangehenden Hagelplage geschaffen. Sie stellt gegenüber dem nur lockeren Zusammenhang im Bericht eine spätere Entwicklung dar. V.5bβ sagt:
"..., die Heuschrecken fressen alle auf dem Felde für euch
wachsenden Bäume ab". Obwohl in v.5bα der von der Hagelplage verschonte Rest betont wird, wird in v.5bβ "Kraut und
Baum" aus 9,25b (vgl. 10,15) nicht erwähnt, sondern nur die
Bäume[383]. Es wäre merkwürdig, daß die Heuschrecken nur die
Bäume allein fressen. Der Satz kann erst auf dem Hintergrund
des Berichtes (v.15) verstanden werden. Die Heuschrecken
fressen nicht nur die Früchte (v.15a) und ihre Blätter (ירקי
בעץ in v.15b), sondern sogar die Bäume (העץ in v.5b) selbst
ab[384]. Die Ankündigung entfaltet den Bericht weiter und
setzt ihn voraus. Aus beiden Beobachtungen ist wiederum der
entstehungsgeschichtliche Vorrang des Berichtes zu folgern.

Eine Kleinigkeit unterstützt diese Folgerung; in der Ankündigung wird
dem Rest "für euch" (לכם) hinzugefügt, um den Schaden auf die Angeredeten persönlich zu beziehen[385]. Wäre der Bericht aus der Ankündigung
gestaltet worden, wäre in ihm eine Entsprechung, etwa למצרים zu finden.
Ein solches Wort fehlt im vorliegenden Text. Der persönliche Bezug wird
darum bei der Gestaltung der Ankündigung neu hinzugefügt worden sein.

Die Tradition ist wohl im jetzigen Bericht erhalten. Ein
Problem bleibt offen: Die Unvergleichlichkeitsaussage (v.14b),
die, um "sehr schwer" erweitert, zwischen dem Eintritt der

---

381 Gen 32,9; II Reg 19,30 = Jes 37,31; Jes 4,2f.usw.; s. E.Ruprecht, פלט
   THAT II, 424.
382 Baentsch 79.
383 Dieses auffällige Fehlen ergänzt Sam., indem Sam. aus v.15 עשב הארץ
   יאכל פרי hinter כל hineinliest.
384 Tatsächlich berichtet Dalman (AuS I/2, 26f.) "wo sie (= Heuschrek-
   ken) alles Grün verzehren, das sie antreffen, Wildwuchs, Getreide,
   die Blätter von Feigenbäumen, Weinreben, selbst Ölbäume, alles verschwindet, wo sie dahin ziehen,...".
385 Auch bei den Bäumen in demselben Vers; dazu s.u.S.168.

Heuschrecken und ihrem Vernichtungswerk steht[386], spricht nicht
nur von der Vergangenheit, sondern auch von der Zukunft und
ist ganz allgemein formuliert. Ist dies schlicht die Tradition? Oder erzählt sie plastisch vom Anfang der ägyptischen
Geschichte (so etwa in 10,6; auch in 9,18.24), und erst J
überträgt die Unvergleichlichkeit auch auf die Zukunft, so
daß die Formulierung Allgemeinheit gewinnt (auch in 11,6b)?

Die Intention, den Schaden hervortreten zu lassen, herrscht
in den Umgestaltungen durch J vor. Er faßt das Eintreten der
Heuschreckenplage, dessen Vorgang der Bericht mit fünf Verben
im einzelnen schildert, kurz als Handlung Jahwes zusammen,
wie in der Hagelplage. Da die Tat Jahwes, einen Ostwind her-
beizutreiben (v.13), welche die Reihe der Ereignisse in Gang
bringt, nicht mit dem Stichwort "Heuschrecken" (ארבה) verbunden ist, wird sie in der Ankündigung nicht direkt aufgenommen. J ersetzt sie darum durch ein allgemeines Verb "kommen lassen" (מביא) in v.4.

Im Gegensatz dazu übernimmt J die Darstellung der Beeinträchtigung des ägyptischen Lebens durch die Plage im gleichen
Umfang wie im Bericht in die Ankündigung. Nach der Vernichtung des Grünwuchses auf dem Felde wird das Eindringen in
die Häuser in die Ankündigung eingefügt[387], so daß der Schaden in der Ankündigung einen breiten Raum einnimmt[388]. Zugleich wird die Vernichtung der Pflanzen durch die Heuschrecken verschärft; sie fressen nicht nur Früchte und
Blätter, sondern auch Bäume ab. Die Unvergleichlichkeitsaussage, die im Bericht den Vorgang des Geschehens bezeichnet
(v.14)[389], wird in der Ankündigung an das Ende (v.6a) ver-
schoben und bezieht sich nun auf den Schaden.

Die Heuschrecken bedecken bei ihrem Auftreten die Ober-

---

386 Baentsch (82), Beer (56) und Noth (49) verlegen Atnah und ziehen
   "sehr schwer" auf das Verb "sich niederlassen" (וינח).
387 Möchte sich der vorliegende Zusammenhang folgendermaßen verstehen
   lassen? Pharao hat Mose eilig herbeigerufen, um das Eindringen der
   Heuschrecken in die Häuser, das dem vernichtenden Schaden auf dem
   Felde folgen soll (v.5f.), zu vermeiden.
388 Dieses gilt, selbst wenn man v.5a noch als den Vorgang des Ein-
   trittes der Plage versteht.
389 Auch im Bericht der Hagelplage steht diese Aussage zwischen dem Geschehen und der Feststellung des Schadens (9,24).

fläche[390] des Landes. Die Folge dieses Ereignisses wird weiter berichtet: "Das Land verdunkelte sich"[391]. Die Tradition
erzählt auch in der Hundsfliegenplage vom Zustand der Erde
nach Erscheinen der Fliegen (8,20). Die Erde (הארץ) steht
beide Male als Subjekt. J setzt das Subjekt des vorgegebenen
Berichts als Objekt und formuliert seine Voraussage: "Man
wird das Land nicht mehr sehen können". Dadurch wird dieselbe
Erscheinung aus dem Blick des Menschen betrachtet[392].

Die von J hinzugefügte Schadensfeststellung lautet: "Und
sie füllen deine Häuser, die Häuser deiner Diener und die
aller Ägypter" (v.6aα). Nicht nur die als Nahrung dienenden
Pflanzen werden vernichtet, sondern "auch die Personen werden von den Heuschrecken belästigt"[393]. Die Angeredeten werden sowohl durch den Heuschreckenüberfall als auch durch
die Vernichtung des Pflanzenwuchses betroffen, wie es die
Hinzufügung von "für euch" (לכם in v.5 2mal)[394] betont.

Das Maß des Schadens wird am Schluß so dargestellt, daß es
früher kein Vergleichbares gab: "wie[395] es *deine* Väter und
Vorväter nie gesehen haben von der Zeit an, da sie auf dem
Ackerboden[396] seßhaft wurden, bis zum heutigen Tage" (v.6).
Die alte Zeit wird durch das Personalsuffix der zweiten Per-
son auf den Angeredeten bezogen. J hebt also die persönliche
Betroffenheit Pharaos durch mancherlei Bearbeitungen hervor.

---

390 עין הארץ bedeutet "was von der Erde sichtbar ist" (KBL 700).
391 LXX und ihre Tochterübersetzung Vul. setzen statt "sich verdunkeln"
    (ותחשך) wohl unter dem Einfluß von 8,20b "zugrundegehen" (ותשחת)
    voraus.
392 Die Formulierung ist nicht mit den Angeredeten verbunden, etwa "ihr
    werdet das Land nicht mehr sehen können".
393 Baentsch 80. Die dreigliedrige Aufzählung "Pharao, seine Diener und
    sein Volk/die Ägypter" gebraucht J in der Ankündigung gern; dazu
    s.o.S.154.157.
394 In 10,5 findet sich die zweite Person Plural nur einmal in der ganzen
    jahwistischen Plagenankündigung. Damit sind Pharao und seine Diener,
    die sowohl vorher in 9,34 als auch nachher in 10,7ff. auftauchen,
    gemeint. In v.6 kehrt die zweite Person Singular wohl deswegen wie-
    der, weil die dreiteilige Aufzählung, die die zweite Person Singu-
    lar Pharaos braucht, als das erste Nomen vorkommt.
395 אשר ist hier wie כאשר zu verstehen: s. GK §161, 2.
396 Das Wort אדמה, das J mit Vorliebe gebraucht, taucht wiederum in
    der Ankündigung (s.o.S.156f.) auf.

(g) Tötung der Erstgeburten

Mit der Tötung der Erstgeburten kommt die Plagenerzählung
zu ihrem Ziel, der Entlassung der Israeliten aus Ägypten.
Im Bericht wird die Tötung der ägyptischen Erstgeburten
als Jahwes Tat dargestellt: "schlagen" (נכה hi. in 12,29).
Die Ankündigung sagt voraus: "Um die Mitte der Nacht will
ich ausziehen mitten durch Ägypten hindurch (יצא). Dann sollen alle Erstgeborenen im Lande Ägypten sterben (מות qal.)
..." (11,4f.). Die zweiteilige Formulierung, nämlich Jahwes
Eingreifen und das Geschehen als dessen Folge, entspricht
den bisherigen Ankündigungen. Berücksichtigt die Tatsache,
daß hier die Plage nicht als Tötung durch Jahwe formuliert
wird, im voraus die Anweisung in 12,21-23, in der nicht
Jahwe selbst, sondern eine Art Engelwesen, der "Verderber"[397], schlägt (נגף in v.23)? Der Bericht (12,29) und die
Ankündigung (11,4f.) entsprechen sich sonst "mit nur unwe-
sentlichen Abweichungen"[398].
In diesem Fall kann der Schaden über den Tod hinaus nicht
mehr verschärft werden, denn die Plage betrifft nicht den
Besitz der Ägypter (vgl. die Viehpest), sondern die Menschen
selbst[399]. Auch wird der Schaden nicht persönlich auf den
Angeredeten bezogen, weil Mose hier den Botenauftrag höchstwahrscheinlich nicht Pharao oder den Ägyptern, sondern den
Israeliten ausrichtet[400].

(h) Folgerung

Aus der Erörterung der Aufforderung Jahwes an Pharao und
aus dem Einzelvergleich zwischen der Ankündigung und dem Bericht der Plage hat sich allein dieser als dem Jahwisten vorgegeben erwiesen.

397 Dazu s.u.S. 273.
398 Baentsch 103. בחצי הלילה für כחצת הלילה und "Erstgeborener des
    Gefangenen" für "Erstgeborener der Magd". Die Unvergleichlichkeits-
    aussage (11,6b) kehrt im Bericht nicht wieder.
399 Die Zahl der Toten könnte höchstens noch vergrößert werden.
400 Zum Adressaten dieser Ankündigung s.o.S.122f.

J malt den Ablauf des Geschehens, das die Wundermacht Jah-
wes hervorheben kann, nicht aus, sondern verkürzt ihn eher.
Dagegen interessiert er sich für den Schaden, so daß er das
Maß des Schadens verschärft und zugleich betont, daß die
Plage Pharao persönlich betrifft.

### (3) Beendigung der Plagen

Wie hat die Überlieferung das Plagengeschehen abgeschlos-
sen? Daß Pharao Mose nach dem Eintreffen der Katastrophe
herbeiruft, entspricht dem Anfang jedes Abschnittes: Mose
geht zu Pharao. Auch die Rede Pharaos an Mose steht mit der
Ankündigung Jahwes in engem Zusammenhang; da Mose die Plage
im Namen Jahwes angekündigt hat, erkennt Pharao ihn als Vermittler an und bittet ihn, zu Jahwe zu flehen. Außerdem ist
die Zusage der Entlassung, welche diese Bitte unterstützt,
parallel zur Aufforderung Jahwes formuliert. So setzen das
Herbeirufen (3-a) und die Rede Pharaos (3-b) die Ankündigung
der Plage voraus. Da die Ankündigung erst von J gestaltet
wird, sind auch beide auf ihn zurückzuführen[401].

Die Zusage Moses, zu Jahwe zu flehen (3-c) ist ebenfalls
jahwistisch, denn sie bildet die Antwort auf die Bitte Pharaos. Die Parallelität zwischen der Zusage Moses und dem Bericht vom Aufhören der Plage erinnert an die Entsprechung
zwischen der Ankündigung, die erst J formuliert hat, und dem
Bericht vom Geschehen der Plagen. Verdankt die umfangreiche
Rede Jahwes vor der Plage ihre Entstehung dem Jahwisten, so
sind die Reden Pharaos und Moses nach der Plage ebenfalls
höchstwahrscheinlich von ihm gestaltet.

Ist aber die Darstellung von Moses Flehen (3-e) und dem
Aufhören der Plage J vorgegeben? Daß Gott eine Not nach der
Fürbitte beendet, wird im AT oft erzählt[402] und stellt nichts
Ungewöhnliches dar. Die folgenden Gegebenheiten können dafür

---

401 Die Verhandlung über die Bedingung des Auszugs und das Sündenbekennt-
    nis können in der Überlieferung ohne den Rahmen der Rede Pharaos
    nicht vorhanden sein.
402 Z.B. von Isaak in Gen 25,21 (J mit עתר ), von Abraham in Gen 20,17
    (E mit פלל ) und von Mose in Dtn 9,20; Num 11,2 usw.

sprechen, daß die Überlieferung bereits die Abwendung der
Plage durch die Fürbitte erzählt hat: a) Die Fürbitte und
das Aufhören der Plage kommen in allen vier Abschnitten vor,
in denen die Beendigung der Plage erzählt wird, und kehren
innerhalb jedes Abschnittes dreimal - in der Bitte, der Zusage und dem Bericht - wieder. b) Während die Verhandlung
und das Sündenbekenntnis mit dem Vorgang einzelner Plagen
nicht verbunden sind und darum keinen festen Standort brauchen, ist die Art und Weise, wie die Heimsuchung aufhört,
je nach der Plage unterschiedlich, und ihr Enden scheint
zum Plagengeschehen zu gehören. Haben dann aber Nil- und
Pestplage keinen weiteren Bericht nach dem Plagengeschehen,
so daß sich in der J vorgegebenen Plagenreihe eine Unebenheit findet? Die sonstigen Plagenreihen setzen das Ende der
Plage - ohne Fürbitte - stillschweigend voraus[403]. So hat
die Überlieferung kaum von der Abwendung der Plage durch
Fürbitte berichtet. Sie berichtet wohl deshalb nicht eigens
vom Aufhören der Plage, weil es allein nicht die Erzähl-
freude fesselt, während die durch die Fürbitte verursachte
Abwendung ein gewisses Spannungsmoment enthält[404]. Dasselbe
gilt für die Plagen Jahwes gegen Pharao in Gen 12,17ff.
J übernimmt "das Aufhören der Plage" wahrscheinlich aus dem
Meerwunder, denn das Zurückkehren zu früheren, normalen Verhältnissen ist dort für den Fortgang der Erzählung unentbehrlich, da die Ägypter erst dadurch vernichtet werden[405].
    In der Schlußformel ist die Verstockungsaussage mit der
Gesamtinterpretation durch J eng verbunden, so daß sie ihm
zuzuweisen ist. Die Bestätigung "Pharao entließ das Volk
nicht" motiviert im vorliegenden Zusammenhang die nächste
Plage. Diese Aussage kann, ohne vorher von der Beendigung
der Plage durch die Fürbitte zu berichten, einen Abschnitt

---

403 Am 4,6-13; Dtn 28,21-24; Lev 26; Ps 78, 43ff.; 105,27ff.; auch in
    den Sefire-Inschriften (KAI Nr. 222).
404 Z.B. die Stellen in Anm.402 (S.170). Der enge Zusammenhang zwischen
    der Fürbitte und dem Beenden der Plage zeigt sich in der Verhandlung
    vor der Heuschreckenplage. Sie läuft vergeblich und kann die kommende
    Plage nicht abwenden. Dabei bittet Pharao Mose nicht um die Für-
    bitte (10,8-11).
405 Zur ursprünglichen, jahwistischen Erzählung vom Meerwunder s.u.
    S.280ff.

beschließen, wie es in den anderen Plagenreihen der Fall ist.
Im Geschichtsrückblick des Amosbuches motiviert der Kehrvers
"doch ihr seid nicht zu mir zurückgekehrt, spricht Jahwe"
(Am 4,6.8.9.10.11) jeweils das nächste Eingreifen Jahwes,
indem er Israels hartnäckige Verweigerung einer Umkehr als
große Schuld herausstellt[406]. Hingegen häufen sich nach Dtn
28,20ff. die verschiedenen Plagen, ohne daß zwischen ihnen
das Eintreffen der nächsten Plage mit einem Kehrvers begründet wird. Man könnte fast fragen, ob denn der Angeredete nochmals vernichtet werden kann (v.22), nachdem er schon ausge-
rottet wurde (v.27; vgl. auch v.24). Die Häufung der Plagen
stellt eine Steigerung dar. Die Bestätigung "Pharao entließ
das Volk nicht" steht einerseits mit der Aufforderung Jahwes
und der Zusage Pharaos in der Plagenreihe und andererseits
mit der Auswanderungserlaubnis in der Verhandlung in Ex 5
im Zusammenhang. Jedoch ist die Verbindung mit der Auswanderungserlaubnis nicht so eng, denn es fehlt der Nilplage,
die direkt auf die Verhandlung folgt, diese Bestätigungsaussage. Außerdem stimmen die Formulierungen nicht miteinander überein[407]. So scheint die Überlieferung die hartnäckige Haltung Pharaos am Ende jeder Plage nicht zu bestätigen.

Theoretisch lassen sich für den Schluß jeder Plage in der
Überlieferung vier Möglichkeiten denken; die Überlieferung
weiß nach dem Plagengeschehen (a) die Abwendung der Plage
durch die Fürbitte und die Bestätigungsaussage oder (b) allein die Abwendung der Plage durch die Fürbitte oder (c)
allein die Bestätigungsaussage oder (d) nichts. Man kann
zwar kaum eine eindeutige Entscheidung fällen, aber aus den
Erwägungen erweist sich die vierte Möglichkeit am wahrschein-
lichsten[408].

---

406 Auch in Lev 26 wird dem Ungehorsam Israels konditional im Kehrvers
    Strafe angedroht (v.18.21.23.27).
407 Die Bestätigung ist mit dem Verb שלח formuliert, während das Verb
    הלך im Verhandlungsbericht in Ex 5 wiederkehrt.
408 Floss (Dienen 215) kommt nach der terminologischen Untersuchung zu
    einem ähnlichen Ergebnis: "Verhandlungsszenerien in der Plagen-
    erzählung sind ... die literarische Schöpfung von J"; auch Childs
    135.

In jedem Plagenabschnitt entstammen also die Reden dem Jahwisten. Er setzt die Ankündigung der Plage durch Jahwe vor
dem Plagengeschehen und das Gespräch zwischen Mose und Pharao hinter ihm hinzu[409]. Seine Umdeutung der Überlieferung
ist in der Plagenerzählung tiefgreifend, während er in der
vorangehenden Berufungsgeschichte das vorgegebene Erzählgut ohne große Änderung weitergibt[410]. Art und Weise wie Umfang der Bearbeitung, mit der J in das vorgegebene Gut eingreift, können ungleich sein, denn die Intensität der Bearbeitung wird einerseits durch die Beschaffenheit des vorgegebenen Stoffes, andererseits durch die theologische Intention des Verfassers in dem betreffenden Erzählabschnitt bestimmt, so daß derselbe Verfasser in einem Überlieferungs-
stück mehr als "Sammler", in einem anderen mehr als "Autor"
erscheinen kann. Welche theologische Intention war bei der
Umdeutung der Plagenerzählung durch J wirksam?


Exkurs 4: Erkenntnisaussagen


Bei der literarkritischen Untersuchung haben sich von den
Stellen mit der Erkenntnisaussage allein 7,17; 8,18; 9,29
als jahwistisch erwiesen[411]. Sind nun auch diese Belege dem
Jahwisten abzusprechen, so daß die Erkenntnisaussage insgesamt erst nachträglich in die jahwistische Plagenerzählung
eingetragen wurde[412]?
   Findet sich innerhalb der Erkenntnisaussage ein für J un-

---

409 Auch in der Genesis gebraucht J mit Vorliebe die Rede, um die Über-
    lieferung zu bearbeiten; W.H.Schmidt, Schöpfungsgeschichte 214ff.;
    ders., Einführung 79. Zu Häufigkeit und Gewicht der Rede im AT
    überhaupt s. ders., דבר ThWAT II, 128ff.
410 In der Regel hat man den persönlichen Anteil des Jahwisten an der
    Gestaltung seines Stoffes relativ gering eingeschätzt; dazu vgl.
    Rendtorff, Pentateuch 98ff.
411 Dagegen gehören 8,6; 9,14; 10,2; 11,7 zu späteren Bearbeitungen;
    s.o.S.95f.118f.120f.123f.
412 So Jülicher, JPTh 1881, 87.90.92. Im Anschluß an ihn auch Baentsch
    60f.68.76f.; Wellhausen, Comp.[3]67f.; Schulte, Entstehung 68f.;
    H.Ch.Schmitt, Josephsgeschichte 124. Anders Holzinger 22.25.27;
    Beer 48f.51.55 (als J[2]); Noth 46.47.49; Fohrer, Exodus 70.124f.
    H.H.Schmid (Jahwist 49ff.) datiert die jahwistische Erzählung
    eben wegen der Erkenntnisaussage spät.

gewöhnlicher Ausdruck? Ist etwa das Personalpronomen אני,
das in 7,17 und 8,18 vorkommt, J unbekannt[413]? Der Jahwist
gebraucht in der Plagenerzählung zwar überwiegend, aber nicht
ausschließlich אנכי[414]. Auch sonst kommen in einem Abschnitt
beide Formen nebeneinander vor[415]. Merkwürdigerweise benutzt
J אני wiederum in der Selbstvorstellungsformel in Gen 28,13
gegenüber אנכי (v.15f.). Der Gebrauch von אני ist also kaum
auffällig. Außerdem kehrt eine Erkenntnisaussage, die mit
demselben Wortlaut beginnt wie 7,17, in der jahwistischen
Erzählung von der Weigerung Dathans und Abirams in Num 16,28
wieder[416]. In 8,18 und 9,29 steht die Erkenntnisaussage in
einem mit "damit" (למען) eingeleiteten Finalsatz. Diese Konjunktion begegnet uns auch sonst in der jahwistischen Erzählung (Gen 12,13; 18,24; 27,25; Ex 1,11 usw.). Vom Sprachgebrauch her ist es also nicht ausgeschlossen, die Erkenntnisaussage an jenen drei Stellen für jahwistisch zu halten.
Darüber hinaus ist sie in 7,17 zu tief in den jahwistischen
Zusammenhang eingefügt, um sie allein als sekundär J abzusprechen; der Gebrauch der Botenformel vor der Erkenntnisaussage
machte es nötig, die vorangehende, die Aufforderung Jahwes
einleitende Aussage in v.16 umzuformulieren[417].

Das Subjekt des Verbs ידע ist stets Pharao[418], und das Objekt der Erkenntnis bezieht sich wiederum stets auf Jahwe.
So bedenkt die Erkenntnisaussage die Beziehung zwischen Pharao und Jahwe, und zwar jeweils in einer Rede als Zukunftsaussage[419]. Die Plage als vorangekündigter Machtbeweis an

---

413 So Wellhausen, Comp.[3] 67f.
414 Abgesehen von den Erkenntnisaussagen finden sich אני noch zweimal
    (9,27; 11,4) und אנכי viermal (7,17b.27; 8,24f.) in der Plagen-
    erzählung.
415 In Gen 24 steht אני in v.45 gegenüber אנכי in v.3.13.24.27 usw.
    In Gen 27 findet sich אני in v.8.24.32.38 gegenüber אנכי in v.11.
    19. In Gen 37 erscheint אני in v.10 und אנכי in v.16.
416 כי תדעון בזאת ...
417 Dazu s.o.S.136. Das letzte Wort in v.16 kehrt in v.17 als das erste
    Wort wieder, so daß die beiden Verse durch das Wortspiel miteinander
    verknüpft werden. J bildet auch sonst mit ähnlich klingenden Worten
    das Wortspiel gerne: שלחני und שלח in 7,16 und משלח und משליח
    in 8,17.
418 Sowohl in der Jahwerede (7,17; 8,18) als auch in der Moserede (9,29).
    In der späteren Bearbeitung (10,2) sind mit der zweiten Person Plural
    die Israeliten als Subjekt gemeint; vgl. auch 11,7.
419 Als Finalsatz in 8,18; 9,29. In 7,17 wird ein Imperfekt gebraucht.

sich (7,17), die Verschonung der Israeliten von der Plage
durch Jahwe (8,18) und die Beendigung der Plage gemäß der
Zusage (9,29) beabsichtigen, daß Pharao Jahwe als Urheber
der Plagen anerkennt.

Merkwürdigerweise kommt das Land Ägypten in der an den
ägyptischen König gerichteten Erkenntnisaussage vor: "...,
damit du erkennst, daß ich Jahwe bin inmitten des Landes"
(8,18)[420] oder "..., damit du erkennst, daß das Land Jahwe
gehört" (9,29)[421]. Ist es für antike Verhältnisse nicht eigentlich selbstverständlich, daß die Berufung auf einen fremden Gott den König eines großen Reiches nicht beeindruckt
(5,1f.)[422]? Jedenfalls führt er das Verlangen nach Auswanderung auf Arbeitsunwilligkeit zurück (5,8.17). Er antwortet
Mose unbefangen: "Ich kenne Jahwe nicht" (v.2), da er ja
seine eigenen Staatsgötter verehrt. Jahwe ist und bleibt für
den ägyptischen König nur "euer Gott" (8,21.24; 10,8.16).
Der Jahwist behauptet mit der Betonung des Landes in der
Erkenntnisaussage, daß Jahwe auch in Ägypten gegenwärtig
ist und dieses Land zu seinem Machtbereich gehört, obwohl
er Gott Israels (5,1) oder Gott der Hebräer (7,16; 9,13;
10,3) und nicht Gott der Ägypter ist.

So handelt es sich bei den jahwistischen Erkenntnisaussagen
nicht nur um die Legitimation Jahwes durch "Zeichen und
Wunder"[423], noch allein darum, Pharao zu höherer Erkenntnis
zu führen[424], sondern überhaupt um das Verhältnis des ägyptischen Königs zu Jahwe. Erst die im Anschluß an J später
hinzugefügte Erkenntnisaussage reflektiert über die Unvergleichlichkeit Jahwes auf der ganzen Erde: "..., damit du

---

420 "Bei ארץ ist nicht an die Erde überhaupt, auch nicht nur an Gosen,
    sondern an Aegypten und Gosen zu denken" (Baentsch 68).
421 Traditionell ist das Wort הארץ hier, das in 8,18 im Sinne von "das
    Land" gebraucht wird, als "die Erde" übersetzt worden; so Baentsch 76;
    Beer 54; Noth 49. Jedoch fehlt ein triftiger Grund dafür. Das Land
    (הארץ) allein bedeutet ebenfalls in 8,21 das Land Ägypten. Erst
    בכל-הארץ in 9,14 ist nicht als "im ganzen Land" - dafür steht
    בכל-ארץ מצרים (10,14f.) -, sondern als "auf der ganzen Erde" zu
    verstehen.
422 Vgl. aber den Reisebericht des Wn-'mn (TGI Nr.17 I,14, S.42).
423 So H.H.Schmid, Jahwist 52.
424 Baentsch 61. Wellhausen (Comp.³67f.) spricht von Übergängen der Er-
    zählung in Predigt; vgl. auch Schulte, Entstehung 69.

erkennst, daß auf der ganzen Erde nicht meinesgleichen ist"
(9,14)[425].

Die Erkenntnisaussage war J kaum vorgegeben. Dies liegt
schon deshalb nahe, weil sie sich ausschließlich in der Rede
findet.

## b) Interpretation durch den Jahwisten

### (1) Zur Überlieferung

Zum Grundbestand des Überlieferungskomplexes "Herausführung aus Ägypten" gehören die Unterdrückung der Israeliten
in Ägypten, ihre Flucht und ihre Rettung durch die Vernichtung der Ägypter im Meer[426]. Die Plagenerzählung tritt zwischen das erste und das zweite Element[427]. Sie scheint erst
im Zuge nachträglicher Ausgestaltung der Überlieferung aufgenommen, also relativ jung zu sein. Der Überlieferungs-
komplex "Herausführung aus Ägypten" war J bereits in erwei-
terter Form vorgegeben. Die Plagenreihe hat als eigenes
Thema die Erlangung der Auswanderungserlaubnis und ist in
sich geschlossen. Die gescheiterte Verhandlung (vgl. Ex 5)
motiviert die folgenden Plagen als Eingreifen Jahwes in die
Auseinandersetzung zwischen den Israeliten und den Ägyptern.
Erst die letzte Plage, "die Tötung der Erstgeburten", zwingt
die Ägypter, ihren Fronarbeitern die Auswanderung zu er-
lauben. Wie kann trotz dieser Erlaubnis die in der alten
Überlieferung vorgegebene Vernichtung der Ägypter im Meer
noch geschehen? Um dieses Problem zu lösen, wird das Motiv
"Reue Pharaos" eingeführt: Nachdem Pharao und die Ägypter
die Israeliten entlassen haben, wandelt sich ihr Herz (14,5b).
Alle Plagen und das Meerwunder geschehen in der jahwistischen

---

425 Wohl auch in 8,6.
426 Dazu Noth, ÜP 70ff.
427 Wie ist die Plagenreihe entstanden? Ist der Passaritus zunächst auf
    die Aufbruchsituation der Auswanderung aus Ägypten bezogen worden
    und wurden daran die ägyptischen Plagen angeschlossen, so daß das
    Passa überlieferungsgeschichtlich den Anfang der Plagenreihe bildet?
    Oder ist die Verbindung zwischen dem Passa und der Plagenreihe se-
    kundär, da es sich beim Passaopfer um keine Erstgeburt handelt und
    die letzte Plage die Tötung der Erstgeburten ist? Die meisten Plagen

Erzählung so wie in der Überlieferung, und zwar in der vorgegebenen Reihenfolge[428]. Nicht nur dieser äußere Ablauf der
Ereignisse, sondern auch der Grund dafür sind unverändert.
Die Plagen erfolgen deswegen, weil Pharao die Israeliten
nicht entlassen hat. Dieses Motiv gilt von der ersten Plage
bis zum Meerwunder. Wie der ägyptische König zu diesem Ergebnis kommt, ist in der Überlieferung und nach J unterschiedlich, wie wir sehen werden.

In der Plagenreihe war J der Bericht vom Plagengeschehen
vorgegeben. Alles, was darüber hinausgeht, ist seine Hinzufügung. Dennoch kann man im Bericht, der sich in der jahwistischen Erzählung findet, nicht ohne weiteres die Überlieferung finden, denn wahrscheinlich war J kein schriftliches
Werk, sondern eher eine mündliche Überlieferung ohne fest
fixierten Wortlaut vorgegeben[429]. So ist das, was J im Bericht über das Plagengeschehen erzählt, bereits seine Fassung
der Überlieferung und keine schlichte Wiedergabe des vorgegebenen Gutes. Zwar gestaltet er das vorgegebene Gut gemäß
seiner theologischen Intention in der von ihm eingeführten
Ankündigung stärker als im Bericht um, aber auch in diesem
ändert er die Überlieferung, um auffällige Widersprüche zwischen beidem auszugleichen. Der Jahwist verkürzt wohl den
überlieferten Berichtsstoff, denn er interessiert sich nicht
für eine genaue Übereinstimmung zwischen Wort und Geschehen
und wiederholt darum im Bericht nicht mehr alles, was er in
der vorangestellten Ankündigung erzählt hat[430].

So bleibt es schwer oder gar unerreichbar, die vorgegebene
Überlieferung präzis festzustellen; nur ihre Grundzüge können

---

kehren in den Flüchen der altorientalischen Verträge wieder; vgl.
Fensham, ZAW 1963, 168ff. Von hier leitet van Seters (ZAW, 1986 im
Druck) die Bildung der Plagenreihe durch J ab.

428 Dazu s.u.S.178f.

429 Dazu s.o.S.146ff.

430 Etwa die Bestätigungsaussage im Bericht stammt gewiß von J, denn
diese allgemeine Aussage faßt die vorangehende Ankündigung zusammen und setzt sie darum voraus. Schon die Tatsache, daß J eine
mündliche Überlieferung vorgegeben war, legt es nahe, daß sich die
Ankündigung und der Bericht über denselben Vorgang der Plagen nicht
genau entsprechen, selbst wo er keine Umgestaltung aus theologischen Gründen vollzieht, denn aus einer mündlichen Überlieferung
können leicht Variationen entstehen.

in Umrissen gewonnen werden. Erst so kann die Frage gestellt
werden, wie der Jahwist in vorgegebenes Erzählgut gestaltend
und ergänzend eingreift.

(2) Interpretation

(a) Die Reihenfolge der Plagen

Beim Einzelvergleich kann die Frage der Reihenfolge der
Plagen außer Betracht bleiben. Wenn man die Konstruktion der
gesamten jahwistischen Plagenerzählung untersucht, ist hingegen zu fragen, ob J die Plagen bereits in der jetzigen
Reihenfolge erzählt oder ob die vorliegende Kette erst durch
die Redaktion ($R^P$) gebildet wird.
Die erste und die letzte Plage hatten offenkundig bereits
in der Erzählung des Jahwisten ihren jetzigen Ort, denn der
Abschnitt der Nilplage wird durch die Eröffnungselemente,
die zugleich die Plagen mit der vorangehenden Erzählung
(Ex 5) verbinden, erweitert und umgestaltet[431], und die Erstgeburtentötung gibt Pharao wie den Ägyptern den entscheidenden
Schlag und kann darum nur den letzten Platz einnehmen. Die
beiden Plagen stellen also den Rahmen dar, innerhalb dessen
die Reihenfolge der übrigen Plagen nur relativ zu bestimmen
ist. Die Heuschreckenplage schlägt einen Bogen zur ersten
Verhandlung in Ex 5[432], so daß dieser Plage die letzte Verhandlung und damit der Standort vor der Erstgeburtentötung
zuzuweisen ist. Die Nähe zum Ende wird durch die Dringlichkeit der Situation[433] bestätigt. Darüber hinaus zeigt der
Heuschreckenabschnitt gegenüber den vorangehenden Plagen
eine Steigerung, indem die Erzählelemente, die vorher getrennt vorkommen, zusammengestellt werden[434]. Die Heuschrek-
kenplage ist infolgedessen die vorletzte Plage. In ihr wird
erzählt, daß die Heuschrecken die Pflanzen, die vom Hagel
übriggeblieben sind, abfressen. Die Heuschrecken- setzt also

---

431 Dazu s.o.S.135ff.
432 Dazu s.o.S.128f.
433 Dazu s.o.S.137f.
434 Dazu s.o.S.137.

die Hagelplage als direkt vorangehend voraus. Mit diesen
beiden Plagen bildet die Pest durch "immer noch" (עוד 9,2)
in der Ankündigung eine Kette[435], so daß sie direkt vor die
Hagelplage gehören wird. Daß die Bemerkung mit "immer noch"
(9,2.17) erst gegen Ende der Plagenreihe auftauchen kann,
entspricht dieser Stellung. Die Fröscheplage stand wohl seit
je vor der Hundsfliegenplage, denn das Gespräch nach dem
Fröscheüberfall kennt die Beendigung der Plage nur durch die
Fürbitte, während der Hundsfliegenabschnitt darüber hinaus
von der Verhandlung über den Opferort erzählt. Faßt man diese
Beobachtungen zusammen, so läßt sich folgern, daß die Reihenfolge der Plagen in der jahwistischen Erzählung im vorliegenden Text unverändert geblieben ist.

### (b) Rede Jahwes

Schon die Tatsache, daß der Jahwist bei seiner Bearbeitung
der Überlieferung die Form der Rede bevorzugt, spricht für
das Gewicht des Wortes in seiner Plagenerzählung. Die Voranstellung der Rede Jahwes vor den vorgegebenen Bericht hat
tiefgreifende Änderungen zur Folge.
Die Rede beginnt in der Regel mit dem Befehl: "Geh und
sprich zu Pharao". Mose soll Gottes Wort an Pharao weitergeben[436]. Unabhängig davon, *was* Jahwe zu Pharao spricht,
ist schon dadurch, *daß* er vor dem Plagengeschehen zu ihm
redet, die Art und Weise seines Verhaltens zu Pharao völlig verändert. Im Grundbestand der Überlieferung handelt
Jahwe einmal im Meerwunder, während er in der durch die
Plagenreihe erweiterten Überlieferung bereits vor dem Untergang der Ägypter im Meer diese mit Katastrophen heimsucht. Die Häufigkeit der göttlichen Handlungen wird damit
zwar vermehrt, aber die Art und Weise des Eingreifens Jahwes bleibt unverändert; er setzt sich für Israel durch Strafe
an Ägypten ein. In der Überlieferung müssen Pharao und die

---

435 Dazu s.u.S.206.
436 In der späteren Bearbeitung befiehlt Jahwe Mose keine Rede an Pharao,
   sondern eine Zauberhandlung, die Mose nach dem vorliegenden Textzusammenhang vor diesem vollziehen soll (9,22; 10,12.21).

Ägypter nach ihrer Verweigerung der Auswanderungserlaubnis
(Ex 5) direkt unter der Reihe der Plagen ununterbrochen leiden. In der jahwistischen Plagenerzählung redet Jahwe dagegen
zu Pharao trotz dessen Verweigerung und bringt zunächst nur
eine Plage. Er wiederholt seine Rede an den ägyptischen König
jeweils vor dem Plagengeschehen bis einschließlich zur Heuschreckenplage. So wendet sich Gott nach J zuerst mit dem
Wort an Pharao und zwingt diesen nicht mit Gewalt. Gottes
Beziehung zu den Menschen geschieht zunächst und vorrangig
durch sein Wort.

Die Ablösung der vernichtenden Tat durch das Wort tritt
besonders deutlich im ersten Plagenabschnitt hervor. Weil
die Aufforderung zur Entlassung gegenüber dem ägyptischen
König wirkungslos bleibt (Ex 5), werden die Plagen notwendig[437]. Dieser Zug der Überlieferung bleibt also erhalten.
J unterscheidet sich jedoch grundlegend von ihr, wenn er
auf die Weigerung Pharaos nicht das Geschehen der Plage
selbst, sondern ihre Ankündigung folgen läßt. Das vorangehende Verhalten Pharaos (7,14.16b) begründet tatsächlich
nicht nur das Plagengeschehen (v.17f.), sondern vor allem
auch den Auftrag an Mose, zu Pharao zu gehen und zu *sprechen*
(v.15f.). Erst im Rahmen der Rede kann Jahwe seine Aufforderung wiederholen (v.16) und das Ziel der Plage (v.17) angeben.

Nicht nur zwischen Jahwe und Pharao, sondern auch zwischen Jahwe und
Mose spielt das Wort eine wichtige Rolle. Jeder jahwistische Abschnitt
beginnt mit "und Jahwe *sagte* zu Mose" (ויאמר יהוה אל־משה). Am Ende
der Plage redet in umgekehrter Richtung Mose zu Jahwe. Beim "Flehen"[438]
braucht das Gebet nicht ausdrücklich erwähnt zu werden (Gen 25,21 J).
J versteht in der Plagenerzählung das Flehen Moses jedoch deutlich als
Gebet; sein "Schreien" (צעק) zu Jahwe (8,8) und "die Hände ausbreiten"
(פרש כפים) als Begleitgeste des Gebets (9,29) ersetzen das Verb "Flehen" (עתר), das sonst oft vorkommt (8,4.24ff.; 9,28; 10,17f.).

Das Wort Jahwes an Pharao wird stets mit der Botenformel
eröffnet, so daß Gott von sich selbst in der ersten und zu
Pharao in der zweiten Person sprechen kann[439]. Durch die

---

437 Dazu s.o.S.135ff.
438 Vgl. R.Albertz, עתר THAT II, 386.
439 J gebraucht hier die Botenformel wohl deswegen, weil nur sie Jahwes
   Ich in der von Mose vermittelten Rede noch bewahren kann. Dann kann
   man aus dem Gebrauch der Botenformel nicht ohne weiteres schließen,
   daß J Mose als Propheten verstanden habe. Jahwe spricht selbst zu

Anrede setzt sich Jahwe zu Pharao in eine Ich-Du Beziehung[440].
Auf die Botenformel folgt die Aufforderung Jahwes, die Israeliten zu entlassen. Die Überlieferung weiß in der vorangehenden Verhandlung von einer Bitte um die Auswanderungserlaubnis zu erzählen (5,3). Sie ist zwar mit der Begegnung
Gottes verbunden, aber dabei spricht nicht Gott selbst, sondern die Israeliten. J fügt diese Bitte in jeden Plagenabschnitt ein, und zwar als Aufforderung Jahwes an Pharao, so
daß der Auszug stets als Tat Pharaos (שלח pi.) und nicht
der Israeliten (הלך) formuliert ist und Jahwes Ich dabei
betont wird: "Entlasse *mein* Volk, damit sie *mir* dienen". Die
göttliche erste Person wird speziell an Pharao gerichtet,
denn Jahwe versieht in seiner Rede an Pharao das Wort "Volk"
stets mit dem Suffix der ersten Person (7,16.26; 8,16; 9,1.
13.17; 10,3f.), während dieses in seiner Rede an Mose fehlen kann (7,14b). Auch in der Ankündigung der Plagen wird
Jahwes Ich hervorgehoben, indem die erste Handlung stets als
הנה אנכי/הנני + Partizip formuliert ist.

Nach dem Grundbestand der Überlieferung fliehen die Israeliten heimlich aus Ägypten, so daß sie und ihr Gott von den
Ägyptern unbemerkt und unerkannt bleiben. Dagegen setzt die
Plagenreihe die Konfrontation der Israeliten mit den Ägyptern um die Auswanderungserlaubnis voraus. Dabei ist Jahwe
als Israels Gott den Ägyptern wohl nicht unbekannt, denn das
Opfer, das das Ziel der Auswanderung ist, soll ihm gebracht
werden (vgl. 5,3). Die Überlieferung schildert das Geschehen
der Plagen nicht immer als Jahwes Tat, sondern teilweise als
reine Naturkatastrophe. Auch der Naturvorgang kann jedoch
als Wirkung Gottes verstanden werden, da er im Kontext anderer Plagen, die als göttliche Handlung dargestellt werden,

---

seinem Volk nicht mit seinem "Ich" von der Exoduserzählung an, sondern zu Mose allein, und dieser spricht zum Volk von Gott in dritter Person. In der Vätergeschichte hingegen spricht Jahwe zu den
Vätern ohne Vermittler mit seinem Ich.
440 Auch in Genesis kehren bei J die Anreden Jahwes wieder, und zwar als
Drohung wie als Verheißung (2,16f.; 3,14-19; 4,6f.11f.; 12,1-3;
13,14-17; 26,24; 28,13-15 u.a.). Jahwe wendet sich Menschen mit
seinem persönlich ansprechenden Wort zu; vgl. o.S.173 Anm.409.

erzählt wird[441]. Dies mag die Intention der Überlieferung
gewesen sein. In der jahwistischen Erzählung muß darüber
hinaus vor allem Pharao deutlich gemacht werden, daß Jahwe
die Plagen bewirkt. Daher kündigt er dem ägyptischen König
jede Plage als sein Werk in erster Person an. J bezieht außerdem die hinzugefügten Folgen der Plagen oft in der von
ihm neu gestalteten Ankündigung speziell auf Pharao.

Zwischen Aufforderung und Ankündigung der Plage setzt J
von der Frösche- bis zur Heuschreckenplage einen Bedingungssatz "wenn du dich weigerst, mein Volk zu entlassen", um
Pharao vor eine Entscheidung zu stellen. Jahwe droht ihm
nicht mit den Plagen und zwingt ihn so zur Auswanderungserlaubnis, er räumt ihm vielmehr die Freiheit der Entscheidung ein[442]. Das Festhalten der Israeliten ist durch als
Pharaos Willensentscheidung gekennzeichnet, daß J den Bedingungssatz nicht als einen objektiven Fall, etwa: "...,
wenn du mein Volk nicht entläßt", sondern als willentlichen

---

441 So wechseln in der Plagenreihe in Ps 78; 105 göttliche Tat und Naturvorgang. Die Möglichkeit, daß eine Plage früher nicht als Gottes Tat
berichtet wurde, gewinnt Wahrscheinlichkeit, vor allem wenn die erste
Tat Gottes in der jahwistischen Ankündigung nicht konkret, sondern
allgemein ist, und darum überschriftartig das Folgende zusammenfaßt,
wie es in der Fröscheplage der Fall ist. Dort spricht auch der Gebrauch des Artikels dafür. Dazu s.o.S.154 Anm.330.

442 In der Nilplage fehlt die Bedingungsaussage wohl deswegen, weil dort
die Erkenntnis Jahwes durch Pharao als Ziel der Plage angekündigt
wird. Die Erkenntnisaussage kommt zwar auch in der Ankündigung der
Hundsfliegenplage vor, die auch den Bedingungssatz enthält (8,18).
Aber im Vergleich dazu wird sie im Nilabschnitt betont und fast als
eigentliches Ziel der Plage proklamiert, indem sie bereits vor die
Ankündigung des Plagengeschehens gestellt und durch die Botenformel
eingeleitet wird, während sie bei der Hundsfliegenplage am Ende der
Ankündigung steht, und sie ist nicht mit dem Geschehen der Plage
als solchem, sondern speziell mit der Verschonung der Israeliten
verbunden. Die Proklamation des eigentlichen Ziels durch Jahwe
steht damit kaum im Einklang, daß das Eintreffen der Plage von
der Entscheidung Pharaos abhängig sei. Die erste Plage geschieht
darum weder als Reaktion Jahwes auf die Verweigerung Pharaos in der
vorangehenden Verhandlung (Ex 5), noch als Folge der Entscheidung
des ägyptischen Königs, sondern um des Ziels willen, daß er Jahwe
anerkennt.

Entschluß mit dem Verb "verweigern" (מאן) formuliert[443].
Auch in der Schlußformel geht der Feststellung "und er entließ das Volk nicht" eine Aussage der "Verstockung" voran,
in der vom Entschluß Pharaos im Herzen, einem "Organ des Verstehens und des Wollens"[444] die Rede ist. Wie Pharao die
Entscheidung trifft, ist dem Jahwisten dabei keineswegs
egal, so daß er den Unterschied der Art und Weise der Entscheidung mit verschiedenen Formulierungen für die "Verstok-
kung" zum Ausdruck bringt[445].

Die Betonung des Willens Pharaos durch J läßt sich auch bei der ersten
Plage beobachten, obwohl dort das Eintreffen der Plage nicht von der
Entscheidung des ägyptischen Königs abhängig ist. Während in der Ankün-
digung der folgenden Plagen das vorangehende Verhalten Pharaos nicht er-
wähnt oder nur gestreift wird, nimmt die Ankündigung der ersten Plage
auf die vorangehende Verweigerung der Entlassung der Israeliten durch
Pharao (vgl. Ex 5) mehrfach Bezug[446]. Dabei wirkt wohl das vorgegebene
Gut nach[447]. Jedoch tritt darin, wie J diesen Bezug herstellt, seine
eigene Bearbeitungsweise in Erscheinung. Jahwe sagt zu Anfang seiner
Rede: "Das Herz Pharaos hat sich verstockt; er hat sich geweigert, das
Volk zu entlassen" (כבד לב פרעה מאן לשלח העם in 7,14b). Sonst folgt
auf die Aussage der "Verstockung" der Satz "und er entließ das Volk
nicht" (ולא שלח את העם ; vgl. 9,7 auch 8,28). Die Rede in 7,14 weist
zwei Unterschiede auf: a) Der zweite Satzteil ist asyndetisch formuliert, so daß er nicht die Folgerung des vorangehenden ist, sondern
diesem parallel steht. b) Der zweite Satzteil beginnt mit dem Verb "verweigern" (מאן). So findet sich hier eine Doppelaussage über das Wil-
lensverhalten Pharaos. J sieht die Ablehnung der Auswanderung seines
Volkes durch Pharao unter dem Aspekt des Nicht-*Wollens*.

Warum betont J den Willen Pharaos bei seiner Handlung?
Jahwe befiehlt diesem zwar nur die Entlassung der Israeliten, jedoch finden sich neben dieser Aufforderung zu einer
konkreten Tat einige Aussagen, die Jahwe und Mose über Pharaos Verhalten zu Gott machen. J gebraucht die Verben "erkennen" (ידע in 7,17; 8,18; 9,29), "fürchten" (ירא in 9,30),
"demütigen" (ענה in 10,3) und wohl auch "gehorchen" (שמע in
7,16)[448]. Anerkennung Jahwes und Hinwendung zu ihm sind jah-
wegemäßes Verhalten des Menschen in der Gemeinschaft mit ihm.

---

443 Baentsch (67f.) und Noth (47) betonen darum das Wollen auch im Bedingungssatz (8,17), in dem מאן fehlt (כי אם־אינך משלח), und
   übersetzen mit "willst"; anders Beer 50.
444 Wolff, Anthropologie 84.
445 Dazu s.u.S. 216ff.
446 Dazu s.o.S. 135f.
447 Dazu s.o.S. 179f.
448 Bei diesem Verb ist Jahwe als Objekt des Verbs nicht ausdrücklich
   genannt.

In Bezug auf Pharao stellt J sie stets als Mangel in der
Gegenwart oder als Zukunftsaussage dar. Eine Gemeinschaft
zwischen Jahwe und Pharao ist noch nicht vorhanden, wird
aber von Jahwe erwartet.

In Pharaos Antwort auf Jahwes Aufforderung in 5,2 kommt
der enge Zusammenhang zwischen seiner Haltung zu Jahwe
(שמע, ידע) und seinem konkreten Handeln an den Israeliten
und der Vorrang des ersten vor dem zweiten deutlich zum Ausdruck. Ähnlich geht der Zusage der Entlassung das Sündenbekenntnis voran (9,27f.)[449]. Wenn Jahwe Pharao zur Entlassung seines Volkes auffordert, erwartet er diese Tat als
Folge seiner Anerkennung und der Hinwendung zu ihm. Selbst
wenn eine Haltung *zu Jahwe* nicht genannt wird, stellt J das
Nicht-Entlassen nicht als bloße Handlung dar, sondern verbindet es mit der vorangehenden Willenstat oder Einstellung
Pharaos: "täuschen" (תלל) in 8,25 und "sich hochmütig verhalten" (סלל hitpol.) in 9,17[450]. Während die konkrete Handlung niemals als Ziel der Plage genannt wird, betont Jahwe
seine Erkenntnis durch Pharao als Ziel der Plage, wie es vor
der ersten Plage angekündigt wird (7,17; vgl. 8,18; 9,29).
Auch in 7,16 wird die vorangehende Verweigerung der Entlassung mit dem Verb "gehorchen" (שמע) bezeichnet, eine Angabe
über die konkrete Tat fehlt jedoch. Außerdem wird am Höhepunkt der Plagenreihe die Aussage über die Haltung Pharaos
gegenüber Jahwe wiederholt (9,29; 10,3), während die Erwähnung der Entlassung der Israeliten fehlen kann (9,30;
10,16)[451]. So betont J die Haltung Pharaos Jahwe gegenüber
im Vergleich zu seinem Verhalten, der Entlassung seiner Fronarbeiter.

Trotzdem formuliert Jahwe diese Haltung Pharaos niemals
als Aufforderung an ihn im Imperativ[452]. Jahwe sucht eine

---

449 Allerdings sind die beiden hier etwas locker verbunden.
450 Die konkrete Tat der Entlassung allein, d.h. ohne den Willen Pharaos
    oder seine Einstellung zu erwähnen, kommt in Pharaos Rede in 8,4.
    21f. vor. Dazu s.u.S.190ff.
451 Fröscheplage       : konkrete Tat allein
    Hundsfliegenplage  :         "
    Hagelplage         : konkrete Tat und Sündenbekenntnis
    Heuschreckenplage  : Sündenbekenntnis allein
452 Imperativisch formuliert ist allein die Entlassung.

Gemeinschaft mit Pharao und erwartet von ihm Anerkennung und
Hinwendung, greift aber nicht in die innere Haltung ein. Ähnlich befiehlt Jahwe keine Zurücknahme der "Verstockung".
Jahwe nimmt Pharao nicht die Freiheit des eigenen Willens.
Kaum zufällig formuliert J die "Verstockung" nicht mit Jahwe
als Subjekt[453]. Wirken Gottes und Wille des Menschen schließen sich zwar nicht aus. J betont jedoch den selbständigen
Willen des Menschen gegenüber Gott und die Freiheit seiner
Entscheidung. Jahwe gibt dem Menschen Freiheit und bleibt
deshalb selbst inkonsequent, indem er das eigentliche Ziel
der Plagen - seine Anerkennung durch Pharao - zwar ankündigt, aber es nicht vorwegnimmt, sondern dem Gang der Handlung überläßt, so daß es schließlich doch nicht verwirklicht
wird.

Wie Jahwe nach J den ägyptischen König nicht mit den Plagen zwingt, sich ihm vielmehr zunächst mit der Anrede zuwendet, so bedrängt er ihn auch mit dem Wort zu keiner inneren Haltung. Was Jahwe von Pharao erwartet und wie er
sich auf ihn bezieht, steht im engen Zusammenhang, denn die
Anerkennung Gottes und die Hinwendung zu ihm können sich
allein aus freier Entscheidung vollziehen. Dies scheint der
Jahwist zu meinen.

Jahwes Zuwendung zu Pharao mit der Anrede ermöglicht dessen Antwort. Tatsächlich wendet sich Pharao an Mose erst in
der zweiten Plage, in deren Ankündigung ihm Jahwe mit dem
Bedingungssatz zum ersten Mal die Freiheit der Entscheidung
einräumt. Nach dem Plagengeschehen bittet er in der Regel
Mose um Beendigung der Plage durch Fürbitte zu Jahwe, ver-
handelt mit Mose über die Bedingung des Auszugs und legt
das Sündenbekenntnis ab. Dieses vollzieht Pharao durchweg
mit dem Wort. Allein seine "Verstockung" erfolgt dagegen
ohne Wort[454]. Wie er auf die göttliche Zuwendung antwortet,
liegt in seiner eigenen Verantwortung, da ihm Jahwe die Freiheit der inneren Haltung und der Entscheidung überläßt. Bevor wir auf die Antwort Pharaos eingehen, beschäftigen wir

---

453 10,1 gehört nicht zu J. Dazu s.o.S.120f.
454 Dazu s.u.S.218.

uns mit verschiedenen Konsequenzen aus der Bearbeitung der
Überlieferung, die J vorzüglich durch die Rede Jahwes vor-
nimmt.

Der Jahwist gestaltet das ihm vorgegebene Plagengeschehen selbst zwar nicht um, aber die Plagen gewinnen durch
die Rede Jahwes, die er dem Eintreffen der Plage voranstellt, einen völlig neuen Charakter. a) Im Grundbestand
der Überlieferung erfahren die Ägypter die sie heimsuchende
Vernichtung im Meer als Katastrophe, sei es aus Zufall[455]
oder durch einen Gott gesandt, ohne ihren Absender zu
kennen. In der jüngeren Überlieferung beabsichtigt Gott
durch die Plagenreihe, Pharao und die Ägypter zur Auswanderungserlaubnis zu zwingen. Innerhalb der jahwistischen
Erzählung kann Pharao nicht anders entscheiden, als das
Volk bei sich zu behalten, obwohl Jahwe ihn vor die Entscheidung stellt, denn sonst könnte der Gang der Handlung
nicht weitergehen. Berichtet J deshalb nicht, wie Mose die
von Jahwe befohlene Rede dem Pharao weitergibt, während er
die Beendigung der Plage durch die Fürbitte Moses dreimal
in einem Abschnitt wiederholt? J vermeidet es, die Entscheidung des ägyptischen Königs vor dem Plagengeschehen
zu erzählen, so daß er auch den Vollzug des Botenauftrags
durch Mose, der der Verweigerung vorangeht, nicht erwähnt[456].

---

455 Im AT werden die Ereignisse, die wir heute als Zufall erfassen,
weithin als Wirkung Gottes verstanden; in einer Liste "todeswür-
diger Verbrechen" wird der unbeabsichtigte Todesschlag als eine
unerklärbare Fügung Gottes bezeichnet (Ex 21,13). Auch Kinderlo-
sigkeit gilt als Folge der göttlichen Verweigerung der Leibes-
frucht (Gen 20,18 E; 30,2 E; 25,21 J; I Sam 1,19f.). Ist Gott dann
in allem, was überhaupt geschehen ist, am Werk? Können die Ägypter
und ihr König nicht meinen, daß die Plagen von ungefähr kommen
(anders Baentsch 65.70; Wellhausen, Comp. ³64)? Fragten sie nur danach, von welchem Gott die Plagen gekommen sind, wenn sie sie betreffen? Ist der Begriff "Zufall" dann dem AT völlig fremd? Als die
Plage die Philister getroffen hat, nachdem sie die Lade Jahwes genommen hatten, stellten sie nicht die Frage, ob die Plage von Jahwe
oder von einem anderen Gott kam, sondern nur die Frage, ob Jahwe
das große Unheil getan hat oder es ein Zufall (מקרה) war (I Sam
6,9; vgl. Ruth 2,3). Abgesehen von der Frage nach der sogenannten
Historizität der Erzählung ist es sicher, daß das AT doch das Wort,
das mit "Zufall" zu übersetzen ist (so KBL 562), kennt. Sind verschiedene Auffassungen persönlich oder zeitgeschichtlich bestimmt?
Oder sind Geburt und Tod mit Gott enger verbunden als andere Le-
bensbereiche?
456 Erst nach Eintreffen der Plage kann J von der Reaktion Pharaos er-

Da Jahwe die Plagen vorankündigt, sind sie kein blindes Verhängnis, sondern Tat eines bestimmten Gottes mit einer kla-
ren Absicht. Zugleich sind die Plagen kein Zwangsmittel Gottes, sondern Folge der Entscheidung Pharaos gegenüber Jahwes
Anrede. An der Stellungnahme Pharaos zu Jahwe entscheidet
sich nun das Schicksal Ägyptens.

b) Jahwe kündigt die Plagen an, so daß das sich anschließend vollziehende Geschehen nun innerhalb der jahwistischen
Erzählung Verwirklichung des Gotteswortes wird. Die Plage
läßt also nicht mehr wie in der Überlieferung Jahwes Gewalt,
sondern die Macht seines *Wortes* erscheinen. Insofern bezieht
sich Jahwe noch im Vollzug der Plage durch sein Wort auf
Pharao. Daß das Geschehen dem Wort Jahwes entspricht, wird
durch die Voraussage des Zeitpunktes für das Eintreffen der
Plage präzis festgestellt (9,5.18; 10,4; vgl. 8,25). Jedoch
entsprechen sich die Vorankündigung und der Bericht nur selten, denn daß die Plage als Erfüllung des Wortes verstanden
wird, ist nur Folge der Voranstellung der Ankündigung vor
den Bericht durch J aber nicht seine Hauptintention. Durch
das Wort kann und soll primär die Beziehung zwischen Gott
und Pharao ihren Ausdruck finden.

Die gleiche Intention des Jahwisten findet sich bereits in seiner
Schöpfungsgeschichte; das göttliche Wort bestimmt noch nicht die Schöpfung, wohl aber die Geschichte des Menschen (Gen 2,15f.). Nach J wendet
sich also Jahwe durch sein Wort an die *Menschen*, während sich in der
Priesterschrift schon die Beziehung zwischen Gott und der *Welt* durch das
göttliche Wort vollzieht, so daß P die Schöpfung als Ereignis gewor-
denes Wort darstellen kann.
Die Entsprechung zwischen Wort und Geschehen läßt sich auch beim Aufhören der Plagen beobachten. Allerdings sagt hier nicht Jahwe selbst,
sondern sein Bote, Mose, die Beendigung der Plagen durch Jahwe voraus,
und "Jahwe tut nach dem Worte Moses" (8,9.27).

Mit der Einführung eines Verhältnisses zwischen Jahwe und
Pharao korrigiert J gewissermaßen die ihm vorgegebene Überlieferung. Nach ihr setzt sich Jahwe für Israel ein, indem
er mit den Plagen und dem Meerwunder Pharao und sein Volk
schlägt, weil sie die Israeliten nicht entlassen wollen.
Hier spricht sich unbefangen volkstümliche, religiöse Stimmung aus: "Die Gegner Israels mögen Recht oder Unrecht haben,

---

zählen. Tatsächlich tut er es so, und zwar nun ausführlich.

schlecht geht es ihnen auf jeden Fall; denn Jahwe ist nun
einmal Israels Gott"[457]. Dagegen versucht Jahwe nach J durch
seine Anrede die persönliche Beziehung und damit die Möglichkeit einer Gemeinschaft mit Pharao zu eröffnen und ihm die
Freiheit eigener Entscheidung einzuräumen. Jahwe wendet sich
persönlich dem ägyptischen König, damit einem fremden Bedrücker Israels, zu. Die Rede Gottes setzt, zugespitzt gesprochen, auf der Seite des Angeredeten nichts voraus, denn
die - angebotene - Gemeinschaft zwischen Gott und Menschen
gründet sich weder auf Zugehörigkeit zu einem bestimmten Volk
noch auf ein Verhalten des Menschen, sondern allein auf Gottes Anrede. Durch sie entsteht die Möglichkeit der Gemeinschaft mit ihm. Relativiert J dadurch auch das Verhältnis
Israels zu Jahwe ein wenig? Auf diese Weise scheint indirekt
auch die Freiheit Gottes gegenüber seinem Volk zur Geltung
zu kommen; Jahwe hat zugleich universalen Anspruch[458].

Dementsprechend kann J die Urgeschichte der Menschheit vor die ihm
vorgegebene Pentateuchüberlieferung Israels stellen, und er gebraucht
den Namen Jahwe seit der Schöpfung, so daß seinem ganzen Werk ein uni-
versaler Aspekt verliehen wird[459].

Als Folge davon, daß J die Möglichkeit der Gemeinschaft
zwischen Jahwe, dem Gott *Israels*, und Pharao, dem *ägyptischen
König*, in die Überlieferung einführt, sind noch drei Erzählzüge hervorzuheben: a) Pharao wird aufgefordert, Jahwe zu
*erkennen*. Die Erkenntnisaussage betont kaum zufällig, daß
*Jahwe* im Lande *Ägypten* gegenwärtig ist[460]. b) In der Verhandlung über den Ort des Opferbringens erhebt Mose gegenüber
Pharao "auffälligerweise" nicht den naheliegenden Einwand[461],
daß die Israeliten ihrerseits in dem - ihnen kultisch fremden und daher für sie "unreinen" - Lande Ägypten nicht opfern
könnten (8,22f.). Mose unterläßt dies wohl nicht deswegen,

---

457 So Gunkel (HK 1,1, 171) in Bezug auf Gen 12,10-20.
458 J versteht die Universalität allerdings noch nicht so weitgehend,
     daß er allgemein von der Unvergleichlichkeit Jahwes auf der ganzen
     Erde sprechen würde, wie die spätere Bearbeitung in 9,14 (vgl. 8,6).
459 Zum universalen Aspekt des jahwistischen Werks s. z.B. Kaiser,
     Einleitung [592]f.; W.H.Schmidt, Einführung 76ff.
460 Dazu s.u.S.175.
461 Noth 60.

weil dieser Gesichtspunkt auf Pharao doch keinen Eindruck
gemacht und darum als Argument nicht gegolten haben würde[462],
sondern eher deswegen, weil durch diesen Gedanken Ägypten
aus Jahwes Machtbereich herausgenommen würde. c) J allein
kennt ein Sündenbekenntnis vor Jahwe im Mund von Ausländern:
Pharao in Ex 9,27; 10,16 und Bileam in Num 22,34. Das an
Jahwe, Gott Israels, gerichtete Sündenbekenntnis des einzelnen hat, abgesehen von drei Stellen im Hiobbuch[463], stets
Israeliten als Subjekt[464]. In diesen drei Punkten zeigt sich
wiederum der universale Charakter des Jahwisten.

## (c) Antwort Pharaos

Nach der Überlieferung handelt Pharao zusammen mit seinen
Dienern und seinem Volk. In der jahwistischen Erzählung
bleibt er zwar Repräsentant seines Volkes (vgl. 9,27), aber
Jahwe redet nur zu ihm. J weiß in der ganzen Plagenreihe
viel von Pharao zu erzählen, läßt dessen Diener aber erst
bei der vorletzten Plage als Handelnde auftreten.

Nach der Überlieferung kommen Pharao und seine Leute nur
vor und nach der Plagenreihe als aktiv Handelnde vor, indem
sie zunächst die Bitte der Israeliten um Auswanderung ablehn-
nen (Ex 5), ihnen später eine Auswanderungserlaubnis geben
(12,30f.) und sie schließlich trotzdem aus Reue verfolgen
(14,5). Dazwischen wird zwar von der Heimsuchung der Ägypter
durch die Plagen, aber nicht von ihrer Reaktion berichtet.
Dies holt J ausführlich nach.

Nach dem Grundbestand der Überlieferung verfolgen die Ägypter die aus ihrem Land fliehenden Israeliten, um sie als
Fronarbeiter zu behalten. Aus demselben Grund lehnt Pharao
nach der J vorgegebenen Überlieferung die Bitte der Israeliten ab und verfolgt sie, denen er unter dem Druck der Plagen

---

462 So Noth ebd.
463 Hi 7,20; 10,14; 33,27.
464 Gen 39,9; Jos 7,20; I Sam 15,24.30; II Sam 12,13; 24,10.17 (= I Chr
   21,8.17); Jer 2,35; Ps 41,5; 51,6. Das Sündenbekenntnis in der Pluralform wird von keinem ausländischen Volk abgelegt; Num 12,11;
   14,40; 21,7; Dtn 1,41; Jdc 10,10.15; I Sam 7,6; 12,10; I Reg 8,47;
   Jes 42,24; Jer 3,25; 8,14; 14,7.20; 16,10; Ps 106,6; Thr 5,16; Dan
   9,5.8.11.15; II Chr 6,36; Neh 1,6.

die Auswanderungserlaubnis gegeben hat[465]. So verhalten sich
Pharao und die Ägypter nach den beiden Stadien der Überlieferung gleichsam ganz natürlich. Wie steht es dagegen um
Pharao in der jahwistischen Erzählung, in der sich Jahwe ihm
persönlich zuwendet?

Der Jahwist berichtet keine direkte Antwort Pharaos auf
die Ankündigung Jahwes, sondern setzt seine Weigerung voraus
und erzählt unmittelbar nach der göttlichen Ankündigung vom
Eintreffen der Plage. Die Überlieferung reiht die Plagen aneinander, ohne den Abschluß der einzelnen zu erwähnen. In
der jahwistischen Erzählung enden die meisten Plagen erst
durch Moses Fürbitte[466]. Nur bei den Plagen, die von selbst
zu Ende gehen, berichtet J von keiner Fürbitte. Die Rede
Pharaos, in der er Mose um Fürbitte bittet, stellt seine
Reaktion auf die Plagen, ja seine erste Antwort auf Jahwe
dar, der ihn heimsucht.

J verschärft zwar den Trinkwassermangel als Folge der Nilplage in der Ankündigung gegenüber dem ihm vorgegebenen Bericht, läßt jedoch Pharao noch nicht persönlich getroffen
sein (7,23)[467]. Erst die Frösche plagen ihn selbst (7,28f.).
Bringt J damit zum Ausdruck, daß die Plage, unter der auch
Pharao selbst zu leiden hat, ihn veranlaßt, Mose herbeiholen
zu lassen? Jedenfalls ruft Pharao Mose nach der zweiten Plage
zum ersten Mal herbei (8,4), während Mose vorher von sich
aus zu Pharao (5,1; 7,15.26) geht. So wechseln Subjekt und
Objekt der Handlung. Schon das Verb "herbeirufen" (קרא) deutet die umgekehrte Richtung der Initiative an. Während Pharao
zunächst die Bitte um Auswanderung schroff ablehnt (5,1f.)
und in der anschließenden ersten Plage trotz nochmaliger Ankündigung Jahwes nicht zum Gespräch mit Mose bereit ist
(7,23)[468], läßt er ihn nach dem Auftauchen der Frösche rufen.
Damit erkennt Pharao indirekt an, daß die Plagen von Jahwe

---

465 Vgl. 14,5b: "Was haben wir da getan, daß wir Israel aus unserem
   Dienst entlassen haben!".
466 Parallel dazu steht die Fürbitte um Wendung der Not durch Kult-
   propheten in Volksklageliedern.
467 Vgl. Childs 154.
468 Allerdings ist nach dem Fischsterben eine Beendigung der Plage
   durch Fürbitte unmöglich.

kommen, ohne dies jedoch ausdrücklich zuzugestehen. Sein
Hauptinteresse liegt darin, dem unangenehmen Schwarm von
Fröschen zu entkommen. So eröffnet Pharao seine Rede hier (8,4)
nur mit der Bitte um die Beendigung der Plage durch Moses
Fürbitte. Seine Rede meidet jedoch, abgesehen vom Imperativ
an Mose, die zweite Person; Pharao bezeichnet die Israeliten
nicht mit "euch" (8,24; 9,28), sondern als "das Volk" (העם 8,4)
und das Verb steht darum in der dritten Person (ויזבחו). Er
nennt Gott schlicht "Jahwe", nicht "Jahwe, euren Gott" (8,24;
10,8), distanziert sich vom Gesprächspartner und entzieht
sich damit der persönlichen Konfrontation mit ihm. Nachdem
Pharao durch die Fröscheplage erfahren hat, daß Jahwe wirk-
lich die Plage beenden kann, will er im Gespräch mit Mose
zunächst nur eine bedingte Zusage geben (8,21). Daraus ist
wohl zu schließen, daß Pharao beim ersten Gespräch mit Mose
eine Bestätigung dafür sucht, daß die Plage durch Moses Fürbitte zu Jahwe zum Ende kommen kann, Jahwe also tatsächlich
Urheber des Geschehens und Mose sein Bote ist. Darum ist
hier die Zusage, die Israeliten zu entlassen, kaum ernst
gemeint[469].

Nach der Hundsfliegenplage, in der die Israeliten zum
ersten Mal verschont werden (8,18.20), kommt Pharao Mose
halbwegs entgegen und erlaubt ihm, im Lande Ägypten zu opfern[470]. Gegen diesen Vorschlag erhebt Mose aber einen Einwand (8,22)[471], den er in einem mit כי eingeleiteten Satz
damit begründet, daß das Opfer der Israeliten für die Ägypter kultisch anstößig (תועבה) sei[472], und er weist auf eine

---

469 Vgl. Noth 58.
470 Hier fehlt ein Ersuchen um flehentliche Fürbitte, das sonst stets
    in der Rede Pharaos vorkommt (8,4.24; 9,28; 10,17). Reagiert Mose
    sofort auf den kaum akzeptablen Vorschlag des ägyptischen Königs,
    so daß dieser seine Rede nicht zu Ende zu führen braucht? Oder weiß
    Pharao selbst, daß der Vorschlag unzureichend ist, um Mose zur Für-
    bitte zu veranlassen?
471 כון (ni.) bedeutet hier "richtig, recht" (Baentsch 69), "angäng-
    lich" (Noth 47), "statthaft" (KBL 427).
472 תועבה wird hier vom Standpunkt der Ägypter (so in Gen 43,32; 46,34
    beides J; vgl. Baentsch 70; Noth 59f.) und nicht der Israeliten
    (Holzinger 25) aus gebraucht, da die Vorstellung, daß Ägypten ein
    Jahwe fremdes Land und das Opferbringen in diesem Land für die Israe-
    liten ein "Greuel" sei, für J, der die Wirkung Jahwes im Lande Ägyp-
    ten behauptet (dazu s.o.S.175.188f.), schwer denkbar ist. Worin für die

mögliche gefährliche Reaktion der Ägypter hin[473]. Mose wiederholt die Aufforderung und besteht auf der dreitägigen
Reise in die Wüste (v.23)[474]. Mit der einleuchtenden Begründung Moses ist Pharao einverstanden: "Ich will euch entlassen, und ihr mögt eurem Gott Jahwe in der Wüste opfern. Nur
sollt ihr euch auf eurem Marsch nicht zu weit entfernen"
(v.24). Gegenüber dem Vermittlungsvorschlag in v.21 weist
die Erlaubnis in v.24 drei Änderungen auf. Darin zeigt sich
die Konzession Pharaos: a) שלח (pi.) löst הלך (qal) ab, und
Pharao tritt als Handlungssubjekt auf. Auch sonst wird seine
Bereitschaft zur Entlassung des Volkes mit שלח (pi.) formuliert (8,4.24; 9,28), während er bei der bedingten Zusage die
Auswanderung nicht als seine Tat der Entlassung, sondern als
Hinausgehen der Israeliten darstellt und das Verb הלך (qal
10,8a; vgl.24) gebraucht[475]. Das "Ich" Pharaos, der die Erlaubnis gibt, wird in v.24 betont, indem das Personalpronomen אנכי nur hier dem Verb (אשלח) vorangestellt wird[476].
Der ägyptische König proklamiert hiermit die Entlassung der
Israeliten. Er bezeichnet dabei die Israeliten nicht mehr
als "das Volk" (8,4), sondern spricht von ihnen in zweiter
Person (אתכם, וזבחתם und אלהיכם; vgl. 8,4). b) Als Ortsangabe tritt "in der Wüste" (במדבר) an die Stelle von "im
Lande" (בארץ). Der räumliche Vorbehalt "nicht zu weit entfernt", den Pharao macht, steht mit der Zeitangabe "drei-
tägig" in der Rede Moses wahrscheinlich nicht im Konflikt,

---

Ägypter der "Greuel" besteht, darüber wird nichts Näheres angegeben.
J meint doch wohl folgendes: "In Ägypten waren Opfer von ganzen
Tieren, auch Kleinviehherdentieren, nicht ganz unbekannt, wenn auch
nicht eben sehr üblich; man brachte als Opfer vorzugsweise Vegetabi-
lien, daneben Geflügel und Fleischstücke dar (vgl. H.Bonnet a.a.O.
<= Reallexikon der ägyptischen Religionsgeschichte, 1952> S.548f.).
Der israelitische Erzähler mag an diese ägyptischen Normalopfer gedacht haben, wenn er die israelitischen Ganzopfer von Kleinviehherdentieren als 'Greuel' für die Ägypter bezeichnete" (Noth 59f.).

473 ולא יסקלנו ist als ohne besondere Fragepartikel, mit ו eingeleite-
ter Fragesatz zu verstehen; vgl. GK §150 a; Baentsch 70; Noth 47.
474 Hat ursprünglich statt יאמר ein Perfekt in v.23bß gestanden (so
LXX; Baentsch 70) oder ist mit dem Imperfekt eine künftige Kundgebung
Jahwes gemeint (so Noth 47)?
475 In 12,31 kehrt das Verb הלך wieder, weil es sich dort um keine Erlaubnis auszuwandern, sondern um die Bitte, das Land zu verlassen,
handelt.
476 In 8,4; 9,28 steht nur das Verb (ו)(ה)שלח(א).

da dies in der folgenden Verhandlung nicht mehr erörtert wird
und das Thema des Orts der kultischen Handlung damit hier
schon erledigt zu sein scheint. c) Pharao nennt Jahwe nun
nicht "euren Gott" (v.21), sondern "Jahwe, euren Gott"
(ליהוה אלהיכם). Neben dem Hauptstreitpunkt über den Ort ver-
birgt sich in dieser Verhandlung noch eine Auseinandersetzung
in Bezug auf die Gottesbezeichnung; der ägyptische König
nennt den Gott Israels zunächst "euren Gott" (לאלהיכם).
אלהים allein, d.h. nicht in Apposition zu Jahwe, kommt in
der ganzen jahwistischen Plagenerzählung nur hier in 8,21,
also ein einziges Mal, vor[477], während der Eigenname יהוה
oft allein gebraucht wird. In dieser Bezeichnung kommt vielleicht ein gewisser Vorbehalt Pharaos gegenüber Jahwe zum
Ausdruck: Wer die Entlassung Israels fordert, ist mir gleich-
gültig. Euer Opfer ist eure kultische Handlung für *euren Gott*.
Mose sagt dagegen in seinem Sinne, daß das Opfer "Jahwe,
unserem Gott" (יהוה אלהנו) gebracht wird. Er wiederholt diese
Bezeichnung (v.22f.) und betont damit, daß, wer sich eigentlich mit Pharao auseinandersetzt, ihm - auch mit den Plagen -
die Forderung stellt, nicht irgendein Gott, sondern Jahwe,
"unser Gott", ist. Pharao scheint diese Behauptung zu akzep-
tieren, spricht jetzt von "eurem Gott, Jahwe" (v.24 gegenüber v.21) und erkennt damit indirekt an, daß die Entlassung
von Jahwe, Israels Gott, gefordert wird und dieser die Plagen
bringt. Erlaubnis zum Auszug und Anerkennung Jahwes verlaufen parallel. Als der Insektenschwarm am nächsten Tag gemäß
Moses Zusage verschwunden ist, nimmt Pharao aber wiederum
("auch diesmal" in 8,28) die Erlaubnis zurück, zu der er sich
bereit erklärt hatte (v.21-24).

Eröffnet Pharao nach der Frösche- und der Hundsfliegenplage seine Rede mit einem Imperativ[478], so beginnt nach der
Hagelplage seine Rede mit einem Perfekt in der ersten Person
(9,27): "Ich habe diesmal gesündigt (חטאתי הפעם)[479]. In diesem Bekenntnis bestätigt er seine Verfehlung gegenüber

---

477 קלת אלהים in 9,28 meint "Donner" (Baentsch 76; Noth 49).
478 העתירו in 8,4 und לכו in 8,21.
479 Die Tat "Herbeirufen" wird hier nicht nur mit קרא (so in 8,4.21)
    formuliert, vielmehr wird auch das Verb שלח (9,27) vorangestellt.

Jahwe[480]. Auf das Bekenntnis folgt eine Feststellung, in der
Pharao Jahwe Recht und sich selbst Unrecht gibt[481]. Sowohl
צדיק als auch רשע gehören zu demselben Bedeutungsbereich der
Gemeinschaft wie חטא[482]. Der Bekennende schließt sich mit
seinem Volk in Solidarität zusammen[483].

Worin hat Pharao gesündigt? Bei Sündenbekenntnissen wird
üblicherweise ausdrücklich eine konkrete Verfehlung genannt
(Jos 7,20; I Sam 15,24), oder dem Kontext kann ohne weiteres
eine bestimmte Tat entnommen werden (II Sam 12,13; II Sam
24,17). In Ex 9,27 wird aber "die schuldhafte Tat nicht beschrieben..., sondern einfach der רשע dem צדיק gegenübergestellt"[484], obwohl eine einmalige Verfehlung gemeint ist,
wie das Wort "diesmal" (הפעם) zeigt[485]. Erklärt er sich unter
dem überwältigenden Eindruck der Plage gegenüber Jahwe für
machtlos[486]? Daß das Schuldbekenntnis direkt dem Plagengeschehen folgt, könnte diese Deutung unterstützen. Mit der
Machtlosigkeit wird jedoch die Tathaftigkeit der Verfehlung
(חטא), die zum Wesen der Sünde gehört[487], übersehen. Einen
Anhalt bietet die zusätzliche Bemerkung zur "Verstockung",

---

Entspricht der ausführlichere Ausdruck der Änderung der Stellungnahme Pharaos zu Jahwe?
480 R.Knierim, חטא THAT I, 545; ders., Sünde 26; auch K.Koch, חטא ThWAT
II, 860.
481 Dieses ist, "das immer wiederkehrende Motiv in den Sündenbekenntnissen" (Bornkamm, GuG I, 126); vgl. Jos 7,19f.; Thr 1,18; Ps 51,6;
Dan 9,7.
482 Das Wort צדיק meint "gemeinschaftstreu, und darum gerecht" und dessen Gegenbegriff רשע bezeichnet gemeinschaftswidrige Taten; vgl.
C.van Leeuwen, רשע THAT II, 814; auch K.Koch, צדיק THAT II, 514.
483 Allerdings ist "das Volk" nicht Subjekt von חטא. Liegt hier ein ko-
operatives Denken vor? (R.Knierim, חטא THAT I, 546).
484 Boecker, Rechtsleben 126.
485 Ebenfalls in 10,16 wird keine Tat genannt. Baentsch (76) versteht die
Funktion dieser Partikel als einschränkend und sagt, "dass er (= Pharao) sein Unrecht eingesteht, jedoch wie הפעם zeigt, nur für den gegenwärtigen Fall und nicht mit Bezug auf seine früheren Weigerungen".
Spricht 9,34 jedoch nicht dagegen? v.Rad deutet den Zusammenhang der
Rede in 9,27 mit der Gerichtsdoxologie an, meint aber: "Die Worte des
Pharao sind ... als eine allgemeine Redewendung zu verstehen" (GStAT
II, 250).
486 Baentsch 76: "Pharao faßt die ganze Angelegenheit als eine Art Rechtsstreit auf, der nach dem Grundsatz entschieden wird: Der Stärkere hat
Recht"; vgl. Noth 62. Ist das aber der Grundsatz eines Rechtsstreites?
487 R.Knierim, חטא THAT I, 543.

in der sich das Wort חטא außerhalb des Bekenntnisses Pharaos
ein einziges Mal in der jahwistischen Erzählung findet
(9,34). Dort werden Sünde und "Verstockung" nebeneinander
gestellt und damit gleichgesetzt. Durch die Bemerkung "er
sündigte weiter" (...ויסף) wird die Verbindung zur vorangehenden "Verstockung" geschaffen. J bezeichnet die Verstockung
Pharaos nach der Hundsfliegen- (8,28)[488] und wohl bereits
nach der Fröscheplage (8,11) als Sünde. Sonst ist mit der
Schuld, die Pharao (9,27) eingesteht, zunächst seine "Verstockung" nach der vorangehenden Plage (8,28) gemeint. Er
verletzt die Gemeinschaft mit Jahwe, indem er sein Versprechen, die Israeliten zu entlassen, rückgängig macht, und
zwar ohne dieses anzukündigen. Trotz dieser "Verstockung"
wiederholt Jahwe seine Anrede an Pharao. Darauf verweigert
dieser immer noch die Entlassung des Volkes. Auch darin sündigt er, denn er beharrt damit auf seinem gemeinschaftswidrigen Verhalten gegenüber Jahwe. Als Folge dieser Weigerung geschieht die Plage, und darauf legt er das Sündenbekenntnis als vom göttlichen Gericht Betroffener ab[489]. Nach
dem Ende des ungewöhnlich starken Hagels "verstockt" er sich wieder (9,34). Die "Verstockung" erhält hier von seiner vorangehenden Rede (v.27f.) her doppelten Sinn; Pharao nimmt -
wie schon nach der vorangehenden Plage - seine Zusage der
Auswanderung zurück und macht sein Sündenbekenntnis rückgängig. Dies ist ganz ungewöhnlich, da das AT sonst nirgends
ein solches Verhalten kennt. So kommt das Wort חטא kaum zufällig in der Aussage der "Verstockung" in 9,34 vor, Pharao
wiederholt die Sünde, als ob Jahwe ihn nicht erhört hätte.
Auf diesen ungewöhnlichen Widerruf des Sündenbekenntnisses
durch Pharao folgt der Umschwung in der Plagenreihe[490].

---

488 An die Schlußformel am Ende der Pestplage (9,7) ist wohl nicht zu
    denken, da dort die Formulierung der Verstockung anders ist und
    eine Verbindung mit den anderen Schlußformeln fehlt.
489 "Zum Wesen des Schuldbekenntnisses gehört dabei immer, daß über
    Sünde und Gericht niemals von außen konstatierend oder deutend ge-
    redet wird, sondern immer aus einer persönlichen Betroffenheit"
    (Bornkamm, GuG I, 126).
490 Näheres s.u.S.202ff.

Nach der Heuschreckenplage legt Pharao nochmals ein Sündenbekenntnis ab. Für eine solche Wiederholung fehlt eine Parallele im AT, da es sonst eine Zurücknahme des Sündenbekennt
nisses nicht kennt. Im AT ist ein Sündenbekenntnis für eine
Person in der Regel nur einmal belegt[491]. Allein bei David
wird von einer zweimaligen Verfehlung und deren Eingeständnis
vor Jahwe berichtet (II Sam 12,13; 24), jedoch liegt zwischen
beiden Verfehlungen ein großer Zeitabstand.

Das Bekenntnis nach der Heuschreckenplage (10,16f.) zeigt
gegenüber dem ersten bedeutsame Wandlungen: a) Auch hier eröffnet Pharao seine Rede mit demselben Verb חטאתי wie zuvor
(9,27). Jahwe wird nun als Geschädigter durch die Partikel
ל eingeführt. Pharao hat zwar auch nach 9,27 gegen Jahwe gesündigt, was dem Zusammenhang zu entnehmen ist, denn die
Aussage "Jahwe ist im Recht, ich und mein Volk aber sind im
Unrecht" schließt sich direkt an das Bekenntnis an. Hier (v.16)
nennt Pharao ausdrücklich den Namen Jahwe, und zwar erweitert um die Apposition "euer Gott" (אלהיכם). Er wiederholt
diese volle Benennung im Ersuchen um die Fürbitte (v.17),
während er nach der vorangehenden Heuschreckenplage einfach
von "Jahwe" sprach (9,28). So bekennt Pharao, daß er eine
Verletzung der Gemeinschaft mit diesem Gott begangen hat.
Die Verfehlung Pharaos trifft aber nicht nur Jahwe, sondern
auch dessen Volk, "euch"[492]. Gegenüber dem vorangehenden Bekenntnis (9,27f.) erhöht sich die Zahl der Geschädigten,
und das Subjekt der Verfehlung konzentriert sich auf Pharao
selbst. Sein Volk (vgl. 9,27) taucht in seiner Rede neben ihm
nicht mehr auf; auch bei der Abwendung der Heuschreckenplage
ist "von meinem Volk" (8,4) keine Rede mehr, Pharao spricht
(10,17) nur von sich (מעלי). b) Außerdem spricht Pharao hier

---

491 Bileam in Num 22,34; Achan in Jos 7,20; Saul in I Sam 15.
492 לכם kann sich im vorliegenden Zusammenhang auf Mose und Aaron be-
    ziehen. Hat ursprünglich stattdessen eine singularische Form ge-
    standen, da Aaron in der jahwistischen Erzählung noch fehlt? Daß das
    erste Verb in v.17 (שא) nicht - wie והעתירו - in die pluralische
    Form geändert worden ist, spricht wohl für לכם im jahwistischen
    Text am Ende v.16. So Baentsch 82; Noth 50.

nicht von der Zusage[493], das Volk zu entlassen, wie er es
bisher trügerisch tat (8,4.24; 9,28). Schließt das vorbehalts-
lose Schuldbekenntnis die Zusage ein? Jedenfalls tritt der
konkrete Anlaß in den Hintergrund, so daß allein das Verhältnis Pharaos zu Jahwe Thema der Rede wird. Auch eine konkrete
Situationsangabe fehlt; Pharao erwähnt die Heuschreckenplage
nur allgemein als "dieses Sterben" (המות הזה). c) Gegenüber
der vorangehenden Hagelplage wird nun eine Bitte um "Auf-
hebung" der Sünde (עתה שא נא חטאתי אך הפעם in v.17aα) zwischen
das Bekenntnis und das Ersuchen um Fürbitte eingeschoben.
Die Wendung נשא חטאה mit dem Objekt der femininen Form, die
oft mit "vergeben" übersetzt worden ist[494], weist nach Koch
"stets auf ein Wegtragen der Schuldsphäre vom Täter durch
einen Dritten, der stellvertretend einspringt, Fürbitte leistet und das Todesverhängnis abwendet"[495]. Diese Aussage
Pharaos setzt als selbstverständlich voraus, daß die Sünde
nicht nur eine böse Tat, sondern auch deren entsprechende
Tatfolge bedeutet[496]. Die Vorstellung der Einheit von Verfehlung und Gericht ist bereits dem ersten Sündenbekenntnis
nach der Hagelplage (9,27f.) nicht unbekannt. Pharao weiß
also, daß die Hagelplage Folge seiner Verfehlung gegenüber
Jahwe, Gericht wegen der wiederholten Verstockung und Verweigerung einer Antwort auf die göttliche Anrede ist. Die
Zusammengehörigkeit von Sünde und Tatfolge wird nun in 10,17
von Pharao grundsätzlicher formuliert. Die Heuschreckenplage
ist für ihn Folge seiner Verletzung des Gemeinschaftsverhält-
nisses mit Jahwe (חטאתי); darum muß er eigentlich sterben
(מות)[497]. J hebt die Einmaligkeit der Verfehlung und ihres
"Wegtragens" hervor, indem er dem Wort "nun" (עתה), das bei
ähnlichen Gelegenheiten wiederkehrt (Gen 50,17; Ex 32,32;

---

493 Im Rechtsstreit ist die Zusage Bestandteil des Geständnisses
   (Boecker, Rechtsleben 114).
494 So Baentsch 82; Noth 50.
495 חטא ThWAT II, 862.
496 Dazu K.Koch, חטא ThWAT II, 860f.; vgl. R.Knierim, חטא THAT I, 546.
497 "Der Sünder muß sterben in seinem ḥeṭ'" (R.Knierim, חטא THAT I,
   546) ist auch hier vorausgesetzt; vgl. Num 27,3; Dtn 19,15; 24,16;
   II Reg 14,6; Ps 51,7; Dan 9,16.

I Sam 15,25), אך הפעם hinzufügt[498]. Die Betonung der Einmaligkeit schließt jedoch seine vorangegangene Schuld nicht
aus. In der ungewöhnlichen Rücknahme seines Sündenbekenntnisses konzentriert sich sein vergangenes Fehlen. Dabei weiß
Pharao, daß er selbst dieses Sterben nicht abwenden kann,
so daß er Mose um das Wegtragen seiner Sünde bittet. Die
Auswegslosigkeit Pharaos aus der Sünde und damit sein völli-
ges Angewiesensein auf Moses Fürbitte zu Jahwe werden hier
radikaler als bei der vorangehenden Hagelplage ausgesprochen.
So wird nach der Steigerung der Sünde das Bekenntnis Pharaos
vertieft.

Der Jahwist berichtet zwischen erstem und zweitem Sündenbekenntnis über die wiederholte Verhandlung Pharaos mit Mose.
Der Sache nach schließt sich beides aus, denn das Schuldbekenntnis ist bedingungslos, während bei der Verhandlung
eine Bedingung für die Auswanderung aufgegeben wird. Tatsächlich kommen Bekenntnis und Verhandlung niemals zusammen
vor - auch bei der neunten Plage treten sie vor und nach
dem Eintreffen der Heuschrecken getrennt auf.

Mose wird vor Eintritt der angekündigten Plage erstmalig von Pharao
zurückgerufen. Erstmalig kommen die Diener Pharaos als selbständig Handelnde vor, und ihre Beratung veranlaßt ihren König zur Verhandlung. Die
erste Frage der Diener (10,7) setzt mit der Wendung "wie lange" (עד־מתי)
ein, die sich bereits in v.3 findet, und ihre zweite Frage knüpft mit
הטרם תדע an 9,29f. an. In der Ausdrucksweise entspricht also die Rede
der Diener der Warnung Moses nach der Hagelplage (9,29f.) und der Ankündigung Jahwes (10,3), jedoch handeln sie nicht aus Gottesfurcht (vgl.
9,30), sondern aus Besorgnis um den völligen Untergang Ägyptens. Sie
nennen Mose geringschätzig זה[499] und machen ihn allein für die Plagen
verantwortlich. Die Diener ahnen nicht, daß die Plagen Folge des gestör-
ten Verhältnisses zu Jahwe sind. Ihr Unwissen um Jahwe steht im krassen
Gegensatz zu der vorangehenden, durch die gemeinsamen Formulierungen verbundenen Aussagen Moses und Jahwes; nach dem 10,7 ähnlichen Satzanfang[500]
ist beide Male von der Haltung zu Jahwe die Rede: Furcht vor Jahwe (9,30)
und Demütigung vor ihm (10,3). Auch Pharao erkennt ja im Sündenbekenntnis unter dem Eindruck der Heimsuchungen, daß er mit Jahwe konfrontiert
ist (9,27; 10,17). Seine Diener sind von dieser Einsicht entfernt; in

---

498 J gebraucht הפעם in der Plagenerzählung gerne (8,28; 9,27; 10,17).
    Holzinger (Einleitung 103) hält das Wort mit Recht für "jahwistisch",
    da es in der jahwistischen Erzählung der Genesis wiederkehrt: Gen 2,23
    18,32; 27,36; 29,34f.; 30,20; 43,10; 46,30. Merkwürdigerweise benutzt
    P das Wort niemals!

499 Baentsch 80. Auch die Israeliten werden weder als "das Volk" noch
    mit ihrem Namen, sondern distanziert als "die Leute" (האנשים) be-
    zeichnet.

500 טרם in 9,30 und עד־מתי in 10,3.

ihrer Rede findet sich "keine Spur von Erkenntnis der eigenen Sünde und
von der Furcht Jahwes!"[501]. Bringt dieser Gegensatz zum Ausdruck,"daß
das Erkennen der Sünde nur aus der Begegnung mit Gott, in deren Licht
die Sünde als Sünde und das Gericht als Gericht offenbar"[502] wird, er-
wachsen kann, und nur als Antwort auf Gottes Wort möglich ist, da Jahwe
ständig Pharao allein und nicht seine Diener angeredet hat[503]? Kann man
aus dem Wiederkehren der Verhandlung entnehmen, daß Pharao, selbst nachdem er sich einmal bedingungslos schuldig bekennt und damit direkt Gott
gegenübersteht, dieser Konfrontation zu entkommen versucht, wenn sich
eine Gelegenheit bietet? Auf jeden Fall läßt Pharao vor dem Eintreffen
der Heuschrecken Mose zur Verhandlung zurückholen (10,8).

Nach der Verhandlung über den Ort des Opferdarbringens
(8,24) will Pharao wissen: "Wer alles soll mitgehen?" (10,8).
Diese Frage zeigt, daß er nicht daran denkt, das ganze Volk
zu entlassen. Schon die Formulierung der Zusage läßt dies
vermuten, denn sie ist nicht als Pharaos Tat (שלח pi.), sondern als Handlung der Israeliten (הלך qal) formuliert[504].
Das Opfern, das die Israeliten in der Wüste beabsichtigen,
haben sowohl Pharao (8,4.21.24) als auch Mose (8,22f.
25) zuvor ständig mit "schlachten" (זבח) bezeichnet[505]. In
dieser Verhandlung verschwindet dieses Verb plötzlich. Stattdessen gebraucht einerseits Pharao "dienen" (עבד v.8.11)[506]
und andererseits Mose "feiern" (חג v.9 als Nomen). Kaum zufällig vollzieht sich der Wechsel des Sprachgebrauchs gerade
in der Verhandlung, in der über die Teilnehmer des Opfers
gesprochen wird. Die verschiedenen Vorstellungen über die
Teilnehmer der Feier werden also mit der Art und Weise der
kultischen Handlung begründet. Was bisher der Aufforderung
zur Auswanderung als deren Ziel beigefügt wurde, tritt nun
als Verhandlungsthema in den Vordergrund. Warum gebraucht
Mose hier חג und Pharao עבד? Mose verlangt die Auswanderung
aller Volksglieder ohne Unterschied des Alters[507] und Ge-
schlechts[508] zusammen mit kleinem und großem Vieh[509]. Er

---

501 Baentsch 80.
502 Bornkamm, GuG I, 126; vgl. auch 137f.
503 Hier handelt es sich infolgedessen kaum um den Gegensatz zwischen
    dem hartnäckigen, törichten Pharao und seinen einsichtsvollen Die-
    nern, so etwa Noth 63.
504 Zum Sprachgebrauch der beiden Verben s.o.S.192.
505 In Ex 5 steht neben זבח (v.3.8.17) noch חגג (v.1).
506 Auch seine Diener benutzen dieses Verb in v.7.
507 "Mit unseren Jungen und Alten".
508 "Mit unseren Söhnen und Töchtern".
509 Die Frauen sind zwar nicht genannt, aber in נלך eingeschlossen;

begründet seine Forderung mit einem durch כי eingeleiteten
Satz, daß es sich um ein חג Jahwes handelt. Mose zieht diesen
Begriff hier deswegen dem bisherigen Verb זבח vor, weil sich
das Wort חג "vor allem durch die fröhlichen Festkarawanen...,
die zum Heiligtum ziehen, um dort ihr Opfer darzubringen"
auszeichnet[510]. Die ganze Familie tritt die Wallfahrt an
(I Sam 1)[511]. J nimmt diese Forderung Moses bereits zu Anfang der ersten Verhandlung vorweg und legt ihm חגג in den
Mund (5,1). Warum gebraucht Pharao hingegen hier עבד?
Das Verb זבח bedeutet "schlachten"[512]. Beim Schlachtopfer
können der Anlaß und der Verlauf des Festes und der Umfang
der Teilnehmer unterschiedlich sein[513], so daß Pharao mit
זבח die Teilnahme am Fest nicht auf die Männer (הגברים in
v.11) beschränken könnte. Warum עבד diese Einschränkung bedeutet, ist nicht eindeutig, da "Gott dienen" "im AT eine um-
greifende Bezeichnung des Gottesverhältnisses" ist[514]. Auch
in der Exoduserzählung bedeutet עבד[515] in der Aufforderung
Jahwes "Opferbringen" (7,16.26; 8,16; 9,1.13; 10,3) und in
der Verhandlung "Arbeit im Frondienst" (5,18; vgl. 14,5b).
J spielt jedoch mit der Einschränkung Pharaos kaum auf jene
kultische Forderung an, daß alle männlichen Personen dreimal
im Jahr vor Jahwe erscheinen müssen (Ex 23,17; 34,23; Dtn
16,16)[516], denn die Aussage Pharaos weist kaum Berührungen
mit jener mehr oder weniger formelhaften Wendung auf[517].

---

vgl. Baentsch 80.
510 B.Kedar-Kopfstein, חג ThWAT II, 736; vgl. I Reg 12,32; Dtn 16,14;
    Jes 30,29; Sach 14,16; Ps 42,3.5; II Chr 5,3. Da das Wort חגג wohl
    nicht nur allgemein "Fest", sondern vorzüglich "Wallfahrtsfest" bedeutet
    und eine Reise in sich einschließt, fehlt ihm (5,1) die Streckenan-
    gabe "einen Marsch von drei Tagen", die das Verb זבח (5,3) bei sich
    hat; vgl. Noth 34.39; KBL 275f.
511 Auch mit dem Vieh zusammen (v.24): בפרים nach MT und בקר nach Qum.
512 KBL 248; B.Lang, זבח ThWAT II, 523.
513 Vgl. das regelmäßige Opfer von etwa dreißig Vollbürgern einer Ortschaft
    (I Sam 9,12f.), das Wallfahrtsfest einer ganzen Familie (I Sam 1f.),
    die Bewirtung von Saul und seinen Dienern als Gäste (I Sam 28,24)
    und die Tempelweihe (I Reg 8,62).
514 C.Westermann, עבד THAT II, 195.
515 Zum "Jahwe dienen" in Ex 3-12 s. Floss, Dienen 181ff.
516 So Baentsch 80; Holzinger 30.
517 Pharao spricht nicht von זכור, sondern גבורים, nicht von "vor Jahwe
    erscheinen". Wieweit ist die Kultforderung in einem organisch erwach-
    senen System entstanden? (vgl. B.Kedar-Kopfstein, חג ThWAT II, 741).

Oder denkt J an den Dienst am Heiligtum, welchen Priester
und Leviten leisten? Aber dieser Sprachgebrauch von עבד ist
erst in späterer Zeit belegt[518]. Selbst ein Kind kann diesen
Dienst tun (I Sam 2,11)[519]. Oder meint Pharao mit עבד iro-
nisch die Arbeit des Frondienstes (vgl. Ex 14,5b J), den gewiß nur die Männer tun? Dann nutzt Pharao die umfassende Bedeutung von עבד aus, indem er in v.10 den Ton von der Kultaus-
übung zur Fronarbeit verlagert. Die arglistige Sinnverschiebung entspricht dem ironischen Klang der vorangehenden Rede
Pharaos in v.10[520]. Dem Ausdruck nach hat Pharao Recht, wenn
er seine Erlaubnis "עבדו את־יהוה" mit "denn das verlangt ihr
ja" begründet (v.11aß), denn in der Aufforderung, die Israeliten zu entlassen, wird stets dieses Verb gebraucht, und
Jahwe wird stets mit dem Personalsuffix in der ersten Person
angekündigt (ויעבדני)[521]. War Pharao nach der Hundsfliegenplage mit dem Ort der Opferdarbringung einverstanden, weist
er diesmal die Forderung Moses nach Teilnahme des ganzen
Volkes zurück. Mose wird wieder weggeschickt (10,11b). Darauf
folgt das Eintreffen der Heuschrecken.

Pharao ruft Mose nach der letzten Plage, der Erstgeburtentötung, nochmals, und zwar sofort während der Nacht[522]. Er
gewährt die Auswanderungserlaubnis im vollen geforderten Umfang: "Geht, dient Jahwe, wie ihr gesagt habt" (12,31)[523].
Genau besehen, ersucht Pharao Mose und die Israeliten, sofort aus Ägypten wegzuziehen. Ja, die Ägypter drängen sogar
darauf, die Israeliten aus dem Land zu entlassen (v.33).
Wieder zeigt Pharaos Rede Unterschiede gegenüber den bisherigen Gesprächen: Während er früher bei der Nil- und Pestplage mit der Tötung von Fischen und Tieren Mose nicht her-

---

518 C.Westermann, עבד THAT II, 198f.
519 Allerdings mit dem Verb שרת.
520 Zu v.10 vgl. Baentsch 80f.; Noth 49.63. Die zweite Hälfte von v.10
    bedeutet: "ihr habt Böses im Sinn"; vgl. auch KBL 591.
521 Kann man in der Wiederholung des Personalsuffixes eine Auseinander-
    setzung mit dem Dienst für Pharao (14,5) mithören?
522 Noth 76.
523 Pharao meint hier mit עבד את־יהוה "Opferbringen", wie in der Auf-
    forderung Jahwes, anders in seiner ironischen Rede in 10,11. Er-
    wartet Pharao bei der Erlaubnis der Auswanderung der Israeliten
    noch ihre Rückkehr nach dem Opferbringen in der Wüste (so Baentsch
    104)? Anders Noth 76f.

beigerufen hat, läßt er ihn nach der Erstgeburtentötung rufen. V.33b gibt darum den Grund für seine Handlung an: Die
Ägypter meinen: "Sonst sind wir alle des Todes". Nach dieser
Befürchtung liegt es nahe, daß Pharao von Mose fordert, Jahwe
um Verzicht auf eine mögliche weitere Tötung zu bitten. Davon ist aber keine Rede. Auch die Wiederholung eines Sündenbekenntnisses fehlt in dem Wort Pharaos, obwohl es nahege-
legen hätte und mit der vollständigen Erlaubnis der Herausführung leicht verbunden werden konnte. Hier berichtet der
Jahwist also weder von einer Bitte um Beendigung der Plage
noch von einem Sündenbekenntnis, sondern allein von der Auswanderungserlaubnis. Mit ihr gibt er die ihm vorgegebene,
für den weiteren Gang der Exoduserzählung notwendige Überlieferung wieder und bearbeitet sie dabei kaum[524].

### (d) Gesamtstruktur

Der formelhafte Aufbau besteht in der Regel aus (1) Ankündigung der Plage, (2) Geschehen der Plage, (3) Beendigung
der Plage und (4) Schlußformel[525]. Zwischen den beiden ersten
Elementen lehnt Pharao die göttliche Aufforderung ab. Davon
berichtet J nichts. Die Beendigung der Plage gliedert sich
in das Gespräch zwischen Pharao und Mose und in den Vollzug
der Beendigung durch Jahwe. Dabei treten Jahwe und Pharao
jeweils abwechselnd hervor:

1. Ankündigung der Plage:   Ankündigung durch *Jahwe*
                            Verweigerung *Pharaos*
2. Geschehen der Plage   :  Plagenvollzug durch *Jahwe*

---

524 Allein die Bitte um Segen zeigt, daß Pharao damit indirekt aner-
    kennt, "daß er bisher unter dem mächtigen und wirksamen Fluch die-
    ses Gottes gestanden hat, der alle 'Plagen' bis zu der soeben ge-
    schehenen letzten über ihn gebracht hat" (Noth 76). Übrigens kann
    v.32a eventuell auf den Bearbeiter, der den Abschnitt von 10,21-29
    hinzugefügt hat, zurückgeführt werden, denn dieser Halbvers nimmt
    speziell das Verhandlungsthema von 10,21-29 wieder auf, während im
    jahwistischen Werk das Vieh nur als Besitz mit der ganzen Familie
    zusammen erwähnt wird (10,9). Darüber hinaus findet sich eine Du-
    blette in v.31 und in v.32a: "wie ihr gesagt habt".
525 S.o.S.127ff.

3. Beendigung der Plage :  Antwort *Pharaos*

                                Beendigung der Plage durch *Jahwe*

4. Schlußformel      :  Verstockung *Pharaos*

In der erste Plage kündigt Jahwe zwar die kommende Heimsuchung an, räumt jedoch dem ägyptischen König noch keine
freie Entscheidung ein. Eine Weigerung Pharaos kann hier
darum noch nicht berichtet werden. Nach der Plage kann dieser
Mose nicht um ihre Beendigung bitten[526]. Ob J ursprünglich
auch hier von der Verstockung erzählt oder nicht, bleibt
offen[527]. Selbst wenn davon keine Rede ist, nimmt Pharao es
sich nicht zu Herzen (7,23), ignoriert Jahwe trotz der Plage.

In seiner Antwort nach den Plagen wird die Beziehung Pharaos zu Jahwe zunehmend enger, wie wir es schon oben von der
zweiten Fröscheplage an beobachtet haben. J gestaltet jedoch
nicht eine gradlinige Steigerung, denn jeder Plagenabschnitt
endet mit der "Verstockung" Pharaos. Er wendet sich zu Jahwe
und wird immer direkter mit ihm konfrontiert, aber um so gemeinschaftswidriger verhält er sich mit seiner "Verstockung"
gegenüber Jahwe, und um so stärker sündigt er gegen ihn.
Auch nach der Pest, der eine Antwort Pharaos an Jahwe nach
dem Plagengeschehen fehlt, bricht diese Steigerung der Sünde
nicht ab, denn Pharao bestätigt sein gemeinschaftswidriges
Verhalten durch die Ablehnung der Aufforderung und bleibt
durch seine "Verstockung" bei seiner bisherigen Entscheidung,
das Volk nicht zu entlassen.

Pharao verschließt sich wortlos mit der "Verstockung" gegen
Jahwe nach dem Aufhören der Plage. Trotzdem wiederholt Jahwe
seine Anrede an Pharao vor der nächsten Plage, obwohl Jahwe
jederzeit ihre Vorankündigung unterlassen und sie direkt
hintereinander hervorbringen kann, wie er es stets in der J
vorgegebenen Überlieferung der gesamten Plagenreihe und auch
in der jahwistischen Erzählung später bei der letzten Plage
und beim Meerwunder tut. Die Anrede Jahwes gewinnt in den
späteren Plagen mehr und mehr den Charakter freier Zuwendung,
während Pharao immer stärker in die "Verstockung" gerät.

---

526 Zum Grund dafür s.o.S.126 Anm.206; vgl. S.98.
527 Dazu s.o.S.134.

Auch kommt Jahwe der Bitte Pharaos um Beendigung der Plage nach, obwohl dieser seine Zusage, die Israeliten zu entlassen, nach der vorangehenden Plage gebrochen hat. Allerdings ist Jahwe - innerhalb der Handlungsfolge - kaum in der Lage, anders zu entscheiden, denn auch die
Plage, die J einmal in ihrem Andauern schildert, muß zu ihrem Ende kommen, damit eine nächste folgen kann.

Nach der zweiten Zurücknahme des Sündenbekenntnisses nach
dem Verschwinden der Heuschrecken redet Jahwe Pharao nicht mehr
an. Ohne die Anrede kann dieser jenem nicht mehr antworten.
Die letzte Plage geschieht darum nicht auf die Weigerung
Pharaos hin, wie es von der zweiten bis zur Heuschreckenplage durchweg der Fall war, sondern als Folge der Verstok-
kung nach der vorangehenden Heuschreckenplage. Die Beziehung
zwischen Pharaos Antwort und Jahwes Verhalten ist dem Bisherigen gegenüber ganz anders geworden; Jahwe hat Pharao
vorher stets *trotz* dessen gemeinschaftswidriger Antwort angeredet, aber nun schweigt er *infolge* seiner Reaktion. Hat Pharao sich mit der Verstockung verschlossen, so verschließt
sich jetzt auch Jahwe und spricht kein Wort mehr zu ihm. So
stellt das Ende der Anrede Jahwes den Wendepunkt in der gesamten Plagenreihe dar.

Die Ankündigung vor der letzten Plage (11,4-6) ist höchstwahrscheinlich an die Israeliten gerichtet[528]. Selbst wenn Jahwe hier noch zu
Pharao reden würde, liegt der Wendepunkt vor der letzten Plage, denn
er hat sich bereits zum Vollzug der Erstgeburtentötung entschlossen
und räumt dem ägyptischen König keine freie Entscheidung mehr ein, so
daß hier ein Bedingungssatz fehlt[529].

So nähert sich in der jahwistischen Erzählung die Spannung
dem Höhepunkt bei der Heuschreckenplage. Dieses deuten bereits die oben festgestellten Abweichungen des Abschnitts
an[530]. Außerdem lassen sich verschiedene Steigerungen beobachten, deren Höhepunkt in der Regel bei der Heuschreckenplage liegt.

Jahwe kündigt in jeder Plage etwas Neues an. In der Ankündigung der ersten Plage wird die Schadensfolge noch nicht

---

528 Dazu s.o.S.122f.
529 Die Verweigerung der Aufforderung durch Pharao kann darum hier nicht
    geschehen, wie es bei der ersten Plage der Fall war.
530 Das Zusammentreffen der Erzählelemente, die früher getrennt vor-
    kamen, und die Darstellung der dringlichen Situation; dazu s.o.
    S.137.

ausdrücklich auf Pharao bezogen[531]. J läßt hingegen die dar-
auffolgende Fröscheplage stark Pharao persönlich treffen
(7,28), so daß er zu einer Zusage der Entlassung des Volkes
gezwungen wird. Mose sagt vor der dritten Plage, nämlich dem
Überfall der Hundsfliegen auf Pharao auch die Verschonung
der Israeliten (8,18) voraus. Die Ankündigung der darauf-
folgenden Pest fügt über den persönlichen Schaden Pharaos
und die Verschonung (9,3f.) hinaus die Voraussage des Zeitpunktes des Eintreffens der Plage (9,5) hinzu. Vor dem Hagel wird die Unvergleichlichkeit des Maßes der kommenden
Plage neu angekündigt (9,18). Bei der anschließenden Heuschreckenplage wird der Schaden verdoppelt, indem das Eindringen des Insektenschwarms ins Haus (v.6) und ihr Überfall auf die Felder (v.5) zusammengestellt werden. In der
Voraussage der letzten Plage wird zwar die Unvergleichlichkeit der Heimsuchung nicht nur für die Vergangenheit (vgl.
10,6), sondern auch für die Zukunft behauptet (11,6), aber
bereits der Bericht über die Hagelplage erzählt davon (10,
14). So findet sich merkwürdigerweise in der jahwistischen
Plagenreihe bei der abschließenden Erstgeburtentötung keine
weitere Steigerung mehr.

Ein Bedingungssatz kommt zum ersten Mal in der Ankündigung der zweiten Plage vor (7,27). Beginnt er mit ‏ואם‎, so
werden die späteren (8,17; 9,2; 10,4)[532] mit ‏כי אם‎ eröffnet.
Ist der erste Bedingungssatz noch nicht so betont, wenn der
Partikel ‏כי‎ bekräftigende Bedeutung zukommt[533]? Oder begründet das Eintreffen der Plage noch nicht deutlich genug die
Aufforderung, das Volk zu entlassen, da ‏כי‎ mit "denn" zu
übersetzen ist[534]? In den beiden ersten Fällen (7,28; 8,17)
folgt die Ankündigung der Plage direkt dem Bedingungssatz.

---

531 Dieses tut J wohl absichtlich, da nach dem Eintreffen dieser Plage
kein Raum für ein Gespräch zwischen Pharao und Mose übrigbleibt.
532 Zu 9,17 s.o.S.130f.
533 ‏כי‎ "hinweisend, bekräftigend" (KBL 431).
534 Baentsch übersetzt 7,27; 8,17; 9,2 mit "wenn..." und allein 10,4 mit
"denn wenn...", Noth nur Ex 7,27 mit "wenn..." und die übrigen Stellen mit "denn wenn..." und gibt damit den hebräischen Text genau
wieder. Beide verstehen die Partikel ‏כי‎ als Begründung.

In 9,2 wird der Bedingungssatz durch "wenn du sie immer noch
festhältst" ausgedehnt, ähnlich wie vor der Ankündigung der
anschließenden Hagelplage (9,17)[535]. 9,17 ist durch die gemeinsame Formulierung (עודך + Partizip) mit 9,2 verbunden.
Dabei enthält 9,17 gegenüber 9,2 eine Steigerung, indem das
Verhalten Pharaos zu Israel grundsätzlicher beschrieben wird:
"Noch immer verhältst du dich gegen mein Volk hochmütig"[536].
In der anschließenden Heuschreckenplage wird eine entsprechende Aussage, die mit עד-מתי beginnt[537], als selbständiger
Satz formuliert und taucht bereits vor dem Bedingungssatz
auf, nämlich zwischen Botenformel und Aufforderung. Die Ankündigung der letzten Plage, die sich wohl an die Israeliten
richtet, kennt keinen Bedingungssatz.

Das Plagengeschehen selbst zeigt eine Steigerung im Ausmaß des Schadens. Die Plagen stören das alltägliche Leben,
treffen den Besitz des Menschen und schließlich den Menschen
selbst[538]. Diese bereits vorgegebene Steigerung übernimmt J
und drückt sie mit dem Wort כבד aus. Statt einer vorgegebenen
dreiteiligen Gliederung der ganzen Plagenreihe bildet er eine
allmähliche Verschärfung in jeder Plage. Dabei beschränkt
er sich nicht auf einen Erzählteil, sei es auf die göttliche
Ankündigung oder den Bericht[539]. Der ersten Plage fehlt das
Wort noch, denn es ist nur schwer in die Darstellung des
Fischsterbens einfügbar[540]. Da der Bericht von der Fröscheplage nicht erhalten ist, ist dort auch keine genaue Formu-

---

535 Ob der Vers in der jahwistischen Erzählung wie in den anderen Ab-
    schnitten ursprünglich als Bedingungssatz formuliert war, bleibt
    offen; dazu vgl. o.S.130f.119f.
536 Das Verb סלל (hithpol.) findet sich nur hier im AT und bedeutet
    "sich hochfahrend verhalten" (KBL 659).
537 Die Verbindung von עד-מתי mit einem Perfekt ist selten (nur noch
    in Ps 80,5; Prov 1,22 nach Baentsch 79) und drückt die Ungeduld Jah-
    wes aus.
538 Näheres s.u.S.215.
539 Das Wort כבד kommt nur im Bericht in der Hundsfliegen- (8,20) und
    der Heuschreckenplage (10,14) vor, nur in der Ankündigung in der
    Pestplage (9,3) und in den beiden Erzählteilen in der Hundsfliegen-
    plage (9,18.24).
540 "Die Fische im Nil" (הדגה אשר-ביאר in 7,18) meint alle. Würde כבד
    dem Nomen "Fisch" hinzugefügt, würde diese Verbindung eher zahlreiche
    als alle Fische bedeuten, so daß das Maß der Plage verringert würde.

lierung faßbar[541]. Der Jahwist berichtet dann vom Eintreffen
einer großen Menge von Hundsfliegen (ערב כבד 8,20). Dieses
Maß wird in den folgenden drei Plagen gesteigert, indem dem
Wort כבד stets "sehr" (מאד) hinzugefügt wird (9,3.18.24;
10,14). In der Hundsfliegen- und Heuschreckenplage wird dies
noch hervorgehoben, indem mit "sehr schwer" (כבד מאד) eine
Aussage von der Unvergleichlichkeit der betreffenden Plage
verbunden ist[542]. Obwohl das Wort כבד nicht mehr vorkommt[543],
wird die Steigerung auch in der letzten Plage mit einer Unvergleichlichkeitsaussage fortgesetzt, weil sie der Sache
nach den entscheidenden Schaden bringt, was J bereits vorgegeben ist.

Auch bei der Beendigung der Plage lassen sich steigernde
Elemente beobachten. Die Hundsfliegen verschwinden erst am
nächsten Tag nach Moses Zusage (8,25 מחר). Dasselbe gilt wohl
auch für die Beendigung der vorangehenden Fröscheplage
(8,5f.)[544]. Die Fürbitte um Beendigung der Hagelplage legt
Mose dagegen sofort nach seinem Gespräch mit Pharao ein, wie
die nur hier vorkommende Zeitangabe "sobald ich die Stadt
verlasse,..." (9,29) ausführt. Aus dem Abschnitt der Heuschreckenplage ist ohne weiteres zu entnehmen, daß Jahwe sofort die Windrichtung ändert und der Wind den Insektenschwarm
wegschafft (10,18f.)[545].

Die Zusage Moses vom Verschwinden der Frösche wurde durch
die Redaktion verdrängt, so daß eine ursprüngliche Formulierung nicht faßbar ist. Jedoch kann Mose dabei kaum eine War-

541 Der jahwistische Bericht könnte jedoch von zahlreichen (KBL 419f.)
Fröschen (צפרדים כבדים) gesprochen haben, denn die Ankündigung
dieser Plage erzählt davon, daß die Frösche "wimmeln, zahllos" sind
(KBL 1011; שרץ in 7,28), was der Sache nach dem Ausdruck "füllen"
(מלא) in der Ankündigung der Hundsfliegen- (8,17) und der Heuschrek-
kenplage (10,6) entspricht.
542 In den beiden Fällen wird "כבד מאד " nicht mehr dem Stichwort für
die Plage hinzugefügt (so in 9,3.18), sondern die Wendung steht als
Prädikat eines Satzes (9,24 dazu s.o.S.100; 10,14).
543 Wie bei der erste Plage läßt sich das Wort כבד auch kaum in die
Darstellung der Erstgeburtentötung eintragen.
544 Zum ursprünglichen jahwistischen Text s.o.S.95f.
545 Dazu s.o.S.138.Jahwe beendet die Plagen nun schneller als früher, obwohl Pharao vorher betrügerisch seine Zusage nicht hält. Bringt J
damit zum Ausdruck, daß Jahwe seine Zuwendung zum ägyptischen König
intensiviert?

nung vorgebracht haben, da bei dem ersten Gespräch mit Pharao
dessen unehrliche Haltung noch unbekannt ist. Nach der Zusage des Verschwindens der Hundsfliegen warnt Mose Pharao vor
abermaliger Täuschung aufgrund der Erfahrung bei der vorangehenden Fröscheplage: "Nur möge Pharao nicht noch einmal
betrügerisch handeln, indem er das Volk nicht entläßt, um
Jahwe zu opfern" (8,25)[546]. Nach der anschließenden Hagelplage erhebt Mose einen ähnlichen, verschärften Vorwurf.
Formuliert Mose in 8,25 indirekt, indem er in dritter Person
von Pharao spricht[547], so redet er in 9,30 den ägyptischen
König und seine Diener nun direkt in zweiter Person an.

So zielen im Erzählkranz des Jahwisten die verschiedenen
Steigerungen auf die Heuschreckenplage. Der Höhepunkt müßte
eigentlich nach der vorgegebenen Überlieferung in der letzten
Plage liegen, die zur Erlaubnis der Entlassung Israels führt.
Warum verlegt ihn J von der Erstgeburtentötung in die vorletzte Plage? Wenn die Zurücknahme des Sündenbekenntnisses,
auf die Jahwes Schweigen folgt, erst nach der Erstgeburtentötung stünde[548], könnte Pharao nicht mehr zu Mose sprechen,
da dieser nach der Erlaubnis zur Auswanderung Ägypten sofort
verläßt. So verlegt J den Höhepunkt der Plagenreihe wohl deswegen, weil er die entscheidende Folge von Jahwes Schweigen
gegenüber Pharao deutlich darstellen will.

Der Jahwist läßt die von ihm gestaltete Steigerung in der
Plagenreihe zunächst auf eine Anklage Moses (9,30) zulaufen:
"Du und deine Diener aber fürchtet euch, wie ich weiß, immer
noch nicht vor dem Gott Jahwe". a) An die Stelle des Verhaltens Pharaos zu Israel (vgl. 8,25, wo Jahwe nur als Ziel der
Entlassung genannt wird) tritt nun die Haltung zu Jahwe.
b) Dabei wird der konkrete Anlaß, das Volk zu entlassen,
nicht mehr erwähnt. Der konkrete Anlaß tritt als Folge der

---

546 Das Verb הלל (hi.) "täuschen, hintergehen" (KBL 1030) bezeichnet
    meistens die Beziehung zwischen Menschen (Gen 31,7; Jdc 16,10.13.15;
    Jer 9,4; Hi 13,9) und wird nur einmal auf das Verhältnis zu Gott
    übertragen (Hi 13,9).
547 "Der Vorwurf der Täuschung kommt so indirekt an Pharao und verliert
    dadurch seine persönliche Schärfe" (Baentsch 70); vgl. auch Beer 50;
    Noth 47.
548 Das Sündenbekenntnis und die Erlaubnis zur Auswanderung könnten zu-
    sammenfallen.

Haltung in den Hintergrund. c) Da die Erkenntnisaussage im
direkt vorangehenden Vers (9,29) erwähnt ist, werden hier
Aussagen über die Haltung zu Gott angehäuft und damit hervorgehoben. d) Schließlich wird hier kaum zufällig von "Jahwe
Gott" gesprochen.

In der jahwistischen Plagenerzählung findet sich sowohl יהוה allein
als auch mit Apposition[549]. Während sich im Bericht immer יהוה allein
findet[550], kommen in der Rede beide Formen vor. Sie bringen zum Ausdruck,
wie sich der Redner zu Gott verhält. Die längere Form יהוה אלהים
wird in zwei Abschnitten konzentriert[551]: einmal in der Verhandlung nach
der Hundsfliegenplage (8,21ff.), in der sich Mose mit Pharao über Ort
und an Adressaten des Opfers auseinandersetzt[552], zum anderen von 9,30
an bis zum Ende der Heuschreckenplage.

Die Konzentration auf Jahwe kehrt im folgenden Abschnitt
wieder: a) Vor der Heuschreckenplage wirft Jahwe Pharao vor:
"Wie lange (עד-מתי) hast du dich schon geweigert und weigerst
dich noch immer, dich vor mir zu demütigen?" (10,3)[553]. Der
Satz unterscheidet sich von den beiden früheren entsprechenden Aussagen (9,3.17) darin, daß das Verhalten Pharaos gegen
Israel durch seine Haltung zu Jahwe abgelöst wird. b) Auch
im Sündenbekenntnis nach dem Eintreffen der Heuschrecken
(10,16f.) kommt allein die Haltung zu Jahwe und den Israeliten zur Geltung, da der konkrete Anlaß (9,28) nicht erwähnt
wird. c) Die Anhäufung der Aussagen über das Verhältnis zu
Jahwe beginnt bereits mit dem ersten Sündenbekenntnis. Darauf
folgen Moses Anklage (9,30), die vorwurfsvolle Feststellung
durch Jahwe (10,3) und das zweite, verschärfte Sündenbekenntnis (10,16f.). d) Im Abschnitt der Heuschreckenplage gebraucht
J in der Regel die durch Apposition erweiterte Gottesbezeichnung (10,7f.16f.). Allein in v.10f. spricht Pharao kurz von
יהוה. Dieser Sprachwechsel erklärt sich aus seinem Unzufrie-
densein mit der gescheiterten Verhandlung: Er sagt bei der

---

549 Nämlich: אלהים, אלהינו, אלהיכם, אלהי ישראל אלהי und אלהי העברים.
550 Zum Anfang jedes Abschnittes in 7,14.26; 8,16; 9,1.13; 10,1a und
    sonst in 8,8f.20.26; 9,6.23; 10,18f. In der vorliegenden jahwisti-
    schen Schöpfungsgeschichte kehrt nicht nur in der Rede, sondern auch
    im Bericht יהוה אלהים wieder in 2,4b.7f.15f.18f.21f.; 3,8f.13f.22f.
    Ist dieses durch den Redaktor (R[P]) entstanden?
551 יהוה in der Rede in 8,4.25; 9,5.27ff.; 10,10f.; 12,31.
552 Dazu s.o.S.191ff.
553 Zur formalen Besonderheit dieses Satzes gegenüber 9,3.17 s.o.S.205f.

Eröffnung der Verhandlung "Jahwe euer Gott" (v.8), lehnt im
Laufe der Verhandlung die Forderung Moses rundweg ab und
spricht in seiner ironischen Rede schlicht von יהוה (v.10f.).
   Nach dem Wendepunkt der jahwistischen Erzählung in der Heuschreckenplage lassen sich gewisse Änderungen gegenüber der
bisherigen Darstellung beobachten. Nun wird von Pharao weniger als früher erzählt. Außerdem erscheint er nicht mehr
allein. Selbst wenn er in 12,31 zu Wort kommt, tritt er mit
seinen Dienern und allen Ägyptern zusammen auf[554], desgleichen
beim Meerwunder[555]. Pharao war neben Jahwe und Mose nur insofern eine Hauptfigur, als er möglicher Partner im Gemeinschaftsverhältnis mit Jahwe war. Sobald Jahwe ihm nicht mehr
die Möglichkeit der Gemeinschaft bietet, tritt er gewissermaßen in eine Reihe mit den Ägyptern. Mit dem selbständigen
Auftreten der Diener Pharaos in der Verhandlung vor der
Heuschreckenplage bereitet J diese Änderung vor. Umgekehrt
ist die Konzentration der Darstellung auf den ägyptischen
König in der jahwistischen Plagenreihe eine Folge davon, daß
J die Möglichkeit einer Gemeinschaft zwischen Pharao und
Jahwe bedenkt.
   Nach der Erstgeburtentötung redet Pharao nochmals zu Mose
und gibt ihm die Entlassungserlaubnis im vollen geforderten
Umfang. Dabei bittet er um Segen (12,31f.)[556]. Der Segen
kommt gewiß von Jahwe, auch wenn er selbst nicht ausdrücklich
erwähnt wird. Sein Name - ohne Apposition - fällt nur einmal
im Zusammenhang mit dem Ziel der Auswanderung (v.31). Gegenüber seiner Rede bei den beiden unmittelbar vorangehenden
Plagen zieht sich nun Jahwe zurück. So kann ihm Pharao nicht
mehr mit seiner Rede antworten, geschweige denn ein Sündenbekenntnis vor ihm ablegen. Pharao hat, selbst wenn er de-
mütig "*auch* für mich" (גם־אתי) einen Segen erbitten und damit
in eine Beziehung zu Gott treten möchte, die er früher bei

---

554 Im vorangehenden Vers wird die Handlung, die nicht nur er, sondern
    auch seine Diener und die Ägypter tun, berichtet (v.30). Anschließend
    ist in v.33 von den Ägyptern die Rede.
555 Pharao und seine Diener in 14,5b und die Ägypter in v.9aα.25.
556 So übersetzt ברך (pi.) Baentsch (104) "um Segen bitten" und Noth
    (67) "Segen erwirken".

der Frösche- und Hundsfliegenplage vermeiden wollte, keinen
Zugang zu Jahwe und kann ihn auch nicht schaffen.

Pharao ist in der Tat auf Jahwe angewiesen - ob er selbst
davon weiß oder nicht. Dies kann im Rückblick bereits in der
Plagenreihe festgestellt werden. Die Vertiefung des zweiten
Sündenbekenntnisses (10,16f.)[557] vollzieht nicht Pharao selbst,
sondern sie wird von Jahwe vorbereitet, da sich die In-
tensivierung der Beziehung zu Gott bereits in der von Mose
zu Pharao (9,30) und der von Jahwe zu Pharao gesprochenen
Rede (10,3) finden[558]. Auch beim Wechsel der Gottesbezeichnung durch Pharao läßt sich Gottes Initiative beobachten.
In seiner Rede ersetzt Pharao zweimal "אלהים" (8,21) und
"יהוה" (9,27) durch die vollständigere Bezeichnung "יהוה
אלהים" (8,24; 10,8). Pharao vollzieht diesen Wechsel jedoch
nicht spontan, sondern im Anschluß an eine Moserede (8,22;
9,30). Darum ändert Pharao seine Haltung zu Jahwe nicht von
sich aus. Der Jahwist, der Selbständigkeit und Freiheit
menschlicher Entscheidung betont, weiß zugleich, daß auch
sie von Gott gewährt werden. Oder besteht ein gewisser Widerspruch zur Hervorhebung der göttlichen Initiative?

Was bedeutet das Schweigen Jahwes? Jahwe schlägt die Ägypter bei der letzten Plage und beim Meerwunder, ohne Pharao
die Tat anzukündigen. Bereits die Überlieferung kennt ein
Plagengeschehen ohne vorangehende göttliche Anrede, allerdings mit anderer Intention. In der jahwistischen Erzählung
bedeutet das Schweigen Jahwes gegenüber Pharao[559] das Ende
der persönlichen Zuwendung und damit auch der freien Entscheidung Pharaos. Als Jahwe früher, vor der Heimsuchung, zu
diesem geredet hatte, wurde ihm trotz seines vergangenen,
gemeinschaftswidrigen Verhaltens noch die Möglichkeit gegeben, die kommende Plage zu vermeiden und in ein Gemeinschaftsverhältnis mit Jahwe zu treten. So wurde sein Schicksal durch die göttliche Anrede zunächst offengehalten. Ohne
sie muß er nun aus seiner Vergangenheit Konsequenzen ziehen,

557 Zum Näheren s.o.S.196ff.
558 Vgl. jeweils mit 8,25; 9,3.17.
559 Jahwe schweigt speziell gegen Pharao, spricht zu den Israeliten
    durch Mose in 11,4f.

so daß diese für ihn zum unabwendbaren Verhängnis wird. Im
Rückblick ist die Wiederholung der göttlichen Zuwendung eine
versäumte Gelegenheit. Mit dem Schweigen sagt Jahwe zu Pharaos
gemeinschaftswidrigem Verhalten ein Nein. Jahwe stellt sich
gegenüber Pharao, der sich an die göttliche Zuwendung ge-
wöhnt hat, als nicht verfügbar heraus. Zeigt sich Jahwes
Freiheit gegenüber den Israeliten mit dem Beginn seiner Anrede an Pharao, so kommt mit dem Ende dieser Anrede seine
Freiheit gegenüber Pharao und den Ägyptern zum Ausdruck.

Was ist der Sinn der jahwistischen Plagenerzählung? War
es für J völlig ausgeschlossen, irgendein Gemeinschaftsverhältnis zwischen Jahwe und Pharao für möglich zu halten?
Gewiß kann er es nicht als bereits vorhanden darstellen,
denn die Überlieferung erzählt ausschließlich von strafenden
Handlungen Jahwes an den Ägyptern; die Reihe der sie belästi-
genden und schädigenden Plagen mündet in die Erstgeburtentötung, und darauf folgt die Vernichtung der Ägypter durch
Jahwe im Meer. Jedoch ist es auch in diesem vorgegebenen
Rahmen nicht unmöglich, von einer Gemeinschaft zwischen
Jahwe und Pharao zu erzählen, führt J doch die Rede Gottes
und das Sündenbekenntnis des Menschen in die Plagenerzählung
ein. In der Gerichtsdoxologie treffen Sündenbekenntnis und
vernichtende Tat Gottes als Gericht zusammen. Beispielsweise
erkennt Achan in seinem eigenen Untergang das Recht des zum
Gericht erscheinenden Gottes an. Wenn Achan als Folge seiner
Verfehlung auch gesteinigt wird, so wird dennoch sein Verhältnis zu Jahwe wieder in Ordnung gebracht, indem er seine
Sünde bekennt und sich ihm unterwirft (Jos 7). Auch auf das
Sündenbekenntnis Davids folgt Gottes Gericht (II Sam 12; 24).
Allerdings braucht David beidemal nicht zu sterben; der Tod
trifft nicht ihn selbst, sondern seinen neugeborenen Sohn
(II Sam 12,13f.), und nach der Volkszählung wird die Strafe
als Pest am Volk vollstreckt (II Sam 24,13.15ff.). Gegenüber
diesem dichten Nebeneinander von Sündenbekenntnis und Gericht
zeigt die jahwistische Exoduserzählung einen bedeutsamen
Unterschied. Die Vernichtung Pharaos im Meer folgt nicht
direkt seinem Sündenbekenntnis, sondern er nimmt dieses zurück, indem er sich verstockt. Vor allem fehlt vor dem Meer-

wunder eine Gerichtsankündigung, die Gott selbst oder sein
Bote vor dem Vollzug des Gerichts zu dem Bestraften spricht
(Jos 7,25; II Sam 12,14; 24,13). Jahwe redet zu Pharao be-
reits vor der Erstgeburtentötung nicht mehr. So hat J seine
Exoduserzählung *nicht* so konstruiert, daß Pharao im eigenen
Untergang durch sein Bekenntnis sein Verhältnis zu Gott in
Ordnung bringt[560].

Ähnlich stellt J in der Wüstenzeit ein negatives Verhältnis Israels
zu Jahwe als übergreifendes Thema heraus, indem er die vorgegebenen
Überlieferungen, die vor allem Jahwes Hilfe demonstrierten, in Erzählungen von Israels Ungehorsam und Abfall umdeutet[561]. Auch wenn das Subjekt des Verhaltens unterschiedlich ist, ist das negative Verhältnis
zu Jahwe beiden Erzählblöcken gemeinsam; Jahwe ist stets Objekt der
verschiedenen Verben: "versuchen" (נסה Ex 17,2bγ.7), "verwerfen" (מאס
Num 11,20) und "unehrerbietig behandeln" (נאץ Num 16,30).

Da Pharao selbstverantwortlich Jahwes Angebot ablehnt, ist
die vernichtende Handlung Jahwes kein willkürlicher Einsatz
für sein eigenes Volk und gegen dessen Bedrücker, sondern
notwendige Folge der gemeinschaftswidrigen Antwort Pharaos
auf die göttliche Zuwendung und damit Strafe für eigene
Schuld. Gewinnt der Untergang der Ägypter auf diese Weise
exemplarischen Charakter? Soll er indirekt die Israeliten
vor Selbstsicherheit in ihrer Zeit warnen?

### (e) Einzelne Überlieferungselemente

Durch die Interpretation des Jahwisten gewinnen vorgegebene
Erzählelemente eine neue Funktion.

### (α) Reihenfolge

Wie war die Reihenfolge der Plagen vor J? Hat er selbst
verschiedene Plagenerzählungen, die einzeln existiert haben,
gesammelt, oder war ihm bereits ein Erzählkranz vorgegeben?
Verschiedene Beobachtungen sprechen für die zweite Möglichkeit:

---

560 Die Rede in 14,25 kann kaum Fortsetzung des Sündenbekenntnisses
    sein, schon deswegen, weil hier nicht Pharao (so in 9,27; 10,16),
    sondern die Ägypter sprechen. Sie ist kein Bekenntnis zu Gott, da
    eine Aussage über die eigene Tat der Verfehlung des Redners fehlt.
    Zudem ist der Vers kaum jahwistisch; dazu s.u.S.280ff.
561 Fritz, Wüste bes. 136.

a) Da die Pest nicht durch Moses Fürbitte erleichtert werden
kann, kann Pharao eigentlich nicht anders entscheiden, als
Jahwes Aufforderung nachzukommen. Dann könnte J keine weiteren Plagen erzählen. So fügt J auch hier eine Verstockungsaussage ein, formuliert sie aber anders als sonst[562], um zu
zeigen, daß Pharao hier ohne Grund die Israeliten festhält.
Daß noch einige Plagen nach der Pest erzählt werden müssen,
ist J bereits vorgegeben. b) Nicht nur das Vieh (9,4), sondern auch die Menschen (8,18; 9,25) werden heimgesucht, aber
die Israeliten werden verschont. Diese Plagen bieten ihnen
eigentlich eine günstige Gelegenheit, das Land Ägypten zu
verlassen[563]. J erzählt von dieser naheliegenden Folge der
Verschonung nichts. Wenn das Volk bereits hier geflohen wäre,
verschwände der Anlaß zur folgenden Plagenkette. Die Überlieferung erzählt wohl, daß Pharao die Auswanderungserlaubnis
erst nach der Plagenreihe erteilt. Vor dieser Erlaubnis er-
greifen die Israeliten auffälligerweise nicht die Flucht,
selbst wenn sie möglich wäre.

Ist die Reihenfolge des Plagenzyklus schon durch die Überlieferung gegeben, oder hat sie erst der Jahwist gebildet[564]?
Ein Prinzip der Reihung läßt sich in den jahwistischen Plagen beobachten; die ersten drei Plagen (Wassermangel durch
das Fischsterben, Frösche und Hundsfliegen) machen das Leben
des Menschen unangenehm, die nächsten drei Plagen (Pest,
Hagel und Heuschrecken) treffen den Besitz des Menschen
(Vieh und Ernte), und die letzte Plage schlägt die Menschen
selbst. Mit dem Aufhören der jeweiligen Plage enden sofort
die Unannehmlichkeiten der ersten Gruppe. Dagegen bleibt
schon eingetroffener Schaden bei den letzten beiden Gruppen

---

562 9,7; dazu s.u.S.217.
563 Historisch denken Fohrer (Exodus 120) und Weimar-Zenger (Exodus
    114f.) als günstigen Zeitpunkt für die Flucht an die allgemeine Ver-
    wirrung, die der Ausbruch einer Pestepidemie im östlichen Nildelta
    auslöste. Werden jedoch die ausländischen Arbeiter, die unter schlech-
    ten Verhältnissen leben, nicht gewöhnlich von einer Epidemie am stärk-
    sten betroffen? Zur Skepsis gegenüber sog. Historizität bereits de
    Wette, Beiträge 2, 192f.; Baentsch 57f.
564 Die jahwistische Reihenfolge bleibt im vorliegenden Text erhalten;
    dazu s.o.S.178f.

bestehen[565]. Dasselbe Prinzip der Dreigliederung gilt für
die Plagen der beiden Psalmen (Ps 78; 105), obwohl deren
Reihenfolgen weder miteinander noch mit der des Jahwisten
übereinstimmen[566]. Daß die Pestplage, die mit dem Eintreffen
sofort zu ihrem Ziel kommt, und darum eine Beendigung durch
Fürbitte unmöglich macht, den jetzigen Platz einnimmt, beweist, daß diese Plage schon vor J zur zweiten Gruppe gehört hat[567], ihm die dreiteilige Gliederung der Plagenreihe
also bindend erscheint. Ob die Plagen auch innerhalb der jeweiligen Gruppe schon in der Überlieferung eine feste Reihenfolge gehabt haben, bleibt offen.

(β) Zeitpunkt

Die Überlieferung berichtet vom Geschehen der Heuschreckenplage: "Jahwe trieb einen Ostwind herbei über das Land diesen ganzen Tag und die ganze Nacht hindurch. Als es Morgen
geworden war, hatte der Ostwind die Heuschrecken herbeige-
bracht" (10,13). Die Heuschrecken erscheinen also erst am
Tag nach dem Eingreifen Jahwes. So gehört die Zeitangabe zum
Vorgang selbst. J nimmt die Zeitangabe aus dem überlieferten

---

565 Im Märchen "Die Bremer Stadtmusikanten" wird zu Anfang wiederholt erzählt: Ein Haustier, das schon zu schwach geworden ist, um die bisherige Aufgabe zu leisten, läuft seinem Besitzer davon und begegnet
einem sich in ähnlicher Situation befindenden Tier; sie tun sich zusammen und ziehen nach Bremen weiter. Was ist bei der Reihenbildung
in diesem Märchen wirksam? Als die Haustiere zusammen eine Gestalt
am Fenster des Räuberhauses bildeten, setzt sich das erste Tier,
der Esel, zuunterst und das zweite darauf, so daß die Reihenfolge
ihrer Auftritte mit der Stellung in der Statue übereinstimmt. So
kommt ein immer kleineres, darum leichteres Haustier, als jeweils
nächstes vor.
566 Die Finsternis, die Verwandlung des Wassers in Blut, die Frösche und
die Hundsfliegen wirken unangenehm (105,28-31), der Hagel und die
Heuschrecken betreffen Ernte und Vieh der Ägypter (v.32-35), darauf
folgt die Erstgeburtentötung (v.36). In Ps 78 gehören die Umwandlung
des Wassers in Blut, Geschmeiß und Frösche zur ersten Gruppe (v.44f.),
Heuschrecken, Hagel, Schloße, Pest und Seuche zur zweiten Gruppe
(v.46-48) und die Pest, der nicht das Vieh (Ex 9,1.7), sondern das
Menschenleben anheimfallen, und die Erschlagung der Erstgeburten zur
letzten Gruppe (v.50f.). Die Steigerung des Schadens in der Plagenreihe läßt sich in den von Weimar-Zenger (Exodus 24ff.) rekonstruierten ältesten drei Plagen nicht nachweisen.
567 Innerhalb der zweiten Gruppe steht die Pest in J als die erste Plage.
War es bereits in der Überlieferung so, oder hat J diese Plage den
anderen zwei vorangestellt?

Bericht in der Ankündigung auf: "Siehe, ich lasse *morgen*
(מחר) Heuschrecken hineinkommen" (10,4). Die Voraussage beweist unanfechtbar, daß die Plage von Jahwe kommt, da er
nicht nur ihr Eintreffen, sondern auch dessen Zeitpunkt vor-
hersagt. Um dieser Funktion willen wird die Zeitansage auch
in den anderen Plagen eingeführt, deren Eintritt nicht lange
dauert und darum von der Tradition wohl noch nicht eigens
vermerkt war. So wird die Zeit "morgen" auch in den beiden
direkt vorangehenden Plagen angekündigt (9,5.18). In der
Pestplage, in der sich zum ersten Mal eine Zeitangabe findet, wird diese betont als Tat Jahwes dargestellt[568] und der
Zeitpunkt im Bericht wiederholt[569].

J fügt eine Zeitvoraussage zunächst in die Rede Moses über
das Aufhören der Hundsfliegen (8,6*.25)[570] und dann in die
Ankündigung Jahwes der folgenden letzten vier Plagen ein[571],
um hervorzuheben, daß die wirkungslos verlaufenden Plagen
von Jahwe kommen.

### (γ) "Verstockungs"-Aussage

Die J vorgegebene Überlieferung erzählt zwischen der Plagenreihe und dem Meerwunder von der Reue Pharaos und seiner Diener (vgl. 14,5b), die ihre Verfolgungsaktion trotz der Auswanderungserlaubnis motiviert[572]. J greift auf dieses Erzählelement zurück und baut es aus, indem er es am Schluß
jedes Plagenabschnittes wiederholt[573]. Er wechselt jedoch dabei
das Verb, indem er "Reue" (הפך לב) durch die "Verstockung"
(כבד לב) ersetzt[574]. J verwendet in der Regel die Hifilform

---

568 "Jahwe hat einen Zeitpunkt (מועד) festgesetzt (וישם)" in 9,5a.
569 Ob auch der Bericht von der Hagelplage ursprünglich in J die Zeit-
    angabe "morgen" enthielt oder nicht, ist wegen der späteren Bear-
    beitung nicht mehr feststellbar.
570 8,19 ist nicht jahwistisch; dazu s.o.S.97f.; zu 8,6 s.o.S.95f.
571 Die Tötung der Erstgeburten erfolgt "um die Mitte der Nacht" (11,4;
    12,29; vgl. auch 12,22). Meint "die Mitte der Nacht" den nächsten
    Tag, weil ein Tag nach dem alttestamentlichen Verständnis mit dem
    Abend beginnt? Schon die Überlieferung kennt wohl diesen bestimmten
    Zeitpunkt für die Erstgeburtentötung.
572 Zum Näheren s.o.S.176f.
573 Zum Schluß der ersten Plage s.o.S.134.
574 Spiegelt sich auch in diesem Wechsel der Formulierung wider, daß
    Jahwe nicht mehr zu Pharao spricht?

des Verbs כבד mit dem Herzen als Objekt (8,11.28; 9,34),
während 9,7 im Qal mit dem Herzen als Subjekt formuliert
ist[575]. In beiden Fällen handelt es sich um den Entschluß
Pharaos[576]. Beide Formulierungen haben ihre je eigene Nuan-
ce: In der Pestplage, bei der das Herz als Subjekt der "Verstockung" erscheint[577], fehlt eine Bitte Pharaos an Mose um
Beendigung der Plage. So folgt die "Verstockung" in diesem
Abschnitt direkt dem Plagengeschehen. Obwohl Pharao durch
die Pest hart geplagt wird - sein ganzes Vieh kommt zu Tode,
während er die Verschonung Israels durch Jahwe erfährt
(9,7a) -, weigert er sich die Israeliten zu entlassen[578].
Die Aussage mit dem Herz als Subjekt (auch 14,5b) meint, daß
Pharao eigentlich keinen Grund hat, die Israeliten weiter
festzuhalten, aber sein Herz verhärtet sich und wird "un-
empfindlich und unbewegt"[579], so daß es "verstockt bleibt"[580].

Die entsprechende Aussage mit Pharao als Subjekt (כבד hi.)
betont dagegen seine eigene (freie) Entscheidung. In der
Frösche-, Hundsfliegen- und Hagelplage tritt eine Erleichterung der Lage durch Moses Fürbitte ein (vgl. 8,11; 9,34).
Aufgrund der günstigen Situationsänderung trifft Pharao seine
Entscheidung. a) Der direkt vorangehende Satz, der die "Verstockung" Pharaos begründet (8,11; 9,34), wird nicht als
bloße Tatsache, etwa "da die Erleichterung eingetreten ist",
sondern als Pharaos Einsicht in die Situation (וירא פרעה)
dargestellt. b) Seine Entscheidung nimmt zwar auch auf die
Aufforderung Jahwes Bezug, aber direkt vorher ergeht die von

---

575 Der verschiedenen Form des Verbs entspricht die Tatsache, daß in
    9,7 keine Verbindung mit den sonstigen Verstockungsaussagen herge-
    stellt wird.
576 Das Herz "ist der Ort der Einsicht und des Wollens, Verstehens und
    Stellungnehmens, des Gedächtnisses an die Vergangenheit und des Ent-
    schlusses für die Zukunft" (W.H.Schmidt, EvTh 1964, 385).
577 Wohl auch bei der ersten Plage. Allerdings ist über die dortige
    Schlußformel nichts Sicheres zu sagen; dazu s.o.S.134.
578 Auch in 14,5b, in dem ebenfalls keine Erleichterung der Situation
    durch das Aufhören der Plage geschieht und darum eine Motivation
    zur Änderung des Verhaltens Pharaos fehlt, wird die Reue mit dem
    Herz als Subjekt formuliert.
579 Wolff, Anthropologie 86.
580 So übersetzt Baentsch (72) כבד (qal) in 9,7b: "Sein Herz bleibt
    verstockt".

ihm selbst erteilte Genehmigung der Auswanderung. So ist die
"Verstockung" die willentliche Zurücknahme seiner eigenen
Zusage[581]. Dagegen führt Pharao nach der Pestplage kein Gespräch mit Mose, und sein Entschluß bezieht sich allein auf
die Aufforderung und Bedingung Jahwes in 9,1f. Bei der "Verstockung" mit כבד (qal) fehlt also irgendeine vorangehende
Stellungnahme des ägyptischen Königs zur Anrede Jahwes[582].

Als Folge seines eigenen Entschlusses oder der Verhärtung
seines Herzens entläßt Pharao die Israeliten nicht, wie 9,7b
mit den anderen Schlußformeln gemeinsam aussagt. J beachtet
den feinen Unterschied, *wie* Pharao die Entscheidung trifft,
und bringt ihn mit verschiedenen Formulierungen zum Ausdruck.
Die "Verstockung" erfolgt wortlos, da der ägyptische König
weder seine Willensänderung Mose ankündigt noch ihn zum Gespräch herbeiruft. Kaum zufällig wird die "Verstockung" auf
das Herz bezogen, das jedem anderen unzugänglich bleibt[583].
Die Verborgenheit der Entscheidung steht vor allem nach der
Hagel- und Heuschreckenplage in krassem Gegensatz zu dem
Sündenbekenntnis, das Pharao offen vor Mose und damit vor
Jahwe abgelegt hat. Scheint Pharao durch seine Antwort auf
die Anrede Jahwes zur Gemeinschaft mit Gott offen zu sein,
so verschließt er sich durch die Verstockung doch wieder.

---

581 "In dieser Konstruktion (= כבד hi.) drückt sich schon etwas davon
    aus, daß es sich um ein willentliches bewußtes Tun handelt" (Hesse,
    Verstockung 8).
582 Nach der ersten Verhandlung in Ex 5, in der Pharao keine Zusage der
    Auswanderung gibt, wird seine Haltung ebenfalls mit der Tat seines
    Herzens bezeichnet (7,14). כבד kann dort als qal Perfekt (so Noth
    46) oder als Adjektiv (so KBL 419f.; Hesse, Verstockung 8) verstan-
    den werden.
583 Jer 17,9f.; Ps 64,7; Prov 20,5; vgl. Ps 33,15; I Sam 16,7; vgl.
    v.Rad, Theologie II, [4]161; W.H.Schmidt, EvTh 1964, 386.

C. Die Wundererzählung der Priesterschrift


1. Der formelhafte Aufbau

Die Form der einzelnen Wundererzählung umfaßt wenigstens folgende Elemente:

1. Befehl an Mose
   a) Einführung
   b) Befehl zum Sprechen
   c) Rede an Aaron: Handlung Aarons
   d)        "        : Folge der Handlung
2. Ausführung des Befehls
   e) Handlung
   f) Folge der Handlung
3. Gegenspiel durch die ägyptischen Zauberer
   g) Handlung
   h) Folge
4. Schlußformel
   i) Schlußformel

Diese Elemente treten zwar nicht immer alle zusammen auf, auch können zwischen sie Sonderelemente eingefügt werden, die Reihenfolge bleibt jedoch stets gleich. Die Handlung und deren Folge kehren in der Regel dreimal wieder: als Tat Aarons im Befehl Jahwes, im Bericht der Ausführung und als Tat der ägyptischen Zauberer.

a) Die priesterschriftlichen Plagenabschnitte werden konstant mit den Worten "und Jahwe sagte" (ויאמר יהוה) eingeführt. Schon der Adressat der Rede Jahwes ist nicht einheitlich: Jahwe spricht in dem zweiten, dritten und vierten Wunder nur zu Mose, während in dem ersten und letzten Wunder auch Aaron nach Mose genannt wird.

b) Das zweite Glied fehlt im letzten Abschnitt, so daß die Handlung sofort befohlen wird. Im ersten Wunder sagt Jahwe

| | 1. Befehl an Mose | | | | | 2. Ausführung des Befehls | | | | 3. Gegenspiel durch die ägyptischen Zauberer | | 4. Schlußformel |
|---|---|---|---|---|---|---|---|---|---|---|---|---|
| | a) Einführung | b) Befehl zum Sprechen | c) Handlung | d) Folge — Geschehen | Zustand | e) Handlung — Vollzugsbestätigung | Handlung | f) Folge — Geschehen | Zustand | g) Handlung | h) Folge | i) Schlußformel |
| **I Schlange Ex 7** | v.8   ויאמר יהוה ואמר  =  = | v.9b   אמר אל משה | v.9b   "קח את   המטה לפני | v.9b   יהי לתנין | v.19b   ויהי דם | v.10aβ   ויעש כן כאשר | v.10b   וישלך   מטהו | v.10b   ויהי לתנין | | v.11   v.12a   ויעשו בלהטיהם | v.12a   ויבלע מטה אהרן את מטתם | v.13   ויחזק לב פרעה ולא שמע...כאשר דבר יהוה |
| **II Wasser Ex 7** | v.19a  =  = | v.19a  =  = | v.19a   קח   ונטה...על | v.19a   ויהיו דם לו | v.19b   והיה דם | v.20  =  ... = | (על) | (ויהי דם) | v.21b   הדם היה | v.22a  = | | v.22b  = |
| **III Fröschen Ex 8** | v.1a  =  = | v.1a  =  = | v.1a   נטה...על | v.1b   והעל הצפרדעים על | | | v.2a   על ...נטה | v.2b   ותעל הצפרדע ותכס | v.2b   את מצרים | v.3a  = | v.3b   ויעלו הצפרדעים | v.11aββ  =  ( = ) |
| **VI Mücken Ex 8** | v.12a  =  = | v.12a  =  = | v.12a   נטה את מטך | v.12b   והיה לכנם | | v.13a  = | v.13aα   ויט את ידו | v.13b   ותהי הכנם ב | v.13aβ   ותהי הכנם ב | v.14a  = | | v.15b  = |
| **VII Geschwür Ex 9** | v.8a  =  = | | v.8aβb   קחו...מלא חפניכם פיח כבשן | v.9   והיה על כל ארץ מצרים | | | v.10a   ויקחו את פיח הכבשן | v.10b   ויהי שחין אבעבעת פרח | | | | v.12  =   ויחזק יהוה * |

x = Sonderelement  
( ) = wohl ursprünglich  
* = mit Abweichung

zu Beginn seiner Rede voraus, daß Pharao von Mose und Aaron
ein Zeichen verlangen wird. Auf die Aufforderung soll Mose
mit der folgenden Rede antworten, so daß das Verb אמר im Perfekt waw consec. formuliert ist, während es im zweiten, dritten und vierten Abschnitt imperativisch ist. Mose soll stets
zu Aaron sprechen.

c) Aaron allein soll in den ersten vier Abschnitten mit
seinem Stock das Wunder vollziehen, während Mose[584] im letzten Wunder ohne Stock handelt. Die Verben stehen in der Regel
im Imperativ, nur das zweite Verb im letzten Wunder ist im
Perfekt waw consec. mit Suffix formuliert (9,8). Die Handlungen Aarons mit dem Stock sind "Nehmen" (7,9.19), "Werfen" (7,9), "Ausstrecken" (7,19; 8,1.12) und "Schlagen"
(8,12). Dabei stellt "Nehmen" keine Haupthandlung, die die
Wunder hervorbringt, sondern eine Handlungseröffnung dar[585].
Die präpositionalen Ausdrücke am Ende des Befehls bezeichnen
den Ort, an dem die Handlung getan wird, nämlich vor Pharao
(7,9 mit לפני; 9,8 mit לעיני) im ersten und letzten[586], und
wohin Aaron seinen Stock ausstrecken soll (mit על in 7,19;
8,1) im zweiten und dritten Wunder. Das vierte Wunder kennt
zwar keinen präpositionalen Ausdruck im Befehl[587], aber die
Ortsangabe wird durch den Gegenstand der Handlung ersetzt:
"Erdteilchen des Bodens" (8,12).

d) Als Folge der Handlungen Aarons bzw. Moses treten die
Wunder ein. Im zweiten Abschnitt wird weiter der Zustand nach
dem Wunder berichtet (7,19b). Abgesehen vom dritten, d.h. in
der Mitte stehenden Wunder, bei dem die Folge der Handlung
Aarons noch als seine Tat berichtet wird - die Frösche heraufsteigen lassen (עלה hi. Imperativ) -, wird das Geschehen
stets als Verwandlung mit dem Verb היה in der dritten Person

---

584 Die erste Handlung "Nehmen" (לקח) soll auch Aaron ausführen, aber
die nächste Handlung "Ofenruß zum Himmel ausstreuen" ist nur Mose
befohlen. "Man sieht deshalb nicht recht ein, warum Aaron überhaupt
Ofenruß in seine Hand nehmen soll" (Baentsch 72).

585 Zu dieser Handlung im zweiten Wunder (7,19a) s.u.S.233 Anm.626.

586 Auch die Richtung der Handlung wird mit He-lokale (השמימה) bezeichnet (9,8).

587 Das Verb נטה hat an dieser Stelle keinen präpositionalen Ausdruck,
weil das Verb keine Haupthandlung bildet.

dargestellt. Das Verb ist im ersten und zweiten Wunder im
Imperfekt (7,9[588].19) und in den letzten beiden Fällen im
Perfekt waw consec. formuliert. Das Ergebnis der Verwandlung,
das durch Nomen mit ל (7,9; 8,12b; 9,9 <2mal>) und einmal
ohne (7,19) bezeichnet wird[589], besteht im ersten, zweiten
und vierten Wunder aus einem kurzen Wort: Schlange (תנים)
aus dem Stock, Blut (דם) aus dem Wasser und Mücke (כנם) aus
den Erdteilchen. Nur im letzten Abschnitt wird das Ergebnis[590] ausführlicher beschrieben (לשחין פרח אבעבעת).

Hat P hier ein seltenes, ihr vorgegebenes (אבעבעת)[591] mit einem allgemein bekannten Wort (שחין) erklärt? Die Beziehung der beiden Krank-
heitsnamen zueinander ist nicht so, daß einer den anderen erklärte, da
sie nicht nebeneinander stehen, sondern zwischen ihnen das Verb "ausbrechen" (פרח) steht. Der Ausdruck meint also "Entzündung, die als Geschwür aufbricht". Die Priesterschrift beabsichtigt, mit diesem doppelten Ausdruck die Krankheit genau zu schildern, und wiederholt ihn darum
kaum zufällig im Bericht des Geschehens (v.10). Schließlich wird der
Schaden hervorgehoben, den das letzte Wunder vollbringt: Die Krankheit
fällt "auf Menschen und Tiere", und zwar - über die gewöhnliche Ortsangabe hinaus - "im ganzen Land Ägypten" (v.9b).

Der Folgezustand wird ebenfalls mit dem Verb היה bezeichnet (7,19b).

Nach dem Ergebnis der Verwandlung wird mit einem präpositionalen Ausdruck der Umfang des Wunders angegeben. Nur im
ersten Wunder fehlt eine Ortsangabe[592]. Im zweiten fehlt sie

---

588 Sam., LXX, Pescht. und Vul. lesen mit ו.
589 P unterscheidet, um die Verwandlung zu berichten, nicht zwischen der
    Konstruktion mit und ohne Präposition. Vgl. 8,12b mit 8,13.
590 Es ist nicht eindeutig, ob es sich im letzten Fall (9,9) um ein
    oder zwei Wunder handelt. Der Ofenruß verwandelt sich in Staub, der
    wiederum die Entzündung hervorruft, obwohl im Bericht der Ausführung
    (v.10) nur von Ruß und der Entzündung als dessen Folge die Rede ist.
    Dann berichtet P nur vom Anfang und Ende des Wunders. Oder der Ofenruß
    verwandelt sich einmal in Staub und einmal in die Entzündung. Die
    Präposition על in Verbindung mit dem Verb היה findet sich nur hier,
    sonst stets ב. Sie taucht in 8,1 mit dem Verb עלה (hi.) zusammen
    auf. Baentsch (72) interpretiert, "daß der Ruß in der Form feinen
    Staubes über das Land fliegen soll" und denkt nicht an eine eigent-
    liche Verwandlung des Rußes in Staub. Greßmann (Mose 93) liest aus
    v.9a ein ursprünglich selbständiges Wunder heraus und meint, daß es
    sich in der älteren Fassung um ein Finsterniswunder handelt, in dem
    sich der gegen den Himmel gestreute Ofenruß in Staub verwandelt und
    dadurch eine Finsternis entsteht.
591 Nur in Ex 9,9f. im ganzen AT.
592 Zum Grund dafür s.u.S.228.

im Bericht, da der vorangehende Befehl eine ausführliche
Ortsangabe enthält (7,19). Das Wunder passiert "im ganzen Land
Ägypten"[593]. Zusätzlich findet sich beim letzten Wunder die
Angabe "auf Menschen und Tiere" und im Wasserwunder בעצים
ובאבנים (7,19)[594].

e) Die Vollzugsbestätigungsformel folgt direkt dem Befehl
Jahwes, so daß sie im ersten, zweiten und vierten Wunder am
Anfang des Berichts der Ausführung steht. Im dritten und
fünften Wunder fehlt sie. In den beiden ersten Wundern folgt
dieser Formel noch eine weitere, die wieder feststellt, daß
die Ausführung dem Befehl Jahwes gemäß erfolgt (כאשר צוה
יהוה).

Ein Bericht von der Ausführung fehlt zwar in der vorliegenden Form im
zweiten Wunder, kann aber in der ursprünglichen Priesterschrift nach
7,20aα gestanden haben; etwa "und Aaron streckte seinen Stock über die
Wasser Ägyptens aus". Der Bericht wurde bei der Redaktion durch eine
andere Handlung mit dem Stock in 7,20aß verdrängt[595].

Der vorangehende Befehl Jahwes wird als Bericht der Ausführung wiederholt, so daß hier das Imperfekt waw consec.
den Imperativ in der Rede Jahwes ablöst. Der Befehl und der
Bericht entsprechen sich fast wörtlich. Dabei läßt sich eine
Tendenz, etwas zu verkürzen, beobachten; die Haupthandlung
wird stets wiederholt, während eine beigefügte Handlung fortgelassen werden kann[596]. Eine Aufzählung des Ortes (8,1) wird
durch eine allgemeine Bezeichnung "über die Gewässer Ägyptens"
ersetzt. Trotz dieser Tendenz wird im letzten Wunder "sie
stehen vor Pharao" zwischen beiden schon befohlenen Hand-

---

593 Mit der Präposition ב in 7,19b; 8,12; 9,9b und mit der Präposition
   על in 9,9a, aber ohne כל "ganz" in 8,1b, auch im Bericht der Ausführung durch Aaron (8,2) und die ägyptischen Zauberer (8,3).
594 Bedeutet dieser Ausdruck "in hölzernen und steinernen Gefässen"
   (Baentsch 61; Greßmann, Mose 89) oder "in den Bäumen und Steinen"
   (Beer 48; Noth 55; Zenger, Exodus 90f.)? Wenn es sich um kein vorgegebenes Gut handelt, meint P wohl den letzten Sinn, denn "Wasser in
   den Bäumen und Steinen" meint "Baumsaft und Quelle" und paßt gut zu
   der vorangehenden Aufzählung von Gewässern in der Natur (v.19a). Beer
   führt gegen Baentsch an: "Woher sollen in dem holzarmen Ägypten die
   hölzernen Wasserbehälter kommen?" (48).
595 Der Redaktor läßt die Ausführung des göttlichen Befehls weg, damit
   krasse Widersprüche oder große Häufung der Ausdrücke vermieden werden; so Nöldeke, Untersuchungen 40; vgl. auch Jülicher, JPTh 1881,
   81.
596 So לקח im ersten Wunder.

lungen neu eingefügt[597].

f) Die Folge der Handlung wird ebenfalls als Wiederholung
des Wortes Jahwes berichtet. Das Imperfekt waw consec. löst
hier den Imperativ ab. Nur einmal tritt das Perfekt in 8,13b
auf. Im ersten Wunder entsprechen sich Befehl und Bericht
der Handlungsfolge genau. Im zweiten und letzten Wunder ist
der Bericht kürzer als das vorangehende Wort Jahwes; der
zweite Abschnitt kennt zwar in der vorliegenden Form nur den
Zustand als Folge der Handlung und keine Verwandlung in
7,21b, aber die Umwandlung der Gewässer in Blut könnte in
der ursprünglichen Priesterschrift vor dem Zustand berichtet worden sein[598]. Beim letzten Wunder ist im Bericht des
Geschehens von der Verwandlung des Rußes in Staub keine
Rede[599]. Im dritten Wunder wird der Folgezustand hinzugefügt: "die Frösche bedeckten das Land Ägypten". Im vierten
Wunder steht ein Satz am Anfang des Berichtes: "הכנם[600] ותהי
באדם ובבהמה " (am Ende von 8,13a).

Der Satz kann an sich als Bericht des Zustandes nach dem Wunder verstanden werden (vgl. 7,20b; 8,2bß) und meint, daß die Mücken "auf Menschen und Tieren waren". Er kommt aber vor dem Bericht der Verwandlung
zu früh, denn der Zustand kann erst nach der Verwandlung der Erdteilchen
in Mücken entstehen und nicht umgekehrt. Darum wird der Satz gewöhnlich
als Bericht des Geschehens interpretiert: "da kamen Mücken an die Menschen und Tiere"[601]. Dann stellt sich die Frage, wie sich dieser Satz
auf den folgenden Bericht über die Verwandlung der Erdteilchen in Mücken
bezieht. Das Nomen hat vor v.13b schon einen Artikel (הכנם)[602]. Kann
man in diesem Satz einen Nachklang des vorgegebenen Gutes hören? Dort
meint das Verb היה weder Verwandlung "werden" noch Zustand "sein",
sondern "geschehen". Die wohl vorgegebene Schadensangabe "auf Menschen
und Tiere" kommt kaum zufällig erst in diesem Satz in der gesamten priesterschriftlichen Wundererzählung vor[603].

g) Das Gegenspiel der ägyptischen Zauberer wird mit dem
allgemeinen Verb עשה im Imperfekt waw consec. und einem bei-
gefügten "ebenso" in den ersten vier Wundern konstatiert[604].

597 Der Satz steht im Gegensatz zur negativen Handlung der ägyptischen
    Zauberer in v.11 (s.u.S.226).
598 Der direkt vorangehende v.20a (J) erzählt gerade vom Geschehen des
    Wunders.
599 S.o.S.222 Anm.590.
600 Sam und LXX lesen das Wort in der pluralischen Form, auch in v.14b.
601 Das Verb היה wird von Baentsch (66) und Noth (47) mit "kommen" und
    von Beer (50) mit "überfallen" übersetzt.
602 Vgl. ערב כבד in 8,20 (J) dazu s.o.S.157.
603 "Daß hier der ursprüngliche Charakter des Wunders als Plage auch bei
    P deutlich durchschimmert" (Baentsch 66).
604 Im ersten Wunder kommt das Wort כן erst am Ende des Satzes vor.

während es im letzten Fall fehlt. Wie die ägyptischen Zauberer das Wunder nachmachen, wird stets angegeben: "mit ihren
Geheimkünsten" (בלהטיהם). Nur im ersten Wunder wird nach der
Vollzugsbestätigung die konkrete Handlung berichtet. Das
erste und das dritte erzählen weiter von der Folge der Handlung. Im ersten Abschnitt wird nach dem Vollzug noch seine
Fortsetzung berichtet. Die letzten zwei Wunder weichen von
den vorangehenden in diesem Teil stark ab, da hier die ägyptischen Zauberer nicht mehr imstande sind, Moses und Aarons
Taten zu wiederholen.

i) Die Schlußformel enthält die Verstockungsaussage, den
Bericht über das Verhalten Pharaos und die Bestätigungsformel.
Im dritten Wunder wird das erste Glied durch die Redaktion
fortgelassen (vgl. 8,11a J). Das letzte Wunder hebt sich von
den übrigen ab; Jahwe tritt als Subjekt der Verstockung Pharaos auf, während sie im ersten, zweiten und vierten Abschnitt
als Pharaos eigene Tat gilt. Nur hier ist außerdem Mose als
Adressat der Rede Jahwes genannt: "Wie Jahwe Mose angekündigt
hatte".

Die mittleren Wunder kommen dem Grundaufbau am nächsten,
während der erste und der letzte Abschnitt stark davon abweichen. Der erste Abschnitt ist durch Sonderelemente, die als
Einführung dienen und die Voraussetzung der folgenden Erzählung schaffen, zerdehnt; zwischen das erste und zweite
Glied wird die Voraussage Jahwes über die Aufforderung eines
Zeichens durch Pharao eingefügt. Nach dem Befehl und dessen
Ausführung wird berichtet, daß Mose und Aaron zu Pharao gehen. Nachdem Aaron das Wunder verrichtet hat, werden die
ägyptischen Zauberer von Pharao herbeigerufen. Die letzten
zwei Wunder sind durch die Entwicklung der Auseinandersetzung
gegen Ende jedes Abschnittes umgewandelt[605]. Die Rolle Moses,
daß er im letzten Wunder nicht mehr Vermittler des Wortes
Jahwes, sondern Handelnder ist, hat einige Unterschiede
gegenüber den vorangehenden Wundern zur Folge; hier fehlt
Jahwes Befehl an Mose, zu Aaron zu sprechen. Der Befehl wird
zunächst durch Mose und Aaron und dann durch Mose allein
ausgeführt.

---

605 S.u.S.226.

## 2. Das Thema und der Anteil der Priesterschrift

Die Wundermacht entstammt verschiedenen Quellen: Mose und
Aaron berufen sich auf Jahwes Wort, die ägyptischen Zauberer
auf ihre Geheimkünste. Dieser Unterschied ist vom Standpunkt
des Erzählers wie der Zuhörer oder Leser vom ersten Wunder
an ganz deutlich, bleibt aber im Gang der Handlung zunächst
unsichtbar, da die Wirkungen der Wundermächte gleich sein
können. Im Laufe der Auseinandersetzung tritt jedoch der Unterschied im Wundergeschehen selbst in Erscheinung; die eine
Macht erweist sich gegenüber der anderen als überlegen. In
den ersten drei Fällen können die ägyptischen Zauberer mit-
halten. Im vierten Gang bemühen sie sich zwar, das Wunder zu
wiederholen, diesmal versagen jedoch ihre Geheimkünste; so
müssen die Zauberer Pharao erklären, daß hier der "Finger
Gottes" am Werk sei (8,15). Mit dieser innerhalb der priesterschriftlichen Wundererzählung einzigen Rede eines Menschen,
erkennen sie an, daß bei Mose und Aaron nicht so etwas wie
"Geheimkünste" wirksam sind, sondern eine höhere, ihnen über-
legene Macht[606]. Im letzten Wunder erweist sich endgültig
die Niederlage der ägyptischen Zauberer. Nicht einmal mehr
der Versuch, das Wunder wie beim letzten Mal hervorzubringen,
können sie unternehmen, denn sie können Mose nicht entgegentreten[607] (ולא יכלו in 9,11; vgl. 8,14a), da sie selbst
von der Plage betroffen werden.

Die Auseinandersetzung zwischen den ägyptischen Zauberkünsten und Jahwes Wort sowie seine Überlegenheit sind also das
Thema der priesterschriftlichen Wundererzählung. Der Unterschied im Ursprung der Macht wird in den ersten beiden Wundern betont, indem כאשר צוה יהוה (7,10.20) und בלהטיהם (7,11.
22) in den mit demselben Wortlaut beginnenden Sätzen gegenübergestellt werden. Der Gegensatz ist vielschichtig; Aaron

---

606 Vgl. Baentsch 67; W.H.Schmidt, Einführung 106.
607 עמד לפני in 9,10f. beschreibt die der Wunderhandlung vorangehende
     und darauf vorbereitende Haltung. Einen ähnlichen Sinn hat dieser
     Ausdruck in Jer 50,44. Diese Wendung bedeutet sonst oft "die Hal-
     tung des Dieners, der vor seinem Herrn steht und seine Befehle emp-
     fängt" (vgl. dazu S.Amsler, עמד THAT II, 330f.).

steht den ägyptischen Zauberern gegenüber, Mose dem Pharao,
Jahwe den ägyptischen Göttern.

Diese Vielschichtigkeit tritt erst außerhalb der Wunderreihe zutage. Die direkte Handlung Jahwes beim Passa bietet
der Priesterschrift die Gelegenheit, ihre theologische Intention auszudrücken. Da 12,12b und v.13aα die vorgegebene[608] Kette der göttlichen Handlungen (v.23) - Vorübergehen,
Schlagen (v.12a) und Sehen (v.14aß) - unterbrechen, sind sie
von P eingefügt worden, so daß dort die theologische Intention von P zum Ausdruck kommt[609]. V.12b unterscheidet sich
in der Satzstruktur von der Umgebung; während die Sätze sonst
mit dem Verb in Perfekt waw consec. beginnen, steht in v.12b
"an allen Göttern Ägyptens/der Ägypter" am Anfang des Satzes
vor dem Verb. Damit ist herausgestellt, daß die ägyptischen
Götter die eigentlichen Gegner Jahwes sind. Kaum zufällig
wird Jahwes Ich in "ich bin Jahwe (אני יהוה)" am Ende dieses
Satzes noch in der Mitte seiner Rede betont. Das Schlagen
der ägyptischen Erstgeburten ist zugleich ein Gericht über
die ägyptischen Gottheiten[610]. Sie erscheinen deswegen sonst
nicht, weil Jahwe, der mit ihnen kämpft, dort nicht direkt
handelt, um ein wunderbares Ereignis zu bewirken. Der Kampf,
der zwischen Aaron und den ägyptischen Zauberern sowie zwischen
Mose und Pharao geführt wird, ist zugleich der Kampf zwischen
Jahwe und den ägyptischen Göttern[611].

Verschiedene Erzählelemente, die für das Thema konstitutiv
sind, stammen von der Priesterschrift; ihnen fehlt eine Entsprechung beim Jahwisten.


### a) Das erste Wunder


Die Erzählung des ersten Wunders unterscheidet sich von
den übrigen nicht eigentlich durch die Hinzufügung der als

---

608 Zum vorgegebenen Gut s.u.S.272f.
609 Anders Weimar, Exodus 206 Anm.265; "Ex 12,12 hat P[g] schon aus einer
    ihrer Vorlagen übernommen". Eine Vorlage wird angenommen, wo der
    Text gegen die These spricht; vgl. auch 213f. Anm.275.
610 Baentsch 96.
611 Vgl. Habel, Yahweh 14f.; McCarthy, CBQ 1965, 344; anders Preuß,
    Verspottung 53; Weimar, Exodus 206.

Einführung in die Wunderreihe dienenden Erzählelemente[612].
Allein hier wird, nachdem die ägyptischen Zauberer das Wunder genau so wie Aaron vollzogen haben, im Anschluß berichtet, daß der Stock Aarons die anderen Stöcke verschlang
(7,12b). Die Überlegenheit Aarons zeigt sich sowohl im Akt
des Verschlingens selbst als auch darin, daß ein Stock mehrere Stöcke zu verschlingen vermag. Der Verlauf der folgenden Auseinandersetzung spiegelt sich also bereits im Vorgang dieses Wunders; die ägyptischen Zauberer können zwar
zunächst die Wunder nachvollziehen, am Schluß erweist sich
aber die Überlegenheit der Macht, die Mose und Aaron beauftragt.

Außerdem verbleibt der Vorgang des ersten Wunders im Bereich des Mirakelhaften, während alle übrigen mehr oder weniger an Naturphänomene anknüpfen[613]. Darum fehlt nur hier
(7,9.10.12) eine Ortsangabe, die den Umfang der ungewöhnlichen Erscheinung angeben soll (מצרים ארץ ⟨בכל⟩ in 7,19f.;
8,1f.12f.; 9,9). Das Ergebnis dieser Machtprobe im Bereich
des Wunderbaren hat keine Folgen für menschliches Leben, so
daß dieser Abschnitt keine der Auffälligkeiten zeigt, wie
sie sich bei den folgenden Fällen mehr oder weniger beobachten lassen: Warum können die ägyptischen Zauberer dasselbe Wunder wiederholen, nachdem Mose und Aaron das das
ganze Land betreffende Wunder schon vollzogen haben? Oder
warum führen sie die ihr eigenes Land betreffenden Plagen
herbei?

Aus diesen Unterschieden ist zu schließen, daß P das
Schlangenwunder programmatisch der Wunderreihe voranstellt.
Tatsächlich findet sich ein entsprechendes Wunder nicht in
der Plagenreihe des Jahwisten, sondern in einem anderen Zusammenhang (Ex 4,2-4).

---

612 S.o.S. 225. Selbst wenn ein anderes als das Schlangenwunder voran
    gestanden hätte, würde es ebenfalls diese Erzählelemente ent-
    halten.
613 Angesichts dieses Unterschiedes kann man in den ersten beiden Wun-
    dern kaum ein schönes Paar der Schauwunder (so Greßmann, Mose 93f.)
    sehen.

## b) Aaron und seine Wunderhandlung

Die Priesterschrift hat Aaron, der als Wundertäter den
ägyptischen Zauberern in der Machtprobe gegenübersteht, in
die Wundererzählung eingeführt. War aber eine Tradition, in
der Mose die Wunderreihe vollzieht, wie etwa im Schlangenwunder in Ex 4, auch in der Plagenreihe P vorgegeben? Daß
bereits der ältere Textbestand von Mose als Wundertäter zu
erzählen weiß (Ex 15,24ff.; 17,1-7.8-15), könnte dafür sprechen.
Die Auseinandersetzung hat einen bestimmten Schauplatz:
vor Pharao. Diese Angabe findet sich zwar nicht in jedem Abschnitt, wird aber in der ersten und letzten Szene genannt,
so daß sie den Rahmen der ganzen priesterschriftlichen Wundererzählung bildet (7,9f.; 9,8.10)[614]. Im Schlangenwunder
finden sowohl die Handlung Aarons als auch das Wundergeschehen
an diesem Ort statt. Etwas Merkwürdiges kehrt hingegen in
allen folgenden Wundern wieder. Im vierten und fünften Wunder
hat die Handlung Aarons am bestimmten Ort (vor Pharao) eine
sehr umfangreiche Folge; die Berührung des Staubes mit dem
Stock erreicht, daß sich nicht nur der betreffende, sondern
aller Staub in Ägypten in Mücken verwandelt (8,13)[615]. Mose
verstreut Ofenruß vor den Augen Pharaos, dann bricht die Entzündung im ganzen Land Ägypten aus (9,8f.). Daß eine Handlung
in einem begrenzten Raum eine Verwandlung im ganzen Land zur
Folge hat, kann im vorliegenden Zusammenhang neben der Verwandlung eines Stoffes zur Plage als Wirkung der Zauberkraft
verstanden werden. Aber die räumliche Nichtentsprechung zwischen der Handlung und dem Wundergeschehen ist auffällig, da
die mirakelhaften Verwandlungen sonst an einem bestimmten
Platz stattfinden (Ex 15,24ff.; II Reg 2,19ff.; 4,38ff.).
Im zweiten und dritten Fall entsprechen sich der Umfang
der Handlung und ihrer Folge; Aaron streckt seinen Stock

---

614 Im ersten Wunder wird zusätzlich berichtet, daß Mose und Aaron zu
   Pharao gehen (7,10).
615 עפר הארץ (8,12f.). עפר bedeutet die unzählbaren Teilchen der
   Ackerkrume (Noth 58). ארץ ist nicht als "Land" (so Noth 47.58),
   sondern als "Boden" (so Baentsch 66; Beer 50) zu verstehen; vgl.
   Gen 13,6; 28,14; II Sam 22,43; Jes 40,12; II Chr 1,9.

über die Gewässer Ägyptens, seine Ströme, seine Nilarme,
seine Wassertümpel und alle seine Wasseransammlungen aus,
und daraufhin geschieht das Außergewöhnliche in ganz Ägypten. Die Handlung mit dem Stock ist zwar symbolisch vorgestellt, aber die Frage ist berechtigt, wie Aaron über alle
Gewässer in Ägypten seinen Stock ausstrecken kann, denn die
Hand oder der Stock wird in der Regel zu einem bestimmten
Gegenstand hin erhoben oder ausgestreckt (Ex 14,16.21; 17,
11; Jos 8,18f.26).

Diese Auffälligkeiten im zweiten bis fünften Wunder in der
Priesterschrift zeigen die Unausgeglichenheit zwischen dem
Altüberlieferten (Umfang des Geschehens im ganzen Land Ägypten) und dem Hinzugekommenen (die Handlung, den Stock auszustrecken oder Ofenruß auszustreuen). Nicht nur Aaron als
Wundertäter, sondern auch die Wunderhandlung im zweiten bis
fünften Wunder selbst sind also auf P zurückzuführen[616].

### c) Die ägyptischen Zauberer und die Wiederholung
### der Wunder

Die ägyptischen Zauberer sind ebenfalls von P eingeführt
worden[617]. Auch das Vorkommen verschiedener Bezeichnungen
für die ägyptischen Zauberer in P spricht nicht dagegen.
Kaum ist eine vorgegeben, eine andere von P hinzugefügt worden. Im ersten Wunder kommen zunächst die Weisen und Magier
(חכמים ומכשפים 7,11a) und dann die ägyptischen Zauberer
(חרטמי מצרים 7,11b) vor, während in den folgenden Wundern
nur die letzte Bezeichnung wiederkehrt. Das Wort חרטמים, das
stets für ausländische Zauberer gebraucht wird (Gen 41,8.24;
Dan 1,20; 2,2), paßt zu der priesterschriftlichen Wundererzählung vorzüglich, da die Wunder in Ägypten spielen und
der Verfasser im Exil in Babylonien lebt[618]. Allerdings ent-

---

616 So auch Friebe, Plagenzyklus 105f.
617 Anders Reindl, FS Priesterseminar Erfurt 54ff. Es ist nicht begrün-
     det, für die Wunderreihe von P eine ursprünglich selbständige Er-
     zählung anzunehmen, die in der ägyptischen Diaspora beheimatet ist
     und die von P selbst oder einem Redaktor in die Plagenerzählung ein-
     gefügt wurde.
618 Dazu s.o.S.8 Anm.40.

spricht die Aufgabe der חרטמים, Traum und Vision zu deuten,
nicht der Zauberkunst. P ergänzt diese Funktion, indem sie
das Wort מכשפים, welches "Zauberei treiben" bedeutet (Dtn
18,10; Mal 3,5; Dan 2,2; II Chr 33,6), an der Stelle einsetzt, wo die ägyptischen Zauberer zum ersten Mal auftreten[619].

Das neue Erzählelement "ägyptische Zauberer" bringt etwas
Auffälliges in die priesterschriftliche Wundererzählung: Die
ägyptischen Zauberer versuchen ihren eigenen Landsleuten
Schaden zu bereiten. Im zweiten und dritten Wunder wird eine
mögliche Notsituation als Folge der Plage nicht angegeben.
Erst im vierten Abschnitt wird berichtet, "die Mücken waren
an Menschen und Tieren" (8,14; vgl. 9,9f.). Die ägyptischen
Zauberer können dasselbe Wunder zwar nicht wiederholen, aber
sie beabsichtigen, es nachzumachen.

Die Priesterschrift selbst sucht diese Merkwürdigkeit zu
lindern: a) Wo die ägyptischen Zauberer die Wunder nachmachen können, wird im Gegensatz zu J nicht angedeutet, daß
die Ägypter unter der Folge des ungewöhnlichen Naturvorgangs
leiden (7,19; vgl. v.21a J). b) Selbst wenn P vom Schaden
berichtet, formuliert sie ihn nicht mit einem selbständigen
Satz, sondern schlicht mit einem präpositionalen Ausdruck
(8,13; 9,9). c) Die Handlung der ägyptischen Zauberer wird
in der Regel bloß mit dem Verb "tun" wiedergegeben. Nur im
ersten Wunder, wo gerade kein Schaden als Folge des Wunders
in Frage kommt, wird zum allgemeinen Verb ergänzend die konkrete Handlung der Zauberer berichtet: "Jeder warf seinen
Stock hin" (7,12).

Die ägyptischen Zauberer wetteifern mit Aaron, indem sie
das Wunder wiederholen. Weil es sich bei der Verwandlung
des Stockes um keinen Naturvorgang im ganzen Land handelt, bringt eine Wiederholung keine Auffälligkeiten hervor.
Der zweite und dritte Abschnitt berichtet von keiner Rückverwandlung des von Aaron herbeigeführten ungewöhnlichen

---

619 Können die verschiedenen Bezeichnungen aufgrund der Reihenfolge ihres
    Vorkommens im ersten Wunder als "Zauberer unter Weisen und Magiern"
    interpretiert werden? חכמים steht auch in Gen 41,8 parallel zu
    חרטמים.

Naturphänomens[620], so daß sich etwas Auffälliges beobachten
läßt: Wie kann aus dem soeben in Blut verwandelten Wasser
im ganzen Land Ägypten (7,19) gleich noch einmal das Blut
hervorgebracht werden? Oder wie können die Frösche erneut
über das Land Ägypten heraufkommen[621]? Will P vielleicht so
verstanden werden, daß das in Blut verzauberte Wasser sich
sogleich zurückverwandelt oder Aarons Frösche alsbald wieder
verschwunden sind[622]?

### Exkurs 5: "Stock" in der Priesterschrift

In den ersten vier Wundern führt Aaron den Befehl Jahwes
mit dem Stock aus, während Mose im letzten Wunder ohne Stock
handelt. Beim Meerwunder kommt der Stock nach dem vorliegenden Text wieder in Jahwes Wort an Mose vor: "Du aber erhebe
deinen Stock und strecke deine Hand aus über das Meer und
spalte es, ..." (14,16a).

Der Auftrag "Erhebe deinen Stock" (הרם את־מטך) gehört
aus bestimmten Gründen jedoch kaum zur ursprünglichen Priesterschrift, sondern ist einer jüngeren Bearbeitung zuzuschreiben. a) "Der Befehl <erhebe deinen Stab> schließt den
anderen <und strecke deine Hand aus> schon mit ein"[623], so
daß die beiden Handlungen in gewisser Weise eine Doppelung
bilden[624]. b) Der Stock spielt im Folgenden gar keine Rolle[625]. Zwar wird der Stock auch beim Fröschewunder nur im

---

620 Darüber "zerbricht sich der naive Erzähler den Kopf nicht" (Baentsch
    62). Ist jedoch P ein naiver Erzähler? Außerdem weiß sie später im
    Meerwunder von der Rückkehr des Wassers zu erzählen (Ex 14,26f.).
621 Die Wiederholung dieses Wunders ist zwar nicht völlig ausgeschlos-
    sen, aber schwer vorstellbar. Werden die Frösche von den ägyptischen
    Zauberern verdoppelt? Hier wird nicht "das ganze Land Ägypten", wie
    im zweiten, vierten und letzten Wunder, sondern stets einfach "das
    Land Ägypten" (8,1.2.3) genannt.
622 Vgl. Baentsch 62.64.
623 Baentsch 124. Er hält diesen Versteil für elohistisch.
624 Wenn das zweite Verb eine nachfolgende Tat bezeichnen würde, könn-
    ten beide Handlungen doppelungsfrei nebeneinander stehen, wie es
    in Num 20,11 der Fall ist, wo "schlagen" (נכה hi.) nach "erheben"
    (רום hi.) auftritt.
625 Vgl. Rudolph, Elohist 30.

Befehl und nicht mehr im Bericht der Ausführung erwähnt
(8,2), im Meerwunder verschwindet er jedoch nicht nur bei
der Ausführung des Befehls (14,21), sondern auch später bei
der Rückwandelung des Wunders (v.26f.) völlig. c) Der Stock
*Moses* tritt in der Priesterschrift zum ersten Mal im Meerwunder auf, während sie in der vorangehenden Plagenerzählung
nur den Stock *Aarons* kennt. Trotzdem ist vorausgesetzt, daß
Mose den Stock in der Hand hat, denn hier fehlt ein Verb
zur Handlungseröffnung "nehmen" (לקח), die P dem Hauptverb
beifügt, wenn der Stock neu erwähnt wird (Ex 7,9; Num 20,
8)[626]. Die Bemerkung über den Stock Moses in Ex 14,16 ist
demnach wohl jünger als P[627]. P scheint in ihrer Herausführungsgeschichte nur Aarons Stock gekannt zu haben und charakterisiert ihn durch Personalsuffix auch so (7,9f.19; 8,1.
12f.). So sieht P in ihm auch niemals einen Stock Gottes[628], so daß dem Stock selbst keine wunderhafte Kraft zugewiesen wird. Für die Priesterschrift ist ausschließlich
Gottes Wort Quelle der die Wunder wirkenden Kraft. Sie wird
nur durch eine Handlung des Menschen übermittelt. In den
ersten vier Wundern teilt Mose Aaron die Rede Jahwes mit,
dann handelt Aaron mit dem Stock. Wenn der vernichtende
Schlag gegen die Zauberer im letzten Wunder und gegen Pharao
und die Ägypter in der Meereskatastrophe geführt wird, erteilt Jahwe Mose selbst den Befehl und dieser führt ihn
ohne Stock aus[629]. Bei der Übermittlung der Wunderkraft ist
die Handlung mit dem Stock nur vorlaufend.

---

626 Nachdem Aaron seinen Stock weggeworfen hat (7,10), fügt P wieder
    das Verb "nehmen" zu Anfang des nächsten Wunders hinzu (7,19). Sie
    formuliert außerdem diese Handlung stets ohne präpositionalen Aus-
    druck "in deine Hand", der das Selbstverständliche besagt, anders
    in Ex 4,17.20b; 7,15; 17,5; vgl. auch II Reg 4,29.
627 Bereits Nöldeke, Untersuchungen 45; Wellhausen (Comp. ³75ff.) hält
    den Stock für ursprünglich im Text, sieht aber den Vers nicht als P,
    sondern E zugehörig an.
628 Auch in Num 20,8.11 nicht.
629 Moses Stock kommt in der Priesterschrift nur dann vor, wenn ihn die
    ihr vorgegebene Überlieferung schon als unentbehrliches Erzähl-
    element enthält (Num 20,8f.11; vgl. Ex 17,1-7).

## Exkurs 6: "Hand ausstrecken"

Nach der Priesterschrift strecken Mose und Aaron jeweils
ihre Stöcke aus, um die Wunder herbeizuführen. Ähnliche Sze-
nen finden sich auch sonst im AT. Die Handlung ist in der
Regel mit dem Verb "ausstrecken" (נטה qal)[630], seltener mit
"erheben" (רום hi.)[631] formuliert. Ausgestreckt oder erhoben
werden eine Hand[632], beide Hände[633], ein Stock[634] oder ein
Speer[635].

Diese Art der Handlung hat ihren Ursprung in der Magie,
was zuweilen noch in volkstümlichen Erzählungen von macht-
erfüllten und wirksamen Handlungen erkennbar ist. Offenbar
waren solche Geschichten beliebt, so daß sie in verschiedenen Fassungen erhalten blieben. Die Erzählung vom Sieg über
die Amalekiter (Ex 17,8-16) berichtet nicht eigentlich von
der kriegerischen Auseinandersetzung. Allein die magische
Handlung Moses entscheidet über Sieg und Niederlage Israels:
"Solange nun Mose seine Hände hochhielt, war Israel überlegen; sooft er aber seine Hände sinken ließ, war Amalek
überlegen" (v.11; vgl. auch Jos 8,26)[636]. "Es scheint so,
als solle von Mose eine geheimnisvolle Kraft ausgehen, die
durch das Erheben der Hände in der Richtung auf das israelitische Aufgebot ausgestrahlt werde"[637]. Das "Erheben der
Hände" gibt der magischen Kraftausstrahlung die Richtung
auf das gewünschte Ziel, so daß es dem Handelnden sichtbar
sein muß[638]. Der optische Kontakt stellt andeutungsweise

---

630 Ex 7,19; 8,1f.12; 9,22f.; 10,12f.21f.; 14,16.21.26f.; Jos 8,18f.
    26.
631 Ex 7,20; 14,16; 17,11.
632 Ex 9,22; 10,12.21f.; 14,16.21.26f.; 17,11; vgl. 7,19; 8,2; Jos 8,19.
    Ist dabei an die rechte Hand zu denken? In Gen 48,13f. wird auf das
    Auflegen eben der rechten Hand Wert gelegt; vgl. Hempel, Apoxys-
    mata 35.
633 Ex 17,12.
634 Ex 7,20a; 8,1.12; 9,23; 10,13; 14,16.
635 Jos 8,18.26.
636 Zum textkritischen Problem bei "Hände" in Ex 17,11 s.u.S.235 Anm.643;
    zu Jos 8,26 s.u.S.235f.
637 Noth 114.
638 Vgl. Jos 8,19 dazu s.u.S.236.

die ursprünglich magische Berührung zwischen Subjekt und Objekt her[639].

Übernimmt das AT eine solche magische Handlung, so wandelt es sie auf verschiedene Weise um und integriert sie allmählich in den Machtbereich Jahwes, indem Selbstwirksamkeit oder Eigenständigkeit magischer Kraft bestritten und geleugnet wird[640].

Im Abschnitt über den Amalekiterkrieg wird die Kraft der Hände, den Sieg Israels herbeizuführen, von der handelnden Person gelöst und Gott zugewiesen, indem "Gottes Stock" in die Hand Moses gelegt wird. Dabei ist "Gottes Stock in meiner Hand" in v.9 der Erzählung, sei es schon überlieferungsgeschichtlich[641] oder erst literarisch[642], sekundär[643], da das Motiv im Folgenden keine Rolle spielt (v.11f.). In der vorliegenden Erzählung hat die Handlung Moses keine selbständige, magische Kraft mehr, vielmehr gibt er nur die göttliche Wirkung weiter, die Israel den Sieg gegen die Amalekiter bringt[644].

In höherem Maße hat Gottes *Wort* die Aufgabe, eine mögliche Eigenmacht der Magie zu leugnen. In einem selbständigen Überlieferungszug der Erzählung vom Feldzug gegen Ai (Jos 8,1-29) wurde "das Speerausstrecken" ursprünglich als wirksames, den Sieg herbeiführendes Handeln aufgefaßt: "Josua aber nahm seine Hand, mit der er den Speer ausgestreckt hatte, nicht zurück, bis er alle Bewohner von Ai gebannt hatte" (v.26).

---

639 Hempel, Apoxysmata 34f.; Noth, ÜP 132 Anm.342. Darum muß Bileam das Volk sehen, um es zu verfluchen (Num 23,13); dazu s. Greßmann, Mose 158; Hempel, Apoxysmata 25.

640 Das ist ein Abschnitt der Geschichte der Ausschließlichkeitsforderung; vgl. W.H.Schmidt, Gebot 24ff.

641 So Fritz, Wüste 12; vgl. Noth, ÜP 32f.

642 So Beer 92; Noth 112f.

643 Diese Unebenheit wirkt noch im textkritischen Bereich. Ist "die Hände" in v.11 für ursprünglich zu halten (so Noth 112), wie Sam. es belegt, dann ändert der masoretische Text die pluralische Form in die singularische unter dem Einfluß von "Gottes Stock in *meiner Hand*" in v.9. Ist die singularische Form ursprünglich, dann ändert sie Sam. in die pluralische Form mit Rücksicht auf das Folgende (v.12).

644 Eine ähnliche Sinnverschiebung könnte in v.16 vorliegen. Wenn der Thron Jahwes mit dem Steinsitz Moses (v.12) identisch ist, wird die den Sieg herbeiführende Kraft nicht auf Mose, sondern auf "den Thron Jahwes" zurückgeführt. Aber der Textbefund stützt diese Mög-

In der vorliegenden Erzählung wird der Handlung "den Speer
ausstrecken" (v.18b) unmittelbar eine göttliche Rede vorgeordnet, in der Jahwe Josua dieses Verhalten befiehlt (v.18a),
so daß die den Sieg herbeiführende Kraft durch das Wort Gottes bewirkt wird[645]. Erst Jahwes Wort läßt die - ursprünglich magische - Kraft entstehen. Darüber hinaus ist das
Speerausstrecken nach v.19 als Zeichen zum Eingreifen verblaßt[646]. Die Erzählung über die Eroberung von Ai ist überlieferungsgeschichtlich also nicht aus einem Guß[647], so daß
die magische Handlung schon in der Überlieferung kritisch
überarbeitet worden ist. Auch in der Plagenerzählung geht
Jahwes Befehl stets der Handlung "den Stock ausstrecken"
voraus[648].

In der Rede Jahwes (v.18) wird als Begründung des Befehls
an Josua hinzugefügt: "denn in deine Hand gebe ich sie (=
die Stadt Ai)". Der Satz sagt ausdrücklich, daß der Sieg
Israels gegen Ai nicht Folge magischer Handlung, sondern
allein Jahwes Sache ist, was bereits durch die Voranstellung des göttlichen Befehls vor die Handlung Josuas angedeutet ist.

Schließlich wird die Handlung "die Hand ausstrecken" in
Jes 14,27 auf Jahwe selbst übertragen[649]. Er ist nun der
Ausführende der ursprünglich magischen Tat. Dadurch ist der
Handlung die Magie genommen und völlig in die Wirkungsmacht
Jahwes integriert. Die formelhaften Wendungen "mit ausge-

---

lichkeit nicht, da man für diese Deutung in v.16 das schwer ver-
ständliche כסיה in כסא יה verändern und in v.15 נסי durch כאי
ersetzen muß.

645 Zum Befehl Jahwes, der dazu beiträgt, das magische Element in der
prophetischen symbolischen Handlung grundsätzlich zu überwinden s.
Fohrer, Handlungen 95f.121ff.

646 Da sich Josua und die im Hinterhalt Lauernden gegenseitig sehen
konnten, was ursprünglich den optischen Kontakt bedeutete, kann die
Handlung des Speerausstreckens sekundär in ein Zeichen zum Eingreifen verändert werden.

647 Literarkritisch ist sie einheitlich; vgl. Noth, HAT 7, 49f.

648 Im AT spielt bei einer Handlung Gottes sein Wort eine entscheidende
Rolle. Hingegen spricht der handelnde Mensch kein Wort, weder Segen
noch Fluch als Zauberwort. Er handelt schweigend.

649 Die Verben נטה und שוב (hi.) stehen sich gegenüber, genauso wie
Jos 8,26; zum שוב (hi.) vgl. Ps 74,11.

streckter Hand" (ביד נטויה)[650] und wohl auch "mit ausgestrecktem Arm" (בזרוע נטויה)[651], die vor allem in der jüngeren Literatur vorkommen, sind wohl als Folge dieser In-
tegration aufzufassen. Damit ist jedoch nicht behauptet,
daß beim Gebrauch der Wendungen der magische Ursprung der
Handlung geschweige denn dessen Überwindung noch bewußt
war.

650 Jer 21,5; Jes 14,26.
651 Vgl. A.S. van der Woude, זרוע THAT I, 523f.672f.; F.J.Helfmeyer,
זרוע ThWAT II, 653ff.; Seitz, Deuteronomium 82 Anm.88.99. Ex 6,6;
II Reg 17,36; Jer 27,5; 32,17; mit יד חזקה zusammen in Dtn 4,34;
5,15; 7,19; 11,2; 26,8; I Reg 8,42; Jer 32,21; Ez 20,33f.; Ps 136,
12; II Chr 6,32.

D. Vergleich zwischen der Priesterschrift und
der älteren Quellenschrift (J)


Wenn man die von der Interpretation durch P stammenden
Erzählelemente aus dem Aufbau jedes Abschnittes[652] wegnimmt,
bleiben Jahwes Rede in (a) Einführung und (b) Befehl zum
Sprechen, das Geschehen der Wunder in Folge der Handlung in
(d), (f), (h) und die Schlußformel übrig. In diesen Be-
reichen ist P mit J zu vergleichen.


## 1. Jahwes Wort

Sowohl J als auch P eröffnen jeden ihrer Abschnitte mit
demselben Ausdruck: "Und Jahwe sprach zu Mose" (ויאמר יהוה
אל־משה). Die Tat, die Jahwe Mose befiehlt, ist meistens gemeinsam; er soll sprechen. J und P gehen aber bereits im
Adressaten und Inhalt des Sprechens auseinander. In J fordert Jahwe von Pharao, die Israeliten zu entlassen, und kündigt die kommende Plage für den Fall der Weigerung an. In P
befiehlt Jahwe Aaron oder Mose, eine Zauberhandlung zu tun,
und sagt das Wundergeschehen voraus. Das Thema der jahwistischen Plagenerzählung, nämlich die Möglichkeit der Gemeinschaft zwischen Jahwe und Pharao[653], bestimmt den Charakter
des Wortes bei J; Gott redet Pharao an, und dieser antwortet
ihm, so daß nicht nur das Wort Gottes, sondern auch des Menschen eine wichtige Rolle spielt. Das Wort kann Gott und
Mensch in eine Gemeinschaft bringen. Auch die mit P gemeinsame Voraussage der Plage dient eigentlich dazu, dieses Verhältnis zu schaffen. Hingegen fehlt der Priesterschrift völlig der Anredecharakter des göttlichen Wortes. Dementspre-

---

652 S.o.S.226ff.
653 Zur Begründung s.o.S.179ff.

chend redet kein Mensch zu Jahwe. Ein Menschenwort kommt in
P überhaupt nur selten, in der Plagenerzählung nur einmal
vor (8,15). Dem göttlichen Wort wird in P die die Wunder be-
wirkende Kraft zugeschrieben.

Die umfangreiche Rede Gottes wird in die Plagenreihe erst
von J eingeführt[654]. P ist im Gegensatz zur Überlieferung
mit J darin einig, daß Gottes Wort hohe Bedeutung zukommt.
Über diese Tatsache hinaus zeigt P bezüglich der Art der Bedeutung keinen gemeinsamen Zug mit J. Ein göttlicher Befehl
an den Menschen und die Entsprechung zwischen der göttlichen
Voraussage und dem Bericht vom Geschehen kehren in P sonst
sehr oft wieder. Selbst wenn P die jahwistische Erzählung
nicht kennt, gestaltet sie ihre Erzählung so, daß das göttliche Wort Quelle der Wunderkraft ist. So kann man hinsichtlich des Wortes über die Beziehung zwischen J und P nichts
erschließen.


## 2. "Geschehen" der Wunder

### a) Wunderbare Ereignisse und ihre Reihenfolge

Die jahwistische Plagen- und die priesterschriftliche
Wundererzählung bieten im vorliegenden Exodusbuch zum Teil
gleiche Ereignisse in gleicher Reihenfolge. In welcher Reihenfolge standen die Wunder in der Priesterschrift vor der
Verflechtung mit der jahwistischen Erzählung? Das Schlangenwunder hat bereits in P den ersten Platz in der Reihe gehabt, da es Erzählelemente enthält, die zur Eröffnung der
Wunderkette dienen[655]. Das vorletzte und letzte Wunder sind
ebenfalls nicht nachträglich umgestellt worden, da sie an
ihrem jetzigen Platz die Steigerung im Ablauf der Auseinandersetzung bilden. Standen das Wasser- und das anschlie-
ßende Fröschewunder eventuell ursprünglich in P in der umgekehrten Reihenfolge, da sich keine Steigerung zwischen beiden

---

654 Dazu s.o.S.150ff. bes.173.
655 Dazu s.o.S.225.

findet? Im Wasserwunder befiehlt Jahwe, den Stock zu nehmen
(7,19). Diese Handlung ist nach dem Werfen des Stockes im
Schlangenwunder (7,10) nun erforderlich. Daraus erweist sich,
daß das Wasser- auf das Schlangenwunder folgte. Die ursprüngliche Reihenfolge der Wunder in P bleibt also in der vorliegenden Erzählung unverändert erhalten, was auch bei der jahwistischen Plagenerzählung der Fall war[656].

J kennt keine Entsprechung zum Schlangenwunder, das P programmatisch der Wunderreihe voranstellt[657]. Die nächsten
drei wunderbaren Ereignisse (Wasser, Frösche und Insektenschwarm) sind J und P gemeinsam, auch in der Reihenfolge.
Allerdings gebraucht P für die Insekten ein anderes Wort als
J. Nun folgt in P statt der Pest (J) eine Hautkrankheit. Die
letzten beiden Plagen des Jahwisten fehlen bei P. Trotz der
Gemeinsamkeiten weicht sie also von J erheblich ab. Hat P
eine andere Plagenreihe als J vorgelegen?

J überträgt unbefangen die Verhältnisse in Palästina auf
die Plagen in Ägypten. So erzählt er auch Naturphänomene,
die nicht speziell ägyptisch, sondern allgemein orientalisch
sind. Nach seiner Darstellung bringt der Ostwind die Heuschrecken (10,13), obwohl anders als in Palästina in Ägypten der Südwestwind diesen Insektenschwarm herbeiführt. So
korrigiert die in Alexandria entstandene Septuaginta die
Windrichtung, indem sie רוח הקדים mit ὁ ἄνεμον ὁ νότον (Süd-
wind) übersetzt[658].

P beachtet hingegen die Verhältnisse in Ägypten. Drei wunderbare Ereignisse, die P gemeinsam mit J erzählt, knüpfen
speziell an Erscheinungen ägyptischen Lebens an: Das Nil-
wasser ist für den Menschen in Ägypten unentbehrlich. Der
"Frosch ist in dem infolge des Nilwassers und der Nilüber-
schwemmung feuchten Ägypten eine ganz bekannte Erscheinung,
... während er im palästinischen Heimatland Israels keine
Bedeutung hatte"[659]. "Fliegen und Mücken sind in Ägypten zu

---

656 Zur Begründung s.o.S.178f.
657 Dazu s.o.S.227f.
658 Vgl. Baentsch 81. Ähnliches auch beim Meerwunder in 14,21; dazu
     vgl. Baentsch 125.
659 Noth 57; vgl. Fohrer, Exodus 77.

allen Zeiten eine besonders lästige Sache gewesen"[660]. P
denkt wohl auch bei der Verwandlung des Stockes in eine Schlange an bekannte Schlangenkunststücke ägyptischer Zauberer[661].
Die letzten beiden Plagen bei J (Hagel und Heuschrecken) sind
hingegen nicht für Ägypten charakteristisch, sondern im ganzen Orient verbreitet[662]. Demgegenüber tragen die von P er-
zählten Wunder spezifisch ägyptisches Gepräge[663]. P beachtet
nicht nur die dortigen Verhältnisse, sondern hebt den ägyptischen Charakter der Wunder hervor. Diese Intention wird
auch sonst bestätigt: P ersetzt das Wort ערב in J, "das vielleicht nur die allgemeine Bedeutung 'Insektenungeziefer'
hat"[664], durch das speziell "Mücken" bedeutende Wort כנם[665].
Aus demselben Grund zieht P "Geschwür" der "Pest" vor. P
kann zwar die Pest des *Viehs* nicht ohne weiteres aufnehmen,
da sie nun vom Schlagen der ägyptischen Zauberer erzählen
muß[666], aber P kann von der Pest der Menschen berichten.
Trotzdem kommt in P nicht die Pest, sondern das Geschwür
vor, da Ägypten immer ein Land vieler Hautkrankheiten gewesen ist (vgl. Dtn 28,27)[667].

   So erklären sich alle Abweichungen der Priesterschrift
vom Jahwisten aus der besonderen Intention.

### b) Art und Weise des "Geschehens"

   Die Überlieferung des Jahwisten berichtet von den Plagen
meistens ausdrücklich als Jahwes Tat, zum Teil jedoch als
Naturvorgang. Dieser ist dann als Folge des göttlichen Wirkens verstanden[668]. Schon J hebt Jahwe als Urheber der vorher angekündigten Plagen hervor[669]. So kommt in seiner Er-

---

660 Noth 59; vgl. Fohrer, Exodus 77f.
661 Baentsch 59.
662 Dazu s. Noth, ÜP 74f.; vgl. Fohrer, Exodus 77f.
663 Baentsch 56.
664 Noth 58: "Man (hat) das Wort aber schon in LXX speziell im Sinne
    von 'Stechfliegen' verstanden... und (versteht es) vielfach noch
    heute so".
665 כן/כנם kommt im AT außer Ex 8,12ff. nur Ps 105,31 vor (KBL 443).
666 Dazu s.u.S.245.
667 Vgl. Noth 61; Fohrer, Exodus 78.
668 Dazu s.o.S.181f.
669 Dazu s.o.S.180f.

zählung ständig Jahwes Tat vor, die das folgende Geschehen
verschiedener Plagen hervorbringt.

In P handelt Jahwe in den Wundern nicht. Die Vorstellung
der Verwandlung war im Schlangen- (vgl. Ex 4,1-4) und wohl
auch im Wasserwunder (vgl. Ps 78,44; 105,29) vorgegeben. Die
Mücken kommen (8,17 J) in P nicht herbei, sondern entstehen
aus dem Erdboden. Sieht P in der Verwandlung des Erdbodens
in die Mücken etwas Wunderbareres und Außerordentlicheres
als das bloße Kommen der Tiere? P spricht bei der Erkrankung
nicht von einem direkten Eingreifen der Hand Jahwes (9,3 J),
sondern greift auf eine wohl volkstümliche Vorstellung zurück, daß die Hautkrankheit durch "Staub" hervorgerufen
wird[670].

Es geht der priesterschriftlichen Wundererzählung um die
Auseinandersetzung zwischen Jahwes Wort und den ägyptischen
Zauberkünsten. Jahwe wirkt mit seinem Wort und kann darum
hier nicht direkt in den Naturvorgang eingreifen. So vollziehen sich die Wunder durch die Verwandlung oder durch das
Eintreffen des Tierschwarms. Die Verwandlung, die eine in
der Zauberhandlung vermittelte Wirkung des göttlichen Wortes
darstellen kann, paßt vorzüglich zur Intention der Priesterschrift. Die Art und Weise des Geschehens ist demnach so
stark von der Intention der Priesterschrift bestimmt, daß
man kaum erschließen kann, was P vorgegeben war.


c) Schaden


Die wunderbaren Naturereignisse geschehen im Land Ägypten,
und seine Bevölkerung und ihr Besitz werden dadurch geschä-
digt. Über den durch die Plagen betroffenen Ort und Personen-
kreis berichtet bereits die vorjahwistische Überlieferung.

In der jahwistischen Erzählung redet Jahwe Pharao als Repräsentanten der Ägypter an und fordert ihn auf, die Israeliten zu entlassen. Die angekündigten Plagen sollen das
Leben der Ägypter und speziell Pharaos erschweren und ihn
zur Entlassung Israels zwingen. So baut J nicht den Vorgang

---

670 Noth 61.

der wunderbaren Ereignisse, sondern den Schaden als ihre
Folge aus. Dieser Intention entsprechend formuliert J die
Orts- und Personenangaben um.

Pharao ist nun Hauptfigur, so daß er selbst von den Plagen
heimgesucht wird. J gebraucht die überlieferte Bezeichnung
"die Ägypter", auch in der göttlichen Ankündigung an Pharao
(7,18; 10,6; vgl. 9,4). Jahwe nennt zugleich die Ägypter
"Volk Pharaos" (7,29)[671]. Der Gebrauch der Ortsangaben wird
von derselben Intention, die Plagen an Pharao zu betonen,
bestimmt. Die traditionellen Bezeichnungen für das Land
Ägypten überwiegen in den Teilen des Berichts, in denen J
vor allem vorgegebenes Gut wiedergibt[672], und zweimal in der
Ankündigung[673]. Das Wort גבול kann zwar vorgegeben sein, da
es sich im Bericht findet (10,14), aber J gebraucht es mit
Vorliebe (7,27; 10,4.19), und zwar in der Bedeutung "Gebiet"[674]. Dieses Wort wird mit dem Suffix der zweiten Person
Pharaos versehen (7,27; 10,4), während die Form בארצך in J
fehlt. Damit wird hervorgehoben, daß die Plagen in *"deinem"*
Gebiet, im Herrschaftsbereich des ägyptischen Königs, geschehen.

Um die Erschwerung des Lebens der Ägypter durch die Plagen
zu betonen, führt J die Dreierreihe "Pharao, seine Diener
und sein Volk" in seine Darstellung ein. Der Ausdruck kommt
niemals im Bericht vom Plagengeschehen, sondern in den von
J ausgebauten Teilen vor[675]. Aus demselben Grund gebraucht J
das Wort בית (Haus) gerne, in dem die Menschen wohnen. Wenn
die Überlieferung vom Haus berichtet (8,20), nimmt J das
Wort in der Ankündigung auf (8,17). Sonst erscheint es aus-

---

671 Vgl. 8,17.25 in Moses Rede und 8,27 im Bericht von der Beendigung
   der Plage.
672 כל־הארץ מצרים in 8,20; 9,24f.; 10,14; ארץ מצרים in 9,23 und
   הארץ in 8,20.
673 In 9,18; 10,5, wo sich das Wort הארץ auf das vorangehende בגבולך
   (v.4) bezieht; vgl. auch 9,5. Hier spricht allerdings nicht Jahwe,
   sondern Mose.
674 Nicht im Sinne von "Grenze" wie bei P; dazu s. Baentsch 63; Noth
   46.49; vgl. auch andere Stellen bei J in Gen 10,19; 47,21.
675 In der göttlichen Rede in 7,29; 8,17; 10,6 und im Bericht von der
   Beendigung der Plage in 8,25.27.

schließlich in den vom J gestalteten Teilen[676].

Die Priesterschrift kennt als Ortsangabe nur "Land Ägypten". Diese begegnet uns in allen an einen Naturvorgang an-
knüpfenden Wundern und beschreibt den Umfang der außergewöhnlichen Ereignisse[677]. Die Bezeichnung dient dann dazu, die
Wirksamkeit der Kraft zu betonen.

Der Schaden wird hingegen erst im vorletzten Wunder mit
"über die Menschen und Tiere" (8,13) angegeben. Vorher verschweigt P einen Wassermangel, obwohl dieses Leiden als
Folge des Wunders naheliegt, da festgestellt wird, daß alles
Wasser in Ägypten in Blut verwandelt ist (7,19). Die Frösche
steigen aus dem Wasser über das Land Ägypten herauf. Die
Ortsangabe "Haus" (7,28 J) fehlt aber hier, so daß P nicht
berichtet, wohin dieser Schwarm weiterzieht. P kann dabei
von keinem durch die Wunder hervorgebrachten Schaden erzählen, geschweige denn ihn betonen, denn die ägyptischen Zauberer wiederholen dasselbe Wunder[678]. Die erste Schadensangabe in 8,13 begründet nicht den Mißerfolg der ägyptischen
Zauberer, so daß hier undeutlich bleibt, warum sie das Mückenwunder nicht mehr nachmachen können[679]. Darum wird 8,14b,
wo die Schadenangabe wiederkehrt, manchmal als sekundär gestrichen[680]. Erst im letzten Wunder wird kaum zufällig die
Schadensangabe betont; sie kommt schon in der Voraussage
Jahwes (9,9; vgl. auch 12,12) - nicht erst wie beim vorangehenden Mückenwunder im Bericht vom Geschehen (8,13) - vor
und wird gleich dreimal erwähnt. Sie begegnet uns in 9,9b
schon nach dem Verb (היה) und vor dem präpositionalen Ausdruck, der das Ergebnis der Verwandlung angibt[681]. Die all-

---

676 In der Ankündigung (7,28; 10,6) und im Bericht von der Beendigung
    der Plagen (8,9); vgl. auch 7,23.
677 "Im ganzen Land Ägypten" in 7,19; 8,12f.; 9,9; ohne כל in 8,2f.
678 Dazu s.o.S.230ff.
679 Folgender Einwand ist nicht möglich: "Wie konnten die ägyptischen
    Schwarzkünstler überhaupt versuchen, das Wunder nachzumachen, wenn
    kein Staub mehr vorhanden war und wenn es der Stechmücken bereits
    übergenug gab?" (Greßmann, Mose 91). Werden das zweite und das
    dritte Wunder nicht unter gleichen Bedingungen wiederholt?
680 So Greßmann, Mose 90 Anm.2; Beer 50; Noth 27. Anders Holzinger 25;
    Baentsch 66f.
681 Vgl. den Satzbau in v.9a: היה + לאבק + על .

gemeine Angabe "Menschen" wird hier als "Ägypter und Zauberer" (9,11) konkretisiert[682]. Die Hautkrankheit trifft die
ägyptischen Zauberer selbst; sie können Mose sogar nicht mehr
entgegentreten[683]. P weist der ihr vorgegebenen Schadensangabe eine neue Funktion zu; sie ist der Grund, warum die
ägyptischen Zauberer die Wunder nicht mehr durchführen können, ja nicht einmal einen Versuch unternehmen[684]. Der Schaden dient hier in P ausschließlich dazu, die ägyptischen
Zauberer aus der Szene verschwinden zu lassen. Überraschen-
derweise wird über das Ergehen Pharaos, der ebenfalls Ägypter ist und mit den Zauberern zusammen Mose und Aaron gegenübersteht, nichts berichtet[685]. Im Gegensatz zu J läßt P
Pharao niemals von den außergewöhnlichen Ereignissen geplagt
werden.

In der ganzen priesterschriftlichen Wundererzählung wird
der Schaden nicht hervorgehoben. Die Verschonungsaussage
fehlt infolgedessen in P völlig, denn die Verschonung der
Israeliten in Ägypten hat nur dann Sinn, wenn das ganze Land
und die ganze Bevölkerung von den Plagen betroffen werden.
J baut diese wohl in der Erstgeburtentötung vorgegebene Vorstellung mit dem Verb פלה (hi.) als Jahwes Tat aus[686].


## 3. Schlußformel


Der Jahwist und die Priesterschrift beenden ihren jeweiligen Plagen- bzw. Wunderabschnitt formelhaft. Die jahwistische
Schlußformel besteht aus "Verstockung" und "Nichtentlassen",
die priesterschriftliche aus "Verstockung", "Nichthören" und

---

682 מצרים ist nicht als "das Land Ägypten", wofür P ארץ מצרים schreiben würde, sondern als "Ägypter" zu verstehen. Für eine Ortsangabe
hätte keine Kopula ו in וכל־מצרים zu stehen. So Baentsch 72f.;
anders Noth 48.
683 Noth (48) läßt ושחין מפני in v.11a fort.
684 Aus diesem Grund kann das Passa in die Wunderreihe der Priesterschrift nicht einbezogen werden. Die Passaplage betrifft die ägyptischen Erstgeburten und nicht die Zauberer.
685 Noth 61.
686 Das Verb kehrt in der Ankündigung in 8,18; 9,4 wieder; vgl. auch
11,7 (nicht jahwistisch). Im Bericht vom Plagengeschehen wird dieselbe Tatsache ohne dieses Verb beschrieben.

Bestätigungsformel. Die neue Bestätigungsformel entspricht
dem Interesse der Priesterschrift, die das Geschehen hervorbringende Kraft des göttlichen Wortes zu betonen. P gebraucht
für die "Verstockung" zwar ein anderes Wort als J[687], aber
eine Verstockungsaussage in P ist ohne Einfluß von J undenk-
bar, da sie innerhalb der ganzen Priesterschrift sonst nicht
vorkommt.


## 4. Schlußfolgerung

Einzelne Ausdrücke sind der Priesterschrift und der älteren
Erzählung gemeinsam[688]. Auch eine wörtliche Entsprechung findet sich in einer kleinen, bloß allgemeinen Formulierung[689].
Es gibt jedoch keine umfangreichere wörtliche Übereinstimmung
zwischen P und J, wie es im vorangehenden Erzählbereich ebenfalls nicht der Fall war. P benutzt darum die ältere Erzählung (J) nicht als schriftliche Vorlage.
Die hohe Bedeutung des göttlichen Wortes ist trotz der
unterschiedlichen Ausgestaltung und Funktion P und J gemeinsam. Aber da auch sonst oft in P das das Ereignis hervorbringende Wirken dem göttlichen Wort zugewiesen ist, kann aus
dieser Gemeinsamkeit allein kaum gefolgert werden, daß P die
jahwistische Erzählung gekannt hat[690]. Aber die "Verstok-
kungs"-Aussage, der eine parallele Formulierung sonst in P
fehlt, zeigt den Einfluß durch J[691]. Auch an der Erkenntnisformel wird der Einfluß von J auf P deutlich. Sie findet
sich in P nicht in der Wundererzählung selbst, sondern davor
und danach (6,7; 7,5; 14,4.18). Sie kommt zwar auch sonst
in P vor (Ex 16,6.12; 29,46), ist aber hier singulär formuliert, weil Ausländer Subjekt der Erkenntnis sind (7,5;
14,4.18), während sonst in P nur die Israeliten Jahwe erken-

---

687 Zum Grund dafür s.u.S.329 Anm.111.
688 Z.B. das Verb עלה für die Frösche in 7,28 J und 8,2 P.
689 Zum Anfang jeden Abschnittes ויאמר יהוה אל-משה.
690 Wenn sich alle Gemeinsamkeiten zwischen J und P jeweils aus eigener
    Interpretation von P erklären ließen, würde dies nicht beweisen, daß
    die jahwistische Erzählung P bekannt war.
691 Dazu s.o.S.216ff.

nen. Diese besondere Erkenntnisformel ist P von J vorgegeben,
denn dieser nennt stets den ägyptischen König als Subjekt
(Ex 7,17; 8,18; 9,29).

Weitere durch Anregung der jahwistischen Erzählung entstandene Gemeinsamkeiten lassen sich ohne Schwierigkeit finden;
z.B. die wunderbaren Ereignisse und ihre Reihenfolge. J wie P
geben der gesamten Plagen- bzw. Wunderreihe die Struktur,
die jeweils ihrer Deutung entspricht, und formulieren jeden
Abschnitt nach ihrem eigenen formelhaften Aufbau. Pharao ist
in beiden Erzählungen die Hauptfigur, die Jahwe gegenübersteht. Nun ist zu fragen, ob diese gemeinsamen Erzählelemente
bereits J vorgegeben waren oder von ihm in die Erzählung eingeführt worden sind. Wenn in P ausschließlich die J vorgegebenen Erzählelemente wiederkehrten und die von J eingeführten
Erzählelemente völlig fehlen würden, läge es nahe, daß P
nicht die jahwistische Erzählung, sondern die Überlieferung
kennt.

Die wunderbaren Ereignisse, ihre Reihenfolge und der Er-
zählzug, daß sie das ganze Land Ägypten und seine Bevölkerung
betreffen, waren bereits in der vorjahwistischen Überlieferung vorhanden. Hingegen sind die Verstockungs- und die Erkenntnisaussage, Pharao als Hauptfigur sowie die Struktur-
komposition der Plagenreihe erst von J aus seiner Interpretation der Überlieferung in die Erzählung eingeführt worden[692]. So kennt P die jahwistische Erzählung.

Daß einige Erzählelemente der jahwistischen Erzählung bei
P fehlen, spricht nicht dagegen, denn sie konnten von P
nicht ohne weiteres aufgenommen werden, da sie mit ihrer
theologischen Intention nicht im Einklang stehen. In P vollzieht sich die Auseinandersetzung zwischen Jahwes Wort und
den ägyptischen Zauberkünsten[693]. Jahwe selbst handelt darum
nicht, so daß sein Eingreifen in die Naturphänomene in P
fehlt. Jahwe stellt sich nach P nicht persönlich Pharao gegenüber, was das Thema der jahwistischen Erzählung bildet.
Darum fehlt in P die göttliche Anrede an Pharao völlig: Botensendung, Botenformel, Aufforderung und Bedingungstellen

---

692 Zur Begründung s.o.S.216ff.173ff.178ff.
693 Zur Begründung s.o.S.226ff.

in der Ankündigung. Ebenfalls fehlen die Verben, die Pharaos
Wollen oder Nichtwollen ausdrücken können. Die Beendigung
der Plage wird von P nicht erzählt, da sie die Antwort Pharaos auf Jahwes Anrede voraussetzt und da sie den Zweck hat,
den Pharao plagenden Schaden zu beseitigen. Da es sich bei
P um die Kraftprobe handelt, wird die Folge der wunderbaren
Ereignisse nicht betont, so daß P vom Schaden zunächst
schweigt. Infolgedessen fehlt die Verschonung der Israeliten,
die den Schaden im ganzen Land voraussetzt[694].

Wie gut die Priesterschrift die jahwistische Erzählung
kennt, ist schwer zu präzisieren, da P mit dem vorgegebenen
Stoff ganz frei umgeht; sie stellt die Erkenntnisaussage aus
der Wundererzählung in die Berufungs- und Meerwundererzählung
um. P spricht vom Entlassen der Israeliten durch Pharao nur
vor der Wundererzählung (6,11; 7,2) und nicht in ihr selbst.
Die der Plagenreihe vorangehende Verhandlung zwischen Mose
und Pharao, die bei J ein Kapitel (Ex 5) einnimmt, wird von
P in einem mit dem allgemeinen Verb "tun" formulierten Satz
gestreift (7,6).

War der Priesterschrift außer der älteren Quellenschrift
(J) noch etwas vorgegeben? Wenn Unterschiede, die aus der
theologischen Intention der Priesterschrift nicht erklärbar
sind, zwischen J und P lägen, hätte P ein anderer Stoff als
J, entweder mündlich oder schriftlich, vorgelegen. Aber was
in J nicht vorkommt und in P vorhanden ist, entstammt der
priesterschriftlichen Deutung der Wundererzählung: das erste
Wunder, Aaron und seine Zauberhandlung, die Wiederholung der
Zauberhandlung durch die ägyptischen Zauberer sowie des Wundergeschehens und die Verwandlung als Wunder. So ist zu folgern, daß P, anders als in der Passaerzählung[695], auf keine
andere Überlieferung und kein anderes schriftliches Werk
außer J zurückgreift und daß sich die Überlieferung im

---

694 P berichtet in der Wundererzählung nichts von den Israeliten. Sie
    kommen in der jahwistischen Erzählung in der göttlichen Aufforde-
    rung an Pharao, in der Schlußformel und in der Verschonungsaussage
    vor. In P kehren sie erst in der Passaerzählung wieder, die aber
    von der Wunderreihe getrennt steht.
695 Dazu s.u.S.262ff.

Laufe der Zeit, anders als in der Meerwundertradition[696],
kaum geändert hat.

Ob die Überlieferung, die der jahwistischen Erzählung zugrundeliegt, noch in der Zeit der Priesterschrift lebt, ist
in diesem Textbereich schwer zu erfassen. Aus P kann man
einige Züge als ihr vorgegeben herausnehmen, da sie in ihr
erhalten bleiben, obwohl sie mit dem priesterschriftlichen
Thema in gewissem Konflikt stehen. Daß die wunderbaren Ereignisse das ganze Land Ägypten betreffen, wird zwar von J
nicht ausgebaut, aber aufgenommen. Die "Tiere" im Wortpaar
"Menschen und Tiere" beim Mücken- und Geschwürwunder (8,13f.;
9,9f.) sind unmotiviert in P, da die Schadensangabe hier allein dazu dient, die ägyptischen Zauberer aus der Erzählung
verschwinden zu lassen. Der Ausdruck "Menschen und Tiere"
kommt in den entsprechenden Plagen des Jahwisten nicht vor;
die Hundsfliegenplage (8,16ff.) spricht weder vom Menschen
noch vom Tier, die Pestplage (9,1-7) vom Vieh (מקנה), aber
nicht von "Tieren" (בהמה). Kann man aus diesem Tatbestand
folgern, daß der Ausdruck "Menschen und Tiere" in P nicht
von J, sondern aus der Überlieferung stammt? Aber "von den
Menschen bis zu den Tieren" erscheint in der Hagelplage bei
J (9,25). Kann die Vorstellung nicht mit einer anderen Präposition versehen in einem anderen Zusammenhang als bei J
geraten sein, da P die ältere Quellenschrift nicht vor Augen
hat? Oder spricht das unmotivierte Vorkommen von "Tieren"
in P dafür, daß sie in der Überlieferung vorhanden und auch
für P verbindlich bleiben? So kann das Fortleben der Überlieferung bis zur exilischen Zeit weder bestritten noch ausreichend bewiesen werden.

---

696 Dazu s.u.S.296ff.

E. Vergleich zwischen der Priesterschrift
und späteren Bearbeitungen


1. Vergleich mit Ex 4,1-4.9


Die Verwandlung des Stockes in die Schlange (4,1-4) sowie
des Nilwassers in Blut (4,9) haben ihre Entsprechung in P
(Ex 7,8ff.). Jedoch sind die Handelnden und die Adressaten
unterschiedlich; Mose soll das Wunder vor den Israeliten bzw.
den Ältesten Israels (Ex 4), Aaron vor Pharao (Ex 7) verrichten. Gemeinsam ist das Motiv der Umwandlung des Stockes
mit entsprechenden Stichworten: "Stock" (מטה), "werfen" (שלך
hi.) und "werden" (היה ל). Beide Erzählungen sind insofern
parallel aufgebaut, als der Befehl ausgeführt wird und dann
das Wunder geschieht. Danach gehen beide auseinander; die
Priesterschrift zielt auf die Auseinandersetzung mit den
ägyptischen Zauberern (7,11f.), die Darstellung von Ex 4
auf die Rückverwandlung der Schlange in den Stock (4,4).
Die Entsprechung des gemeinsamen Teils läßt sich wie folgt
darstellen:


| Ex 7,8-10 | Ex 4,3 |
|---|---|
| 8 ויאמר יהוה אל־משה ואל־אהרן לאמר: | 3 ויאמר |
| 9 כי ידבר אלכם פרעה | |
| לאמר תנו לכם מופת | |
| ואמרת אל־אהרן | |
| קח את־מטך | |
| והשלך לפני־פרעה | השליכהו ארצה |
| יהי לתנין: | |
| 10 ויבא משה ואהרן אל־פרעה | |
| ויעשו כן כאשר צוה יהוה | |
| וישלך אהרן את־מטהו לפני פרעה ולפני עבדיו | וישליכהו ארצה |
| ויהי לתנין: | ויהי לנחש |
| | וינס משה מפניו: |

Welcher Text ist älter? Wurde Ex 4,3 aus P gekürzt übernommen und umgestaltet? Die Erwähnungen Aarons (7,8-10) müßte
der Verfasser von Ex 4 fortlassen, da Aaron erst später
(4,14ff.) in die Erzählung eingeführt wird. Den Befehl, den
Stock zu nehmen, kann Ex 4 ebenfalls nicht aufgreifen, da
Mose in v.2a bereits einen Stock in der Hand hat. Er muß
nicht, kann aber die Voraussage der Verwandlung in die Schlange übergehen, da er sonst in der Regel das Ergebnis des Wunders nicht vorankündigt (v.4.6f.)[697]. Der Bericht vom Gehen
zu Pharao (7,10a) und dessen Wort (v.9a) müssen wegen des
anderen Adressaten des Wunders weggelassen werden. Er kann
die Bestätigungsformel, die nicht spezifisch für P ist[698],
aufnehmen, gebraucht sie aber in diesem Bericht niemals. Ihm
ist es durchaus möglich, die erschrockene Reaktion Moses
hinzuzufügen, da die Umwandlung in eine Schlange vorher nicht
besprochen wird. Die Änderungen der "vorgegebenen" Darstellung wären also zwar nicht immer, aber doch meistens motiviert und mindestens stets verständlich.

Oder baut P den kurzen Text Ex 4 zu dem längeren Bericht
Ex 7 aus? Die priesterschriftliche Darstellung[699] benötigt
den göttlichen Befehl an Mose (v.9b) und dessen Auftreten
vor Pharao (v.10aα). P fordert vor der eigentlichen Wunderhandlung auf, den Stock zu nehmen (7,19; Num 20,8), so daß
P v.9bα hinzufügt. Die Voraussage des Ergebnisses entspringt
ebenfalls der theologischen Intention von P, die Macht des
Gotteswortes zu betonen; sie wird auch durch die Bestätigungsformel verstärkt. Die Reaktion Moses, daß er vor der
Schlange flieht (4,3b), ist in P überflüssig, da ihm Jahwe
das Ergebnis der Verwandlung schon vorher kundgetan hat
(7,9). So sind die Umgestaltungen in diesem Fall stets gut
motiviert.

Die Möglichkeit, daß der Text von Ex 4 der Priesterschrift
zugrunde liegt, ist wahrscheinlicher. In diesem Vergleich
kann man aber kaum eine klare Entwicklungsrichtung fest-

---

697 Zum dritten Wunder (4,9) s.o.S.253.
698 Z.B. Gen 29,28 (J); Jes 20,2.
699 Zum formelhaften Aufbau in der Wunderreihe s.o.S.219ff.

stellen. Sicher ist jedoch auch hier nicht anzunehmen, daß
ein Autor den anderen Text vor Augen hat und abschreibt.

Wenn P den Wortlaut השליכהו ארצה in 4,3 vor Augen hätte, könnte sie
ihn ohne weiteres aufnehmen, da sie selbst im Wunder (9,8) ein Verb mit
einem Personalsuffix gebraucht (וזרקו) und sich das Suffix eindeutig
auf den Stock im vorangehenden Satzteil beziehen würde. Auch "auf die
Erde" hätte P neben dem Schauplatz der Auseinandersetzung "vor Pharao"
(לפני פרעה in 7,9b) beibehalten können, da P auch in 9,8 zwei Ortsangaben nebeneinanderstellt[700]. Eine umgekehrte direkte literarische Abhängigkeit ist ebensowenig wahrscheinlich; der Verfasser von Ex 4,1-4
hätte statt der vorliegenden kurzen Formulierung ויאמר in v.2 aus 7,8
ויאמר יהוה אל משה übernehmen können, da er selbst v.4 so anfängt. Im
Bericht der Ausführung hätte er ebenfalls statt des vorliegenden Ausdrucks (Verb + Personalsuffix) das Objekt "seinen Stock" (מטהו in 7,10)
nennen können, da er selbst im nächsten Wunder "deine/seine Hand" (יד
4,4) wiederholt.

Beide Erzählungen unterscheiden sich schon in einem der Hauptstich-
worte: Für die "Schlange" gebraucht P das Wort תנין und Ex 4 נחש. Wenn
P irgendwo in ihrer übrigen Erzählung das Wort נחש gebraucht hätte[701],
das eine gewöhnliche Schlange bedeutet[702], läge es nahe, das Wort תנין
in Ex 7 als "Seeungeheuer, Drachen" zu verstehen. Das ist aber nicht der
Fall, so daß der Sinn des Wortes hier nicht eindeutig feststellbar ist.
Wenn aber תנין ein Meerestier bedeutet, kommen gleichzeitig Wasser[703],
Meer[704], Fluß[705] oder Flut[706] im Zusammenhang vor[707], wie bei P selbst in
Gen 1,21 (מים). Im ersten Wunder ist aber weder von Wasser noch vom Nil
die Rede, obwohl im nächsten Abschnitt das gesamte Wasser Ägyptens in
Blut verwandelt wird. So meint P mit תנין in 7,9f.12 eher "Schlange"[708]
als "Seeungeheuer, Drachen"[709]. Für P ist jedoch die Vorstellung weniger
wichtig, in welches Tier sich der Stock verwandelt, als das Wundergeschehen selbst, denn sie nimmt in der folgenden Darstellung תנין nicht
mehr auf und spricht wieder vom Stock (מטה in 7,12b; vgl. v.9f.).

---

700 "Zum Himmel hin vor den Augen Pharaos" (השמימה לעיני פרעה). Die
    Elemente und ihre Reihenfolge würden gleich sein; auf ein Nomen mit
    He-lokale folgt ein präpositionaler Ausdruck.
701 Das Wort begegnet uns im Pentateuch in Gen 3,1-4.13f.; Ex 7,15 und
    Num 21,6f.9. Die Erzählung von der ehernen Schlange (Num 21,4-9)
    gehört kaum zu P. Noth (ÜP 34 Anm.123) zweifelt an der Quellenhaf-
    tigkeit dieser Geschichte überhaupt, und Fritz (Wüste 29f.) rechnet
    sie dem Jahwisten zu.
702 KBL 610.
703 Ps 74,13.
704 Jes 27,1; 51,9f.; Ez 32,2; Hi 7,12.
705 Ez 29,3.
706 Jes 51,9f.; Ps 148,7.
707 Mit Ausnahme von Jer 51,34.
708 So Holzinger 21f.; Baentsch 57ff.; Noth 45.54; KBL 1034; vgl. auch
    Dtn 32,33; Ps 91,13. An beiden Stellen steht das Wort mit "Kobra"
    (פתן) parallel.
709 So Greßmann, Mose 88; Beer 46; Zenger 88f. P ersetzt dann, angenom-
    men, daß P jünger ist, das vorgegebene Wort absichtlich durch תנין.

Die Erörterung des Schlangenwunders läßt zwar keine ein-
deutige Schlußfolgerung über die Beziehung zwischen beiden
Texten zu, tangiert aber auch nicht das Ergebnis der bisherigen Diskussion, so daß es keiner Korrektur bedarf.
Die Entsprechung der beiden Verwandlungen von Wasser in
Blut ist noch geringer als im Schlangenwunder. Die folgenden Beobachtungen kommen mit dem Ergebnis der bisherigen
Untersuchungen nicht in Konflikt, sondern unterstützen es.
In 4,9 und 7,19 redet Jahwe über die Handlung des Menschen und deren Folge, nämlich das Geschehen des Wunders,
während er in den ersten beiden Wundern in Ex 4 Mose nur
die Handlung befiehlt (4,3f.6f.). Außerdem fehlt der Verwandlung des Wassers in Blut eine Rückverwandlung, mit der
die beiden vorangehenden Wunder in Ex 4 enden. Diese Gemeinsamkeiten zwischen 4,9 und 7,19 bilden also den Unterschied zu den ersten beiden Wundern in Ex 4. Daraus kann
man jedoch nicht schließen, daß 4,9 von P beeinflußt sei,
denn dieses Wunder weicht von den beiden vorangehenden deswegen ab, weil Mose es nicht sofort probeweise verrichten
kann, da er sich am Sinai bzw. Gottesberg und nicht in Ägypten befindet und das Wasser aus dem Nil nicht benutzen
kann.
Der Adressat, der Handelnde und der Umfang des Wunders
in 4,9 und 7,19 sind unterschiedlich[710]. Diese Unterschiede
lassen sich schon in den ersten beiden Wundern in Ex 4 beobachten. Die Handlung, die dem Geschehen der Verwandlung
vorangeht, ist ebenfalls unterschiedlich: Mose soll in Ex 4
das Wasser aus dem Nil auf das trockene Land ausschütten,
in P soll Aaron seinen Stock ausstrecken. Wenn Ex 4,9 die
Erzählung von P gekannt hätte, wäre es möglich, ja naheliegend, die Handlung in 7,19 aufzunehmen, denn der Stab
kommt bereits im ersten Wunder (4,2-4) vor und die Schlange
ist dort durch die Rückverwandlung zum ursprünglichen Stock
geworden. Die Ersetzung der Handlung in Ex 4 durch P ist

---

710 Der Umfang des Wunders wird wohl von dem Adressaten bestimmt: Das
gesamte Wasser in Ägypten in P und das Wasser, das Mose aus dem
Nil genommen hat, in Ex 4.

dagegen durchaus möglich und gut begründet, denn sie erzählt
in der Wunderreihe stets von der Handlung mit dem Stock oder
der Hand. So ist die priesterschriftliche Erzählung dem Verfasser von Ex 4,1-16 kaum bekannt und darum nicht vorgegeben[711].

Die Verwandlung des Wassers wird in beiden Fällen mit dem
Verb היה formuliert. Das Wort "Blut" ist nur in 4,9 mit der
Präposition ל versehen (anders 7,19.21b). Wenn P 4,9 als
schriftliche Vorlage gebraucht hätte, wäre die Präposition
in Ex 7 wahrscheinlich wiedergekehrt, denn P gebraucht sie
im vorangehenden Schlangenwunder (7,9f.)[712]. So hat P Ex 4
wiederum nicht vor Augen gehabt. Schon die Tatsache, daß die
Entsprechung sehr gering ist, deutet an, daß keine direkte
Abhängigkeit besteht.


## 2. Vergleich mit nachträglichen Bearbeitungen

In der Wunder- und Plagengeschichte finden sich verstreute,
nachträgliche Bearbeitungen[713]. Für die Frage nach dem Verhältnis der Priesterschrift zu den älteren Quellenschriften
kommen allein die Bearbeitungen in Betracht, die älter als
P sind[714]. Viele der nachträglichen Bearbeitungen sind zeitlich aber schwer fixierbar[715]. Außerdem sind die gegenseiti-
gen Beziehungen der Bearbeitungen untereinander schwer be-
stimmbar[716]. Schon wegen dieser Tatbestände kann man keine

---

711 So W.H.Schmidt 193f.; anders Weimar, Berufung 350.
712 Im Mücken- und Geschwürwunder stehen zwei Formulierungen nebenein-
    ander: mit ל in 8,12; 9,9 und ohne ל in 8,13; 9,10.
713 Die Stellen sind auf S.126 angegeben.
714 Daher scheiden die von R[P] stammenden Stellen aus.
715 Z.B. ist die Frage, ob 7,20* R[P] zuzuweisen ist, nicht eindeutig zu
    beantworten.
716 Sind 8,6; 9,14ff.; 10,1b-2 auf denselben Bearbeiter zurückzuführen, da
    sie alle die Erkenntnisaussage enthalten? Den beiden ersten Stellen
    ist darüber hinaus die Unvergleichbarkeit Jahwes gemeinsam. Stammen
    8,5f. und 8,19 aus derselben Feder, da beide von demselben Zeitpunkt
    "morgen" mit derselben Formulierung berichten (למחר zur Formulie-
    rung s.o.S.96f.)? Sind 8,19 und 10,1b-2 aufgrund des wiederkehrenden
    Wortes "Zeichen" (אות) demselben Bearbeiter zuzuweisen? Allerdings
    erscheint das Nomen in 8,19 singularisch und in 10,1b pluralisch.

eindeutigen Ergebnisse für das Verhältnis von P zu diesen
Bearbeitungen erwarten. 7,15b.17b*sind wahrscheinlich jeho-
wistisch (R$^{JE}$)[717], also älter als P. Der Bearbeitung und P
ist die Handlung mit dem Stock gemeinsam. Eine solche Tat
kann P auch aus anderen Zusammenhängen sonst im AT bekannt
sein[718]. Allerdings gestaltet P dieses Motiv eigentümlich
aus; nicht Mose, sondern Aaron gebraucht den Stock.

10,1bf. spricht von der Verstockung als Jahwes Tat, wie es
in P der Fall ist. Aber ihr Sinn in der gesamten Wundererzählung ist andersartig, wie es die unterschiedliche Stellung
und Verbform zeigen[719]. Daß Jahwe das Herz Pharaos verstockt,
ist tief in der theologischen Intention von P verwurzelt und
aus ihr erklärbar. Zwischen P und den in der Plagen- und
Wundererzählung verstreuten Bearbeitungen finden sich einzelne Gemeinsamkeiten. Aus ihnen kann das Verhältnis zwischen
ihnen und P aber schwer eindeutig festgestellt werden.


## Exkurs 7: Ps 78 und Ps 105


In geschichtlichen Rückblicken werden die Plagen auch in
den Psalmen (78,42-51; 105,27-37) erzählt (78,4) oder be-
sungen (105,2). Eine frühere Entstehungszeit als das Exil
läßt sich für beide Psalmen kaum nachweisen[720]. Kennen sie
nur die ältere(n) Quellenschrift(en), setzen sie die Penta-
teucherzählung in ihrer heutigen Gestalt voraus[721], oder weisen sie eventuell auf die Existenz einer mündlichen Plagen-
überlieferung in späterer Zeit hin?

Ps 78 unterscheidet sich von der Erzählung im Exodusbuch
schon in der Art der Plagen. Dem Psalm fehlen das Fisch-

---

717 Dazu s.o.S.94.
718 Z.B. Ex 17,11ff.; Jos 8,18f.26.
719 Näheres dazu s.u.S.330f.
720 Zur Datierung s. etwa Kraus, BK XV/1, 540 und BK XV/2, 719. Für Ps
    78 wäre sogar die Zeit "der Kämpfe um die Neugründung eines nord-
    israelitischen Heiligtums der Samaritaner" denkbar (Kraus, BK XV/1,
    540).
721 Nach Noth (ÜP 51 Anm.164) sind sie "von der schon abgeschlossenen
    Pentateucherzählung literarisch abhängig".

sterben (J), die Stockverwandlung, Mücke und Geschwür (P)
und die Finsternis, während das Exodusbuch Schabe (v.46),
Schloßen (v.47), Seuche (v.48)[722] und den Zorn Gottes (v.49-
50a)[723] nicht kennt. Die Plagen, die im Pentateuch keine genaue Entsprechung haben, stehen jedoch parallel zu den auch
dort bekannten Begriffen[724]. Sie könnten darum wegen des
Parallelismus im poetischen Text neu formuliert worden sein.
Nimmt man sie und den Zorn Jahwes, von dem in diesem Psalm
oft die Rede ist (v.21.31.38.58f.62), heraus, bleiben die
mit dem Exodusbuch gemeinsamen Plagen übrig. Da der Psalm
keines von den Wundern kennt, die sich nur in P finden, liegt
es nahe, daß der Psalmist weder P noch den Pentateuch in der
vorliegenden Form kennt. Ist ihm dagegen die jahwistische
Erzählung bekannt[725]? Er stimmt mit J insofern überein, als
die Plagen durch Jahwe selbst bewirkt werden. Aber selbst
die gemeinsamen Plagen erscheinen in unterschiedlicher Reihenfolge[726], abgesehen vom Anfang und vom Ende[727], und sind
mit anderen Ausdrücken verbunden[728]. Eine genaue Entsprechung
im Wortlaut ist kaum zu erwarten, da die Darstellung im
Psalm sehr kurz ist. Der Psalmist kennt wahrscheinlich auch
die jahwistische Plagenerzählung nicht oder geht mit ihr
recht frei um. Er greift eher auf eine mündliche Tradition
zurück, wie er selbst bemerkt[729], denn keines der Erzähl-

---

722 Liest man in v.48a "Hagel" (ברד) und nicht "Pest" (דבר), meint
    רשפים in v.48b "Brand" oder "Flamme" (vgl. Ex 9,23).
723 Er ist jedoch keine Plage im eigentlichen Sinne.
724 "Schabe" zu "Wanderheuschrecke", "Schloßen" zu "Hagel" und "Seuche"
    zu "Pest".
725 Vgl. auch Fohrer, Exodus 70 Anm.28.
726 "Hundsfliege" und "Frösche", wohl auch "Hagel" (v.47) und "Pest"
    (v.48), sind umgekehrt, "Wanderheuschrecke" kommt zu früh.
727 Die Verwandlung des Wassers gehört nicht zu J, sondern zu einer
    Bearbeitung.
728 J kennt weder "Essen" (אכל in v.45) der Fliege noch "Ernte" (יגיע
    in v.46b) bei den Heuschrecken, noch "Viehbesitz" (בעיר in v.48) beim
    Hagel, noch menschliches Leben (נפשם und חיתם in v.50) bei Tod
    und Pest, geschweige denn die Ausdrücke in den neuen Plagen: "Ertrag"
    (יבולם in v.46) mit "Schabe" und "Maulbeerfeigenbaum" (שקמותם
    in v.47b) mit Schloßen.
729 "Hören" (שמע) in v.3 und "Erzählen" (ספר) in v.3.6. Kraus (BK
    XV/1, 540) rechnet mit der Möglichkeit, daß eben diese Traditionen
    von Generation zu Generation weitererzählt wurden; anders Gunkel,
    HK 2,2, 341.

elemente, die aus der theologischen Intention des Jahwisten
stammen, begegnet uns in Ps 78.

In Ps 105 fehlen aus den Plagen im Exodusbuch "Pest" (J)
und "Geschwür" (P), während das Wort für "die Heuschrecke
in ungeflügelter Stufe"[730] in v.34 dort nicht vorkommt. Die
übrigen Plagen sind gemeinsam, und ihre Reihenfolge ist ähnlich. Ja, die Erzählung im Pentateuch und Ps 105 stimmen
meistens im Wortschatz überein[731]. Die Plagen sind als Tat
Jahwes formuliert, wie es in J der Fall ist. Der Abschnitt
in Ps 105 steht also der Erzählung im Exodusbuch viel näher
als Ps 78. Sind die Gemeinsamkeiten zwischen dem Exodusbuch
und Ps 105 so zahlreich, daß "wohl eine Kenntnis des Pentateuch in seiner kanonischen Endgestalt vorausgesetzt werden
muß"[732]? Die Reihenfolge der Plagen stimmt aber nicht genau
überein[733]. Außerdem enthalten die ähnlichen Ausdrücke doch
kleine Unterschiede[734]. Vor allem fehlen auch in diesem
Psalm die spezifisch jahwistischen Erzählelemente. Die priesterschriftlichen Züge fehlen ebenfalls; die ägyptischen
Zauberer und ihr Gegenspiel in der ausgestalteten Erzählung
sind schwer in die knappe Darstellung des Psalms zu integrie-
ren. Aber die einzelnen Wunder könnten ohne weiteres aufgenommen werden. Jedoch fehlen in Ps 105 die ägyptische Hautkrankheit und die Bezeichnung für Mücke - beide stammen vom priesterschriftlichen Anliegen, die spezifisch ägyptischen Ver-

---

730 ילק KBL 383.
731 גפנם ותאנתם ist die Ausnahme. Sonst begegnen uns gemeinsame Worte,
    aber zuweilen in anderer Form und in anderem Zusammenhang.
732 Kraus, BK XV/2, 719.
733 Die Finsternis kommt als erste Plage in Ps 105 zu früh. Darum hält
    Gunkel (HK 2,2, 460) die Finsternis wohl für einen Nachtrag. Die
    Hundsfliegen und die Mücken erscheinen in umgekehrten Reihenfolge.
    Weiter fehlen die Pest (J), das Schlangenwunder (P) und das Geschwür
    (P).
734 Die Finsternisplage im Exodusbuch (10,21-27) kennt das Verb שלח
    nicht. Jahwe hat die Fische nicht getötet (מות hi. Ps 105,29), son-
    dern sie sind gestorben (מות qal in Ex 7,18.21). In Ex 7,17.20 wird
    nur der Nil in Blut verwandelt, nicht die anderen Flüsse Ägyptens
    (v.29). Auch wimmelt nicht das Land (v.30), sondern der Nil (Ex 7,28)
    von Fröschen. Die Hundsfliegen (v.31) und die Wanderheuschrecken
    (v.34) kommen nicht auf den Befehl Jahwes (בוא qal), sondern Jahwe
    läßt sie kommen (בוא hi. in Ex 8,17; 10,4). Suchen S^A und Targum
    mit dem Exodusbuch zu harmonisieren, indem sie in Ps 105,31.34 בוא
    hi. statt qal lesen? Dem Sinn nach sind נשם (v.32) und מטר (Ex

hältnisse zu beachten[735]. Der Pentateuch ist dem Psalmist
nicht gut bekannt. Auch in diesem Fall spiegelt sich die
Existenz einer Tradition, die weder von J noch von P beeinflußt ist.

Wie verhalten sich Ps 78 und Ps 105 zueinander? Beide zeigen einige Gemeinsamkeiten: a) Der Rahmen des Plagenabschnittes stimmt zum Teil wörtlich überein (78,43 & 105,27; 78,51
& 105,36). b) Beide spezifizieren die Schäden durch den Hagel[736]. c) Parallel zu den Heuschrecken wird noch ein Tier
genannt (78,46; 105,34). Schreibt dann ein Psalmist vom anderen ab? Gegen eine direkte literarische Abhängigkeit sprechen doch mehrere Beobachtungen: a) Schon die Reihenfolge
und der Wortschatz sind ziemlich unterschiedlich. b) Zwar
sind Ps 78,44a und 105,29a ähnlich, da הפך und לדם ihnen gemeinsam sind. Das Verb steht in Ps 78 im Imperfekt waw consec. und in Ps 105 im Perfekt. Die verschiedene Formulierung
kann sich daraus erklären, daß die eine Verbform im jeweiligen Psalm vorherrscht. Aber die Unterschiede in der Wort-
folge und im Wortschatz יאריהם und מימיהם bleiben doch bestehen.

Kennt dann ein Psalm den anderen Psalm? Ist Ps 105 dem
Dichter von Ps 78 bekannt? Der Verfasser des Ps 78, der in
v.51 das Wort חם als Synonym für מצרים gebraucht, hätte
ארץ חם in seinem vorgegebenen Gut (105,27b) in שדי צען
(78,43b) nicht geändert. Ist Ps 78 dem Dichter von Ps 105
bekannt? Hat er den Rahmen und die Erweiterung der Heimsuchung aus Ps 78 und die wesentlichen Plagen aus dem Pentateuch aufgenommen? In den parallelen Gliedern stimmt nur je
ein Glied überein: Neben ארבה nennt Ps 78,46 חסיל und Ps
105,34 ילק. Neben גפן erwähnt Ps 78,47 שקמותם und 105,33
תאנתם. Der Verfasser von Ps 105 hätte nicht ein Wort allein,
sondern beide aus dem zweigliedrigen Ausdruck übernommen,
denn er übernimmt zwar den Wortlaut nicht, aber bleibt dem

---

9,23) gleich, aber als Wort unterschiedlich.
735 Dazu s.o.S.240f.
736 Weinstock und Maulbeerbäume in 78,47 und Weinstock und Feigenbaum
   in 105,33. Ex 9,25 spricht allgemeiner.

vorgegebenen Wortschatz ganz nah[737]. Daß ein Psalmist den
Psalm des anderen gekannt hat, ist also wenig wahrscheinlich.
Die obengenannten Gemeinsamkeiten, die sich nicht im Exodusbuch finden, sind wohl als spätere Entwicklung der Überlieferung zu verstehen. Außerdem zeigt der Ausdruck "Zeichen
und Wunder", daß die Überlieferung bereits von der dtn-dtr
Tradition beeinflußt ist.

Da die Darstellung in den Psalmen stark reduziert und die
Überlieferung eigenständig akzentuiert und umgestaltet wird,
kann man aus ihnen nicht allzuviel über die Überlieferung
entnehmen. Jedoch ist es sicher, daß noch in nachexilischer
Zeit eine Plagentradition existiert und sie sich in Einzelheiten weiter entwickelt hat, wenn auch der Grundbestand der
Plagen wesentlich unverändert bleibt[738].

---

737 Zur Übereinstimmung im Wortschatz zwischen Ps 105 und dem Penta-
    teuch s.o.S.257.
738 Kann man darüber hinaus behaupten, daß die Finsternisplage keinen
    festen Platz in der Überlieferung hat, da Ps 78 sie nicht kennt
    und sie in Ps 105 außer der Reihe und an der Spitze steht?

IV. PASSA


Wurde das Passa erst in der späteren Zeit in Israel eingeführt[1]? Es fehlt in dem Festkalendarium von Ex 23,14-19;
34,18.22f.; Dtn 16,16. Die drei Feste, die dort genannt werden, das Mazzenfest, das der Kornernte und das des Einsam-
melns, sind durch Ackerbau und Baumzucht bestimmt, das Passa
dagegen geht auf nomadischen Ursprung zurück. Dementsprechend ist der Ort der Feier unterschiedlich. Man begeht die
drei Feste des Festkalenders am Heiligtum[2], das Passa ursprünglich zu Hause (Ex 12,22.3.7)[3]. Es wird wohl deswegen
nicht mit den anderen Festen zusammen genannt, weil es eine
eigene Herkunft und Begehungsweise hat.

Außerdem ist es laut II Reg 23,21ff.[4] im achtzehnten Jahr
des Königs Josia nach der Vorschrift des Buches "dieses
Bundes" begangen worden, und zwar zum ersten Mal seit den
Tagen der Richter. Die "Erstmaligkeit" bezieht sich allerdings kaum auf die Feier selbst, sondern auf ihre Modifizie-
rung durch das Deuteronomium[5], was auch die Formulierung
"*dieses* Passa" (הזה כפסח in v.22) nahelegt. Schließlich wird
von den Propheten das Passa zwar erst in Ez 45,21 erwähnt.
Reden sie aber von anderen Festen? Hosea (מועדה 2,13) und
Jesaja sprechen nur allgemein von Festzeiten (1,14) und Festen (חגים 29,1), nennen aber beide keine Namen. Aus dem
Schweigen der vorexilischen Propheten zum Passa kann man
darum kaum auf sein Nichtvorhandensein in ihrer Zeit schließen.

---

1 Z.B. Schreiner, FS Kornfeld 69-90; van Seters, ZAW 1983, 167-182.
2 "Das Angesicht des Herrn, Jahwes sehen" bzw. "vor Jahwe erscheinen".
3 Das Deuteronomium (16,2.5f.) verlegt es an das zentrale Heiligtum.
4 Aber zur Skepsis bezüglich der Historizität s. Würthwein, ZThK 1976,
  395-423; ders., ATD 11,2, 452ff.462; Kaiser, Einleitung [5]134.
5 Wellhausen, Proleg. [6]89.

## A. Literarkritik in Ex 12,1-28

### 1. Der Anteil der Priesterschrift, deren Vorlage
### und die nachträgliche Bearbeitung

Die priesterschriftlichen Anweisungen über die Vorbereitung
und Durchführung des Passa (12,2-13) sind kaum einheitlich[6],
sondern gliedern sich in zwei Teile: die in zweiter Person
ergehende Anrede an die Israeliten v.2.(3a).4b-6a.9-13[7] und
die in dritter Person formulierte Rede v.3b.4a.6b-8. Sie
sind wohl nicht als parallele Schichten anzusehen, die je
selbständig existierten[8], weil die in zweiter Person formulierte Rede keine in sich geschlossene Anweisung über das
Passafest enthält, denn es fehlen die Haupthandlungen des
Ritus, nämlich das Kleinvieh zu nehmen und zu schlachten
(12,3.6b; vgl. v.21). Vielmehr setzt die Rede in zweiter
Person die Anweisungen in dritter Person voraus und führt
sie genauer aus. Das Verbot, vom Fleisch nichts roh oder in
Wasser gekocht zu essen (v.9), präzisiert die Bestimmung
"am Feuer gebraten" (צלי-אש) von v.8b. V.10 legt die Anwei-
sung, das Fleisch in dieser Nacht zu essen (v.8a), näher aus,
um jede Profanisierung auszuschließen.
Die in dritter Person formulierte Schicht enthält nur die
Anweisung für das Passa und hat keinen Zusammenhang mit der
Erzählung vom Auszug aus Ägypten. So scheint jene Schicht
der Priesterschrift als Vorlage vorgegeben zu sein. Diese
Vorlage selbst ist wohl nicht aus einem Guß, sondern be-

---

6 v.Rad, Priesterschrift 46ff.; Rendtorff, Gesetz 56; Laaf, Pascha 10ff.
  Bei einzelnen Versen äußern Baentsch (88ff.), Holzinger (Hexateuch
  33f.) und Noth (73f.) Bedenken hinsichtlich ihrer Zugehörigkeit zu P[g].
  Anders Jülicher, JPTh 1881, 107; Elliger, KSAT 121.
7 Laaf (Pascha 12f.) hält v.4 für in sich geschlossen und rechnet den
  ganzen Vers zum Teil der zweiten Person, jedoch steht in v.4a das
  Verb in der dritten Person תכסו; vgl. v.Rad, Priesterschrift 48.
8 Anders v.Rad, Priesterschrift 46; im Anschluß an ihn Beer 63.

steht aus einem "Ritual"[9], das überwiegend mit Perfekt consec. formuliert ist, und einem Zusatz (v.4.7b.8b)[10]. Der
Vorlage fehlt ein Zusammenhang mit der Erzählung des Exodus.

Ist die Schicht der zweiten Person einheitlich priesterschriftlich? Anders als die Vorlage, die keinen bestimmten
Tag für das Schlachten vorsieht (v.6b)[11], wird in einigen
Aussagen der zweiten Person ein Datum vorgeschrieben (v.2.
3aß.6a); v.2 unterbricht den Zusammenhang zwischen v.1 und
v.3, der sonst in P bei der Mitteilung von Anweisungen
durch Mose bzw. Mose und Aaron üblich ist[12]. Die Kalender-
bestimmung gilt eigentlich für die Israeliten im allgemeinen. "Für euch" (לכם) in v.2 kann sich aber im jetzigen
Zusammenhang allein auf Mose und Aaron beziehen, da nur
sie in v.1 angeredet werden und die Israeliten erst in v.3
vorkommen[13]. V.2 will den Frühlingsanfang des Jahres statt
des altisraelitischen Herbstanfangs (vgl. Ex 23,16; 34,22)
festlegen "und sekundär mit dem Zeitpunkt von Passa und
Mazzen in dem nunmehr ersten Jahresmonat kultisch begründen"[14]. Die Kalenderbestimmungen sprechen gemeinsam von
"diesem Monat" (החדש הזה in v.2.3aß.6a). Ohne v.2 bliebe
die Angabe in v.3aß und v.6a als Kalender unvollständig[15],

---

9 Das Ritual ist eine besondere Gattung innerhalb der unpersönlich
  formulierten priesterlichen Texte. "Es ist in kurzen, aufeinanderfolgenden Sätzen aufgebaut, die die einzelnen Akte des Opfers angeben, soweit sie den Laien angehen". Die priesterliche Tora erteilt in persönlicher Anrede an den Laien Belehrung über kultische
  Fragen (Rendtorff, Gesetz 77).
10 Rendtorff, Gesetz 56f. Das Wort לבית am Ende von v.3, das eine
  gewisse Doppelung zu "für das Vaterhaus" (die große Familie) darstellt, ist wohl mit dem Zusatz von v.4 hinzugefügt worden, um einen
  Anschluß für die Bestimmung von v.4, die ebenfalls vom Haus spricht,
  zu finden. Stammt v.4 aus der Zeit, in der man nicht mehr in der
  großen Familie wohnt und ein gemeinsames Schlachten zweier kleine-
  rer benachbarter Familien in Frage kommt?
11 "Zwischen den beiden Abenden" (v.6b) bedeutet die Zeit zwischen vor
  und nach dem Sonnenuntergang; s. Baentsch 94.
12 Auf לאמר folgt ein Verb דבר in Ex 25,1f.; (31,12f.; Lev. 1,1f.;
  25,1f.; Num 15,37f.; 33,50), andere Verben in P^S in Ex 30,17f.22f.;
  31,1f.; vgl. Baentsch 92; Holzinger 33; Noth 74; Fohrer, Exodus 88.
13 Baentsch 92.
14 Noth 74.
15 Vgl. Monatsname Abib in Dtn 16,1.

da fehlen würde, worauf sich "dieser" Monat bezieht[16]. V.3aß
und v.6a sind somit durch v.2 verbunden. Die kalendarische
Angabe "am zehnten Tag dieses Monats" in v.3aß nimmt eine
seltsame Stellung ein; sie gehört inhaltlich zum zweiten,
aber grammatisch und formal zum ersten Teil des Verses[17].
Man soll an einem bestimmten Tag mit der Vorbereitung des
Passas beginnen (v.3), das Tier "vier Tage lang" bewahren
und dann erst schlachten (v.6a). Diese Anordnung läßt an
ruhige Verhältnisse denken und paßt kaum zur zugespitzten
Situation vor dem Auszug aus Ägypten[18]. Die Anordnung des
Passatermins steht also sachlich mit der Erzählung der Priesterschrift in Konflikt und stellt deren Text gegenüber (v.
1.3aα*) eine Unebenheit dar, so daß sie später als P$^g$ anzusetzen ist. Außerdem scheint ein Widerspruch zwischen v.5
und v.9 vorhanden zu sein. V.9 verbietet, das Fleisch zu
kochen. P selbst setzt sonst das Kochen für Opferfleisch
voraus[19]. V.9bß gibt die Anordnung, das Tier nicht zu zerlegen[20]. P spricht vom Zerstückeln des Opfertieres beim
Brandopfer[21]. Mit der Anordnung der Zubereitung, das Tier
nicht zu kochen, greift P auf die ältere Ordnung zurück
(gegen Dtn 16,7). Im Zusammenhang der Priesterschrift hat
sie aber die Funktion, das Passa von den übrigen Opfern zu
unterscheiden. Dieses entspricht der Intention der Priesterschrift[22]. Sie konzipiert ihre gesamte Erzählung aufgrund
ihres theologischen Systems, nach dem ein Kultgebot erst

---

16 Im Rahmen (v.1) wird keine Zeitangabe, geschweige denn ein Monatsname angegeben.
17 Laaf, Pascha 12.
18 P erzählt zwar nicht, daß die Israeliten das Land Ägypten möglichst
   schnell zu verlassen haben (so in 12,33 J), aber eine Kalenderbe-
   stimmung setzt ein nicht einmalig in der Geschichte, sondern all-
   jährlich vorgenommenes Passa voraus.
19 Ex 29,31; (Lev 6,21); 8,31; vgl. Baentsch 95. In Bezug auf das Passa
   in Dtn 16,7.
20 Vgl. Baentsch 95; Noth 75. Die Zubereitungsweise, das Passalamm zu
   braten, kann damit zusammenhängen, daß das Tier ungeteilt auf den
   Tisch gebracht werden soll.
21 Ex 29,17; (Lev 1,8f.12f.; 8,20f.; 9,13f.).
22 Das Interesse der Priesterschrift kommt auch im Verbot zum Ausdruck,
   das Fleisch roh zu essen (v.9aα). In P ist die Tötung der Tiere
   nach der Sintflut möglich geworden, aber Genuß von Blut, dem Sitz
   des Lebens, ist nicht erlaubt (Gen 9,4).

nach Errichtung des Heiligtums am Sinai erlassen wird. So
unterscheidet sie in der Noachgeschichte bei Tieren und Vö-
geln nicht zwischen "rein" und "unrein" (Gen 6,19 P gegenüber 7,2f. J). Auch in Ex 12 sucht sie den Opfercharakter
des Passas möglichst abzustreifen[23]. So gebraucht sie nicht
das Verb זבח, welches speziell das kultische Schlachten bedeutet (v.27), sondern übernimmt aus der Vorlage das Verb
שחט, das sowohl für das Schlachten der lediglich für den
Genuß bestimmten Tiere (vgl. Gen 37,31) wie der Opfertiere
(Lev 1,5.11) gebraucht werden kann[24].

V.5 bestimmt die Art des Lammes genau. Die Eigenschaften
des Viehs, fehllos, männlich und einjährig zu sein, werden
beim Opfertier gefordert[25]. Anders als die Anordnung der
Datierung bildet v.5 seiner Textumgebung gegenüber zwar keine Unebenheit, steht aber im sachlichen Widerspruch zur oben
genannten Intention der Priesterschrift. Der Widerspruch
kann nicht als Diskrepanz zwischen ihr und ihrer vorgegebenen Tradition gedeutet werden, da die Vorlage für P hier
das Ritual ist, so daß v.5 später als P anzusehen ist.

Die Priesterschrift kleidet die Vorlage in eine Jahwerede
(v.1.3aα), verbindet sie mit der Situation vor dem Auszug
und gibt dem Passaritus eine Begründung (v.12f.)[26]. Von dem
in zweiter Person formulierten Teil sind mit einiger Sicherheit die Anordnung des Datums (v.2.3aβ.6a) und wahrscheinlich auch die Bestimmung der Eigenschaften des Lammes (v.5)
ein Nachtrag zu P$^g$ [27]. Die "Gemeinde" Israels in v.3a und
"die ganze Versammlung der Gemeinde" in v.6b können eventu-

---

23 Baentsch 97; vgl. Haag, Pascha 22 Anm.46. Ursprünglich war das Passa
   kaum ein Opfer, sondern ein apotropäischer Ritus, zumal es weder Gemeinschaft mit der Gottheit stiften noch ihr Sühne leisten wollte;
   vgl. Baentsch 96; W.H.Schmidt, Glaube 127.
24 Baentsch 93f.; Holzinger 39; Schreiner, FS Kornfeld 83.
25 Dtn 17,1; Lev 1,3.10; 9,3; 23,18f.; vgl. Baentsch 93; Holzinger 36;
   Beer 63f.; Laaf, Pascha 135; R.Schmitt, Passa 81. Die Worte כבשים
   und עזים kommen in Ex 12,1-13 nur in v.5b vor, während das Tier
   sonst (v.3.4.5a) mit שה bezeichnet wird. Beide Worte,כבשים und
   עזים, kehren in den Opferbestimmungen (Lev 1,10; 9,3; 23,18f.) wieder.
26 Das Wort מצרים kommt nur in v.1.12f. vor.
27 Auch die Anordnungen für das Zeltheiligtum (Ex 25-31) sind entgegen
   der Intention des priesterschriftlichen Entwurfs nachträglich ergänzt
   worden, um sie den bestehenden Verhältnissen des zweiten Tempels anzupassen; dazu s. Fritz, Tempel 122-166.

ell später als P$^g$ sein, denn diese Bezeichnungen meinen die
Kultgemeinde, die erst nach der Stiftung des legitimen Kult-
wesens am Sinai entstanden ist[28].

Die Tendenz, eine kurze Anweisung des Ritus mit einer ge-
naueren Bestimmung zu ergänzen, kehrt im folgenden Abschnitt
(v.15-20) wieder, der einer Ergänzung zur priesterschriftlichen Grundschrift zugerechnet wird[29]. So bietet er eine ausführliche Verordnung über ungesäuertes Brot, das in v.8 zusammen mit dem Passa flüchtig erwähnt wird. Der Ergänzer hat
dabei den priesterschriftlichen Kontext - den bevorstehenden
Auszug aus Ägypten - ignoriert, ebenso die Anordnung des Termins, indem er die Israeliten nach der entscheidenden Nacht
noch sieben Tage in Ägypten bleiben läßt, um das Gebot des
Mazzenessens zu halten (v.15).

Ob die Vorlage der Priesterschrift schriftlich oder mündlich überliefert war, muß offenbleiben[30]. Auf jeden Fall ist
der Wortlaut schon fixiert. P bewahrt ihn so, daß sich die
Vorlage im vorliegenden Text noch abgrenzen läßt. Wie verhält sich die Übernahme einer Vorlage durch die Priesterschrift mit dem Ergebnis unserer bisherigen Untersuchung,

---

28 Zu v.6b s. Laaf, Pascha 13.15; vgl. Noth 74f.
29 Jülicher, JPTh 1881, 107; Baentsch 97ff.; Holzinger 34; Elliger,
   KSAT 174; Laaf, Pascha 14f.; anders Noth, ÜP 18; ders. 66. Der Abschnitt fällt aus der historischen Situation des Auszugs völlig heraus: a) V.16 spricht vom מקרא קדש. Dieser Ausdruck kommt sonst in
   P in der Regel verbunden mit dem Opfer vor (Lev 23,2-37; Num 28,18.
   25f.; 29,1.7.12), und bedeutet "Festversammlung im Heiligtum". Das
   Bestehen eines Heiligtums widerspricht aber der Situation in Ägypten
   (vgl. Baentsch 98). Kann man außerdem vor dem Auszug am ersten und
   siebten Tag eine Festversammlung feiern? (Vgl. Jülicher, JPTh 1881,
   108) b) V.17 setzt den Auszug aus Ägypten als vollzogene Tatsache
   voraus und läßt das Mazzenfest zur Erinnerung daran feiern. LXX er-
   kannte den Anachronismus und übersetzte das Verb mit Rücksicht auf
   den jetzigen Zusammenhang futurisch (Jülicher, JPTh 1881, 107;
   Baentsch 99; Beer 67). c) Außerdem setzt die Unterscheidung zwischen
   dem Gast und dem Einheimischen schon die Kulturlandsituation voraus
   (Baentsch 99; Beer 67; Noth 75). Der Bearbeiter vermißte hier eine
   Massotverordnung, die mit dem Passagesetz eng verbunden ist (Dtn
   16,3f.; vgl. Lev 23,5f.),und ergänzte sie. Der Abschnitt selbst ist
   kaum einheitlich. V.18-20 stellt einen Nachtrag zu dem vorangehenden Teil dar (vgl. Baentsch 97ff.; Rendtorff, Gesetz 57; Laaf,
   Pascha 145).
30 Für die Rituale in Ex 25-Lev 16 vermutet Koch (Priesterschrift 98)
   aufgrund des festgeprägten, eintönigen Sprachgebrauchs, daß sie mündlich überliefert wurden und auf P noch so überkommen sind.

daß P die älteren Quellenschriften nicht unmittelbar gebraucht hat? Die Anweisung des Passaritus weist in einen anderen Bereich als die Geschichtserzählung der älteren Quellenschriften. So tangiert die Existenz einer Vorlage in Ex
12 unsere bisherige Untersuchung nicht: P benutzt die älteren Quellenschriften zwar nicht als schriftliche Vorlage,
greift gelegentlich aber eine Vorlage für "kultische" Verordnungen auf.

In welcher Beziehung steht die Vorlage zum Jahwisten? Bevor man sich mit dieser Frage beschäftigt, ist zu untersuchen, ob es überhaupt einen jahwistischen Abschnitt in der
Passaerzählung gibt. In Betracht kommt 12,21ff.

## 2. Der Anteil des Jahwisten

12,21ff. fügt sich der jahwistischen Erzählung nicht ganz
glatt ein, so daß der Abschnitt manchmal einer anderen literarischen Schicht zugewiesen worden ist[31]. Zwischen der jahwistischen Erzählung und 12,21ff. findet sich aber kein aus-
drücklicher Widerspruch: In der Ankündigung der letzten Plage
(11,1-8) erweist sich allein v.4-6 als jahwistisch[32]. a) Jahwe sagt bei der letzten Plage keine Verschonung Israels voraus, da er in v.4-6 nur über seine Tat gegen die Ägypter
spricht[33]. b) In 11,4 kommt das Verb יצא zwar vor, aber nicht
in hi.-Form, sondern in qal-Form. Dementsprechend lautet die
Ortsangabe nicht "aus Ägypten" (מתוך in 12,31), sondern
"durch Ägypten" (בתוך). Jahwe kündigt hier also nicht den

---

31 Der Abschnitt gehört nach Jülicher (JPTh 1881, 111f.) zu einer deute-
ronomisch gebildeten Hand, nach Holzinger (34) zu JE, nach Smend
(Hexateuch 132) und Beer (60) zu J[1], nach Baentsch (100ff.); Noth
(ÜP 32; ders. 76), Reichert (Johovist 58ff.) zu J, nach Fohrer (Exodus 82ff.) zu N und nach Schreiner (FS Kornfeld 78f.) zu Je. Zum
neuerlichen Versuch von Wambacq (Bib 1976, 317) und van Seters (ZAW
1983, 137f.), auch 12,21-27 der Priesterschrift zuzuweisen, s.u.S.
271 Anm.45.
32 Zur dortigen Literarkritik s.o.S.122ff. Wenn sich der jahwistische
Anteil noch in v.7 oder v.8 finden sollte, würden sich die Verschonung als Gottesunterscheidungstat (11,7b) und die Vorkehrungsmaß-
nahmen (12,22) widersprechen; vgl. bereits Wellhausen, Comp. [3]72f.
33 Anders Fohrer, Exodus 83.

Auszug aus Ägypten, sondern sein Hindurchgehen mitten durch
Ägypten in der Nacht an[34]. Trotz des Verbotes, das Haus bis zum
Morgen zu verlassen (12,22), trifft Mose Pharao in der Nacht
(v.31), und wahrscheinlich verlassen die Israeliten Ägypten
im Anschluß daran[35]. Sowohl Mose als auch sein Volk handeln
aber nicht aus eigenem Antrieb: Pharao ruft Mose herbei
(v.31). Die Ägypter drängen die Israeliten (חזק in v.33).
Hat die Darstellung in v.31ff., die betont, daß Mose und die
Israeliten zu ihrer Tat gezwungen werden, eher das Verbot
von v.22 im Auge? c) Steht das Schlachten beim Passa (v.21)
im Widerspruch zum Wort Moses in 8,22[36]? Wenn der Greuel vom
Standpunkt der Israeliten aus gemeint wäre, könnten sie im
unreinen Land nicht schlachten. Es handelt sich aber dort um
Greuel für die Ägypter[37]. Nichts wird darüber gesagt, worin
für die Ägypter der "Greuel" besteht, vielleicht im Schlachten des Kleinviehs (צאן in 12,21). Außerdem ist das Verb
dort und hier unterschiedlich: זבח in 8,22f. und שחט in
12,21. d) Die Vorstellung, daß die Israeliten in einem bestimmten Landstrich, dem Land Goschen, wohl getrennt von den
Ägyptern wohnen, kommt zwar in der Plagenerzählung des Jahwisten vor (8,18; 9,26), setzt sich aber in seiner Darstellung nicht durch. J redet davon nicht bei allen Plagen, in
denen die Erwähnung möglich wäre, z.B. nicht bei der Heuschreckenplage. In der Pestplage, in der Jahwe das Vieh
der Israeliten verschont hat, wird nicht erzählt, daß sie
getrennt von den Ägyptern wohnen, oder daß Pharao seinen
Boten *zum Land Goschen* schickt. Man kann darum nicht ohne
weiteres sagen, die in 12,22 vorausgesetzte Vorstellung,
daß die Ägypter und die Israeliten gemischt untereinander
wohnen, sei dem Jahwisten fremd.

Abweichungen von dem Jahwisten bleiben dennoch[38]: a) In
den vorangehenden Plagen schlägt Jahwe selbst die Ägypter.

---

34 Baentsch 86; vgl. Noth 65.
35 Allerdings wird die Zeit des Auszugs in v.33f. nicht angegeben.
36 Smend, Hexateuch 133; Fohrer, Exodus 83.
37 Dazu s.o.S.191 Anm.472.
38 Das Passa wird auch in die Darstellung der Priesterschrift nicht
   ganz reibungslos einverleibt, so daß der Passaabschnitt P gelegentlich abgesprochen wird; dazu s.u.S.307.

In 12,23 tritt neben ihm ein "Verderber" auf. b) Jahwe bedarf hier eines Unterscheidungsmerkmals, um die Israeliten
zu schonen. In den übrigen Plagen brauchen die Israeliten
keine Vorkehrungen für die Rettung zu treffen. Beide Züge
erklären sich jedoch aus vorgegebener Tradition. Die Blut-
besprengung diente ursprünglich dem Schutz der Betroffenen
vor einem Dämon[39]. Dieser Wüstendämon wird sekundär auf Jahwe übertragen. Die Einverleibung einer fremden Tradition in
den Jahweglauben bringt Unebenheiten in der Erzählung mit
sich[40]. Es ist daher nicht nötig, hier gleich an eine sekundäre literarische Schicht zu denken[41]. Während bei den vorangehenden Plagen jeweils nur eine Ankündigung steht, folgen
beim Passa zwei Reden direkt aufeinander: Jahwe spricht zu
Mose (11,4-6), Mose spricht zu den Ältesten Israels (12,
21ff.). Die zweite Rede an die Ältesten findet sich aber
sonst in J (3,16).

---

39 Vgl. Rost, Credo 101ff.; aber vgl. auch Wambacq, Bib 1976, 206-224.
40 Es ist ähnlich mit den drei Männern in Gen 18.
41 Schon Baentsch 100; R.Schmitt, Passa 22f. Childs (185) hält auch
   11,7 für jahwistisch.

## B. Vergleich zwischen dem jahwistischen Anteil
und der Vorlage der Priesterschrift


In der jahwistischen Erzählung folgt auf die Anweisungen
für das Passa, die Mose den Ältesten Israels erteilt (v.22-
23), der Bericht über die Reaktion des Volkes in v.27b[42].
J berichtet also nur die Anweisungen für das Passa (v.21f.)
und deren Begründung (v.23). Sie bestehen aus der Anordnung
über das Schlachten und das Bestreichen mit Blut sowie dem
Verbot, das Haus zu verlassen[43]. Der ursprüngliche Umfang der
Vorlage von P kann hingegen nicht eindeutig festgestellt werden, denn die Priesterschrift kann von den vorgegebenen Anweisungen eventuell fortgelassen haben, was nicht zu ihrer
Intention und dem Zusammenhang der Erzählung paßt. Gewiß
fehlte jedoch der Vorlage die Begründung für die Anweisungen
(vgl. v.12f.), die P in der zweiten Person ergänzt und theologisch ausgestaltet. Zwischen dem Jahwisten und der Vorlage
der Priesterschrift liegt ein großer Unterschied; schon die
Person differiert. Die Vorlage der Priesterschrift ist ein
Ritual und darum überwiegend in der dritten Person Plural
des Perfekt consec. formuliert. J spricht in der zweiten
Person Plural. Außerdem kennt die Vorlage der Priesterschrift zwar wie J die beiden ersten positiven Anweisungen,
aber nicht ausdrücklich das Verbot[44] und schon gar nicht die

---

42 So Baentsch 100; Noth, ÜP 32; ders. 76; Laaf, Pascha 21. Dieser Halbvers zeigt Gemeinsamkeiten mit 4,31b, nicht mit dem ganzen v.31 (so
   Reichert, Jehovist 64); das Volk neigt sich (קדד) und fällt nieder
   (חוה). V.31a ist aufgrund der auffälligen Reihenfolge von Glauben
   (v.a) und Hören (v.b) und des Wortes אמן (hi.) als Nachtrag anzusehen; dazu s.o.S.83f. V.31b ist aber jahwistisch: פקד in 3,16 (J)
   und ראה את עני" in 3,7 (J). Van Seters (ZAW 1983, 174) übersieht, daß
   12,27b und 4,31b im Zusammenhang stehen.
43 Die Annahme, der Jahwist habe hier eine schriftliche Vorlage gehabt
   (Laaf, Pascha 24f.), ist nicht überzeugend, denn die Anweisung für
   den Passaritus liegt der jahwistischen Darstellung zwar zugrunde,
   aber der Wortlaut einer Vorlage läßt sich im vorliegenden Text kaum
   abgrenzen, was bei P anders ist.
44 V.7b setzt wohl voraus, daß man im Haus bleiben soll.

Begründung der Anweisung. Schließlich gebrauchen beide verschiedene Ausdrücke für Kleinvieh[45]. Beide gehören also wohl
zum gleichen Traditionsstrom, ohne identisch zu sein.

---

45 J verwendet צאן (v.21), die Vorlage der Priesterschrift שה (v.3.4a),
das in Pˢ wiederkehrt. Außerdem fehlen אזוב, טבל und סף von v.22
(s. van Seters, ZAW 1983, 174) in dem vorangehenden Abschnitt (v.1-
13). Diese Unterschiede werden völlig außer acht gelassen, wenn man
auch v.21ff. für priesterschriftlich hält (Wambacq, Bib 1976, 317;
van Seters, ZAW 1983, 173f.). Wie wäre die Wiederholung der Passa-
anweisung und deren Begründung "innerhalb P" motiviert? Man kann
kaum behaupten, "The two units 12,1-20 and 12,21-27 fit closely to-
gether and complement one another " (van Seters, ZAW 1983, 174).

C. Vergleich zwischen dem jahwistischen Anteil
und der Priesterschrift

Die Priesterschrift ergänzt ihre Vorlage mit einer Begründung des Ritus, die sachlich der jahwistischen Erzählung entspricht[46]. Hat sie diese als schriftliche Vorlage gebraucht,
da gemeinsame Begriffe und Ausdrücke in einer ähnlichen Reihenfolge vorkommen[47]? Wird die bei J überlieferte Rede Moses
über Jahwe von P in eine Rede Jahwes, also von der dritten
in die erste Person umformuliert? Da der Priesterschrift eine
Ankündigung der Tötung der Erstgeburten, die J in 11,4-6
wiedergibt, fehlt, werden zu Anfang (v.12) die Zeitangabe
"in dieser Nacht"[48] und die "Erstgeburten"[49] genannt. V.12b
fügt P hinzu, da sie Gerichte ( שפטים ) bereits in 6,6; 7,4
angekündigt hat[50]. Die Deutung des Blutes als Zeichen in
v.13a ist ebenfalls auf P zurückzuführen, die auch Regen-
bogen (Gen 9,13) und Beschneidung (Gen 17,11) als Zeichen

---

46 Da man in der jahwistischen Erzählung vom Passa (v.21-23) die Tradition und die speziell jahwistische Umdeutung nicht trennen kann,
bleibt es, wenn man die Passaerzählung allein betrachtet, unentscheid-
bar, ob die jahwistische Erzählung oder die Überlieferung, die den
Versen 21-23 ganz ähnlich ist, der Priesterschrift vorgegeben ist.
Die Untersuchung in den bisherigen Erzählungen hat aber gezeigt, daß
die Priesterschrift die jahwistische Erzählung kennt. Das gilt dann
auch für die Passaerzählung, da die jahwistische Erzählung ein fort-
laufendes Schriftwerk ist.

47 Bei der Handlung Jahwes ist von Folgendem beide Male die Rede: "Um-
hergehen" ( עבר ), "Schlagen" (נכה oder נגף ), "Sehen" ( ראה ) und
"Vorübergehen" ( פסח ). Wenn Jahwes Wort "ich gehe nicht mehr an ihm
(= Volk Israel) vorüber" (לא־אוסיף עוד עבור לו) in der Vision
Amos (7,8; 8,2) die Negation der rettenden Handlung Jahwes beim Passa
meint, muß man die Passatradition spätestens vor Amos datieren. Aber
das Verb עבר kann sowohl "schonend vorübergehen" (Am 7,8; 8,12) als
auch "vernichtend einherschreiten" (Am 5,17) bedeuten. Es hat in Ex 12
eher den zweiten Sinn (so. H.P.Stähli, עבר THAT II, 204): In v.12
folgt auf das Verb "im Land Ägypten", in v.23 ist es mit dem Schlagen verbunden. Auf das Passa ist also in der Vision Amos kaum angespielt; anders Crenshaw, ZAW 1968, 206f.

48 Dem Vers 23 geht das Verbot, *bis zum Morgen* aus dem Haus herauszu-
kommen, direkt voran.

49 Vgl. "Ägypter" in v.23.

50 Ob mit den Gerichten an allen Göttern die Erstgeburtentötung oder etwas Besonderes, von dem P nicht berichtet, gemeint ist, ist nicht
zu entscheiden (vgl. Noth 75). Im ersten Fall sieht P in der Erst-

(des Bundes) versteht[51]. נגף למשחית kann zwar sowohl "Schlag des Verderbers"[52] als auch "Schlag des Verderbens"[53] bedeuten, doch ist das Wort משחית in v.13 wohl neutrisch als Verderben zu verstehen, denn hier ist ausschließlich von Jahwes Tat die Rede und mit משחית ist keine Handlung verbunden[54]. P duldet neben Jahwe keinen persönlichen Verderber; doch hatte ihn bereits J aus einem Wüstendämon zu einem Boten Jahwes (vgl. II Sam 24,16) abgewertet.

Diese Abweichungen der Priesterschrift vom Jahwisten würden sich also aus ihrer theologischen Intention und ihrer Formulierungsabsicht erklären, selbst wenn sie v.23 als schriftliche Vorlage vor Augen gehabt hätte. Darüber hinaus finden sich jedoch Unterschiede zwischen v.12f. und v.23: a) Nur v.12 kennt eine Ortsangabe "im Lande Ägypten" nach dem Verb "herumgehen". b) Das zweite Verb ist der Bedeutung nach zwar ähnlich, jedoch löst נכה (hi.) נגף ab[55]. Dabei hätte P das vorgegebene Wort נגף ohne weiteres verwenden können, da sie es als Nomen in v.13 gebraucht. Sie kann dagegen das Verb נכה (hi.) nicht aus 11,4f. (J), wo ebenfalls von den Erstgeburten die Rede ist, übernommen haben, da es dort nicht vorkommt. c) Nach dem dritten Verb fehlt eine örtliche Bestimmung, wo das Blut verstrichen ist, in der Priesterschrift, obwohl sie diese Ortsangabe aus der Vorlage (v.7)

---

geburtentötung die Fortsetzung des Wunderkampfes. Nicht durch Wunder, sondern erst mit Jahwes Eingreifen kann der Kampf entschieden werden.

51 Da das Wort "Bund" hier fehlt, ist die Behauptung, daß dieses Zeichen ein Zeichen des Bundes sei, und in der Herausführung aus Ägypten eine göttliche Verheißung für die Rückkehr aus dem Exil in das verheißene Land zu sehen sei (Laaf, Pascha 134), kaum überzeugend. Übrigens betont P einen sühnenden Zweck des Blutritus (so Laaf, Pascha 132f.) hier schon deswegen nicht, weil die Gemeinsamkeit mit dem Sühnopfer allein im Terminus für das Bestreichen liegt. Außerdem unterläßt es P, die auch in Sühneriten gebrauchten Worte טבל (Num 19,18; Lev 14,6.51) und אזוב (Lev 14,4.6.49.51; Num 19,6.18; Ps 51,9) aus der jahwistischen Erzählung (v.22) zu ergänzen.

52 Noth 75.

53 Wellhausen, Comp. [3]72; Smend, Hexateuch 133; Baentsch 96; W.H.Schmidt, Glaube 129.

54 Anders in v.23. KBL (573) übersetzt das Nomen an beiden Stellen mit "Verderben".

55 Die finite Form (v.12) ersetzt den Infinitiv (v.23).

kennt[56]. d) Jahwe geht in P direkt "an euch" (עלכם), nach
dem Jahwisten am Eingang vorüber. Aus diesen Abweichungen
ist wieder zu schließen, daß P nicht die jahwistische Erzählung als schriftliche Vorlage benutzt. Da die Priesterschrift aber in demselben Abschnitt den Wortlaut der Überlieferung über den Passaritus aufnimmt, liegt die Vermutung
nahe, daß sie kein schriftliches Werk der älteren Quellenschriften besaß, als sie ihre Geschichte schrieb[57].

13,1-16 ist nicht aus einem Guß. Die erste Anordnung der Heiligung
der Erstgeburten (v.1f.) zeigt Gemeinsamkeiten nicht nur mit der dtn-
dtr Tradition, sondern auch mit P[58], während der folgende Teil überwiegend durch dtn-dtr Formulierungen geprägt wird. Außerdem fällt die pluralische Anrede (v.3f.) in dem sonst singularisch formulierten Stück
auf. Schließlich kehrt die Bestimmung über die Erstgeburten in v.12ff.
wieder.

Aufgrund der Ausdrücke, die der dtn-dtr Tradition nahestehen[59], wird
13,3-16 in der Regel der deuteronomistischen Bearbeitung zugewiesen[60].
Deren zeitliche Ansetzung ist aber nicht eindeutig[61]. Der Abschnitt enthält Berührungen nicht mit P$^g$, sondern mit P$^s$; P$^g$ erwähnt das ungesäu-
erte Brot nur kurz neben Fleisch und Bitterkräutern (12,8). Erst P$^s$ enthält die Verordnung des Massotfestes (12,14-20). Nach P$^g$ ist das Opfertier keine Erstgeburt. Die Festlegung des Termins für die Feier kennt
nur P$^s$ (12,18; vgl. 12,1)[62]. Das Wort זכרון (v.9) begegnet uns bereits

---

56 Die Reihenfolge der zwei Nomina ist umgekehrt. Oder hat P die Ortsangabe fortgelassen, um eine Wiederholung zu vermeiden? Allerdings
   wiederholt J sie beim Verstreichen des Blutes (v.22) und beim Vorübergehen Jahwes (v.23).
57 Zum Unterschied zwischen "besitzen" und "kennen" s.o.S.8f.
58 Das Verb קדש (hi.) mit den Erstgeburten als Objekt findet sich noch
   in Dtn 15,19 und in Num 3,13; 8,17 (P$^s$). V.1 kehrt bei P als Eingangs-
   formel oft wieder (Ex 14,1; 16,11; 25,1; 30,11.17.22 u.ö.).
59 "Sklavenhaus" (בית עבדים v.3.14) in Dtn 5,6; 6,12; 8,14; 13,11;
   7,8; 13,6; Ex 20,2; Jos 24,17; zur Erinnerung an den den Vätern gegebenen Landschwur (v.5.11) s.o.S.31ff.; die Unterweisung der
   künftigen Generation (v.8) in Ex 10,2; 12,26; Dtn 6,7.20; 31,12f.;
   zur Völkerliste und zur Bezeichnung "Land, das von Milch und Honig
   fließt" (v.5) s.o.S.19f.; "Zeichen und Gedenkzeichen auf Hand
   und Stirn" (v.9) in Dtn 6,8; 11,18; "mit starker Hand" (בחזק יד
   v.3.14.16), diese Vorstellung ist in der dtn-dtr Literatur als יד
   חזקה formuliert und bildet oft ein Wortpaar mit זרוע נטויה (dazu s.
   o.S.28f.). In den redaktionellen Schichten (Ex 3,19; 6,1) findet sich
   חזקה ביד allein. Die Formulierung בחזק יד begegnet nur in Ex 13.
60 Holzinger 35; Baentsch 107ff.; Beer 61; Noth 79; Lohfink, Hauptgebot
   121ff.; Plöger, Deuteronomium 71ff.; Reichert, Jehovist 70ff.;
   Childs 184.
61 Nach Lohfink (Hauptgebot 121) und Reichert (Jehovist 70.74f.) ist sie
   proto-, nach Plöger (Deuteronomium 71-77) postdeuteronomisch.
62 13,4 erwähnt zwar den Monatsnamen Abib, aber nicht "den ersten Monat"
   (12,1) und legt die Monatstage nicht fest.

in 12,14 und die Wurzel חקה (v.10) in 12,14.17.24. Aus diesem Tatbestand ist zweierlei zu erschließen: a) Die deuteronomistische Bearbeitung ist hier später, d.h. postdeuteronomistisch anzusetzen. Ein Teil
(v.1f.) scheint sogar P vorauszusetzen. b) 13,1-16 gehört kaum zur vorpriesterschriftlichen Bearbeitung an der älteren Quellenschrift und kann
daher im Rahmen dieser Untersuchung nicht in den Vergleich einbezogen
werden.

## V. MEERWUNDER


### A. Literarkritik in Ex 13,17-14,31


In der Meerwundererzählung wurden früher in der Regel drei
Quellenschriften (J, E und P) unterschieden[1]. Dabei hat man
jedoch festgestellt, daß nur zwei Darstellungen des Ereignisses vollständig vorhanden sind. Die Doppelung zeigt sich
am deutlichsten darin, wie das Meer trocken wird. Nach der
einen Version läßt Jahwe durch einen starken Wind das Wasser zurücktreiben und den Meeresboden trocken legen. Nach
der anderen streckt Mose auf Jahwes Befehl seine Hand über
das Meer, so daß es sich in zwei Teile spaltet und sich
eine Gasse in der Mitte des Meeres bildet. Die erste Darstellung ist aufgrund des mit der jahwistischen Sintflutgeschichte gemeinsamen Ausdrucks (חרבה)[2] und der mit der
jahwistischen Plagenerzählung gemeinsamen Vorstellung, daß
Jahwe selbst das Wunder herbeiführt und zwar mit dem Ostwind (רוח קדים; vgl. 10,13) zu J zu rechnen. Die zweite Darstellung läßt sich nicht nochmals in zwei Parallelberichte
auflösen, so daß zwei weitere Quellenschriften im einzelnen rekonstruierbar wären. Der größte Teil dieser Darstellung wird darum entweder E[3] oder P[4] zugewiesen.

---

1 Z.B. Jülicher, JPTh 1881, 119.123; Baentsch 114ff.; Wellhausen, Comp.
  76f.; Holzinger 43ff.; Beer 73ff.
2 Dazu s.u.S. 286 Anm. 50.
3 Wellhausen, Comp. 76; Beer 74.
4 Baentsch 116.

## 1. Der Anteil der Priesterschrift

Wie sieht der Textbefund aus? Die Erkenntnisaussage und
das Sichverherrlichen Jahwes verbinden diesen Teil mit der
Priesterschrift[5]. Außerdem ergibt die Analyse der Plagen-
erzählung, daß sich dort wahrscheinlich kein elohistischer
Anteil findet, so daß ein Wunder, das durch die auf Jahwes
Befehl vollzogene Handerhebung geschieht, keine elohistische
Entsprechung in der Wunderreihe hat. Schließlich stammt das
Erzählschema vom Gottesbefehl und dessen Ausführung aus der
Priesterschrift[6]. Aus diesen Gründen gehört die Darstellung
vom Spalten des Meeres im großen und ganzen zu P. Tatsächlich hat sich diese Quellenzuweisung in der Forschungsgeschichte durchgesetzt, so daß die Meerwundergeschichte auf
die jahwistische, die priesterschriftliche Erzählung und
einige Fragmente von E zurückgeführt wird[7].

Der Abschnitt vom Meerwunder beginnt mit 13,17. 13,17-19 werden wegen
der Gottesbezeichnung "Elohim" E zugewiesen[8]. V.19 nimmt Bezug auf Gen
50,25 E[9]. V.17aα lenkt von den vorangehenden Verordnungen wieder zur
Erzählung zurück und ist darum wahrscheinlich ein redaktioneller Zusatz[10]. V.20 bildet eine Doppelung zu v.17f., da beide begründen wollen,
warum die Israeliten einen Umweg gemacht haben, und gehört deswegen nicht
zu E. V.21f.wird wegen des Gottesnamens Jahwe meist als jahwistisch angesehen. Die Quellenzugehörigkeit dieser beiden Verse wird später erörtert.

Die priesterschriftliche Erzählung vom Meerwunder beginnt wohl in 13,20[11] und setzt sich fort in 14,1-4[12].

---

5 Wenn man eine Existenz von P in Ex 14 bestreitet, hat man für v.4.8.
  17f., wo diese Ausdrücke vorkommen, eine jüngere Bearbeitung als P
  anzunehmen; so Smend, Hexateuch 143.
6 Dazu s.o.S.111 und u.S.310ff.
7 Noth 83; ders., ÜP 18; Elliger, KSAT 174; Rabenau, ThVer 1966, 7.29;
  H.Ch.Schmitt, FS Würthwein 145; Childs 220; Weimar, Meerwundererzählung 165ff. Anders Fohrer, Exodus 98ff. Er geht davon aus, daß die
  Priesterschrift ihre Auszugserzählung bereits mit den abschließenden
  Formeln in 12,40-42a beendet, und scheidet P vom Meerwunder völlig
  aus; vgl. auch Smend, Hexateuch 143; Eißfeldt, Synopse 133*-137*;
  H.Schmid, Mose 50ff.
8 Wellhausen, Comp. [3]77; Jülicher, JPTh 1881, 119; Baentsch 118; Holzinger 43; Beer 73; Noth 83; Fohrer, Exodus 124.
9 Vgl. auch Jos 24,32.
10 Jülicher, JPTh 1881, 119; Holzinger 43; Noth 84.
11 So Wellhausen, Comp. [3]76; Baentsch 115; Holzinger 43; Rabenau, ThVer
  1966, 14; Childs 220; H.Ch.Schmitt, FS Würthwein 145 Anm.30; Lohfink,
  VT.S 1978, 198 Anm.29.205; anders Noth 83f.; Elliger, KSAT 174;
  Smend, Entstehung 48.
12 Während P sonst nur die Tatsache der Verstockung Pharaos berichtet

8$^{13}$.9$^{14}$.10abß.15$^{15}$.16$^{16}$.17.18.21aα.22.23.26.27aα.28a.29.
13,20 und 14,29 bilden den Rahmen der Erzählung, in der
Jahwes Wort und dessen Ausführung dreimal wiederkehren; das
Wort Jahwes besteht aus Befehl und Ankündigung des Geschehens nach dem Befehlsvollzug. Demgemäß gliedert sich die Ausführung in zwei Teile. Die Entsprechung zwischen Gotteswort
und Vollzug findet sich innerhalb der Priesterschrift nicht
nur in der vorangehenden Plagenerzählung, sondern auch sonst
oft wieder. Hier ist allein das Gotteswort das bestimmende
Subjekt; Mose und die Israeliten handeln ausschließlich auf
Befehl Jahwes, und es fehlt ein Raum für deren freie Entscheidung. Auch die Tat der Ägypter - ihre Verfolgung der
Israeliten - wird durch die göttliche Verhärtung des Herzens angekündigt (v.4.17). Jedoch ist die menschliche Handlung im Ablauf der Ereignisse nicht ohne Bedeutung. In Gottes

---

(7,13.22; 8,15; 9,12), erzählt v.3 von der Regung seines Herzens;
אמר ist als "meinen" (Baentsch 121) oder "denken" (Noth 80) zu verstehen. Ist der Vers darum P abzusprechen? So Wellhausen, Comp. $^3$76;
Baentsch 121; anders Jülicher, JPTh 1881, 184; Noth, ÜP 18; ders.
83; Elliger, KSAT 174.

13 Der Sinn des Ausdruckes "unter einer erhobenen Hand" ist nicht eindeutig; wenn es sich um die Hand Jahwes handelt, ergibt sich die Bedeutung "unter dem Schutz einer hoch gestreckten Hand" (Holzinger 47;
Beer 76; KBL 880; Rabenau, ThVer 1966, 15). Oder bezieht sich die Hand
auf die Israeliten selber? Dann bedeutet der Ausdruck "mit trotziger
Bereitschaft, jedem Widerstand die Stirn zu bieten" (Baentsch 123)
bzw. "in zuversichtlicher Selbstsicherheit" (Noth 89). Die gleiche
Formulierung ביד רמה an anderen Stellen (Num 15,30; 33,3 im Sinne
"vorsätzlich") bietet keinen weiteren Anhaltspunkt.

14 Die Worte כל סוס bis ויחילו geben eine erschöpfende Exposition des
Subjektes מצרים. Dieser Teil ist aufgrund der syntaktisch ungewöhnlichen Stellung in der Ortsangabe als Zusatz anzusehen. So Baentsch
123; Noth 81; H.Ch.Schmitt, FS Würthwein 145 Anm.31.

15 Man braucht den Anfang der göttlichen Rede: "Warum schreist du zu
mir?" weder P abzusprechen (Baentsch 124; Childs 220) noch statt des
Wortes תצעק eine zweite Person Plural als ursprünglich anzunehmen.
Ist Mose als Übermittler der Israeliten vorgestellt? (v.Rabenau, ThVer
1966, 10.13f.; H.Ch.Schmitt, FS Würthwein 147 Anm.42). Mose wird zwar
nicht ausdrücklich genannt, aber mit den Israeliten (v.10bß) zusammen-
gedacht, und er schreit mit ihnen um Hilfe zu Jahwe (vgl. 2,23). Dieser kündigt die Verfolgung der Israeliten durch Pharao an (v.4), und
zwar in einem an Mose allein gerichteten Wort. In v.4 ist von den Israeliten in dritter Person die Rede. Mose schreit trotzdem zu Jahwe.
Moses Schreien stellt seinen Zweifel am Gotteswort dar. Jahwe antwortet darum zunächst mit einer vorwurfsvollen Frage an ihn.

16 Zu "Erhebe deinen Stock" s.o.S.232f.

Augen ist das Ende dieser Geschichte bereits am Anfang sichtbar. Er erwähnt aber in den ersten zwei Reden das Endereignis - den Untergang der Ägypter im Meer - noch nicht[17]. Nur
die Zielangabe, das "Sich-Verherrlichen Jahwes" und die Anerkennung Jahwes durch die Ägypter, deutet an, daß die Handlung weitergeht. Jahwe erteilt den Israeliten und Mose den
jeweils augenblicklich erforderlichen Befehl[18]. Dessen Ausführung ist in der undurchsichtigen Situation für den Fortgang der von Gott festgelegten Geschichte unentbehrlich.

Nach P spaltet sich das Meer, so daß eine Gasse mitten
durch es hindurchführt, welche die Israeliten durchschrei-
ten. Als sich Pharao und seine Streitkräfte, die die Israeliten verfolgen, noch im Meer befinden, fließt das Wasser
zurück und bedeckt sie.


2. Der Anteil des Jahwisten und seine Bearbeitung

Wenn man aus dem vorliegenden Text die Priesterschrift, die
Redaktion und die elohistischen Fragmente[19] herausnimmt,
bleibt folgender Textbestand als jahwistisch: v.5b.6f.10bα.
13f.19b.20.21aß.24.25.27aßb.30.

---

17 Jahwe kündigt in der ersten Rede die Verfolgung der Israeliten durch
   die Ägypter an (v.4), in der zweiten das Spalten des Wassers, den
   Durchzug der Israeliten und ihre Verfolgung durch die Ägypter (v.16b-
   17) und in der dritten das Zurückkehren des Wassers über die Ägypter
   (v.26).
18 Jahwe befiehlt Mose in der ersten Rede, zu den Israeliten weiterzugeben (v.2), sich zu wenden und zu lagern (v.2), und in der zweiten
   aufzubrechen, und dazu die Handlung Moses, die Hand zu strecken (v.16),
   die allein in der dritten Rede wiederkehrt (v.26).
19 V.5a ist nicht jahwistisch; anders Baentsch 121. Nach Weimar-Zenger
   (Exodus 26.50) ist der Halbvers sogar vorjahwistisch; aber in J verlassen die Israeliten Ägypten, da Pharao es erlaubt (12,31ff.). Dazu paßt keine Flucht (ברח). Außerdem braucht man dem ägyptischen
   König keine Meldung zu erstatten, da ihm der Auszug Israels bereits
   bekannt ist. Meint das Verb "fliehen", daß die Israeliten nicht zum
   Opferfest in die Wüste gehen, sondern endgültig Ägypten verlassen?
   Doch das hätte der Text wohl etwas deutlicher gesagt. Der Elohist,
   der die Plagen, d.h. die Verhandlung zwischen Mose und Pharao, wohl
   nicht erzählt (dazu s.o.S.115), kann ohne weiteres von einer Flucht
   Israels aus Ägypten sprechen. V.19a, der vom gleichen Vorgang wie
   v.19b und vom Boten *Gottes* berichtet (vgl. Gen 21,17; 31,11), gehört
   wohl zu E. Was E darüber hinaus vom Meerwunder erzählte, entzieht
   sich unserer Kenntnis.

Man hat vermutet, daß auch der Jahwist ursprünglich zwischen v.21 und v.24 vom Durchzug der Israeliten und dann der Ägypter durch das Meer erzählt[20], da man aus v.27aß postuliert hat, daß sich die Ägypter frühmorgens bereits am jenseitigen Ufer befinden müssen. Diese Ergänzung wird jedoch kaum vom jahwistischen Text gestützt: a) J berichtet von keiner ausweglosen Lage der Israeliten angesichts eines ihnen den Weitermarsch versperrenden Meeres, während P mit der ausführlichen Ortsbestimmung (v.2.9) ausdrückt, daß vor den Israeliten nun nach Osten hin der Sirbornische See lag und sie am Weitermarsch hinderte[21]. Schauplatz des Meerwunders ist für J kaum ein See mit seinem jenseitigen Ufer, sondern einfach "das Meer"[22]. b) V.20b legt nahe, daß die Israeliten und die Ägypter die ganze Nacht in ihren Lagern bleiben. c) Die vorangehende Rede Moses an die Israeliten in v.13 spricht demzufolge nicht von einer Handlung Israels[23]. d) Eine Erzählung über Durchzug der Israeliten durch die Meergasse und Verfolgung der Ägypter hätte vom Redaktor (R[P]) bewahrt bleiben können, da er sich auch sonst nicht scheut, parallele Aussagen von J und P nebeneinanderzustellen[24]. Diese Beobachtungen bestätigen die Ansicht von Noth: "Von einem Durchzug Israels (und Ägyptens) durch das Meer ist bei J nicht die Rede"[25].

Ist die vorliegende jahwistische Erzählung in sich geschlossen? Man erfährt nicht, warum Jahwe mit dem starken Ostwind das Meer zu trockenem Land macht (v.21aß)[26]. Auch das Zurückkehren des Meeres (v.27) bleibt unmotiviert. Will

---

20 Nöldeke, Untersuchungen 46; Wellhausen, Comp. [3]76; ders., Proleg. [6]350; Baentsch 126; vgl. Holzinger 44; neulich Donner, Henoch 1980, 16.
21 Noth 81; Herrmann, Aufenthalt 85.
22 Zum Meer im jahwistischen Text s.u.S.282f.; vgl. 299 Anm.129.
23 Zur Zugehörigkeit dieses Verses zum J s.u.S.288 Anm.68.
24 Entstehung eines trockenen Platzes im Meer (v.21aß J. 21b P) und Rückkehr des Wassers (v.27aß J. 28 P).
25 Noth 94; Fohrer, Exodus 103; W.H.Schmidt, Glaube 38; Herrmann, Aufenthalt 85.90; vgl. Childs 219.221.
26 Die obengenannte Ergänzung des Durchzugs kann auf diese Frage antworten: Jahwe tut das Wunder mit dem Ostwind, um den Durchzug Israels zu ermöglichen.

der jetzige Zusammenhang sagen, daß die Ägypter, die vom
göttlichen Schreck betroffen sind, in völliger Verwirrung und
Verblendung geraten, die Orientierung verlieren und flucht-
artig dem Meer entgegen eilen? Damit erklärt sich zwar, etwas zugespitzt gesagt, warum die Ägypter dem Meer entgegen
fliehen, aber nicht, warum es gerade in diesem Augenblick
zurückkehrt. So ist deutlich, "daß für J das 'Weggehen' und
'Zurückgehen' des Meeres nur ein Nebenelement der Erzählung
ist, das für seine Darstellung des Vorgangs gar nicht unentbehrlich ist und das sich ihr nicht einmal ganz glatt
einfügt"[27]. Das Geschehen (Überflutung) und seine Deutung
(Gottesschrecken) werden offenkundig in der vorliegenden
jahwistischen Erzählung nebeneinander gestellt[28]: Nach der
Haupterzählung werden die Ägypter durch den Gottesschrecken
weggetrieben (v.24f.), und eine andere Erzählung berichtet
etwa, "daß die Ägypter an einer Stelle sich lagerten, an der
das Meer 'weggegangen' war, so daß sie dann von dem 'zurück-
kehrenden' Meer überflutet wurden"[29].

Zur zweiten Version gehören v.21aß , eine Ergänzung "die
Ägypter lagerten sich dort" (ויחנו מצרים שם), v.20*[30] und
v.27aßb[31]. Die rekonstruierte Reihenfolge des Vorgangs kennt
die Schwierigkeit des vorliegenden Textes nicht. Nach diesem
sagt v.19b.20 noch nichts über die Situation der beiden Lager.
Erst v.21aß spricht "überraschend von dem Meer"[32], ohne jedoch
auf seine Lage zu den Lagern einzugehen. Erst am Schluß
der Geschichte in v.27 erfährt man, daß das Meer in unmittelbarer Nähe der beiden Lager gesucht werden muß. Demnach

---

27 Noth 94.
28 Es handelt sich kaum um zwei selbständige, in sich geschlossene
   Überlieferungen; vgl. auch Weimar, Meerwundererzählung 62.68.
29 Noth 94.
30 Der ursprüngliche Wortlaut von v.20a bei J ist schwer festzustellen.
   Zum textkritischen Problem s.u.S.291. Er lautet etwa "die Wolke (und
   Finsternis) kam zwischen das Lager Ägyptens und das Israels, so daß
   sie während der ganzen Nacht nicht aneinander herankamen."
31 Eventuell wird vor v.27aßb eine Tat Jahwes berichtet, was aufgrund
   der Parallelität zu dem Ostwind bei der Heuschreckenplage nahe liegt
   (10,19), etwa daß Jahwe den Ostwind in die Gegenrichtung wehen oder
   ganz aufhören läßt.
32 Noth 91.

können wir aus dem vorliegenden jahwistischen Text "uns von
den vorausgesetzten räumlichen Gegebenheiten kein exaktes
Bild machen"[33]. Die Rekonstruktion berichtet zunächst vom
Trocknen des Meeres und dann von den Ägyptern, die sich an
einer Stelle lagern, von der das Wasser abgelaufen war. So
ist die räumliche Beziehung zwischen dem Meer und den Lagern
vorstellbar.

Die Ergänzung in der rekonstruierten Version erklärt vor-
nehmlich verschiedene Erzählelemente, die im vorliegenden
jahwistischen Zusammenhang völlig unmotiviert bleiben. Warum
trocknet Jahwe das Meer aus? Damit der Platz für das Lager
geschaffen wird. Warum läßt er mit dem Ostwind gerade in der
Nacht das Meer hinwegwehen, während er nach Ex 10,13 den
Wind Tag und Nacht schickt[34]? Zunächst müssen sich die Ägypter in der Nacht lagern. Sie können außerdem das Weggehen
des Meeres nicht sehen und wissen infolgedessen nicht, daß
der Lagerplatz eigentlich im Meer ist, so daß sie frühmorgens gerade dem Meer entgegen fliehen (v.27aßb). Auf diese
Weise "schüttelt" Jahwe die Ägypter mitten in das Meer hinein. Dieses "Schütteln" stellt jedoch kaum eine neue Tat
Jahwes neben dem vorangehenden Ereignis dar[35]. V.27b kommt
sachlich der Aussage des alten Hymnus (15,21) am nächsten[36].
Anders als P stellt sich J wohl nicht vor, daß die verfol-
genden Ägypter direkt den Israeliten näherrücken, denn nach
ihm sehen die Israeliten die Ägypter erst "aufbrechen" (נסע
in v.10b; "Herankommen" Pharaos קרב hi. in v.10a wohl P).
Da die Wolke oder Finsternis zwischen beiden Lagern ist, sehen die Israeliten die Vernichtung der Ägypter durch Jahwe
nicht, folglich berichtet J in v.30, daß die Israeliten nur
das Ergebnis der Katastrophe, nämlich die toten Ägypter, die das

---

33 Noth ebd.
34 In Ex 10,19; Num 11,31 fehlt für den Wind Jahwes jegliche Zeitangabe.
35 Darum beginnen Baentsch (127) und Noth (93) ihre Übersetzungen von
   v.27b mit "so".
36 Für die Tat Jahwes ist jedoch ein anderes Wort "werfen" (רמה) als
   hier (נער) gebraucht. Der Hymnus verzichtet auf Einzelausführungen
   darüber, wie Jahwe die ägyptischen Streitwagen "geworfen" hat. "Werfen" (15,21) und "Schütteln" (14,27) gehören nicht zum Sprachgut vom
   Jahwekrieg, scheinen darum alt zu sein; dazu s.u.S.287f.

Meer an das Ufer spülte, sahen[37].

Der Eingriff in den Text scheint zwar ein Nachteil der Rekonstruktion zu sein, aber der Redaktor (R[P]) muß die jahwistische Erzählung aus folgendem Grund eingehend überarbeitet
haben: Ihm stehen die Priesterschrift und die jahwistische
Erzählung mit Ergänzungen zur Verfügung[38]. Sie stellen die
Einzelheiten des Vorgangs unterschiedlich dar; vor allem
nach der Entstehung eines trockenen Platzes im Meer gehen
J und P deutlich auseinander: J kennt den Durchzug der Israeliten und der Ägypter durch das Meer nicht. Dieser Unterschied erfordert die ausgleichende Bearbeitung des Redaktors. Bei der Verflechtung gilt P als Grundschrift, sie
bleibt vollständig in der gegebenen Reihenfolge erhalten.
So vollzieht sich nach dem Austrocknen des Meeres (v.21 J
und P) der Durchzug der Israeliten und bereits ihre Verfolgung durch die ägyptischen Streitkräfte (v.22f. P). R[P] nimmt
die Aussage über das Sich-Lagern der Ägypter und über die
Lagersituation (v.20*) aus der ursprünglichen Reihenfolge
des Jahwisten und stellt sie dem Trocknen des Meeres voran[39]. R[P] läßt die Aussage über das Sich-Lagern fort, denn
bevor der Ostwind das Meer wegtreibt, ist noch kein trock-
ner Platz da[40]. R[P] ergänzt wohl deshalb keine entsprechende

---

37  Auch in der jahwistischen Schöpfungsgeschichte sieht der Mann die
    Erschaffung der Frau nicht, sondern nur das Ergebnis der göttlichen
    Handlung (Gen 2,21ff.); dazu s.Steck, Paradieserzählung 92. Nach J
    mißachtete Lots Frau das Verbot, auf Gottes Strafgericht zurückzu-
    schauen, und sie erstarrte zur Salzsäule (Gen 19,24ff.).
    Kommt das
    Bilderverbot in diesen jahwistischen Darstellungen, daß Gott sich in
    seinem Wirken menschlichen Blicken entziehen kann, indirekt zur Gel-
    tung? Vgl. dazu W.H.Schmidt, FS Friedrich 25ff.
38  Genauer gesagt handelt es sich nicht um die jahwistische, sondern
    die bereits mit E verflochtene Erzählung (JE). Jedoch wissen wir
    nicht, was E außer in zwei Fragmenten (v.5a.19a; dazu s.o.S.280 Anm.
    19; vgl. H.Seebass, Elohist TRE 9, 521) vom Meerwunder erzählt, so
    daß E im Folgenden nicht berücksichtigt zu werden braucht.
39  Man könnte die Spur im jetzigen Text erkennen, daß v.24 früher auf
    v.20b folgt: V.20 endet mit einer Zeitangabe "die ganze Nacht", und
    v.24 beginnt ebenfalls mit einer Zeitangabe "während der Morgenwache".
    Ursprünglich drücken zwei aufeinander folgende Angaben den Verlauf
    der Zeit aus. Allerdings gilt dieses Argument nur, wenn v.24f. frü-
    her als R[P] zu setzen ist. Zu dieser Beziehung s.u.S.294.
40  Die vorliegende Formulierung von v.20 könnte noch das frühere Vor-
    handensein einer Aussage über die Ägypter vor diesem Vers andeuten:
    Bei dem präpositionalen Ausdruck (בין...בין) wird in der Regel das

Ortsangabe über das Lager, weil nach der Verflechtung mit P
aus v.16 deutlich ist, daß die Israeliten und die Ägypter
in der Nähe des Meeres sind. Auf diese Weise arbeitet der
Redaktor zwei voneinander erheblich abweichende Erzählungen
vom Meerwunder mit großer Mühe ineinander.

Durch die Sintflutgeschichte, in der ebenfalls J und P miteinander
verzahnt sind, wird bestätigt, daß der Redaktor die zwei Quellenschriften nicht nur geschickt kombiniert, sondern auch teilweise Zusätze macht,
umstellt und ausläßt, um einen Widerspruch auszugleichen, Spalten zu ver-
decken, oder eine dem Zusammenhang der anderen anzupassen. Diese redaktionelle Überarbeitung betrifft meistens die jahwistische Erzählung, so
daß P bei der Redaktion eindeutig die Führung bekommt[41].

Zwischen der Haupt- und der Nebenerzählung erweist sich
das Zurückkehren des weggegangenen Wassers aus folgenden
Gründen älter als der göttliche Schrecken und in der
Erzählung vom Meerwunder tief verwurzelt[42]. a) Das jüngere
Element verdrängt in der Regel das ältere und steht nun im
Vordergrund der Erzählung. Der Schrecken Jahwes ist im vorliegenden Zusammenhang das entscheidende Ereignis, welches
die Ägypter zugrunde richtet, da es zunächst geschieht. Die
folgende Rückkehr des Meeres ist ihm nun untergeordnet; dadurch ist die Verwirrung der Ägypter noch größer geworden.
b) Gottes Schrecken ist nicht mit dem Meer verbunden, das
als Ort der endgültigen Vernichtung der Ägypter gilt (bereits in 15,21), obwohl eine Erwähnung davon in v.24 möglich ist[43].

---

Wort, das mit dem Subjekt des Verbs enger verbunden ist (Gen 9,16;
Ex 8,19; 9,4; Jdc 11,27) oder bereits vorher vorkam (Gen 1,4; 13,3;
Ex 16,1; Num 35,24; Jdc 9,23, aber Num 21,13; Jos 8,9. In den beiden
letzten Fällen handelt es sich um Ortsnamen.), zunächst genannt. Dann
liegt es nahe, daß Israel hier zunächst vorkommt. Die Reihenfolge ist
aber in v.20 umgekehrt.

41 Wellhausen, Comp. [3]2f.; Gunkel, HK 1,1, 139f.; Smend, Entstehung 42;
Donner, Henoch 1980, 16ff.

42 Die Jahwekriegserzählung, zu der unter anderem der göttliche Schrek-
ken gehört, ist nach Weimar-Zenger eine Vorlage des J (Exodus 26f.
56ff.65). Sie soll aus dem Kreis der Jahwetreuen am Jerusalemer Hof
stammen, die der Politik Davids kritisch gegenüberstehen (Exodus 70;
vgl. auch Weimar, Bib 1976, 38ff.). Aber der Gottesschrecken (v.24)
stellt eine Deutung des Geschehens dar, so daß er jünger als dieses
ist, dazu s.u.S.282; umgekehrt bei Weimar, Meerwundererzählung 68ff.

43 Etwa "Jahwe blickte zum Lager der Ägypter *am Meer*" (על-הים). Aus den
Wendungen, die mehr oder weniger der dtn-dtr Tradition nahestehen,
schließt H.H.Schmid (Jahwist 55ff.), daß die gesamte jahwistische
Meerwundererzählung dem dtn-dtr Kreis zuzuweisen sei (vgl. Rose, Deuteronomist 197f.); zur Wendung נלחם ל יהוה/י in v.14.25 s.u.S.287,

Der sekundäre Charakter des göttlichen Schreckens im Meerwunder verrät sich auch in den Abweichungen der vorliegenden Erzählung vom sonstigen Jahwekrieg: a) Der göttliche Schrecken ist anders als ursprünglich
jetzt mit einer bestimmten Tageszeit verbunden. "Zur Zeit der Morgenwache" (v.24) meint wohl einen früheren Zeitpunkt als "beim Anbruch des
Morgens" (v.27)[44], obwohl der Unterschied zwischen beiden kaum eindeutig ist[45]. b) Während die Ägypter sich für den Kampf rüsten (v.6), sind
die Israeliten mit ihren Familien und Haustieren (12,32.38)[46] zusammen,
so daß man von einem Krieg im eigentlichen Sinne hier nicht sprechen
kann. Eine kriegerische Handlung Israels gegenüber Feinden, die in der
Regel nach dem göttlichen Schrecken folgt[47], fehlt darum hier[48].

Stehen zwei Versionen bereits in der jahwistischen Erzählung nebeneinander[49]? Oder berichtet der Jahwist ursprünglich allein vom Austrocknen des Meeres durch Gott? Die Gemeinsamkeiten mit der sonstigen jahwistischen Erzählung finden sich ausschließlich in den beiden Halbversen, nach denen
das Meer weggeht und zurückkommt: a) Für "trocken sein" wird
im Unterschied zu יבש in P das Wort חרב (v.21) gebraucht -
in der gleichen Weise wie in der Sintflutgeschichte[50]. b)
Jahwe bewirkt die Katastrophe auch bei der Heuschreckenplage (10,13.19)[51] mit dem Ostwind (v.21aß). Das Wort המם

---

zu המם in v.24 s.u.S.286f., zum "Heilsorakel" (v.13) s.u.S.288 Anm.68
zu v.28b s.u.S.288; zu האמין und יד גדלה in v.31 s.u.S.294f. bes.
Anm.111;; über הושיע מיד (v.30) sagt Schmid selbst: "Die Formel erscheint allerdings auch innerhalb einzelner Erzählungen, wobei nicht
immer deutlich ist, ob für die Formulierung der Deuteronomist verantwortlich ist" (29 Anm.39). Seine Analyse erklärt die von uns auf-
gezeigten Spannungen in der jahwistischen Darstellung nicht, z.B.
die zwischen Gottes Wirken durch den Ostwind und dem göttlichen
Schrecken. So wird nach Zenger (BZ 1980, 107) die vorliegende Text-
gestalt nicht ernst genommen.

44 Baentsch (126f.) übersetzt die beiden Zeitangaben mit Rücksicht auf
die Reihenfolge *vor Anbruch* der letzten Nachtwache" (v.24) und
"*gegen Ende* der letzten Nachtwache" (v.27).

45 Beim Anbruch des Morgens (v.27) ist es nach Jdc 19,26 noch dunkel.

46 Nach 13,18 ziehen die Israeliten gerüstet und sind auf kriegerische
Begegnungen gefaßt. Der Vers wird E zugewiesen; dazu s.o.S.278.

47 Jos 10,10; Jdc 4,15; I Sam 7,10.

48 Vgl. Weimar-Zenger, Exodus 95; Weimar, Bib 1976, 71.

49 Noth (94) meint, daß J nicht die beiden *ganzen* Versionen, sondern die
*Elemente* einer Variante der Erzählung vom Meerwunder in seine Darstellung aufgenommen hat. Er sieht weiter in der vorliegenden Reihenfolge den Ablauf der jahwistischen Erzählung. Diese Reihenfolge ist
jedoch kaum jahwistisch, sondern erst als Folge der Redaktion (R[P])
entstanden (s.o.S.284f.).

50 יבש in Gen 8,14 P; vgl. auch Gen 1,9; חרבה in Gen 7,22 J.

51 Vgl. auch "einen Wind von Jahwe her" in Num 11,31 (J).

kehrt hingegen bei J nicht wieder: dagegen kommt es in dem
Sinne, daß Jahwe "ohne massive Mittel in einer für Menschen
nicht sichtbaren, in ihren Wirkungen aber um so realeren
Weise in den Gang der Schlacht ein(greift), indem er eine
Panik im feindlichen Heerlager ausbrechen läßt"[52], sonst ausschließlich in der dtn-dtr Literatur vor[53]. So liegt es m.E.
nahe, die Version vom göttlichen Schrecken als spätere Bearbeitung an J anzusehen[54].

Von der Hand des Bearbeiters stammt wohl auch der nächste
Vers, der die Reaktion der Ägypter auf den göttlichen Schrek-
ken berichtet: "Wir wollen vor Israel fliehen, denn Jahwe
kämpft für sie gegen Ägypten". Den Ausdruck "Jahwe kämpft
für" (נלחם ל יהוה) gebraucht die dtn-dtr Literatur gerne[55].
Die gleiche Formulierung kam bereits in v.14 am Ende der
Rede Moses vor[56]. Auch in v.7 kann man die Bearbeitung erkennen. Der Vers kann kaum aus derselben Feder wie v.6 geflossen sein, da dasselbe Verb לקח gebraucht wird. Beide
Verse können zwar von verschiedenen Quellenschriften stammen[57], aber auch so verstanden werden, daß der Bearbeiter
in v.7 ein militärisch genaueres Detail als v.6 nachträgt,
indem er die Zahl der Wagen nennt und "Streitwagen" als
"Elitestreitwagen" (רכב בחור) präzisiert[58]. Darüber hinaus
fügt er eine ausführliche Erklärung über den Streitwagen
hinzu: "mit einer Dreimannbesatzung auf ihnen allen"[59]. V.7

---

52 Noth, HAT 7, 63.
53 Ex 23,27; Dtn 7,23; Jdc 4,15; Jos 10,10; I Sam 7,10; vgl. Dtn 2,15.
   Aus diesen Stellen gehören allein Jos 10,10 und Jdc 4,15 wohl zur von
   Dtr verarbeiteten Überlieferung (Noth, ÜSt 56 Anm.2), jedoch Jos
   10,10 nicht zum ältesten Erzählgut (Noth, HAT 7, 64).
54 V.24 gebraucht מחנה מצרים gemeinsam mit v.20 und יהוה mit v.21.
   Diese gemeinsamen Ausdrücke können nicht Gegenbeweis unserer Schlußfolgerung sein. Ein Bearbeiter kann sich an die Formulierung seiner
   Vorlage anschließen.
55 Dtn 1,30; 3,22; 20,4; Jos 10,14.42; 23,3.10; außerdem in II Chr 20,
   29; Sach 14,3; Neh 4,14.
56 Andererseits ist der Ausdruck לחם (ni.) an sich nicht ganz speziell
   für den Dtr, so daß eine eindeutige Entscheidung über den Vers schwer
   zu fällen ist.
57 Z.B. J in v.6 und E in v.7aα (Baentsch 122).
58 Zugleich wird Jahwes Macht dadurch hervorgehoben, daß die ägyptische
   Streitkraft gesteigert wird.
59 Dabei hat er nicht die ägyptische, sondern die "hethitisch-palästi-
   nische Weise vor Augen, nach der noch ein 'dritter Mann' als Adjutant
   oder Schildträger des Streitwagenkämpfers sich auf dem Streitwagen

hat mit dem jüngeren Schilfmeerlied gemeinsame Ausdrücke[60].
Die Tendenz der Bearbeitung, militärische Termini zu benutzen, läßt sich auch in v.24 nachweisen: Die Angabe "zur Zeit
der Morgenwache" (באשמרת הבקר) kommt stets in den Kriegser-
zählungen vor[61].

Auch in Ex 15[62] kennt erst das jüngere Schilfmeerlied die kriegerische Darstellung (v.4) und Bezeichnung "Kriegsmann" für Jahwe (v.3),
während der alte Hymnus (15,21) die göttliche Tat schlicht mit dem Verb
"werfen" (רמה) darstellt. Außerdem sind im jüngeren Lied (v.16) die
Begriffe, die der Dtr beim Jahwekrieg gerne gebraucht, im Zusammenhang
mit der Landnahme belegt[63].
V.28b "auch nicht ein einziger von ihnen bleibt übrig" braucht man
nicht für eine Kriegsbearbeitung zu halten[64], denn der Ausdruck kehrt
auch außerhalb der Jahwekriegsdarstellung[65] in anderen Zusammenhängen,
z.B. in der Plagenerzählung (8,27b; 9,7; 10,19b), wieder. Diese Aussage ist so allgemein, daß kaum eindeutig entschieden werden kann, ob
sie von J[66] oder von P[67] stammt.

Bereits in der jahwistischen Meerwundererzählung kommen
das alleinige Wirken Jahwes und Israels Passivität deutlich
zum Ausdruck; bei der Rettung handelt Gott allein (v.21.
27aßb). Israel tut für sein eigenes Heil nichts, wird vielmehr aufgefordert: "Stellt euch hin und seht die Hilfe Jahwes an!" (v.13)[68]. "Nach v.30 sah es vielleicht nicht ein-

---

zu befinden pflegte" (Noth 89; bereits Baentsch 122).

60 "Der dritte Mann auf einem Kriegswagen" kehrt in 15,4 wieder. Dort
   findet sich auch das Wort "Auslese" (מבחר).

61 Jdc 7,19; I Sam 11,11. אשמרת allein kehrt ohne kriegerischen Zusammenhang als schlichte Zeitangabe wieder in Ps 63,7; 119,148;
   Thr 2,19.

62 Zu Ex 15 vgl. Zenger, VT.S 1980, 452-483. Nach seiner Analyse besteht
   Ex 15,1-18 aus einem frühnachexilischen Meerlied und der Ergänzung
   durch einen Redaktor, der das Lied in den jetzigen Erzählzusammenhang
   einfügte und seinem weiteren Kontext anpaßte.

63 "Schrecken" (אימה) in Ex 23,27; Jos 2,9; Dtn 32,25; "Beben, Schrek-
   ken" (פחד) in Dtn 2,25; 11,25.

64 Stolz, Kriege 94; H.H.Schmid, Jahwist 56.

65 Im Zusammenhang mit Jahwekrieg z.B. in Jos 8,22; 10,28ff.; 11,8;
   vgl. Dtn 13,15f.

66 So Baentsch 127; Weimar-Zenger (Exodus 26.68) halten den Halbvers
   für vorjahwistisch.

67 Noth 82.

68 Die Rede Moses in v.13, die wegen der Mahnung "fürchtet euch nicht"
   als ein im Jahwekrieg erteiltes Heilsorakel verstanden werden kann
   (vgl. Dtn 20,1.3; Jos 8,1; 10,8.25; 11,6; Jdc 7,3), gehört zur jahwistischen Erzählung (anders Stolz, Kriege 95); hier handelt es sich
   um keine Gottesrede, und Mose tritt kaum als Priester oder Prophet
   auf. Der Zuruf Moses entspricht der Befürchtung Israels in v.10b.
   Der Jahwist erzählt auch sonst von der Furcht (z.B. Gen 3,10; 43,18;
   Ex 9,30). In Gen 43,23 beginnt er seine Rede ebenfalls mit "fürchtet

mal die Flucht und die Katastrophe der Ägypter selbst, sondern nur deren Ergebnis"[69]. Der Bearbeiter greift auf diese
Auffassung des Jahwisten zurück und unterstreicht sie mit
der Vorstellung des Jahwekrieges, indem er den Vorgang des
göttlichen Eingreifens ausbaut und der gesamten Erzählung
ein kriegerisches Kolorit gibt. V.14 schließt nun eine Mit-
hilfe Israels ausdrücklich aus.
So sind v.7.24f. und wohl auch v.14 für Bearbeitungen zu
halten.

## 3. Die Redaktion (R$^P$)

Die Zusammenstellung der Priesterschrift mit der JE-Erzählung bringt mancherlei Umdeutung der beiden Stränge mit
sich[70].

In P bricht Pharao selbst auf, um die Israeliten einzuholen (v.8ff.),
und verfolgt sie bis in die Mitte des Meeres (v.23). In der jahwistischen Erzählung ist es dagegen nicht eindeutig, ob Pharao selber
die Israeliten verfolgt, da die Formulierung in v.6b zwar so klingt, als
sei er persönlich aufgebrochen[71], jedoch wird er im Folgenden niemals
genannt[72]. Auf jeden Fall ist im vorliegenden Zusammenhang Pharao mit-
gemeint, wenn die Ägypter handeln. So ergibt sich durch die Zusammenfügung der beiden Erzählungen keine Unebenheit, die R$^P$ auszugleichen hat.
    V.25a kommt im JE-Zusammenhang zu früh, da der Halbvers voraussetzt,
daß die ägyptischen Streitkräfte bereits auf dem Marsch sind, was erst
v.27aß berichtet. V.25a hat keinen Platz im priesterschriftlichen Erzählschema, nachdem sich das von Gott vorausgesagte Wunder auf die Handlung Moses hin vollzieht. Jedoch wirkt der Halbvers im vorliegenden Zusammenhang nicht störend und will von einer Wirkung des göttlichen
Schreckens (v.24b) auf die ägyptischen Streitwagen erzählen, die bereits die Israeliten zu verfolgen beginnen (v.23 P)[73]. V.25a stammt darum wohl von R$^P$ [74].

---

euch nicht" als Antwort auf die vorher angesprochene Furcht in
43,18. Selbst wenn Ex 14,14 dem Jahwisten abgesprochen wird, bleibt
der Grundzug unverändert, denn der Vers betont die jahwistischen Züge
von v.13 nur zusammen, in dem Gottes alleiniges Wirken und Israels
Passivität bereits gegenübergestellt wird.
69 Noth 94; vgl.o.S.284 Anm.37.
70 Zum Eingriff des Redaktors in die vorgegebenen Erzählfäden s.o.S.284f.
71 Vgl. Noth 89.
72 Die Ägypter allein kehren in v.10.13.25b.27aßb.30 wieder.
73 Baentsch (126) übersetzt mit Rücksicht auf den vorliegenden Zusammenhang das Wort מחנה in v.24 mit "Heerzug", in v.20 mit "Heer".
74 Noth (93) rechnet mit der Möglichkeit eines isolierten E-Fragments
oder eines späteren Zusatzes.

Auch die vollständig erhaltene Priesterschrift wird durch
die Zusammenarbeit mit der JE-Erzählung einer Umwandlung
unterzogen. P gibt keine Zeit an. An welcher Tageszeit fand
nach P das Meerwunder statt? a) Ein Vorgang in der Nacht ist
in der Regel sonst besonders begründet: Die Israeliten verlassen Ägypten nachts, weil die Ägypter sie dazu zwingen (Ex
12,30ff.). Die Israeliten sammeln die Wachteln jenen ganzen
Tag und die ganze Nacht (Num 11,32). Die Fortsetzung der
tagsüber vollzogenen und noch nicht fertigen Arbeit betont
die wunderbare Menge der Wachteln. Ein Krieg wird üblicherweise tagsüber geführt und durch Einbruch der Dunkelheit be-
hindert (Ex 17,12; Jos 10,12f.). Zu einem Krieg in der Nacht
gehören die Fackeln (Jdc 7,20). In P ist weder von Fackeln
noch vom Licht die Rede. b) Moses Handlung, die Hand über
das Meer auszustrecken (v.21.27), ist ursprünglich magisch
und kann die Wunder eigentlich durch den optischen Kontakt
bewirken[75], so daß sie kaum in der Dunkelheit vollzogen
wird. Die Finsternisplage wird darum durch eine ähnliche
Handlung wie hier zwar herbeigeführt, aber nicht beendet.
Aus diesen Beobachtungen ist zu schließen: In "P geschieht
der Durchzug am Tag unmittelbar nach dem Eintreffen der
Ägypter"[76].

Nach P geschieht alles - die Handlung Moses, das Spalten
des Meeres, der Durchzug der Israeliten und ihre Verfolgung
durch die Ägypter und das Zurückkehren des Wassers - direkt
nacheinander[77]. $R^P$ läßt der ersten Handlung Moses (v.21aα P)
die jahwistische Version über das Trocknen des Meeres - "Jahwe ließ durch einen starken Ostwind die ganze Nacht hindurch
das Meer hinwegwehen und machte so das Meer zu trocknem
Land" (v.21aβ) - folgen. Vor die gleiche Handlung Moses, die
nach dem Durchzug der Israeliten durch die Meeresgasse das
Wasser zurückkehren läßt (v.27 P), stellt $R^P$ den göttlichen
Schrecken durch sein Herunterblicken, der mit der Zeitbestim-
mung "zur Zeit der Morgenwache" versehen wird (v.24). Als
Folge dieser Verbindung der beiden Versionen dauert nun auch

---

75 Dazu s.o.S.234f.
76 Baentsch 125.
77 So auch in der Wunderreihe der Priesterschrift.

das priesterschriftliche Wunder von der Nacht bis morgens
früh. Was sich im Ablauf des Wunders vollzieht - der Durchzug der Israeliten durch die Meeresgasse und ihre Verfolgung durch die Ägypter - geschieht nun in der Nacht.

Diese Zeitverschiebung bedarf einer redaktionellen Überarbeitung. Im vorliegenden Text stehen das Feuer und die Wolke
gerade vor und nach dem Durchzug der Israeliten durch das
Meer (in v.20 und 24)[78]. Ein Feuer benötigt weder P noch
die JE-Erzählung[79]. Der Text in v.20aß, in dem das Licht
vorkommt, ist wohl nicht zufällig unverständlich. Dieses
ist kaum ein rein textkritisches Problem, eher wird der ursprüngliche Sinn durch die nachträgliche Einfügung des Lich-
tes eventuell auch der Wolke entstellt[80].

Eine wörtliche Übersetzung von v.20aß lautet: "Und es war die Wolke
und die Finsternis und es (sie) erhellt die Nacht". Verschiedene Lesun-
gen versuchen, den Widerspruch zwischen der Finsternis in der besonderen Nacht und dem Verb "erhellen" zu harmonisieren: a) Die Säule, von
der v.19b redet, hat eine dunkle Seite für die Ägypter und eine leuch-
tende Seite für die Israeliten[81]. "Dann wäre die Pointe aber gerade verschwiegen"[82]. b) Wellhausen[83] bildet einen sinnvollen Text, indem er
ein Wort umstellt und einen Artikel fortläßt: (הענן) ויאר חשך ויהי
את-הלילה "als es aber dunkel geworden war, erhellte sie (= Wolkensäule) die Nacht". Die Finsternis wird zur bloßen Situationsangabe.
c) Noth vermutet ursprünglich"häḫäšík an Stelle von weḫaḫošäk und" hält
"wajja'är für einen Zusatz, der davon ausgeht, daß nachts die Säule eigentlich leuchten müßte"[84].So wird das Licht aus dem Text fortgelassen,
und er besagt, "daß der Zwischenraum zwischen den beiden Lagern von
einer so völligen und unheimlichen Finsternis bedeckt war"[85].

Von der Wolken- und Feuersäule in der Nacht spricht 13,21f.
bereits vor dem Meerwunder. Diese Verse werden in der Regel

---

78 In v.20aß kommt zunächst die Wolke vor und dann das Licht und in
   v.24 das Feuer und die Wolke. Will diese Reihenfolge den Übergang
   der Tageszeit ausdrücken?
79 Diese berichtet nicht einmal von einem Gang der Israeliten durch das
   Meer, und in ihr geschieht das endgültige Eingreifen Jahwes erst
   früh morgens und nicht während der dunklen Nacht.
80 V.20aß bietet bereits den alten Übersetzungen Schwierigkeiten, so
   daß sie verschiedene Lösungen (LXX, Targ. Onq., Pesch.; dazu s.
   Baentsch 125) suchen.
81 So Targ. Onq. und Pesch.
82 Baentsch 125.
83 Comp. ³77; im Anschluß daran auch Baentsch (125).
84 Noth 81.
85 Noth 91.

für jahwistisch gehalten[86] und aufgrund der iterativ ver-
standenen Verbform[87] auf die Führung in der Wüste bezogen[88].
a) Aber J erzählt im Folgenden niemals von der Wolke und
vom Feuer als Zeichen für die göttliche Führung Israels.
Kein Feuer wird beim Aufbruch aus Ägypten (Ex 12,30ff.) und
beim Sammeln der Wachteln in der Nacht (Num 11,32), keine
Wolke beim Aufbruch von Sinai (Num 10,33; vgl. v.11ff. P)
erwähnt. b) In der jahwistischen Erzählung ziehen die Israeliten in der Wüste niemals nachts weiter[89]. c) J berichtet
von einem Vulkanausbruch am Sinai. In Ex 19,18aß ist vom
Herabkommen Jahwes im Feuer die Rede. Es ist jedoch umstritten, ob dieser Versteil zu J gehört oder nicht[90]. Jedenfalls
erscheint Jahwe am Sinai nicht in der Nacht.

Die mit 13,21f. teilweise wörtlich übereinstimmende Aussage[91] über die Führung der Israeliten, die Jahwe tags mit
der Wolke und nachts mit dem Feuer vollzieht, kommt in einem
mit dtr Redewendungen und Anschauungen durchsetzten späteren
Zusatz zur jahwistischen Erzählung in Num 14,14[92], in dem
dem Dtr zuzuweisenden Teil in Dtn (1,33) und in späteren Texten vor[93]. So ist 13,21f. höchstwahrscheinlich redaktioneller Zusatz[94], der der dtr Tradition nahesteht.

Die Wolke und das Feuer, die mit Gott verbunden sind, finden sich in
der Theophanie am Sinai (Ex 19,9.16; 24,15f.18; 34,5) wieder. Die herab-
kommende Wolke auf dem Zelt ist Manifestation göttlicher Gegenwart (Ex
33,9f.; 40,34; Num 11,25; 12,5.10; 17,7; Dtn 31,15). In P läßt sich
eine Umwandlung der Funktion der Wolke und später auch des Feuers nach-

---

86 Wellhausen, Comp. ³77; Jülicher, JPTh 1881, 119; Baentsch 118f.;
   Holzinger 43; Noth 83; Fohrer, Exodus 98.
87 Die Ortsangabe ist allgemein "der Weg" formuliert, und "die Wüste"
   fehlt hier.
88 Baentsch 119; Noth 86.
89 Die Israeliten sammeln die Wachteln zwar auch in der Nacht, aber bleiben im Lager (Num 11,31f.).
90 Vgl. Zenger, Sinaitheophanie 62.150; Jeremias, Theophanie 175.
91 הלך לפני kehrt wieder in Num 14,14; Dtn 1,33, דרך in Dtn 1,33; Neh
   9,12.19, נחה in Neh 9,12.19 und אור (hi. Infinitiv) in Neh 9,12.19.
92 Vgl. Noth, ATD 7, 96.
93 Neh 9,12.19; vgl. Ps 78,14; 105,39.
94 Otto (VuF 1977, 93f.) hält darüber hinaus 12,37; 13,20; 14,19f.24
   für redaktionelle Einfügungen, die Auszug und Wüstenüberlieferung
   verklammern.

weisen. In P$^g$ ist das Aufsteigen der Wolke von der "Wohnung"[95] das göttliche Zeichen zum Aufbruch vom Sinai (Num 10,11-13)[96]. Die göttliche Führung durch Wolke und Feuer beginnt kaum zufällig mit dem Aufbruch vom Sinai, weil sie überlieferungsgeschichtlich wahrscheinlich aus der Sinaitradition stammen[97]. In P$^s$ (Num 9,15-23; Ex 40,36ff.) wird das Verhalten der Wolke zum Zeichen für Aufbruch und Halt in der Wüste. Dabei tritt neben der Wolke in der Nacht das Feuer auf. Die Israeliten lagern, während die Wolke über der Wohnung bleibt. Sie brechen auf, wenn sich Wolke oder Feuer erheben. An die Stelle des einmaligen Aufbruchs von dem Sinai tritt nun ein wiederholter Aufbruch während der Wüstenwanderung im Gehorsam gegenüber dem Befehl Jahwes. Die Israeliten müssen auch in der Nacht aufbrechen, wenn das Feuer aufwärts steigt. P spricht jedoch (noch) nicht vom Weiterziehen der Israeliten tags und nachts unter der göttlichen Führung[98]. Setzt die Aussage in Ex 13,21f. diese Entwicklung von P$^g$ zu P$^s$ voraus? Auf jeden Fall bringt sie nicht den Gehorsam Israels, sondern die Fürsorge Jahwes für sein Volk zum Ausdruck.

13,21f. wird vom Redaktor (R$^P$) gerade der Erzählung vom Meerwunder vorgeordnet. Wunderhaftes "Gehen bei Nacht" bezieht sich nun im Zusammenhang auf den Durchzug durch die Meeresgasse in der Nacht[99]. Er setzt kaum zufällig das Verb "erhellen" in 14,20aß vor die Tat Moses, die das folgende Wunder in Gang bringt. Das Verb אור (hi.) hat in der Regel Person[100] oder Ort[101] als Objekt. Hier tritt die Nacht (הלילה) im Sinne von "diese Nacht" auf[102].

Auch 14,19b stammt wahrscheinlich vom Redaktor, denn dieser Halbvers schildert denselben Vorgang wie v.20aα unter einem anderen Aspekt. V.19b allein zeigt auffallende Gemeinsamkeiten mit 13,21f.: So kehrt der Ausdruck מפניהם/ל, der in 13,21f. unterstrichen wird[103], wieder. In v.19b ist wie in 13,21f. nur von den Israeliten die Rede, während v.20aα auch von den Ägyptern berichtet. Schließlich spricht v.20aα von der Wolke, während die Wolkensäule in v.19b wie-

---

95 Das zweite Wort in משכן העדת am Ende des Verses 11 ist wohl sekundär eingesetzt; Noth, ATD 7, 69.
96 Vgl. auch die sekundäre Stelle in 10,34.
97 Vgl. Noth 86; anders Zenger, Sinaitheophanie 62.150.
98 In P kehrt die Wolke noch mit der Herrlichkeit Jahwes verbunden in Ex 16,10 und mit der Deckplatte in Lev 16,2 (P$^s$) wieder.
99 Auch die Wolke kommt hier deswegen vor, weil sie und das Feuer bei der göttlichen Führung ein Paar bilden.
100 Ex 13,21; Jes 60,19; Ps 118,27.
101 Gen 1,15.17; Num 8,2; Ps 77,19; 97,4; Neh 9,12.19.
102 Z.B. in Ps 105,39; 139,12.
103 Dieser Ausdruck steht an der ersten Stelle und wird damit betont in v.21. Darüber hinaus wird die Präposition (לפני) am Ende von v.22 wiederholt.

derkehrt, die bereits in 13,21f. vorkam. Vermutlich stellte
der Redaktor v.19b vor v.20aα, um die Wolke, die nach J zwischen beiden Lagern in der ganzen Nacht bleibt, mit der Wolkensäule der göttlichen Führung vor den Israeliten zu identifizieren.

Die Wolke, von der wohl bereits J für diese *Nacht* in v.20a berichtet,
steht mit der Wolken(säule), die nach 13,21f. das Volk *tagsüber* führt,
in gewissem Konflikt. Auch dieses trägt dazu bei, den Vers unverständlich zu machen[104].

Ist die Hinzufügung des göttlichen Schreckens (v.24f.) auf
die Redaktion (R[P]) zurückzuführen? Wird die JE-Erzählung bereits vor ihrer Verflechtung mit P ergänzt, oder setzt die
Bearbeitung auch P voraus? V.24f. wird ohne vorangehenden
priesterschriftlichen Anteil verständlich. Eher hat v.24 mit
v.20* (J) gemeinsame Ausdrücke[105]. Es liegt also nahe, daß
die JE-Erzählung bereits vor R[P] überarbeitet wurde[106]. Diese
Folgerung kann mit dem Hinweis, daß sich v.14 an die Rede
Moses (J) anschließt, gestützt werden. Jedoch enthält die Bearbeitung Ausdrücke, die die dtn-dtr Literatur gerne gebraucht, und die der Redaktion zuzuweisenden Verse (13,21f.)
stehen der dtn-dtr Tradition nahe. So führt unser Teilpro-
blem zur Frage nach der Redaktion des gesamten Pentateuch,
vor allem nach der Beziehung von R[D(tr)] zu seinen Redaktionen[107]. Ist R[D(tr)] mit einer von ihnen (R[JE] oder R[P]) identisch oder unabhängig? Oder ist R[D(tr)] eine mehrstufige Bearbeitung, die die Redaktion des Pentateuch wie auch die
Bearbeitung der Texte umfaßt?

Der gleiche Sachverhalt läßt sich im abschließenden Vers (v.31) beobachten, der sich weder zu J[108] noch zu P[109] fügt. Einerseits scheint

---

104 Dazu s.o.S.291.
105 Dazu s.o.S.287 Anm.54. P gebraucht das Wort מחנה in Ex 14 nicht.
106 Dann steht in v.24 בשמים statt בעמוד אש וענן vor R[P]. Gott blickt
    vom Himmel herunter (שקף hi.) in Dtn 26,15; Ps 14,2; 53,3; 102,20;
    Thr 3,50. Diese Ersetzung durch R[P] beabsichtigt, für den Durchzug
    im Meer in der Nacht das Licht zu setzen.
107 Vgl. o.S.37.
108 Der Vers kann kaum von derselben Hand wie v.30 stammen, denn v.30b
    und v.31a beginnen gleichfalls mit את וירא ישראל; vgl. Baentsch
    127; Stolz (Kriege 94) rechnet beide Verse einer späteren Bearbei-
    tung zu.
109 P hat ihre Schlußbemerkung bereits in v.29.

v.31 in Ex 14 auch P vorauszusetzen[110], denn nach P handelt Mose als Mittler göttlicher Rede und Wunderkraft, während er in der JE-Erzählung nur einmal zu Wort kommt (v.13f.) und beim Wunder keine Rolle spielt. Während die Israeliten nach J nur das Ergebnis des göttlichen Eingreifens sehen, erfahren sie zudem in P, daß Jahwe mit dem Wort das Wasser spaltet und es auf die Ägypter zurückfluten läßt. V.31 spricht von der großen Hand, nämlich der göttlichen Rettungstat, die die Israeliten sehen. Zugleich ist v.31 aber mit dtr Ausdrücken beladen[111] und durch das Wort אמן (hi.) mit Ex 4 verbunden. Gehört dieser Vers dann zu R^D(tr)?

---

110 In v.31b steht die Nebeneinanderstellung des Glaubens an Jahwe und an Mose.

111 Mose als Knecht Jahwes und היד הגדולה; das Sehen der göttlichen Hand in Dtn 3,24; 11,2; Ez 39,21; das Tun dieser Hand in Dtn 34,12; vgl. bereits Baentsch 127f.; Smend, FS Baumgartner 287; ders., Entstehung 67.

B. Vergleich zwischen der jahwistischen und der priesterschriftlichen Darstellung sowie die Umwandlung der
Überlieferung


Die rekonstruierte Erzählung des J zeigt geringere Berührungen zwischen dem Meerwunder und den Plagen als P. Ver-
danken beide Erzählteile in P ihre Verbindung der theologischen Intention dieser Quellenschrift, so ist auch der Mangel der Entsprechungen zwischen beiden Abschnitten des J die
Folge seiner Interpretation. Aus der jahwistischen Konstruktion, daß die Zuwendung *Jahwes* an *Pharao* bereits mit der Heuschreckenplage endet[112], erklären sich viele Unterschiede.
Auf die Rede (v.13) folgt die Naturerscheinung als Jahwes
Eingreifen (v.21aßb). Diese Reihenfolge ist zwar mit der Plagenerzählung gemeinsam, aber *Jahwe* spricht hier *weder* selbst
noch beauftragt er seinen Boten, vielmehr redet Mose, und
zwar *nicht* mehr zu *Pharao* oder zu den Ägyptern, sondern zu
den Israeliten. Gottes Eingreifen wird dabei nur mit dem
allgemeinen Begriff "Hilfe" (ישועה) zusammenfassend bezeichnet. Der Jahwist, der sich für das Humanum interessiert, erzählt in seiner Plagenerzählung ausführlich von der Reaktion
des ägyptischen Königs auf Jahwe, hier von der Furcht Israels.
Das Ende des Geschehens bringt den Ägyptern nicht wie bei den
Plagen Rettung, sondern ihren völligen Untergang (v.27).
   Trotz dieser Unterschiede findet sich eine wichtige Gemeinsamkeit: Jahwe bleibt Haupt-"Figur" beim Meerwunder. Die Alleinwirksamkeit Jahwes, die J betont, entspricht in der Berufungsgeschichte seiner Formulierung der Herausführung
Israels nicht als Aufgabe Moses (3,10 E), sondern als Tat
Jahwes (3,8). Sie endet nun mit der wunderbaren Rettung Isra-
els durch die Vernichtung der Ägypter im Meer[113].

---

112 Dazu s.o.S.202ff.
113 Die jahwistische Meerwundererzählung enthält keine Verbindung mit
    der folgenden Wüstenzeit. V.11f., in dem das Volk über Mose schimpft,
    ist kaum von J, denn Mose geht in v.13 auf den Vorwurf des Volkes
    gar nicht ein und v.13 schließt glatt an v.10bα an; so bereits

Sowohl bei J als auch bei P handelt es sich um die den aus
Ägypten auswandernden Israeliten drohende Gefahr; die Ägypter verfolgen sie bis zum Meer. Übereinstimmend spielen das
Weggehen und Zurückkehren des Wassers bei der Vernichtung
der Ägypter eine entscheidende Rolle. Gemeinsam ist auch,
daß Gott das Geschehen bewirkt. Das "Wie" wird jedoch verschieden dargestellt. Schon der Zeitpunkt und die Zeitdauer
der Ereignisse sind unterschiedlich[114]. Nach P handelt Jahwe
nicht in der Naturerscheinung, sondern durch sein Wort. Nur
P kennt den Durchzug der Israeliten durch die Meeresgasse.
Wie sind diese Unterschiede entstanden? Liegen beiden Quellenschriften zwei verschiedene Überlieferungen zugrunde,
oder gestalten J und P aus einer gemeinsamen Überlieferung
eine je eigene Erzählung? Oder wandelt P die jahwistische
Fassung tiefgreifend ab?

Außerhalb des Pentateuch wird oft an das Meerwunder erinnert[115]. Dabei wird meistens der Durchzug der Israeliten
durch das Meer direkt erwähnt[116], oder auf ihn angespielt[117].
Diese Stellen stammen durchweg aus junger Zeit und setzen
teilweise den schon abgeschlossenen Pentateuch voraus[118].
Führt also P den Durchzug der Israeliten in die Meerwundererzählung ein, und sind jene Stellen von ihr abhängig? In
diesem Fall bliebe schwer erklärbar, warum das Verb עבר,
das in der priesterschriftlichen Meerwundererzählung niemals

---

Jülicher, JPTh 1881, 122; Noth 83f.; anders Childs 220. Rabenau
(ThVer 1966, 26) findet in diesem Teil die Priesterschrift. Das
"Sich-Wandeln" des Herzens Pharaos (v.5b) kam in der Plagenerzählung
als Verstockung vor, allerdings mit anderem Verb. Da J das Meerwunder nicht mit dem folgenden Kontext verbindet, ist der Anfang
der Wüstenzeit in seiner Erzählung nicht im Meerwunder zu sehen (anders Coats, VT 1967, 253-265; Childs 222). Außerdem ist 13,20, wo
die Wüste erwähnt wird, kaum jahwistisch; dazu s.o.S.278. Ex 14
bildet den Abschluß der jahwistischen Herausführungsgeschichte; Noth
82; Fritz, Wüste 3 Anm.13; W.H.Schmidt, Exodus 61.
114 Dazu s.o.S.290.
115 Außer in den beiden nächsten Anmerkungen genannten Stellen noch Jes
10,26; Ps 74,15; 114,3.
116 Jes 11,15; 51,10; 63,12; Ps 66,6; 78,13; 106,9; 136,13; Neh 9,9.11.
117 Jes 43,16f.; Ps 77,20. Die Tat "Durchgehen" selbst ist zwar nicht
genannt, aber der Weg (דרך) im Meer ist sicher zum Durchlaufen zu
bestimmen.
118 "Eine zeitliche Ansetzung des Psalms 66A erscheint kaum möglich,
doch ist eine vorexilische Herkunft nicht ausgeschlossen" (Kraus,
BK XV/2, 617). Andere Psalmen stammen aus nachexilischer Zeit: zu

vorkommt[119], überwiegend für den Durchzug gebraucht wird[120].
Auch an der Stelle, die den Pentateuch voraussetzt (Neh 9,11)
kehrt weder בוא noch הלך, sondern עבר wieder. Deuterojesaja,
der etwa in demselben Raum und fast gleichzeitig wie P lebt,
spricht vom Durchzug durch das Meer, gebraucht aber für
"trocken" ein anderes Wort (חרב in 51,10) als P (יבש), so
daß er sich nicht allein von P abhängig erweist. So liegt
die Annahme nahe, daß bereits vor P eine Überlieferung vom
Durchzug Israels existiert.

J erzählt vom Durchzug nichts. Da Vergleichsmaterial außerhalb von J, wie in der Berufungsgeschichte, und Wiederholungen innerhalb von J, wie in der Plagenerzählung, fehlen, ist
es kaum möglich, zwischen der Tradition und ihrer Umgestaltung durch J zu unterscheiden[121]. Es ist darum zwar nicht
völlig ausgeschlossen, aber doch wenig wahrscheinlich, daß
bereits die ihm vorgegebene Überlieferung vom Durchzug berichtet und J diesen Zug fortläßt. Entweder weiß die Überlieferung zur Zeit des Jahwisten vom Durchzug durch das Meer
noch nichts zu erzählen, oder es gab schon damals Überliefe-
rungsvarianten vom Meerwunder. Auf jeden Fall schließt sich
J an die Überlieferung an, die keinen Durchzug kennt.

Woher kommt die Vorstellung vom Durchzug durch das Meer?
Jos 3,1-5,1 berichtet, daß die Israeliten auf trockenem Boden durch den Jordan marschieren, da das Wasser vor der heiligen Lade zurücktritt und ein Stück oberhalb stehen bleibt.
Durch dieses Wunder bahnt Jahwe den Israeliten den Weg in
das Westjordanland[122]. Schon das gemeinsame Ereignis, das
Trocknen und Zurückkehren des Wassers[123], legt die Berührung

---

     Ps 77 s. 694; zu Ps 78 s. 705; zu Ps 106 s. 900; zu Ps 136 s. 1079.
119  בוא (qal) in Ex 14,16.22; הלך in v.29.
120  Als qal in Jes 51,10; Ps 66,6; Neh 9,11. Als hi. in Ps 78,13; 136,
     13;. Sonst הלך (hi.) in Jes 63,12; Ps 106,9 und דרך (hi.) in
     Jes 11,15.
121  Ob die nächtliche  Zeit des Ereignisses speziell jahwistisch oder
     bereits vorgegeben ist, bleibt darum offen.
122  II Reg 2,8 erzählt, daß Elija und Elischa trockenen Fußes durch den
     Jordan ziehen (עבר). Das Wort חרבה kommt vor.
123  Bereits bei J in Ex 14,21a*.27.

beider Überlieferungen nahe[124]. Die Tatsache, daß das für
den Jordanübergang spezifische Verb עבר[125], in der Überlieferung vom Meerwunder sehr oft wiederkehrt[126], bestätigt
den vermuteten Einfluß des Jordanwunders auf das Meerwunder[127]. Entsprechend ziehen die Israeliten auf trockenem Boden mitten durch das Meer hindurch[128]. Das neue Erzählelement
bringt eine Änderung der geographischen Vorstellung vom Meerwunder mit sich. Parallel zum Fluß Jordan ist das Meer
nun mit einem jenseitigen Ufer versehen[129].

Der Durchzug durch das Wasser ist im Laufe der Geschichte
der Überlieferung sekundär auf das Meerwunder übertragen worden,
darum keine Erfindung der Priesterschrift, sondern ihr vorgegeben. Auch das "Spalten"[130] (בקע) des Meeres kann als
mythische Vorstellung der Überlieferung bereits bekannt
sein. Allerdings ist dieses nicht so deutlich wie beim Verb
"zerschneiden" (גזר) des Meeres (Ps 136,13-15), dessen Entsprechung uns in der Mythologie des Drachenkampfes in den

---

124 Sie werden kaum erst durch den Dtr (Jos 2,10; 4,23) in Zusammenhang
   gebracht. Ist die Schilfmeer-Jordan-Parallelisierung erst Jerusalemer
   Bildung (Rose, Deuteronomist 116)?
125 Die Erzählung in Jos 3f. gebraucht ausschließlich dieses Verb: Jos
   3,11.14.16.17; 4,1.3.5.7.8.10.11.12.13.22.23; vgl. auch II Reg 2,8.
126 Dazu s.o.S.298 Anm.120.
127 Kraus, VT 1951, 181ff.; Noth, HAT 7, 33.39. Ist eine Kultfeier in
   Gilgal Anlaß der Berührung beider Traditionen (so Kraus)? Kritik an
   dieser Vermutung durch Noth (HAT 7, 33); vgl. auch Kaiser, Meer
   137f.; Coats, CBQ 1969, 11; Childs, VT 1970, 414f.; ders. 223. Norin
   (Meer 40f.) bestreitet eine direkte wechselseitige Beeinflussung
   beider Prosaüberlieferungen in Ex 14 und Jos 3f. Die Annahme, daß
   Ex 14 erst von Jos 3f. her entworfen bzw. ausgestaltet wurde (Rose,
   Deuteronomist 115-117), ist wenig wahrscheinlich; dazu Zenger, ThRv
   1982, 359.
128 Das Wort "Mitte" (תוך) ist beiden Darstellungen des Wunders gemeinsam in Ex 14,16.22.29; Jos 3,17; 4,3.5.10.18.
129 Die genaue Lokalisierung des Ereignisses, die P (Ex 14,2.9b) im Gegensatz zu J bietet, entspricht dieser geographischen Vorstellung
   und ist darum kaum historisch. Eißfeldt (Baal Zaphon 48ff.) nimmt
   aufgrund dieser priesterschriftlichen Angabe die sirbonischen Seen
   an der Mittelmeerküste östlich des Nildeltas als Schauplatz des
   Meerwunders an; vgl. Herrmann, Aufenthalt 91. Bereits Noth (FS Eißfeldt 81ff.; ders. 87) war dieser Annahme gegenüber skeptisch; anders Norin, Meer 23ff. P interessiert sich überhaupt für genaue
   Einzelheiten (vgl. o.S.240f.). Das bedeutet aber nicht, daß "der
   älteste uns bekannte Versuch, das Meerwunder genau zu lokalisieren"
   (Noth, FS Eißfeldt 185) von P selbst geschaffen worden wäre.
130 Vgl. Ps 78,13; Jes 63,12; Ps 74,15.

Ras-Schamra-Texten begegnet[131]. Auf jeden Fall verleiht die
priesterschriftliche Erzählung diesem Wort keinen mythischen
Sinn mehr[132]. Darüber hinaus schimmern die vorgegebenen Züge
kaum durch die priesterschriftliche Darstellung hindurch, da
diese die Erzählung straff nach ihrem Schema gestaltet. Die
Entsprechung zwischen dem vorangehenden Gotteswort und dem
Geschehen stammt von P. Als Folge der Voranstellung der göttlichen Rede tritt nicht mehr Jahwe als Subjekt der Tat "Spalten"[133], sondern Mose (v.16) und das Meer selbst (v.21b) auf.
Die Vorstellung von einer magischen Handlung Moses, nämlich
die Hand auszustrecken, könnte P zwar eventuell vorgegeben
sein, da die Tat in einem begrenzten Raum, "am Meer", vollziehbar ist; sie ist aber wohl von P eingeführt worden, denn
ohne vorangehende göttliche Rede, die P bildet, bliebe undeutlich, daß Gottes Macht das Wunder bewirkt[134].

Die Priesterschrift legt ihrer Darstellung vom Meerwunder
nicht die jahwistische Erzählung zugrunde[135], obwohl P sie

---

131 Vgl. Kraus, BK XV/2, 1080. Klingt im Verb "schneiden" (כרת in Jos
    3,16; 4,7) beim Jordanwunder, das in der Regel als "verschwinden"
    übersetzt wird (so Noth, HAT 7, 28.30), eine mythische Vorstellung
    nach?
132 Auch sonst zeigt P eine starke Zurückhaltung gegenüber mythischen
    Vorstellungen (Hempel, Priesterkodex 1960), z.B. in Gen 1,14ff.;
    dazu s. W.H.Schmidt, Schöpfungsgeschichte 109ff.; zur Sintflut-
    geschichte s. Morawe, ThVer 1971, 33. P interessiert sich für das
    Sachkundliche, nämlich die genaue Lokalisierung des Meerwunders
    (s.o.S.299 Anm.129) und den typisch ägyptischen Charakter der
    Plagen (dazu s.o.S.240f.). Auch in Ex 16 bietet P nach Maiberger
    (Sinaiproblem 102; ders., Manna 192) "eine ganz realistische und
    naturkundlich einwandfreie Beschreibung des Mannas". Außerdem baut
    ihre Schöpfungsgeschichte (Gen 1) auf naturkundlichen Erkenntnissen
    auf. Die Reduktion des Mythischen und das Interesse an dem Sachkund-
    lichen, d.h. dem der Beobachtung Zugänglichen, stehen in einem sach-
    lichen Zusammenhang. "Indem der Glaube so nicht mehr beschreibt, wie
    der Mensch und die Welt entstanden sind, beginnt sich der geschlos-
    sene Zusammenhang von Gottesaussage und Welterklärung, der im Mythos
    gegeben ist, zu lösen. Es bahnt sich die Möglichkeit an, daß beide
    selbständig werden: das Bekenntnis zu Gott als Schöpfer und die Er-
    forschung der Welt" (W.H.Schmidt, Schöpfungsgeschichte 183).
133 So in Ps 74,15; 78,13; Jes 63,12.
134 Eine *göttliche* Weisung an Mose (Ex 15,25) oder eine Bezeichnung des
    Mittels der Handlung als *Gottes* Stock (Ex 17,9) fehlt hier.
135 Das gilt unabhängig davon, ob der Gottesschrecken (v.24) bereits in
    J oder nach J und vor P oder erst nach P in die Erzählung einge-
    arbeitet wird.

kennt[136], sondern greift auf eine andere Version zurück[137].
Diese könnte sich in einem literarischen Werk finden, beruht
aber eher auf mündlicher Überlieferung, denn im vorliegenden
Text lassen sich der vorgegebene fixierte Wortlaut und der
Anteil von P nicht voneinander abgrenzen, was in der Passaerzählung möglich war[138]. Die Überlieferung vom Meerwunder
ist also noch in der Zeit der Priesterschrift lebendig.

---

136 Da P die jahwistische Berufungs- und Plagengeschichte kennt, kennt
    P selbstverständlich auch die Meerwundererzählung des J als Fort-
    setzung.
137 Auch in der Schöpfungs- und Sintflutgeschichte waren J und P zwei
    verschiedene Rezensionen vorgegeben; zur letzten s. Gunkel, HK 1,1,
    152.
138 Dazu s.o.S.262ff. Weimar (Meerwundererzählung 183ff.198.199 Anm.
    102) nimmt trotzdem auch für das Meerwunder eine priesterschriftli-
    che Vorlage an, deren Verfasser mit dem Durchzug durch das Meer in
    der Tradition von Deuterojesaja (Jes 40-48*) steht und seine um-
    fassendere Geschichtsdarstellung mit dem Exodusgeschehen beendet.
    Zur Kritik an Weimars Arbeitsmethode s. bereits o.S.6.

# VI. INTERPRETATION DURCH DIE PRIESTERSCHRIFT

## A. Struktur der Herausführungsgeschichte der Priesterschrift

Jahwe kündigt schon in den älteren Quellenschriften bei der Berufung Moses die Führung seines Volkes aus Ägypten an[1]. Die Priesterschrift erweitert den einen Satz der Voraussage des Auszugs (6,6) zu einem ganzen Abschnitt, der den zweiten Teil ihrer Berufungsgeschichte bildet (7,1-5)[2]. Wieweit nimmt P hier die folgenden Ereignisse vorweg[3]? Formulierungen aus allen folgenden Abschnitten kommen vor: "Verstockung" (v.3) kehrt in der Wunderreihe und im Meerwunder wieder (7,12.22; 8,15; 9,12; 14,4.17), das Nichthören Pharaos (v.4) in der Schlußformel jedes Wunders (7, 13.22; 8,15; 9,12), "Gerichte" (v.4) im Passa (12,12), die Bezeichnung Israels als "meine Heerscharen" (v.4) in 12,41 und die Erkenntnisformel (v.5) wie 6,7f*. im Meerwunder (14, 4.18). Jedoch fehlen merkwürdigerweise Angaben, die auf ein bestimmtes Ereignis vorausweisen, z.B. über den Ort "am Meer", die Zeit "in jener Nacht", die Personen der "ägyptischen Zauberer", die Handlung des "Schlagens" Gottes beim Passa oder Stichworte für einzelne Wunder. Der Ablauf der kommenden Ereignisse wird hier darum nicht im einzelnen vorgezeichnet[4]. So faßt die Handlung, die Hand an die Ägyp-

---

1 3,8aα J. 11 E.
2 Dazu s.o.S.38ff.
3 Der Hinweis auf "Zeichen und Wunder" (v.3b) ist kaum priesterschriftlich; s.o.S.34ff.
4 Der Versuch, zu einzelnen Aussagen von 7,3-5 eine Entsprechung in den folgenden Ereignissen zu finden (vgl. Ska, Bib 1979, 24ff.; auch Weimar, Untersuchungen 222), ist darum nicht textgemäß.

ter zu legen (v.4a)[5], die feindlichen Aktionen Jahwes gegen
Ägypten bei der Herausführung zusammen. Ein ähnlicher Ausdruck in v.5a (עלי את-יד נטה)[6] stellt keine andere Handlung
Jahwes als v.4 dar, denn das Verb bezieht sich in der parallelen Satzstruktur (ב + Infinitiv in 12,13b; 14,18)[7] auf die
bereits erzählte göttliche Tat. V.5 läßt zwar vor allem an
das Meerwunder denken, da die Erkenntnisformel und der Ausdruck "die Hand ausstrecken" gemeinsam sind[8], aber nicht
ausschließlich daran, da das Subjekt der Handlung unterschiedlich und keine direkte Anspielung auf das Meerwunder
vorhanden ist[9]. Statt einzelne Ereignisse beim Auszug vorweg zu schildern, charakterisiert P die göttliche Tat der
Herausführung mit "mein Volk" und "mit großen Gerichten"
(v.4)[10].

In der jahwistischen Erzählung motiviert die gescheiterte
Verhandlung die folgende Plagenreihe. Wie schreibt P diese
Verhandlung um? Es ist zwar nicht völlig ausgeschlossen, in
der Bestätigungsformel am Ende der Berufungsgeschichte (7,6)
einen summarischen Bericht und in der Wundererzählung (7,8ff.)
dessen detaillierte Darstellung zu sehen[11]. Dann hätte P die
Verhandlung zwischen der Berufung und der Wunderreihe völlig
übergangen. Aber in v.8 redet Jahwe neu[12]. P beschreibt darum nicht ausführlich, berichtet aber mit einem Satz (7,6),
daß Mose und Aaron vor der Wunderreihe schon einmal mit der
Forderung auf Entlassung (7,2) vor Pharao getreten waren,

---

5 Dieser Ausdruck kommt sonst nicht vor und bedeutet "sich vergrei-
  fen" (KBL 362); vgl. Gen 37,27.
6 Zu diesem Ausdruck s. A.S.van der Woude, יד THAT I, 673. Er bezieht sich auf die göttliche Strafe und hat niemals Heilsbedeutung.
7 Die Infinitiv-Konstruktion wird durch das finite Verb fortgesetzt
  (GK, § 114 r).
8 Die Erkenntnisformel in 14,4.18 und "Hand ausstrecken" in 14,16.
  21.26.27.
9 Z.B. "am Meer" oder "die ägyptischen Streitkräfte".
10 Zum Sinn dieser Ausdrücke s.u.S.318f. Weimar (Untersuchungen, 205
   Anm.264) macht darauf aufmerksam, "daß nur an dieser Stelle bei P
   die Herausführungsformel mit einer Umstandsbestimmung verbunden
   ist".
11 So Baentsch 54.58.
12 Auch ohne die Partikel "nochmal" (עוד) wird die neue Rede Jahwes
   auch sonst oft eingeleitet.

aber natürlich ohne Erfolg[13]. P vermeidet, auf die Entscheidung Pharaos bei der Verhandlung einzugehen[14]. In der vorausgesetzten Verhandlung vollzieht Aaron noch keine Wunder-
tat, sondern er spricht zu Pharao als Sprecher Moses, wie
man es nach 7,1f. erwartet[15].
Die Wunderreihe hat ein eigenes Thema, nämlich die Auseinandersetzung zwischen Jahwewort und ägyptischen Zauberkünsten. In Bezug auf dieses Thema ist der Abschnitt in sich
geschlossen, da er mit dem eindeutigen Sieg des Wortes Jahwes
endet. Die ägyptischen Zauberer verschwinden zwar nach ihrer
Niederlage, aber Pharao und die ägyptischen Götter bleiben
übrig, so daß es noch nicht zum Auszug Israels aus Ägypten
kommt und die Auseinandersetzung sich am Meer fortsetzt.
Kaum zufällig nennt darum P Pharao noch in der Meerwundererzählung, während bei J es nicht eindeutig ist[16], ob Pharao
selbst zum Meer aufbricht. Der enge Zusammenhang zwischen
Wunderreihe und Geschehen am Meer[17] zeigt sich auch in vielen gemeinsamen Darstellungszügen beider Teile; Mose ist
kein Vermittler des göttlichen Befehls an Aaron (7,8ff.19ff.;
8,1ff.12ff.), sondern wie beim letzten Fall des Geschwürs (9,8ff.)
selbst Befehlsvollzieher. Allerdings spielt Aaron, der dort
mit Mose zusammen handelt, beim Meerwunder keine Rolle[18].
Mose erhält von Jahwe die Anweisung für die "magische" Handlung, die er selbst tun soll. Der Stock wird am Meer - wie
beim letzten Wunder, im Gegensatz zu den vorangehenden -
nicht gebraucht[19]. Bis in kleine Einzelheiten ist das letzte
Wunder auf die Rettung am Meer gestaltet.

---

13 Noth 54.
14 Zum Grund dafür s.u.S.337.
15 P schildert zwar Aaron als Sprecher vor Pharao nicht (Baentsch 53;
   Smend, Hexateuch 125), aber setzt die Ausführung dieser Tätigkeit
   in 7,6 voraus.
16 Dazu s.o.S.289.
17 Vgl. Childs 193.
18 Dazwischen in 12,1 wird er mit Mose noch genannt.
19 Zum Stock in 4,16a s.o.S.232f.

Die plagenden Wunder sind ihr gegenüber vorläufig[20]. Ihre
Vorläufigkeit drückt sich darin aus, daß Jahwe mit ihnen
wenig zu tun hat; die Kette der Wunder wird nicht von Jahwe - wie es bei J der Fall ist - eingeführt, sondern durch
den Wunsch Pharaos (7,9). Außerdem setzt P die ägyptischen
Zauberer nicht mit Jahwe in Berührung; Jahwe sagt voraus,
daß der ägyptische König ein Wunder verlangt und Aarons
Stock sich in eine Schlange verwandeln wird, aber deutet
nicht einmal an, daß Pharao seine Zauberer herbeirufen wird.
Diese Lücke der göttlichen Voraussage ist merkwürdig, da
nach P Gott in der Regel das folgende Ereignis voraussagt.
Weiter spricht P in diesem Abschnitt nicht von der Erkenntnisaussage, in der es sich um die Beziehung zu Jahwe handelt.

Das Geschehen am Meer ist nicht nur mit der Wunderreihe,
sondern auch mit dem Passa durch den Schaden an den Ägyptern verbunden; die ägyptischen Zauberer werden vom aus
Ofenruß entstandenen Geschwür betroffen. Das Passa schlägt
die Erstgeburten in Ägypten, und nun gehen der ägyptische
König und seine Streitmacht im Meer unter. Das Unglück wird
also im Verlauf der Ereignisse gesteigert.

Das Meerwunder wird bereits bei Moses Berufung in der
göttlichen Verheißung zart angedeutet, ohne daß Einzelheiten der Rettung Israels aus der Gewalt der Unterdrücker genannt werden. Aber die Erkenntnisaussage (7,5; 14,4.18), die
dazwischen fehlt, und die Verstockungsaussage, die mit Jahwe
als Subjekt formuliert ist (7,3; 14,4.8.17), verbinden die
Rettung am Meer und die Berufung eng. Hier kommen die Israeliten, die in der Wunderreihe niemals erwähnt werden, durch-
gängig wieder vor[21].

---

20 Die Unterscheidung zwischen Vorläufigem und Endgültigem vollzieht P
   auch innerhalb der Wunderreihe; zunächst können die ägyptischen Zauberer die Wunder nachmachen, aber am Ende nicht mehr; zunächst voll-
   führt Aaron die Wunderhandlung mit seinem Stock, am Ende Mose ohne
   Stock.
21 In 14,2.3.8.10bß.15.16.(17).22.(23).29. Als Zusammenfassung der ganzen Geschichte wird nicht etwa die Tat Jahwes, sondern der Durchzug
   der Israeliten abschließend nochmals berichtet.

Die priesterschriftliche Darstellung greift über die Berufung Moses hinweg bis auf die Situation vor ihr zurück
(2,23aßb-25). Vor allem erinert das Schreien (צעק) der Israeliten in 14,10bß an ihr Seufzen und Schreien (זעק) unter der
schweren Fronarbeit (2,23aß), obwohl nicht dasselbe Wort,
sondern die Nebenform des einen Verbs gebraucht wird[22].
Jahwe leistet seinem Volk die entscheidende Hilfe durch Vernichtung der Ägypter gerade in dem Augenblick, in dem sein
Einsatz für die Israeliten zunichte zu werden droht.

Die Meerwundererzählung nimmt also auf alle vorangehenden
Abschnitte der Herausführung Bezug, stellt darum in der
Priesterschrift die Fortsetzung und den Abschluß, ja den
Höhepunkt der gesamten Auszugsgeschichte dar[23]. Diese Struk-
tur entspricht dem Charakter des Ereignisses am Meer; die
Ägypter werden von Jahwe dort endgültig vernichtet.

Das Passa unterbricht merkwürdigerweise die Fortsetzung
der Wunderreihe zur Rettung am Meer, indem dieser Abschnitt
von den anderen Teilen erheblich abweicht. Darf man daraus
ohne weiteres schließen, daß P[g] ursprünglich nichts von Passa
erzählt[24]? Nach der Tradition schlägt Gott selbst die ägyptischen Erstgeburten, das Blut an den Pfosten und am Türsturz
wirkt als Schutzzeichen. So ist eine Vermittlung durch Aaron
oder Mose überflüssig. Darum kann P ihr sonstiges Erzählschema - Jahwe erteilt Mose einen Befehl, und als Folge dessen Vollzugs geschieht ein Wunder - nicht aufnehmen. Da Gott
die Erstgeburten und nicht die ägyptischen Zauberer schlägt,
kann das Passa, anders als bei J, nicht in den Schluß der
Wunderreihe einbezogen werden. Am Ende müssen sie geschlagen
werden, um aus der Erzählung zu verschwinden. Pharao, der
sowohl in der Wunderreihe als auch am Meer vorkommt, wird

22 KBL 263.810.
23 Darin sind die Meinungen einig; Noth 82; McCarthy, JBL 1966, 137-
   158; Friebe, Plagenzyklus 110f.114; Childs, VT 1970, 406-418; Weimar,
   Untersuchungen 215.
24 Ska, Bib 1979, 34; Im Anschluß an ihn nun auch Lohfink; VT.S 1978, 198
   Anm.29; dagegen R.Schmitt, Passa 20 Anm.29; Weimar, BN 1984, 142
   Anm.159; zum Zusammenhang zwischen Kult und Geschichte in der Priesterschrift s. Westermann, FS Eichrodt 247f.; W.H.Schmidt, Einführung 372ff.; anders Saebø, VT.S 1981, 372ff.

im Passa niemals genannt, obwohl er in der Formulierung
"vom Menschen bis zum Tier" (12,12) eingeschlossen ist. Der
Grund liegt wohl darin, daß P allein die ägyptischen Götter
Jahwe gegenüberstellen möchte[25]. Warum findet sich beim
Passa außerdem weder Verstockungs- noch Erkenntnisaussage?
Die Ägypter werden dabei von Jahwe einseitig geschlagen
und leisten keinen Widerstand gegen ihn - wie bei dem Gegenspiel der Wunder oder bei der Verfolgung der Israeliten. Infolgedessen kann von der Verstockung hier keine Rede sein.
Ohne sie spricht Jahwe in P von der Erkenntnis durch die
Ägypter nicht, so daß hier auch die Erkenntnisaussage fehlen
muß. Die Abweichungen des Passaabschnitts von seiner Umgebung sind also Folge des Zusammenwirkens der vorgegebenen
Erzählzüge mit dem Thema der priesterschriftlichen Wundergeschichte oder innerhalb von P sachlich motiviert, so daß
das Passa P nicht abgesprochen werden kann.

Die jahwistische Herausführungsgeschichte gliedert sich
in Berufung (Ex 3), Verhandlung (Ex 5), Plagenreihe einschließlich Passa (Ex 7-12) und Meerwunder (Ex 14). Jahwe
kündigt bei der Berufung schlicht die Herausführung Israels
als seine Tat an, ohne Plagen, Passa oder Meerwunder zu erwähnen. Der Ablauf der Geschichte ist von der Antwort Pharaos auf Jahwes Forderung, von der J in Ex 5 zum ersten Mal
erzählt, abhängig, so daß Jahwe das kommende Endereignis
noch nicht voraussagen kann. In der jahwistischen Erzählung
ist der Gedanke an Gottes Allwissenheit zurückgestellt, so
daß Jahwe das Ziel der Handlung nicht vorschnell vorwegnimmt[26]. Beim Jahwisten bildet das Ende der Plagenerzählung
den Wendepunkt der Herausführungsgeschichte; Jahwe bietet
dort Pharao das Gemeinschaftsverhältnis an, aber dieser
lehnt es ab. Infolgedessen wird die endgültige Vernichtung
der Ägypter in Passa und Meerwunder vollbracht.

---

25 Zum Gegensatz zwischen Jahwe und den ägyptischen Göttern im Passa
   s.o.S.226f.
26 Jahwe probiert bei der Schöpfung der Hilfe des Menschen in Gen 2,18-
   20 gleichsam aus, "ob sich das Rechte und dem Menschen Gemäße ergibt" (W.H.Schmidt, Sprache 17).

Die Priesterschrift gliedert die Herausführungsgeschichte in Berufung (Ex 6f.), Wunderreihe (Ex 7-9), Passa (Ex 12) und Meerwunder (Ex 14). Die verschiedenen Teile sind in P enger als in der jahwistischen Erzählung verzahnt[27]. Die Wunderreihe, in der nach J das Wichtigste geschieht und die die Wende der gesamten Herausführungsgeschichte bildet, hat in P nur einen vorläufigen Charakter. P legt den Höhepunkt auf das letzte Ereignis, das Jahwe bereits in der Berufung Moses angedeutet hat.

---

27 Dieses gilt auch außerhalb der Auszugsgeschichte. P verbindet den Abschluß der Herausführung Israels aus Ägypten mit der folgenden Erzählung; die Erkenntnisformel kehrt in der Wüstenzeit und am Sinai wieder (mit Israel als Subjekt 16,6; 29,46). Auch das "Sich-Verherrlichen" Jahwes (כבד ni. in v.4.18) begegnet als Nomen כבוד יהוה in der Wüste (16,7.10; Num 14,10; 16,19; 17,7; 20,6) und am Sinai (Ex 24,16f.; Lev 9,6.23).

## B. Gottes Wort


In der jahwistischen Erzählung kündigt Jahwe die Rettung
der Israeliten Mose bei seiner Berufung an und befiehlt ihm,
die Zusage der Herausführung den Israeliten weiterzugeben.
J mißt außerdem der göttlichen Rede eine entscheidende Bedeutung für seine Interpretation in der Plagenerzählung zu[28].
Danach spricht Jahwe nicht mehr, weder im Passa noch im
Meerwunder. Dort wird Gottes Tat berichtet (12,29; 14,21aßγ),
aber nicht er, sondern Mose redet (12,21; 14,13). Hingegen
überliefert die Priesterschrift in allen Abschnitten der Auszugsgeschichte eine Rede Gottes. Schon dieser Tatbestand
zeigt ihre Bedeutung an.

Da die Rede Gottes einen Adressaten hat, wendet sich auch
nach P Gott mit seinem Wort dem Menschen zu. P unterscheidet
sich jedoch von J darin, wie Gott mit dem Menschen umgeht.
In P wird mit dem göttlichen Befehl keine konditionale Aussage
verbunden, so daß Jahwe den Menschen vor keine Entscheidung
stellt, ja, nach seinem Willen überhaupt nicht fragt.

In P kündigt Jahwe seine eigenen Taten ausführlich in der
Berufung Moses und kürzer im Passa und Meerwunder zuvor an.
Von ihnen wird allein über die Verstockung (7,3) wieder berichtet (9,12), allerdings mit einem anderen Verb[29]. P berichtet überhaupt selten die Ausführung der angekündigten
Tat Jahwes[30]. Dann hat Gottes Wort jedoch keine befehlende
oder das Ereignis hervorbringende Macht, sondern gibt schlicht
das künftige Tun Gottes kund. Die Entsprechung zwischen Rede

---

28 Dazu s.o.S.179ff.
29 Dazu s.u.S.329 Anm.111. Hat P ursprünglich von einem Vollzug des Passa
   in irgendeiner Form eigens berichtet, oder schließt die Ausführungs-
   formel in 12,28 ein, daß auch die zur Begründung des Passaopfers gegebene göttliche Ankündigung der Tötung ägyptischer Erstgeburten
   (12,12f.) geschah (so Noth 76)?
30 Vgl. den Zusammenhang zwischen Wortbericht und Tatbericht bei der
   Erschaffung des Menschen in der Schöpfungsgeschichte (Gen 1,26f.).

und Bericht stellt jedoch den verläßlichen Zusammenhang von
Gottes Ankündigen und Ausführen dar. Wort und Handeln Jahwes
bilden in der Geschichte eine Einheit.

Auf die Ankündigung der Tat Gottes folgt niemals eine Bestätigungsformel. So wird aus der Ankündigung, die die Tat Gottes und den Befehl
an die Israeliten enthält, allein dieser durch die Vollzugsformel bestätigt (Ex 12,28; 14,4). Eine entsprechende Formel für die Tat Jahwes,
etwa "Jahwe tat so, wie er gesprochen hatte", fehlt. Ist die Durchführung der angekündigten Tat durch Gott so selbstverständlich, daß sie
keiner Bestätigung bedarf[31]?

Die feindliche Tat Jahwes gegen die Ägypter (Ex 7,3ff.)
und damit die Herausführung der Israeliten (Ex 6) verwirkli-
chen sich bereits in dem letzten Wunder, endgültig im Passa
und am Meer. Bei der Realisierung fehlt eine Tat Gottes;
z.B. ist der Exodus nicht als Herausführung, sondern als Ausziehen formuliert (12,41). Auch die Verstockung wird zunächst
von Jahwe als sein Wirken an Pharao angekündigt, dann aber
als Sichverstocken des Herzens Pharaos berichtet. Das Geschehen, das an sich ein direktes Eingreifen Jahwes nicht kennt,
ist Verwirklichung des göttlichen Wortes, weil Gott seine
Tat vorher angekündigt hat. Die Geschichte ist durch Gottes
Wort bestimmt und gestaltet. Da im Bericht von der Verwirklichung der Aussage aber die Gottestat fehlen kann, ist zu
schließen, daß für P Gottestat und Menschentat ineinander liegen können und sich einander nicht auszuschließen brauchen[32].

Das Gleiche gilt für die Volkswerdung Israels. Jahwe hat den Vätern die
Vermehrung ihrer Nachkommenschaft als seine Tat zugesagt (Gen 17,6; vgl.
im Munde Isaaks in 28,3f.) oder befohlen (Gen 35,11). Sie verwirklicht

---

31 Die Vollzugsformel mit dem Verb "geschehen" (היה) findet sich bereits in Gen 1, aber die mit dem Verb "tun" (עשה) ist in P nicht
   mit Sicherheit belegt. Die Zugehörigkeit von Gen 21,1b "und Jahwe tat
   für Sara, wie er gesprochen hatte" zu P ist aufgrund der Bezeichnung
   "Jahwe" statt "Gott" zweifelhaft; dazu Gunkel, HK 1,1, 272; anders
   Elliger, KSAT 174; Noth, ÜP 17, aber doch mit Korrektur der göttlichen Bezeichnung in Anm.47. J bestätigt in seiner Plagenerzählung
   das angekündigte Tun Jahwes mit der Vollzugsformel (8,20; 9,6; vgl.
   8,9.27). Die Vollzugsformel mit Jahwe als Subjekt kehrt sonst in
   I Sam 28,17; vgl. Jdc 6,36-38 wieder.
32 P beabsichtigt mit beiden Formulierungen kaum, die Härte der Verstockung als Gottestat mit der "Selbstverstockung" Pharaos zu mil-
   dern (so Hesse, Verstockung 53), da für P die Verstockung Jahwes
   Wirken ist, weil P sie als die erste göttliche Tat an Pharao darstellt.

sich in Ägypten (Gen 47,27; Ex 1,7). P formuliert den Satz nicht in
Entsprechung der Zusage, etwa "und Jahwe machte das Volk groß", sondern
mit den Israeliten als Subjekt "die Israeliten waren fruchtbar gewesen
und zu einer wimmelnden Menge geworden".
Der Vollzug der göttlichen Zusage an die Menschheit nach der Sintflut
(Gen 9,8ff.) wird nirgendwo bestätigt. Kommt damit zum Ausdruck, daß
sie für die Gegenwart und Zukunft offen bleibt und noch gültig ist, da
es sich um einen ewigen Bund (9,16) handelt?

Jahwe kündigt im Meerwunder die Verstockung als seine Tat
und die Verfolgung durch die Ägypter als deren Folge an
(14,4.17). Im Folgenden wird die Handlung der Ägypter allein
berichtet, ohne von einer göttlichen Tat zu sprechen. Wird
sie trotzdem als Gottes Wirken verstanden?

In P fehlt sowohl in der Rede als auch im Bericht des Wundergeschehens ein Hinweis auf eine Tat Jahwes[33]. In der jahwistischen Erzählung greift Jahwe direkt in die Naturphänomene ein und bewirkt damit die Plagen und das Meerwunder. P
weist die wunderhervorbringende Wirkung allein dem Wort Jahwes zu; dieses spricht der vermittelnden Handlung des Menschen, die ursprünglich vielleicht eine Zauberhandlung war[34],
die wunderbewirkende Kraft erst zu. Die Rede Gottes und der
folgende Bericht entsprechen sich hier nicht ganz, aber fast
wörtlich. Damit stellt P dar, daß der Befehl genauso befolgt
wird und die Wunder genau so geschehen, wie Gott gesprochen
hat[35]. Die Übereinstimmung zwischen Wort und Tat kann durch
die Vollzugsformel noch betont werden (7,20; 8,13). Die Wunder sind zwar in die Geschichte des Exodus eingefügt, aber
geschehen meistens in der Natur, so daß der Wirkungsbereich
des Gotteswortes Geschichte und Natur umgreift.

Jahwe befiehlt Mose, seine Rede weiterzugeben. Die Durchführung des Befehls wird in der Regel nicht berichtet[36],
sondern einfach vorausgesetzt[37] oder mit einer Vollzugs-

---

33 Auch beim Wasser (Num 20,1-13) spricht P nicht von einem "Stehen"
   Jahwes (vgl. עמד in Ex 17,6 J).
34 Dazu s.o.S.234ff. Ohne die vorangehende Rede Gottes wäre die Zauberhandlung selbst fähig, die Wunder hervorzurufen.
35 Die Entsprechung zwischen der Rede und dem Bericht beim Wunder kehrt
   in Num 20,1-13 wieder. Wort und Erfüllung entsprechen sich auch in
   der Schöpfungsgeschichte; Weimar, BN 1984, 120 Anm.112.
36 P berichtet davon in 6,9 wohl deswegen, weil die Reaktion der Israeliten auf die göttliche Ankündigung für den weiteren Gang der Erzählung bedeutsam ist (vgl. auch Ex 35,1a.4b).
37 8,2; 14,15; vgl. auch Num 14,28.

formel bestätigt[38]. Die Durchführung der Weisung, die Mose
den Israeliten übermittelt hat, wird in der Herausführungserzählung nur mit der allgemeinen Vollzugsformel bestätigt
(12,28; 14,4). Sonst berichtet P die Ausführung eines göttlichen Befehls gerne mit demselben Wortlaut[39].

Außerdem kann Jahwe den Verlauf der Geschichte voraussagen;
er prophezeit, daß Pharao von Mose und Aaron ein Zeichen for-
dern wird (7,9)[40]. So teilt Jahwe das den Ereignissen voraus-
laufende Wort mit und gibt die Zukunft zu erkennen.

Gottes Wort ist also nach P geschehendes und befehlendes,
wirksames Wort, in der Geschichte wie in der Natur. Die Wirkung dieses Wortes ist der ägyptischen Zauberkunst überlegen.
Was Gott als seine künftige Tat angekündigt hat, geschieht
stets. Aber nicht alles Geschehen ist Verwirklichung des
göttlichen Wortes[41]: Es sagt nicht die Weigerung der Israeliten auf die göttliche Zusage der Herausführung aus Ägypten
und das Auftreten der ägyptischen Zauberer voraus. Oder der
göttliche Befehl kann, wenn auch selten, nicht durchgeführt
werden (6,12).

Durch das die Geschichte gestaltende Gotteswort wird die
Handlung der Menschen nicht ausgeschlossen; ohne den Vollzug
der befohlenen Handlung wären die Wunder nicht gemäß dem
Wort Gottes geschehen[42].

Die Priesterschrift ist mit dem Gedanken von Kraft und Wirksamkeit des göttlichen Wortes in ihrer Zeit nicht singulär.

---

38 In der Wundererzählung schließt das "Tun" (עשׂה) der Vollzugsformel
   nicht nur die Handlung Aarons, sondern auch ein "Sprechen" Moses
   ein, denn das Verb wird dabei stets pluralisch formuliert (ויעשׂו)
   und einmal werden beide Personen ausdrücklich als Subjekt genannt
   (7,20). Außerdem kann P, selbst wenn der Befehl Jahwes nur ein Sprechen (דבר in 7,2) fordert, seine Ausführung mit עשׂה zusammenfassen
   (7,6). Darum ist, daß "ויעשׂו כן" sagen will, Mose habe den Auftrag
   gegeben und Aaron ihn ausgeführt, keine Notannahme (so v.Rad, Priesterschrift 46), sondern Normalfall in P. Moses Redeauftrag in 12,3;
   14,2 kann in die Vollzugsformel für die folgende Handlung der Israeliten (12,28; 14,4) eingeschlossen werden.
39 Dazu Elliger, KSAT 183; McEvenue, Semitics 1970, 140ff.
40 Von einem Eintreffen des Wortes wird nicht berichtet, sondern vorausgesagt.
41 McEvenue, Semitics 1970, 106; anders Borchert, Stil 35.114.
42 Speziell zum Meerwunder s.o.S.279f.

Der Deuteronomist stellt den Ablauf der Geschichte als Korrespondenzverhältnis von ergangenem Wort und geschichtlicher Erfüllung dar. Auch ihm geht es "um das Problem des Funktionierens des Wortes Jahwes in der Geschichte"[43]. Außerdem bemühten sich die Propheten um eine grundsätzliche Klärung des Phänomens des Wortes Jahwes[44].

P beschreibt das Verhalten Gottes im Bericht wenig[45]. Durch die Indirektheit seiner Wirkung bleibt Gott selbst in P der Vorstellbarkeit entzogen[46], und seine Transzendenz oder Freiheit kommt zur Geltung. So kommt in der folgenden Erörterung dessen, was Jahwe für Israel und gegen Ägypten getan hat, in erster Linie die Untersuchung seiner Rede in Frage.

Dementsprechend führt P die Herrlichkeit (כבוד) Jahwes als seine Gegenwart auf der Erde in ihre Darstellung ein[47]. Nach P steigt nicht Jahwe selbst auf den Berg Sinai herab (Ex 19,18), sondern seine Herrlichkeit läßt sich dort nieder (24,16).

Schon die älteren Quellenschriften erzählen, daß Jahwe die bevorstehende Herausführung aus Ägypten Mose bei der Berufung bekannt macht. P unterscheidet sich von ihnen dadurch, daß sie auf die Wahrnehmung der Situation der Israeliten unter der Gewalt der Ägypter keine Tat Gottes - weder sein eigenes Eingreifen (3,8 J) noch seine Sendung Moses (3,10 E) -, sondern den Befehl an Mose folgen läßt, den Israeliten die künftige Tat Jahwes anzusagen (אמר in 6,6)[48]. Jahwe kündigt seine Tat zunächst in seiner Rede an. Die Priorität seines Wortes vor seiner Tat, die sich innerhalb der Rede Jahwes beobachten läßt, zeigt sich wiederum zwischen dieser Rede und dem

---

43 V.Rad, Theologie I, [4]355; W.H.Schmidt, Einführung 143.
44 Jes 42,9; 46,10; 48,3ff.; 55,10f.; Ez 37,4ff.; aber bereits bei Jeremia 5,14; 1,9; 23,28f.; vgl. v.Rad, Theologie II, [4]89ff.; W.H.Schmidt, Sprache 24ff.
45 In der gesamten Herausführung berichtet P über Gott als Subjekt von "Sprechen" (דבר in 6,2.10; 14,1), "Sagen" (אמר in 6,2; 7,1.8.19; 8,1.12; 9,8; 12,1; 14,15.26), "Wahrnehmen" der elenden Situation der Israeliten (שמע und זכר in 2,24), Reaktion darauf (ראה ni. und ידע ni. in 2,24) und Verhärtung des Herzens Pharaos (9,12).
46 Vgl. W.H.Schmidt, Einführung 108.
47 Ex 16,10b; Num 14,10b; 16,19b; 17,7b; 20,6b.
48 Vgl. 3,16 J. לכן אמר kehrt in Ez 11,16f. (vgl. auch v.4.7) wieder.

direkt vorangehenden Bericht[49]. Auf die Erhörung (2,24) folgt
die mit der Offenbarung (2,25) eröffnete *Rede* Jahwes über die
Herausführung (6,2). Dasselbe gilt für die Art und Weise des
göttlichen Sichkundtuns in 2,25; in P wird dieses durch die
Rede Gottes vollzogen, während sich Jahwe sonst meistens
durch seine machtvolle Tat kundtut[50]. Die Befreiung der Israeliten aus Ägypten durch Jahwe beginnt bereits mit seiner
Ankündigung der Herausführung, denn Gottes Wort ist wirksam
und seiner Tat gleich. Darum soll diese Rede Jahwes über
seine eigene Tat den Israeliten weitergegeben werden[51]. Die
folgende Geschichte ist Verwirklichung dieser Rede.

---

49 In 2,24f. berichtet P von der göttlichen Tat ohne vorangehende Ankündigung.
50 Ps 48,4; 76,2; 9,17; vgl. Jes 66,14; Rendtorff, GStAT 43; W.Schott-
   roff, ידע THAT I, 693f.
51 Diese Ankündigung der Tat Jahwes wird allein weitergegeben und die folgende Voraussage seiner feindlichen Handlungen gegen die Ägypter
   nicht. Die Tat Jahwes beim Passa, die ebenfalls den Israeliten mitgeteilt werden soll (12,3), wird mit dem Befehl der Zubereitung der
   Feier zusammen ausgesprochen.

## C. Jahwe und Israel

Die Israeliten stöhnen unter der harten Fronarbeit in Ägypten. Ihr Seufzen wird zum Anlaß für Gottes Eingreifen (2,
23aßb-25; 6,5). Sie selbst leisten keinen eigenen Beitrag
zu ihrer Rettung aus Ägypten[52]. Gott wirkt für Israel aus
freien Stücken. Dieses kommt in der Ankündigung der Herausführung zum Ausdruck[53].

Nach J folgt auf das göttliche Wahrnehmen der Notlage der
Israeliten direkt die eingreifende Tat für die Israeliten
(3,7f.)[54]. P erzählt nach dem Wahrnehmen zunächst einen Akt
des Denkens (זכר), den Gott bei sich selbst vollzieht[55],
und dann einen Befehl an Mose, die Ankündigung den Israeliten
weiterzugeben: "Ich habe an meinen Bund gedacht" (6,5). Das
Suffix bei dem Begriff "Bund" zeigt, "dass die Initiative zur
Berith lediglich von Gott ausgeht, d.h. dass die Stiftung derselben eine That seiner freien Gnade ist"[56]. Die folgende Zuwendung Jahwes zu den Israeliten - die Herausführung selbst
und deren Ankündigung - geht allein vom göttlichen Ratschluß
aus.

P bezeichnet die göttliche Tat der Herausführung mit den
Verben "retten" (נצל hi.) und "erlösen" (גאל) in 6,6. Wäh-

---

52 Der Redaktor hat beide Berufungsgeschichten weder direkt nacheinander gestellt (wie in Gen 1ff.) noch zusammengeflochten (so in Gen
6-9; Ex 14); vgl. Ska, ZAW 1982, 546. Der jetzige Zusammenhang des
Exodusbuches kann ein anderes Verständnis andeuten, daß nämlich der
Glaube des Volkes Voraussetzung für eine weitere Handlung Jahwes sei:
Da das Volk nach der Berufung Moses glaubte (4,31), kündigt Jahwe
in einer zweiten Berufung (Ex 6) über die Herausführung (Ex 3) hinaus
noch seine vernichtende Aktion gegen die Ägypter an. P aber meint das
nicht, da in ihr ursprünglich 6,2ff. direkt auf 2,23aß-25 folgte.
53 Childs (119) spricht von "the tremendous theocentric emphasis" in Ex 6.
54 Nach E steht die Sendung Moses als Eingreifen Gottes zwischen dem
Wahrnehmen und der Herausführung (3,9f.). Die Herausführung ist dementsprechend nicht von Jahwe, sondern von Mose zu vollziehen.
55 Dieselbe Reihenfolge findet sich bereits in 2,24.
56 Baentsch 46; vgl. Schottroff, Gedenken 204f.

rend das erste Verb bereits bei J (3,8) vorkommt, erscheint
das zweite neu in P[57]. P gebraucht hier kaum zufällig גאל
und nicht פדה, das zwar mit גאל parallel auftreten kann[58],
aber "ein neutraler handelsrechtlicher Terminus" ist[59].
גאל bedeutet dagegen speziell "ein verlorenes Gut zurückge-
winnen"[60]. Mit diesem Verb deutet P die Herausführung; der
Verlorene kann seine Notsituation selbst nicht ändern[61].
Die Israeliten in Ägypten hatten keine Möglichkeit, ihre
eigene Zukunft konstruktiv zu gestalten. In diese Situation
greift Jahwe ein. Jahwe wirkt allein. Dieses gilt nicht nur
für seinen Ratschluß zur Zuwendung, sondern vor allem für
den folgenden Vollzug seiner Zusage[62].

Das Alleinwirken Jahwes wird von P auch im folgenden Teil
der göttlichen Ankündigung - auf verschiedene Weise - zur
Geltung gebracht.

P gestaltet die sog. Bundesformel um. Bei der in 6,7 ver-
wendeten Formulierung fällt gegenüber der Normalform zweierlei auf. Die Abfolge der beiden Glieder ist vertauscht[63].
Außerdem löst in der Hälfte, die über das Volk spricht, das
Verb לקח mit Gott als Subjekt in der ersten Peron das Verb
היה mit Israel als Subjekt in der dritten Person ab[64]. Diese Ersetzung des Verbs läßt Gottes Tat hervortreten und
paßt formal in die Darstellung von v.6-8, wo die Verben im
Perfekt waw consec. in der göttlichen Ichrede vorherrschen.
Das Glied der "Bundesformel", das diese Tat Gottes betont,
wird natürlich vorangestellt, wie es auch sonst stets geschieht, wo ein Verb der göttlichen Tat das Verb היה ersetzt[65]. In der Ablösung des היה durch ולקחתי in der Rede

---

57 Sonst für die Herausführung aus Ägypten in Ex 15,13; Ps 74,2; 77,16;
   78,35; 106,10; Jes 63,9.
58 Hos 13,14; Jes 51,10f. = 35,9f.; Jer 31,11; Ps 69,19.
59 J.J.Stamm, גאל THAT I, 387.
60 J.J.Stamm, גאל THAT I, 390.
61 Nach Floss (Dienen 233) sieht bereits die ältere Darstellung (J)
   Israel als rechtsunfähigen Sklaven an.
62 Dazu s.u.S.325f.
63 Schon Weimar, Untersuchungen 137.
64 Schon Smend, Bundesformel 38 Anm.84; Weimar ebd.; ders., Bogen 34.
65 Dtn 29,12 (קום hi.); II Sam 7,24 (כון pol.); I Chr 17,22 (נתן qal).
   Zur Ablösung von היה durch נתן in 7,1 s.u.S.319f. und vgl. W.H.
   Schmidt 195.

Gottes kommt die Meinung der Priesterschrift zum Ausdruck,
daß "Gottes Volk" weder eine vorliegende ("sein") Eigenschaft noch ein künftiger ("werden") Zustand Israels ist,
sondern auf Gottes Wirken zurückzuführen ist. Gott selbst
schafft das Gottes-Volk-Werden/Sein Israels.

Was die Israeliten erkennen sollen, ist bereits von Jahwe
angekündigt: sein Wesen, das in der Selbstvorstellung zum
Ausdruck kommt (6,2.6), seine Gottheit und seine geschichtliche Tat (6,6). Daß die Erkenntnisformel Gottes Handeln in
der Geschichte vorausgeht, ist P vorgegeben[66]. Durch die
wörtliche Wiederholung der Tat verdeutlicht P, daß sich das
Erkennen Jahwes nur aufgrund seines geschichtlichen Handelns
vollziehen kann, die Israeliten also nichts Besonderes zu
wissen brauchen, sondern schlicht, was Jahwe für sie getan
hat, nachträglich erkennen können. P verwendet das Verb ידע
(ni.) zur Bezeichnung der Selbstvorstellung kaum zufällig
nur dort (Ex 2,25; 6,3)[67], wo sie die Erkenntnisformel zum
ersten Mal in ihre gesamte Erzählung einführt (6,7), und
setzt das Verb vor die Erkenntnisformel. P stellt so göttliche Selbstkundgebung (ידע ni.) und menschliche Erkenntnis
(ידע qal) in strenge Korrespondenz. Israel vermag erst dann
zu erkennen, wenn Jahwe sich kundtut[68]. So schafft Gott
selbst die Voraussetzung und den Inhalt der Gotteserkenntnis durch sein Volk.

Die ältere Überlieferung und Erzählung kennt das Wort עמי
(mein Volk) in der Herausführungszusage, speziell im Eingreifen Gottes. Diesen Zug, der in der elohistischen Berufungsgeschichte bewahrt ist, teilt auch P. Die erste Herausführungszusage in 6,6 kennt jedoch den Begriff עמי noch nicht.
Warum gebraucht ihn P erst im zweiten Teil der Berufungsgeschichte (7,4)? "Mein Volk" kann ohne weiteres in der

---

66 Zimmerli, GOff 41ff.; Rendtorff, GStAT 53. Schon bei Hosea gilt,
   "daß der Gegenstand jenes verlorenen Wissens nicht nur und im Sinne
   Hoseas nicht einmal in der Hauptsache in dem alten Gottesrecht gesucht werden darf, sondern mehr noch in dem offenbar gewordenen
   Gotteshandeln" (Wolff, GStAT 195f.).
67 Zu ידע (ni.) in 2,25 s. Noth 17; W.H.Schmidt 79. In 25,22; 29,42
   liest LXX ידע (ni.) statt יעד (ni.) in MT.
68 In 2,25 wird nicht angegeben, wem sich Jahwe kundtut; wie die Fortsetzung 6,2 zeigt, ist aber Mose Adressat.

Rede an die Israeliten stehen[69]. So ist das Fehlen des Wortes in 6,6 kaum syntaktisch bedingt, sondern auf eine Absicht der Priesterschrift zurückzuführen. Zwischen beiden
Stellen steht die sog. Bundesformel in 6,7, die P neu in
die Berufung Moses eingeführt hat[70]: "Ich will euch als Volk
für mich annehmen und will euch Gott sein". Kaum zufällig
nimmt P nur hier die vollständige zweiseitige "Bundesformel"
auf[71], so daß auch das Volk vorkommt. Ihre Stellung zwischen
6,6[72] und 7,4 besagt, daß Israel zu "meinem Volk" wird, indem Jahwe ankündigt, daß er die Israeliten als Volk annimmt.

Auch durch die Umgestaltung der Verhältnisbestimmung zwischen Mose und Aaron bringt die Priesterschrift Gottes Alleinwirken zur Geltung. Die theologische Interpretation von
P konzentriert sich auf das Verb נתתיך (7,1); am Anfang der
Rede[73] trägt es den Ton, und das fast als Interjektion zu
verstehende[74] Wort ראה macht auf das folgende Verb aufmerksam, und schließlich tritt seine perfektische Form gegenüber
den folgenden Verben in der imperfektischen Form in v.1f.
hervor. P ersetzt היה im vorgegebenen Gut durch נתן[75]. Aus
einer allgemeinen Aussage über das funktionelle Verhältnis
zwischen Mose und Aaron wird schon dadurch eine Bestimmung
durch Gott, daß die Aussage in die Rede Gottes eingefügt
wird, wie in Ex 4,14f. P hebt darüber hinaus das Wirken Jahwes bei der Bestimmung hervor, indem sie היה "sein" durch

---

69 Ez 37,12; vgl. Jes 10,24; 26,20; Mi 6,3.
70 "Die Stelle (= Ex 6,7) zeigt, daß die Bundesformel schon ziemlich
   unlösbar mit der Mosetradition verwachsen war" (Smend, Bundesformel
   27). Jedoch gilt die P vorgegebene Verbindung mit der Tradition nur
   für den Begriff עמי und nicht für die Bundesformel als ganze.
71 In Gen 17,8b; Ex 29,45b findet sich nur die Hälfte des "Gott-Seins".
72 In 6,7b fehlt noch "mein Volk", obwohl die "Bundesformel" bereits in
   v.7a vorkommt, da die Herausführung als Inhalt der Erkenntnis in v.7b
   in genauer Parallelität mit der Herausführungszusage in v.6 formuliert ist.
73 Wenn die Reihenfolge der Satzglieder schon in der Überlieferung
   fixiert ist, dann kann man weiter sagen, daß die Voranstellung dieses Verbs die Reihenfolge der Verhältnisbestimmung und der Tätig-
   keitsangabe umkehrt und innerhalb der Verhältnisbestimmung die
   zwei Glieder vertauschen läßt.
74 KBL 862; vgl. Gen 41,41; Jer 1,10.
75 Zu einer ähnlichen Ersetzung in der "Bundesformel" s.o.S.317f.

die Tat Gottes ersetzt, und zwar in der ersten Person in
Gottes Rede. Jahwe selbst setzt Mose als Gott für den Pharao
ein. P fügt weiter in v.2a den Satzteil "alles, was ich dir
anbefehle" (את כל־אשר אצוך) ein, in dem das Verb wiederum in
der ersten Person Jahwes formuliert ist. Gott bestimmt nicht
nur das Verhältnis der Rollen beim Sprechen mit Pharao, sondern auch den Inhalt des Gesprächs.

Auch nach der Berufung leisten die Israeliten keinen eigenen Beitrag zu ihrer Herausführung aus Ägypten und der Vernichtung der Ägypter. Allenfalls befolgen sie den göttlichen
Befehl rechtzeitig, so daß sie nicht zusammen mit den Ägyptern vernichtet werden; sie treffen die Vorkehrung beim Passa, brechen auf und gehen durch das Meer. Ähnlich steht es
mit der Handlung Moses und Aarons in der Wunderreihe. Was
sie tun, bewirkt selbst kein Wunder, sondern vermittelt nur
die Macht des göttlichen Wortes. Selbst diese Handlungen,
die nichts Entscheidendes hervorbringen, vollziehen die Israeliten nicht spontan von sich aus, sondern werden ihnen
von Gott befohlen. P formuliert im Meerwunder die in der älteren Erzählung geschilderte Handlung des Menschen in einen
Befehl Gottes an Israel um[76]. Die Anweisung Moses für die Zubereitung des Passa und apotropäische Vorkehrung in J (12,
21ff.) sind ebenfalls zur göttlichen Rede geworden (12,1-
13*). Der Vollzug der Handlungen kann mit der Bestätigungsformel (12,28; 14,4) festgestellt oder als Bericht wiederholt
werden (14,22).

Die Priesterschrift bezeichnet die Israeliten, die selbst
nichts Entscheidendes gegen die ägyptischen Streitkräfte und
für ihre eigene Rettung getan haben, paradoxerweise als
"Heerscharen Jahwes" (7,4; 12,41)[77]. P führt diese Bezeichnung in die Herausführungsgeschichte ein[78] und stellt sie
vor den vorgegebenen Begriff "mein Volk" in 7,4. Das Wort
צבאות gebraucht P für die Israeliten auch in der Wüsten-

---

76 "Lagern" (חנה) in 14,2 gegenüber v.9; vgl. "Aufbrechen" (נסע) in
   v.15.
77 "צבאות von den Israeliten ohne Rücksicht auf Kriegsführung" (Holzinger 18).
78 In J und der Bearbeitung fehlt eine entsprechende Bezeichnung.

zeit[79], aber dort fehlt die Zugehörigkeit der Heerschar zu
Jahwe. Die paradoxe Bezeichnung "*Jahwes* Heerschar" in der
Herausführungserzählung betont, daß Jahwe alleiniger Heer-
führer gegen die Ägypter ist und die Herausführung verwirklicht[80]. Spiegelt sich darin die exilische, entmilitarisier-
te Lage, in der P gelebt hat? Setzt diese "militärische" Bezeichnung der Priesterschrift die Bearbeitung in Ex 14 voraus, nach der Jahwe für Israel, gegen Ägypten den Krieg
führt (14,14.25)[81]?

Die bisher genannten Handlungen der Israeliten waren mehr
oder weniger P vorgegeben. Ganz neu berichtet sie über die
Antwort der Israeliten auf die Ankündigung der Herausführung.
J erzählt vom trotzigen Verhalten *Pharaos* gegen Jahwe und gebraucht auch das Verb "hören" (שמע in 7,16; vgl. 5,2) in diesem Zusammenhang. Auch in P kehrt das Nichthören *Pharaos* in
der Wunderreihe wieder (7,4.22; 8,11.15; 9,12). P bezeichnet
aber mit demselben Verb auch die Antwort der *Israeliten* auf
Gottes Ankündigung der Herausführung (6,9)[82]. J erzählt vom
Ungehorsam Israels gegenüber Jahwe erst in der Wüstenzeit,
aber noch nicht in Ägypten. Nach JE "glaubte" das Volk schon
beim Exodus, als es hörte, daß Jahwe sich seiner angenommen
und die Unterdrückung gesehen hat (4,31). Nach P hat sich
Israel bereits bei der ersten Begegnung mit Jahwe als ungehorsam erwiesen; Jahwe hatte sich in der direkt vorangehenden Rede den Israeliten mit seinem Namen vorgestellt (אני
יהוה in 6,6) und sie "mein Volk" (6,7) genannt. Israel war
von Anfang an undankbar gegenüber Jahwes Heilsankündigung.
Die Härte des Urteils über das Verhalten Israels in der Ge-

---

79 Num 1,3.52; 2,3.9ff.; 10,14.18; 33,1.
80 P[S] bewahrt bereits in der Herausführungsgeschichte nicht mehr die
   Zugehörigkeit dieses "militärischen" Wesens zu Jahwe und versieht
   das Wort mit dem Personalsuffix "ihre" (Scharen für die Israeliten)
   in Ex 6,26; 12,17.51.
81 Zu dieser Bearbeitung der jahwistischen Erzählung s.o.S.280ff.
82 Aufgrund des Auftretens dieses Ausdrucks, der eine Entsprechung in
   der Schlußformel der Plagenerzählung hat, sieht Weimar (BN 1984, 118)
   hier einen Einschnitt in der Texteinheit (6,2-12+7,1-7). Da in P
   Gott nur durch seinen Sprecher Mose redet, steht "Mose" als Objekt zum Hören der Israeliten. In J kann das Verb absolut stehen
   (7,16), oder es hat die Stimme Jahwes zum Objekt (5,2).

schichte teilt Ezechiel. Schon in Ägypten war Israel Jahwe
gegenüber trotzig[83]: "Sie waren widerspenstig gegen mich
und wollten nicht auf mich hören. Keiner warf die Scheusale
weg, an denen seine Augen hingen, und die Götzen Ägyptens
ließen sie nicht dahinter." (Ez 20,8).

Doch auch Unterschiede lassen sich beobachten: a) Das ezechielische
Thema "Götzendienst" fehlt bei P. b) Bei Ezechiel kommt Mose nicht vor,
so daß Jahwe als Objekt des "Hörens" steht. c) Dem Verb "hören" geht
אבה voran, womit der Prophet das "Nichtwollen" Israels betont[84]. P ent-
schuldigt die ablehnende Antwort der Israeliten "mit deren sehr gedrück-
ter Lage"[85]. Der Grund des Nichthörens kann P hier angeben, da sie von
einem "Wollen" im Gegensatz zu Ez 20,8 nicht spricht.

Die Gegenüberstellung von Jahwes Zuwendung und Israels Undankbarkeit zeigt sich im Gebrauch des Verbs שמע. P übernimmt aus den drei vorgegebenen Verben des göttlichen Wahr-
nehmens ("Sehen", "Hören" und "Erkennen" in 3,7 J; "Sehen"
in 3,9 E) zunächst "Hören" und "Sehen" im Bericht (2,24f.),
wiederholt aber in der göttlichen Ankündigung (6,5) nur das
erste Verb. Obwohl Jahwe das Seufzen der Israeliten *erhört*
und ihnen die Herausführung aus Ägypten zugesagt hatte, haben sie auf die göttliche Ankündigung nicht gehört. Auf diese Weise stellt P Jahwes Zuwendung zu Israel und dessen Ablehnung einander gegenüber.

Nicht nur das Volk im allgemeinen, sondern auch sein Führer Mose sind nach P gegen Jahwe nicht gehorsam. In der älteren Erzählung zögert Mose mit der Übernahme der von Gott
gestellten Aufgabe (Ex 3,11 E; 4,1ff. JE). P kann darüber
hinaus erzählen, daß Mose gegen Jahwes Befehl einen Einwand erhebt (6,11f.). P bezeichnet diese Reaktion Moses zwar
nicht als "Nichthören", wie es bei den Israeliten der Fall
ist (v.9). Sein Einwand ist aber merkwürdig, denn er widerspricht hier das einzige Mal in der ganzen Priesterschrift

---

83 Hosea geht noch weiter, indem er die Schuld bis zum Ursprung Israels, der Geburt des Erzvaters Jakob (12,4) zurückfolgt; dazu W.H.
   Schmidt, FS Wolff 162. Wenn der Deuteronomist mit dem Ausdruck "von
   dem Tag der Herausführung aus Ägypten" bereits die Zeit in Ägypten
   einschließt, setzt er den Beginn der Sünde so früh an wie P und
   Ezechiel (II Reg 21,15).
84 Vgl. Jes 1,19; 28,12; 30,9; Ez 3,7.
85 Noth 44.

Jahwe[86]. Außerdem schreit Mose im Zweifel über Gottes Wort
mit den Israeliten zusammen zu Jahwe (14,10.15)[87]. P spricht
zwar nicht über den Menschen an sich, sondern über die Personen
in der vorgegebenen Erzählung der Herausführung aus Ägypten,
betont aber die Schuld aller Beteiligten, indem sie keinen
Unterschied zwischen den einzelnen Israeliten bzw. innerhalb
des Gottesvolkes macht. Das Verhältnis des Volkes zu Jahwe
ist nach P von vornherein ohne Ausnahme gebrochen.So bereitet P im Exodus die Wüstenzeit vor. Erst dort wird Israels und Moses Ungehorsam zum Hauptthema der priesterschriftlichen Erzählung[88], da von der Schuld Israels und Moses -
gegenüber der Ägyptens und Pharaos - im vorgegebenen Rahmen
der Exodusgeschichte schwer ausführlicher erzählt werden
kann.

Die Undankbarkeit der Israeliten gegen Jahwe bringt ein
gespanntes Verhältnis zwischen Mose als Jahwes Sprecher und
ihnen mit sich. Mose übernimmt nach P ohne Bedenken den Auftrag, zu den Israeliten zu sprechen, aber seine Tätigkeit
findet bei ihnen einen vollständigen Mißerfolg (6,9)[89].In P
steht Mose also dem Volk einsam als Sprecher Gottes gegenüber, während er nach R$^{D(tr)}$ (4,31) das Volk hinter sich
hat[90].

Die Priesterschrift überträgt auch sonst das Verhalten der
Ägypter aus der vorgegebenen Erzählung auf die Israeliten.
Die Forderung nach der Erkenntnis Jahwes stellt P nicht nur
an Pharao und die Ägypter (7,5; 14,4.18), was bereits in der
jahwistischen Erzählung der Fall war (7,17; 8,18; 9,29), sondern auch an die Israeliten (6,7; vgl. 16,6.12; 29,46)[91]. P

---

86 Anders in Num 27,15. Er spricht nur zweimal in P zu Jahwe; dazu s.o.
   S.79f.
87 Dazu s.o.S.279 Anm.15.
88 Über die Israeliten in Num 14, über Mose und Aaron in Num 20. Das Thema bildet ein Kontinuum zwischen dem Exodus und der Wüstenzeit.
89 Vgl. Baentsch 48.
90 Am Schluß der Herausführung aus Ägypten glaubt das Volk nicht nur an
   Jahwe, sondern auch an seinen Knecht Mose (14,31).
91 Die dtn-dtr Tradition kennt die Beziehung der Erkenntnisformel auf
   die Exodustradition (Dtn 4,35.39; 7,9; 29,5). Dort ist aber von der
   Erkenntnis der Ägypter keine Rede. Der Inhalt der Erkenntnis ist
   dem dtn-dtr Interesse entsprechend in die Einzigartigkeit Jahwes umgewandelt worden.

erkennt damit den Israeliten keine Sonderstellung gegenüber
den Ägyptern zu, die man aus der älteren Erzählung entnehmen
kann[92]. Die Israeliten und die Ägypter sind insoweit gleich,
als sie beide Jahwe erkennen sollen und ihn jetzt in gleicher Weise noch nicht kennen. Darüber hinaus kann der Unterschied zwischen den dem Nichthören vorangehenden Taten Jahwes an den Ägyptern bzw. den Israeliten die Kritik der Priesterschrift an dem Verhalten der Israeliten andeuten; Pharao
hört zwar auf Mose und Aaron nicht (7,13.22; 8,11.15; 9,12),
aber dieses ist Folge der göttlichen Verstockung (7,3). Im
Gegensatz dazu hören die Israeliten nicht auf die göttliche
Zusage der Herausführung, obwohl Jahwe das Seufzen Israels
erhört hat. Die Verwirklichung der göttlichen Zusage wird
durch den Ungehorsam Israels und Moses gefährdet[93]. Die negative Reaktion veranlaßt Jahwe jedoch zu einem neuen Einsatz für Israel, während die gehorsame Durchführung des Befehls nichts Neues hervorruft, sondern das vorangehende
göttliche Wort bestätigt[94]. Als Folge der Ablehnung (6,9)
erteilt Jahwe Mose den Befehl, zu Pharao zu gehen und zu
sprechen (6,11). Die Verweigerung dieses Befehls durch Mose
(6,12) führt zur Einsetzung von Aaron und zur Rollenbestim-
mung durch Jahwe (7,1f.). Mose schreit mit den Israeliten
zusammen um Hilfe (14,10bß.15f.), obwohl Jahwe ihm den Aus-
gang der Verfolgung durch die Ägypter angekündigt hatte[95].
So gestalten die Israeliten mit ihrer negativen Antwort auf
Jahwe dessen Geschichtswirken mit. Jahwe kann auch den Ungehorsam seines Volkes nutzen, und er führt die Geschichte
zu ihrem Ziel der Herausführung. Das Ende bleibt trotz der

---

92 Zur Bestreitung der Sonderstellung Israels vgl. Am 3,1f.; 9,7. Darf
   man darin den Einfluß der Schriftpropheten sehen, unter denen vor
   allem Hosea den Verlust des Wissens um Gott als Kern aller Schuld
   Israels bezeichnet hat? Vgl. Hos 13,4; 2,10; 5,4 (Wolff, GStAT
   182ff.); auch Jes 1,2f.; 6,9 u.a. Auch R[D(tr)] (Ex 10,1f.) setzt die
   Israeliten als Subjekt des Verbes "erkennen".

93 Die Priesterschrift, in der die Wiederholung des göttlichen Wortes
   und dessen Durchführung vorherrscht und die infolgedessen starr wirken kann, kennt doch die Spannung der Krise, in der Gottes Wort zu
   scheitern droht.

94 Vgl. die Durchführung der Wunder durch Mose und Aaron im Passa
   (12,28) und im Meerwunder (14,4b).

95 Zum Näheren s.o.S.279 Anm.15.

versagenden Reaktion Israels unverändert so, wie es zunächst
angekündigt wurde (6,6ff.). Den Weg dahin hat Jahwe in der
Ankündigung der Herausführung darum nicht als Programm kundgetan, in dem die Einzelheiten des kommenden Ereignisses
festgelegt wären. Jahwe stellt mit den verschiedenen Verben
in v.6 nicht den konkreten Ablauf der Herausführung dar. Auch
im Meerwunder teilt Jahwe Mose und den Israeliten nicht schon
am Anfang die ganze Geschichte mit, sondern erteilt nur den
jeweils im Augenblick erforderlichen Befehl[96].

P ändert kaum die ihr vorgegebenen Handlungen Jahwes an den
Israeliten[97], führt aber das Nichthören Israels ein. Durch
das neue Erzählelement vom Ungehorsam Israels wird in P Macht
und Alleinwirksamkeit Jahwes stärker als in der älteren Erzählung hervorgehoben. Mit der ablehnenden Antwort erweist
sich Israel nicht zuwendungswürdig. Trotzdem setzt Jahwe seine Zusage in die Tat um, und sein Einsatz für Israel bleibt
unverändert[98]; Jahwe nennt diese ungehorsamen Israeliten auch
in seiner folgenden Rede noch "mein Volk" (7,4; vgl. 6,7).
Er redet nach wie vor die Israeliten in der zweiten Person
an (12,12f.) und gibt ihnen Anweisungen für das in der jeweiligen Situation notwendige Handeln (12,12f.; 14,2.15), um
sie vor seinem vernichtenden Wirken zu verschonen[99]. Jahwes
Zuwendung und Israels Ungehorsam werden gegenübergestellt.
Im priesterschriftlichen Zusammenhang wendet Jahwe sich gerade dem unwürdigen Israel zu und bleibt seiner Zusage der
Herausführung treu. Hat sich Jahwe aus freien Stücken entschieden, sich für das hilflose Israel einzusetzen, so ist

---

96 Dazu s.o.S.280.

97 Jahwe redet allerdings in P öfter als in der älteren Erzählung.

98 P erzählt in der Wüstenzeit anders als hier. Auf die Feststellung
der Schuld des Volkes (Num 14,2,3) folgt die Ankündigung des Gerichts (14,29.35). Ist die Schuld im Exodus noch nicht so groß wie
später? Auf jeden Fall bildet die Schuldfeststellung und Gerichtsankündigung (noch) nicht das Hauptthema in der Herausführungsgeschichte.

99 In P bezieht sich die Präposition על nach dem Verb "vorübergehen"
(פסח) auf die Person (עלכם in 12,13) statt einer Ortsangabe "am
Eingang" (12,23 J). Verdeutlicht diese Umformulierung die persönliche Fürsorge Jahwes an die Israeliten?

auch die Verwirklichung seines Entschlusses allein an seinen
freien Willen gebunden. Die Rettung wird allein in Gott selbst
begründet, so daß ein Mitwirken des Menschen beim Heil ausgeschlossen ist[100].

---

100 Zur Absicht von P auch u.S.335f.

## D. Jahwe und Ägypten[101]

Jahwe befiehlt Mose, zu Pharao zu gehen und ihm zu sagen,
daß er die Israeliten aus seinem Lande entlassen soll (6,11).
Dasselbe Wort soll ihm auch Aaron, den Jahwe als Sprecher
Mose einsetzt, sagen (7,2). Diese Aufforderung ist aber we-
der durch eine Selbstvorstellung Jahwes (so in der Rede zu
den Israeliten in 6,6 P) noch durch eine Botenformel (so bei
Gottes Ankündigung an Pharao in 7,17.26 u.a. durch Mose in
der jahwistischen Erzählung und in 4,22 R[P]) eingeleitet, so
daß es Pharao unbekannt bleibt, daß *Jahwe* es ist, der ihn zur
Entlassung der Israeliten auffordert. Dementsprechend ist das
Objekt seines Nichthörens nicht Jahwe (vgl. 5,2 J), sondern
Mose und Aaron (7,22; 8,11.15; 9,12).
In der Wunderreihe spricht Mose vor Pharao. Alle nötigen
Instruktionen hat Jahwe ihm erteilt, bevor er zusammen mit
Aaron zu Pharao geht (7,10). Mose soll sie an Aaron erst dann
weitergeben, wenn der König ein Zeichen fordert. Er gibt
Aaron nicht nur den Befehl zu einer Handlung, sondern nennt
auch das Wundergeschehen als dessen Folge. Aus dem ersten
Wunder kann Pharao also ersehen, daß sich die Verwandlung aufgrund der Rede Moses vollzieht. Den folgenden Abschnitten
kann nicht entnommen werden, wann und wo Jahwe zu Mose spricht
(7,19; 8,1.12; 9,8)[102]. Selbst wenn Jahwe vor Pharao zu Mose
sprechen würde, wüßten er und seine Zauberer wohl höchstens,
daß es sich um ein göttliches Wesen handelt, aber nicht daß
*Jahwe* redet, denn im Wort Moses fehlt merkwürdigerweise wie-

---

101 Die Diskussion über "Jahwe und Ägypter" nimmt größeren Umfang in Anspruch als die über "Jahwe und Israel". Die entsprechende Gewich-
tung in P ist von der älteren Erzählung bestimmt. Schon J erzählt
von der persönlichen Konfrontation Jahwes mit dem ägyptischen König
und dessen Antwort als Thema ausführlich, von den Israeliten wenig.
102 Eine Situationsangabe, etwa "bevor Mose zu Pharao geht" oder "vor
Pharao" (vgl. 7,15; 8,16 J) fehlt.

derum eine Nennung Jahwes in jeglicher Form. Die Zauberer
finden darum im vierten Wunder kaum zufällig den "Finger
*Gottes*" und nicht den Finger *Jahwes* wirksam (8,15)[103].

Außerhalb der Wunderreihe sprechen Mose und Aaron nicht
zu Pharao oder den Ägyptern. Während die Ankündigung der
Herausführung durch Jahwe den Israeliten mitgeteilt wird
(6,6), wird die künftige Handlung Jahwes gegen die Ägypter
aus dem zweiten Teil der Berufung (7,3-5) nicht weitergegeben. Im Passa und Meerwunder begegnet Mose dem ägyptischen
König nicht mehr.

Jahwe spricht Pharao durch Mose niemals direkt an, so daß
in der Rede Gottes bei P die zweite Person Pharaos oder der
Ägypter völlig fehlt. Eine persönliche Verbindung, die die
Anrede herstellen kann, ist zwischen beiden nicht vorhanden.
Neben dem Fehlen der Anrede ist merkwürdig, daß Mose (und
Aaron) Pharao nichts über Jahwe erzählt. Jahwe ist darum
dem ägyptischen König kaum bekannt, ja fast verborgen.

Amos redet zwar die Fremdvölker als Augenzeugen vor Jahwe für die Verwirrung in Samaria (3,9-11) in der zweiten Person an. Das Gericht kündigt Jahwe aber durch Amos an Israel in der zweiten (2,9*.13) und dritten (2,6-8)[104] und an die Fremdvölker nur in der dritten Person an
(1,3-2,3*). So findet sich bei dem ersten sog. Schriftpropheten noch
keine Gerichtsankündigung an die Fremdvölker in der zweiten Person. Im
späten Ezechielbuch spricht Jahwe auch zu den Fremdvölkern und kündigt
ihnen das Gericht an (z.B. Ez 27,1ff.; 28,22; 29,3f.). Da die Weis-
sagungen an die Fremdvölker oft sekundär und darum schwer datierbar
sind, läßt sich der Zeitpunkt, von dem ab Jahwe auch die Fremdvölker
anredet, schwer bestimmen.

In der prophetischen "Geschichtsschau aufgrund von Inspi-
ration"[105] können die fremden Mächte und Herrscher zwar als
Jahwes Werkzeug in der Geschichte auftreten[106]. Jahwe überträgt ihnen die Weltherrschaft. Das bedeutet aber nicht, daß
sie sich zu Jahwe bekehren und seine Diener werden, wie der
paradoxe Satz "und du kennst mich nicht" in der göttlichen

---

103 אלהים ist hier nicht als Eigenname Gottes zu verstehen, sondern
    hat appellative Bedeutung (Baentsch 67). Die Zauberer legen damit
    kein Glaubensbekenntnis an Israels Gott ab (Couroyer, RB 1956,
    494).
104 Der Nachtrag v.10-12 (dazu W.H.Schmidt, ZAW 1965, 178-183; Wolff,
    BK XIV/2) greift die zweite Person an Israel auf.
105 v.Rad, Theologie II, 4170.
106 So die Assyrer in Jes 10,5ff.; 14,24ff.; Nebukadnezar in Jer 27,5ff.
    und Kyros in Jes 45,1ff.; 48,14.

Anrede an Kyros (Jes 45,4f.) zeigt[107]. Es ist den Propheten eigen, "derart die Geschichte nach ihrem innersten göttlichen Plan zu deuten"[108].

Ist es nicht auffällig, daß Jahwe Pharao und den Ägyptern unbekannt bleibt? In der P vorgegebenen Erzählung des Jahwisten tritt Jahwe in eine persönliche Konfrontation mit Pharao ein. Der Unterschied zwischen J und P kommt in der Erkenntnisaussage zum Vorschein[109]. Die Verborgenheit Jahwes gegenüber dem ägyptischen König in P ist in der vorliegenden Exoduserzählung völlig aufgehoben worden, da P mit der jahwistischen Erzählung verflochten ist. In P selbst offenbart Jahwe den Israeliten seinen Namen und tut ihnen seinen Plan der Herausführung kund (Ex 6). Im Gegensatz dazu offenbart sich Jahwe Pharao und den Ägyptern nicht und bleibt ihnen unbekannt und verborgen.

Jahwe kündigt in den älteren Quellenschriften in der Berufung Moses die Herausführung Israels aus Ägypten (Ex 3,8 J. 10 E) an, in P darüber hinaus (Ex 6) seine Tat an Pharao und den Ägyptern (7,3-5), über die J erst nach der Berufung in Ex 5 zu berichten beginnt[110].

Jahwe sagt (7,3a): "Ich selbst will das Herz Pharaos hartmachen" (ואני אקשה את-לב פרעה)[111]. Die Verstockung als Jahwes

---

107 Dazu vgl. Westermann, ATD 19, 130f.

108 v.Rad, Theologie II, [4]170.

109 Sie ist von J stets in der zweiten Person Pharaos und von P in der dritten Person Pharaos oder der Ägypter formuliert.

110 In der jahwistischen Berufungsgeschichte kommen dementsprechend "die Ägypter" nur als Angabe dafür vor, aus wessen Händen Jahwe die Israeliten befreit (3,8). E nennt die Ägypter als Urheber der Drangsal Israels (3,9). J erwähnt Pharao in der Berufung noch nicht, E spricht höchstens von der Entsendung Moses zu ihm durch Jahwe (aber dazu s.o.S.20f.), aber nicht von dessen Tun an ihm.

111 Warum P nur hier das Wort קשה statt חזק gebraucht, ist schwer zu erfassen. Man kann jedoch allein aus diesem einmaligen Vorkommen des Verbs bei P kaum folgern, daß 7,3a eine spätere Bearbeitung zu P sei (so Smend, Hexateuch 125.129 Anm.1; vgl. Friebe, Plagenzyklus XXXIV Anm.315). קשה kehrt in Ex 13,15; Dtn 2,30; 10,16 u.a. wieder. In Ez 2,4; 3,7 stehen beide Verben parallel. Das Verb כבד, das der Jahwist und anschließend an ihn ein Bearbeiter (10,1f.) für die Verstockung gebrauchen, kommt in P niemals vor. P vermeidet das Wort כבד wohl deswegen, weil P ihm später in ihrer Erzählung eine theologische Bedeutung im Sinne von "Herrlichkeit Jahwes" (כבוד יהוה) zumißt (Ex 16,7.10; 24,16f.; Lev 9,6.23; Num 14,10; 16,19; 17,7; 20,6; vgl. Westermann, FS Eichrodt 227ff.; ders., כבד THAT I,

Tat ist der Priesterschrift zwar nicht durch J[112], wohl aber durch R$^{D(tr)}$ [113] in 10,1f. vorgegeben. 7,3a unterscheidet sich jedoch von dieser Redaktion schon durch die Stellung in der gesamten Herausführungserzählung; P setzt die Verstockungsankündigung nicht erst an das Ende der Wunderreihe, sondern vor sie, und zwar als erste Tat Jahwes an Pharao. Während 10,1f. die Verhärtung des Herzens Pharaos durch Jahwe als Rückblick oder Voraussage allein für die beiden letzten Plagen[114] erzählt, stellt P sie bereits vor der Wunderreihe als Zukunftsaussage dar, die die gesamte Herausführungsgeschichte prägt. P formuliert dementsprechend das Verb nicht perfektisch (10,1), sondern imperfektisch. Jahwe sagt nicht ein Ereignis oder eine Tat Pharaos voraus (so in 7,9), sondern kündigt seine eigene Handlung an ihm an. *Jahwe verstockt Pharaos Herz; er selbst gestaltet die Zukunft.* Das wirkende Ich Jahwes wird mit אני hervorgehoben, das vor das Verb אקשה gestellt wird[115]. Jahwe verstockt *das Herz* Pharaos: P erzählt Jahwes Wirken - durch sein Wort und seine Tat - im äußeren Raum der Geschichte und Natur, wie die ältere Quellenschrift. Darüber hinaus wirkt Jahwe nun auf das Herz des fremden Herrschers ein. Der heimlichste Bezirk des Herzens[116] bleibt der Macht der göttlichen Gestaltung der Zukunft nicht entzogen.

---

808ff.). Berücksichtigt P auch, daß mit der Terminologie des Jahwisten ein bestimmtes Verständnis der Verstockung als Schuld Pharaos verbunden ist, auf die Jahwes Strafe folgt (so Lohfink, FS Schlier 44f.; Weimar, Untersuchungen 208ff.)?

112 J bezeichnet die Weigerung Pharaos, auf Jahwes Aufforderung hin die Israeliten zu entlassen, als Verstockung. Die Verstockungsaussage erscheint in J nur, nachdem Jahwe an den ägyptischen König die Aufforderung gerichtet hat (Ex 5), und soweit er sie wiederholt. Bei J handelt es sich bei der Antwort Pharaos um eine freie Entscheidung, so daß die Verstockung stets als seine Tat formuliert ist. Sie kommt überwiegend im Bericht vor (8,11.26; 9,7.34), einmal spricht Jahwe von ihr (7,14), aber nicht als Zukunftsaussage (vgl. 7,3 P), sondern als Feststellung des vorangehenden Verhaltens (die Perfekt-Form in 7,14).

113 Zur Datierung der Bearbeitung s.o.S.120f.

114 Jedoch sind die Plagen generell als "Wunderzeichen" bezeichnet, ohne Anspielung auf die beiden kommenden Plagen.

115 Vgl. auch 14,17. Jahwes Ich wird auch bei seiner ersten Tat für die Israeliten in Ägypten vor dem Verb betont (6,5).

116 Belegstellen s.o.S.218 Anm.583.

Auf die Ankündigung der Verstockung folgt die Voraussage
der Ablehnung[117] (v.4). "Daß Pharao nicht auf Mose und Aaron
hören soll, ist vorher beschlossene Sache"[118]. Das Selbst-
verstocken des Herzens Pharaos in den ersten vier Wundern
wird nach dieser göttlichen Voraussage zur Folge des Wirkens
Jahwes. In der Schlußformulierung des letzten Wunders tritt
die Verstockung wiederum als Jahwes Tat hervor (9,12). So
wird zwar nicht völlig von Jahwe vorausgesagt, wie die Wunderreihe abläuft und damit auch nicht festgelegt[119], aber
das Ende ist bereits bestimmt. Später wird, was Pharao und
die Ägypter tun, stets als Folge göttlicher Verstockung vorausgesagt: Jahwe verhärtet das Herz Pharaos, so daß er die
Israeliten verfolgt (14,4), ebenso das Herz der Ägypter, so
daß sie hinter den Israeliten ins Meer hineingehen (14,18).
Jahwes Wirken bis in den heimlichsten Bereich des Menschen
hinein bestimmt also die gesamte Geschichte der Herausführung.

Der Ungehorsam Pharaos ist in P Wirkung Gottes und kann
darum weder zur Bedingung[120] noch zur Begründung für das
künftige Tun Jahwes werden. Tatsächlich wird die folgende
feindliche Tat Jahwes gegen die Ägypter (v.4aß) nicht mit
dem Nichthören begründet. Zwischen v.4aα und v.4aß läßt sich
dementsprechend ein Einschnitt beobachten.

a) In der Schlußformel der Wunderreihe werden allein die Verstockung
und das Nichthören Pharaos zurückbezogen (7,13.22; 8,11.15; 9,12).
b) Auch in der göttlichen Rede im Meerwunder, die ebenfalls von der
Verstockung spricht (14,4), werden allein jene beiden Aussagen mit der
augenblicklichen Situation verbunden und im Bericht wiederholt (14,8).
Das dritte Element bezeichnet, was erst später geschehen soll, und
geht darum über die augenblickliche Situation hinaus. c) Zwischen v.4aα
und v.4aß vollzieht sich der Wechsel des Subjekts; von v.4aß an treten
die Ägypter an die Stelle Pharaos[121].

----

117 Zur Literarkritik von 7,3b s.o.S.34ff.
118 Baentsch 54. In 10,1f. folgt auf die Verstockung durch Jahwe ein
    Finalsatz (למען), der von der Tat Jahwes und nicht der Pharaos
    spricht. Die Verstockung dient als Anlaß dazu, daß Jahwe seine
    weiteren Zeichen setzt.
119 Jahwe sagt den Beginn der Wunderreihe voraus, nämlich daß Pharao
    ein Zeichen fordert, nicht aber, daß er als Reaktion auf das Wunder
    die ägyptischen Zauberer herbeiruft.
120 Vgl. den jahwistischen Satz "wenn du dich weigerst, mein Volk zu ent-
    lassen" in der Plagenankündigung; dazu s.o.S.182f.
121 In 14,4 taucht nicht mehr allein Pharao auf, sondern auch sein Heer.
    Beide werden in der folgenden Erkenntnisaussage als "die Ägypter" zu-
    sammengefaßt.

Daß Jahwe die Verstockung und Pharaos Nichthören bereits
in der Berufung angekündigt hat, bestimmt nicht nur die
Fortsetzung dieser Rede, sondern auch die folgenden Ankündigungen Jahwes. Das Nichthören Pharaos in der Wunderreihe,
das bereits vor seinem ersten Zusammentreffen mit Mose von
Jahwe festgelegt wird, kann kein Motiv für eine weitere
feindliche Handlung Jahwes gegen die Ägypter sein. Tatsächlich werden das Eingreifen Jahwes beim Passa (12,12) und die
erneuten Verstockungen im Meerwunder (14,4.17) ohne Erwähnung dieses Motivs angekündigt. Der Handlung Jahwes fehlt
jede Motivation.

Im Meerwunder kündigt Jahwe erneut eine Verstockung an. Mögen die drei
Reden (7,1ff.; 14,2ff.15ff.) recht unterschiedlich beginnen[122], zeigen
sie von der Verstockungsaussage an[123] doch eine gemeinsame Struktur:
Die Verstockung, der Widerstand Pharaos und der Ägypter, die feindliche
Aktion Jahwes gegen sie und die Erkenntnisaussage kehren in derselben
Reihenfolge wieder. Vor allem enthält die zweite Ankündigung im Meerwunder (14,17f.) Gemeinsamkeiten mit der in der Berufung (7,3-5):
a) Das wirkende Ich Jahwes bei der Verstockung wird mit dem Personalpronomen אני betont[124]. b) Auf die Erkenntnisaussage folgt ב + Infinitiv[125]. Auf diese Weise entsprechen sich die letzte Ankündigung Jahwes, die direkt vor dem entscheidenden Geschehen steht, und die erste
Ankündigung in der Berufung.

Ist die erste Ankündigung der Verstockung, die die folgende Geschichte bestimmt, durch eine Handlung Pharaos oder der
Ägypter motiviert, und stellt sie doch eine Reaktion auf
menschliches Tun dar? P erzählt vor der Berufung Moses (1,1-
5.7.13f.; 2,23aß-25)[126] nichts von dem ägyptischen König.
Die Bedrückung der Israeliten durch den Frondienst wird nach
P nicht persönlich vom König (so in 1,8-12 J), sondern all-

---

122 In 7,1f. bestimmt Jahwe die Rollenverteilung zwischen Mose und Aaron;
     in 14,3.16 erteilt Jahwe den Befehl an Mose und die Israeliten.
123 Das Personalpronomen אני vor dem Verstockungsverb in 7,3; 14,17
     deutet an, daß hiermit ein neuer Abschnitt innerhalb der Rede beginnt.
124 In 14,17 beginnt der Satz ואני הנני מחזק. P wiederholt diese Dop-
     pelung von "Ich" auch sonst in dieser Reihenfolge gerade da, wo Gott
     die entscheidende Wende der Geschichte bringt (Gen 6,17; 9,9). In um-
     gekehrter Reihenfolge finden sich beide Worte bei Ezechiel (6,3;
     34,11.20). הנה אנכי kommt bereits in der älteren Erzählung der
     Herausführungsgeschichte (Ex 3,13; 4,23; 7,17.27; 8,25) vor.
125 Dazu s.u.S.342.
126 Ex 1,1-4.5b.7 gehört noch zur Jakobsgeschichte (Weimar, ZAW 1974,
     200). Die Erwähnung des "Königs von Ägypten" (2,23aα) gehört nicht
     P, sondern J an (Baentsch 16; Noth, ÜP 31; W.H.Schmidt 88f.).

gemein von den Ägyptern (1,13) vollzogen. Bei E wird eine
andere Unterdrückungsmaßnahme, die Ermordung der männlichen
Nachkommenschaft, ebenfalls vom ägyptischen König befohlen
(1,15ff.). Hat P es absichtlich vermieden, Pharao vor der
Berufung zu nennen? Jedenfalls kündigt Jahwe in P die Verstockung vor dem ersten Auftritt Pharaos an, so daß sie keine
Vergeltung dafür sein kann, was Pharao getan hat. Auch bei P
kann aber der König als Repräsentant der Ägypter gelten. Ist
daraus zu schließen, daß Jahwe das Herz des ägyptischen Königs deswegen verstockt, weil die Ägypter die Israeliten zur
Zwangsarbeit verpflichtet haben (1,13)? Vor der Zusage der
Herausführung in der Berufung wird die Bedrückung des Volkes
und Erhörung Gottes berichtet (2,23aß-25). Aus dem Zusammenhang ergibt sich zwar, daß das Seufzen der Israeliten unter
der harten Arbeit zum Anlaß für Gottes Eingreifen wird. Auch
Gottes Rede über die Herausführung in der Berufung ist ähnlich konstruiert (6,5ff.). Aber sowohl der Zusammenhang[127]
als auch die Erwähnung der Bedrückung des Volkes in der Berufungsrede sind P vorgegeben. Die älteren Erzählungen berichten zunächst, wie das Leben des Volkes durch die Ägypter
erschwert wurde (1,8-12 J.15-22 E), und lassen Jahwe dies
dann in der Berufung als Anlaß für sein Eingreifen erwähnen
(3,7 J.9 E). P folgt hiermit dem Vorgegebenen. Die Ägypter
kommen dabei nur im Nebensatz (6,5) vor, wie es auch in 3,9
(E) der Fall ist, und werden nicht eigens als Urheber des
Seufzens der Israeliten hervorgehoben. P fügt außerdem zwischen die Unterdrückung der Israeliten durch die Ägypter und
das göttliche Eingreifen das Erinnern Gottes an seinen "Bund"
ein[128] und führt damit ein anderes Motiv für Gottes Handeln
ein[129].

_____

127 In J folgt auf die Unterdrückung der Israeliten (1,8-12) die Geburt
    Moses und die Geschichte von seinem Mord, der Flucht nach Midian,
    Heirat und Rückkehr nach Ägypten, so daß die Zeitspanne zwischen dem
    Beginn der Unterdrückung und Gottes Zusage der Befreiung sehr groß
    ist. Im Gegensatz dazu folgen in P der Bericht über die Unterdrückung
    und die Ankündigung der Herausführung direkt aufeinander, so daß die
    Fronarbeit nicht lange dauert.
128 Zum Sinn vom Erinnern an seinen Bund s.o.S.316.
129 Dementsprechend verschärft P den Frondienst kaum zur Sklaverei
    (Baentsch 16; W.H.Schmidt 41; anders Noth 17) und dramatisiert da-
    mit die harte Situation Israels nicht, die Jahwe zur Hilfe zwingen
    könnte.

In dem von P neu gestalteten Teil kommen die Ägypter merkwürdigerweise nicht vor. Da in P 2,23aß-25[130] ursprünglich
auf 1,13f. folgt, ist es klar, daß die Ägypter die Israeliten zur Arbeit gepreßt und diese gegen jene um Hilfe gerufen
haben. Aber P nennt hier (bes. 2,23f.) anders als 6,5 die
Ägypter nicht. Auch dort, wo nur P in der Berufung von der
künftigen Tat Jahwes an Pharao und den Ägyptern erzählt
(7,1-5), ist von der vorangehenden Bedrückung des Volkes
durch die Ägypter (vgl. 2,23b) keine Rede. P motiviert weder
noch begründet die Verstockung durch ein menschliches Tun,
obwohl es durchaus möglich wäre, denn die Unterdrückung Israels durch den Frondienst wird im Gegensatz zu den folgenden
Taten Pharaos und seines Volkes nicht von Jahwe bewirkt. Der
Zusammenhang von Unterdrückung und feindlicher Handlung Jahwes gegen die Ägypter wird höchstens durch den vorgegebenen
Verlauf der Erzählung angedeutet. Jahwes Handeln an den Ägyptern ist nur die Kehrseite seines Einsatzes für Israel. Moses Rede an Pharao hat das einzige Ziel, die Entlassung der
Israeliten zu bewirken (6,11; 7,2). In der Ankündigung des
feindlichen Wirkens Jahwes gegen Pharao und dessen Volk wird
die Herausführung der Israeliten durch Jahwe wiederholt
(7,4f.), so daß beide sachlich zusammengefügt sind. Handelt
Jahwe für Israel und gegen Ägypten, weil er an Israel unlösbar gebunden ist? P vertritt diese partikularistische Ansicht
nicht; Jahwes Entschluß zur Herausführung und seine Verwirklichung geschehen aus freien Stücken[131]. Vor allem zeigt die
Geschichte in der Zeit der Priesterschrift deutlich, daß Jahwe seinem Volk frei gegenübertreten kann. Er tritt nicht
mehr zum Schutz für sein Volk ein, sondern bringt ihm die
Katastrophe[132].

Kaum zufällig ist nur in der Zeit des Exils und kurz danach das Verb
כבד (ni.) im Sinne belegt, daß Gott sich durch die Vernichtung einer
Israel feindlichen Macht verherrlicht (Ex 14,4.17f.; Ez 28,22; 39,13;

---

130 J und E enthalten keinen entsprechenden Bericht von der Wahrnehmung
    des Elends und Erhörung durch Gott vor der Berufung.
131 Näheres dazu s.o.S.317ff.
132 Schon die jahwistische Herausführungsgeschichte löst auf eine andere
    Weise als P die Bindung Jahwes an sein Volk; dazu s.o.S.187f. und
    u.S.346f.

Jes 26,15; <66,5>; Hag 1,8)[133]. In dieser Zeit kann die Aussage kaum
partikularistisch verstanden werden, da Jahwe selbst die Bindung an
sein Volk durch das Gericht gelöst hat.

Die Ankündigung der Taten Gottes ist stets unbedingt formuliert. Damit kommt die Freiheit Gottes zur Geltung. Jahwe,
der mächtig ist, gebraucht seine Macht frei. Es ist nicht
so, daß Jahwe an irgendein Handeln des Menschen gebunden
wäre, daß es eine Regel gäbe, die bei einem bestimmten Verhalten des Menschen Gott zu einer Handlung verpflichten
könnte. Jahwe verfügt *frei* über Rettung und Gericht. Das Entscheidende bleibt beide Male ihm selbst vorbehalten. Jahwe
wirkt alles allein, so daß eine Einwirkung anderer Mächte
ausgeschlossen ist[134]. Auch die dunkle Seite des Lebens wird
nun von Jahwe nicht ferngehalten, sondern ihm selbst zugeschrieben[135]. So sagt Jahwe den Ungehorsam des Pharaos voraus (7,3a), im Gegensatz zum Fall der Israeliten (vgl. 6,9),
und zwar als Folge seines Wirkens. Pharao und die Ägypter
bäumen sich zwar nicht direkt gegen Jahwe auf[136], aber das
Nichthören auf Mose und Aaron und die Verfolgung der Israeliten steht eindeutig dem Plan Jahwes, der Herausführung
Israels, entgegen, und damit leisten sie de facto Widerstand
gegen Jahwe[137]. Hier tritt also Gott selbst als Feind seines
Wirkens auf[138].

---

133 Dazu C.Westermann, כבד THAT I, 801.
134 Vgl. Jes 45,6f. Heil und Unheil sind ausschließlich von Gott ge-
    wirkt; dazu Westermann, ATD 19, 132; vgl. auch Hi 9,24; 12,17ff.;
    16,7.
135 Nach J hat Jahwe mit der negativen Antwort Pharaos nichts zu tun,
    da dessen Verstockung und sein Nichtentlassen Israels aus seiner
    freien Entscheidung entspringen. Der Jahwist führt dagegen die
    positive Umwandlung der Antwort Pharaos in der Vertiefung des Sün-
    denbekenntnisses und dem Gebrauch der vollständigen Gottesbezeich-
    nung auf Jahwes Wirken zurück; dazu s.o.S.211; vgl. Am 3,6 bereits
    vor P.
136 Jahwe kommt in P nicht als Objekt eines Handelns Pharaos vor. Auch
    die Israeliten, denen sich Jahwe offenbart, hören nicht auf Gott
    selbst, sondern den Nachfolger Moses, Josua (Dtn 34,9; vgl. Ex 6,9).
    Es ist also in P üblich, daß das Tun des Menschen nicht direkt auf
    Jahwe gerichtet ist.
137 Der Zusammenhang zwischen der göttlichen Verstockung und dem Wider-
    stand wird indirekt dadurch bestätigt, daß, wo die Ägypter gegen
    Jahwe nichts unternehmen oder unternehmen können, auch die Verstok-
    kungsaussage in der göttlichen Rede (Ex 12) fehlt.
138 Vgl. v.Rad, GStAT II, 193f.; auch Childs 118. Gott bezieht auch den
    Widerstand gegen seinen Willen in seinen Plan ein.

Die Priesterschrift, die Jahwes freie Verfügungsmacht betont, berichtet und schildert kaum zufällig selten Jahwes Tat[139]. Jahwe bleibt damit der Vorstellbarkeit entzogen, so daß seine Unverfügbarkeit und Freiheit zur Geltung gebracht wird. Theologische Intention und Darstellungsweise entsprechen sich.

Im Ablauf der Herausführungsgeschichte des *Jahwisten* spielt das Tun Pharaos als Antwort auf Jahwes Anrede eine erhebliche Rolle. Daß Jahwe Mose zu Pharao sendet (7,14f.), wird damit begründet, daß dieser sich in der vorangehenden Unterredung (Ex 5) geweigert[140] hat, die Israeliten zu entlassen. Dies veranlaßt Jahwe, die erste Plage herbeizuführen (7,16). In den folgenden Plagen stellt Jahwe Pharao mit einem der Ankündigung vorangehenden Bedingungssatz vor eine Entscheidung[141]. Von ihr ist es abhängig, ob Jahwe die Plagen herbeiführen wird oder nicht. Schließlich schweigt Jahwe Pharao gegenüber bei der Erstgeburtentötung und dem Meerwunder nach dessen gemeinschaftswidrigen Antwort[142]. Nach J ist also Pharao von Jahwe nicht auf eine bestimmte Tat festgelegt, sondern wird angeredet und nach seinem Willen gefragt. Als Folge seiner Entscheidung und Handlung bringt ihm Jahwe die Plagen, das Passa und den Untergang im Meer. Die feindliche Tat Jahwes gegen Pharao und sein Volk ist also Strafe für das verfehlte Verhalten des ägyptischen Königs ihm gegenüber. Die Vernichtung durch Jahwe wird als Strafe für die Schuld des Menschen gedeutet.

Die jahwistische Sündenfallerzählung (Gen 3) ist nach derselben Struktur gestaltet. Die Frau ist zu ihrem Ungehorsam gegen Jahwe nicht vorherbestimmt, sondern kann sich dem Wort Jahwes gegenüber (3,2f.; vgl. 2,16f.) frei entscheiden. Aber sie und der Mann übertreten das Gebot Jahwes (3,6). Er straft die Schuld, die der Mensch auf sich geladen hat, indem er den Fluch (3,14ff.) ausspricht. Durch die Betonung der freien Entscheidung des Menschen ist der Erzähler bestrebt, "die Sache und demgemäß die Schuldfrage so wenig wie möglich aus dem Menschen herauszuverlegen"[143].

Nach P redet Jahwe Pharao nicht an, gewährt ihm keinen Raum für eine Entscheidung, sondern bestimmt seine Verstockung und sein Nichthören vorher. Was Pharao gegen den Plan Jahwes tut,

---

139 Dazu s.o.S.314 Anm.45.
140 Bei diesem Nichthören handelt es sich also nicht um eine Voraussage (wie bei P), sondern um eine Feststellung des Geschehens, wie es das perfektische Verb zeigt.
141 S.o.S.182f.
142 Näheres dazu s.o.S.204.211ff.
143 v.Rad, ATD 2, 72.

entstammt nicht seiner eigenen Willenstat, so daß sein und
der Ägypter Untergang im Meer kaum Gottes Strafe für die
Schuld des Menschen ist[144]. Jahwe bezeichnet seine künftige
Tat bereits in der Berufung mit dem Wort שפטים (6,6; 7,4),
nicht erst nach der Wunderreihe (12,12)[145], in der Pharao
nicht auf Mose und Aaron hört. Das Wort ist darum nicht mit
"Strafgerichten"[146], sondern eher mit "Gerichten"[147] zu
übersetzen.

Die unterschiedliche Deutung von J und P kommt in ihrer
Darstellung zum Ausdruck: a) In P fehlt schon die Voraussetzung dafür, nach dem Willen Pharaos zu fragen oder ihn vor
eine Entscheidung zu stellen, da Jahwe Pharao nicht anredet.
b) Kaum zufällig berichtet P von der "Verhandlung" zwischen
Mose und Pharao nach der Berufung, die in der jahwistischen
Erzählung ein Kapitel einnimmt (Ex 5), schlicht mit einem
Satz (7,6), denn Pharao kann sich eigentlich nicht mehr frei
entscheiden, nachdem Jahwe seine Verstockung und sein Nichthören bestimmt hat. c) P formuliert die Verstockung niemals
mit Pharao als Subjekt und seinem Herzen als Objekt, obwohl
diese Formulierung durch die jahwistische Erzählung P bekannt ist; wohl deswegen, weil sie eine Entscheidung bedeuten kann. d) P berichtet niemals von Willen oder Gesinnung
Pharaos. Die Verben, die eine Haltung ausdrücken können und
in J bekannt sind, finden sich bei P nicht[148].

Nicht nur die ältere Quellenschrift, sondern auch die mit
P etwa gleichzeitige deuteronomistische Schule schreibt dem
Verhalten des Menschen in seiner Interpretation der Geschich-
te des Gottesvolkes ausschlaggebende Bedeutung zu. Existenz

---

144 Vgl. Lohfink, FS Schlier 43ff. Die priesterschriftliche Herausfüh-
    rungsgeschichte kann leicht nach dem Schema von Schuld-Strafe miß-
    verstanden werden, da sie im vorliegenden Text mit der Erzählung des
    Jahwisten verflochten ist, der den Untergang im Meer als Strafe für
    das Verhalten Pharaos deutet.
145 Die Formulierung in 12,12 (עשה + שפטים + Präposition ב ) kehrt in
    Ez (5,10; 11,9; 16,41; 25,11; 28,22.26; 30,14.19) oft wieder.
146 KBL 1003.
147 Baentsch 47.54; Noth 41f.
148 Das sind die Verben "verweigern" (מאן) - dieses steht parallel zu
    "wollen" (אבה) in Jes 1,19f. - "täuschen" (תלל hi.) in 8,25 und "sich
    hochmütig verhalten" (סלל hitpol.) in 9,17.

und Schicksal Israels entscheiden sich durch Treue oder Untreue zu Gott. Jahwes Handeln in der Zukunft hängt von dem
Verhalten Israels und vor allem seiner Könige ab. Gott weist
an, was der Mensch tun soll. So wird befohlen, die Satzungen
und Gebote Jahwes zu halten (I Reg 8,58.61). Der "Wenn"-Satz
(אם), in dem ein bestimmtes menschliches Verhalten geschildert wird, kehrt vor der Ankündigung der künftigen Tat Jahwes
wieder (Jos 23,12; I Reg 9,4ff.; 11,38). Das Unheil in der
Gegenwart und Vergangenheit ist in der Übertretung des ge-
offenbarten Willen Gottes begründet; die Sünde des Menschen
wird mit den Konjunktionen eingeführt, die den Anlaß und
Grund angeben[149]. Das Unheil wird als Schlußfolgerung dessen
angekündigt, was Israel gegen seinen Gott getan hat[150]. Die
nationale Katastrophe ist also nach der dtr Schule Gericht
über die Schuld des Volkes. Jahwe ist dafür nicht verantwortlich, er war im Gericht gerecht. Heil oder Unheil in der Geschichte entscheidet sich nach dieser Deutung durch das Verhalten des Menschen gegenüber Gott und seinem Gebot. Nach P
entscheidet Gott frei über Heil und Unheil in der Geschichte.

Kann man von einer Verantwortlichkeit Pharaos in P sprechen, obwohl Jahwe sein Herz bereits vor seiner ersten Tat
verstockt und damit seine folgende, sich gegen Jahwes Plan
stellende Handlung bestimmt[151]? Der Glaube ist kein fester
Standpunkt aus dem heraus der Mensch Gott neutral betrachten könnte, sondern Antwort auf das persönlich an ihn gerichtete Wort. Wer vom Wort Gottes betroffen ist und aus
seiner Anrede lebt, versteht seine konkrete Entscheidung
und sein Tun als gegeben, obwohl es seine Entscheidung und
Tun bleibt. Für ihn schließen sich Gottes und des Menschen
Handeln nicht aus, sondern liegen ineinander. Er weiß Gott
als den, der sein Wollen und Tun wirkt, aber weiß sich zu-

---

149 יען אשר in II Reg 21,11f.; בגלל in I Reg 14,16.
150 Mit der Konjunktion לכן in I Reg 14,9f. Zwei Sätze stehen ohne Kon-
    junktion hintereinander in I Reg 11,4-9; II Reg 13,2f.; 17,16.18.
    19f. Im Nebeneinander zieht der zweite Satz aus dem vorangehenden
    die Schlußfolgerung.
151 Die Frage nach der Verantwortlichkeit Pharaos ist in der Erzählung
    des Jahwisten eindeutig beantwortet. Gott verstockt Pharao nicht,
    sondern redet ihn durch seinen Boten Mose an. Das Wort Jahwes
    trifft ihn persönlich. Näheres dazu s.o.S.179ff.

gleich der Verantwortung dafür nicht enthoben, sondern in
sie hineingewiesen. Er kann auch dunkle Dinge aus der Hand
Gottes hinnehmen[152].

Der Prophet, der sich dem Wort Gottes unterstellt, kann nebeneinander
von Verstockung durch Jahwe (Jes 6,9f.; 29,9f.) und dem Nichthören-Wol-
len des Volkes (28,12; 30,9.15)[153] sprechen. Die Verstockung schließt
die persönliche Verantwortung und damit auch die Schuld nicht aus. Jesaja
selbst hofft paradoxerweise auf den sich seinem Volk verbergenden Gott
(8,17), ohne sich hier näher darüber auszulassen, wie das möglich ist
(vgl. aber 1,21ff. u.a.).

Nur wenn man sich der Betroffenheit durch das Wort Gottes
entzieht, aus dem Gehorsam heraustritt, über Gott und sein
Wort wie von einem neutralen Ort aus zu urteilen beginnt[154],
kann man meinen: Hatte Jahwe Pharao verstockt, so kann man
ihn für seine Taten nicht mehr verantwortlich machen. In P
fehlt das konkrete Gotteswort an *Pharao*, und Jahwe bleibt ihm
persönlich unbekannt und verborgen[155], so daß innerhalb P
die Frage der Verantwortlichkeit Pharaos schwer zu beantwor-
ten bleibt.

Die Priesterschrift erzählt die Geschichte nicht um ihrer
selbst willen, sondern spricht auf diese Weise ihre Zeit
an[156]. Redet P vielleicht in der Gestalt Pharaos und der Ägypter, die in der Exodusgeschichte vorgegeben sind, die Exilierten an? Wenn sie in der Verstockung Pharaos die ihres eigenen
Volkes wiederfinden[157], dann können sie die Verstockung durch
Jahwe nicht so interpretieren, daß die Verantwortung Pharaos
aufgehoben und er von seiner Schuld entbunden sei[158].

---

152 Vgl. Hi 2,10 u.a.; auch ein Gedicht von E. Mörike: Herr, schicke, was
    *du* willst/ ein Liebes oder Leides;/ ich bin vergnügt, daß beides/ aus
    *deinen* Händen quillt...; vgl. auch Bonhoeffer, Widerstand, 158.435f.
153 Es geht nicht um die Tatsache des Nichthörens, sondern um das Nicht-
    Hören-Wollen in 28,12; 30,9 (אבה).
154 Zum Unterschied zwischen Rede *von* Gott und Rede *über* Gott s. Bult-
    mann, GuV I, 26-37. J schildert den Übergang der Frau vom Gehorsam
    zu einem scheinbar neutralen Ort Gott gegenüber im Gespräch mit der
    Schlange (Gen 3,1ff.); dazu v.Rad, ATD 2, 71.
155 Näheres dazu s.o.S.327f.
156 Zur Transparenz der priesterschriftlichen Geschichtsdarstellung vgl.
    Elliger, KSAT 189; neulich Saebø, VT.S 1981, 366; Weimar, BN 1984,
    162.
157 Oder sind die Ägypter als Deckname für die Babylonier festgelegt?
    Vgl. das Wort für die ägyptischen Zauberer (s.o.S.230).
158 Anders Hesse, Verstockung 48.

P führt keine neue Tat Pharaos oder der Ägypter in ihrer
Erzählung ein, wie sie neu vom Nichthören der Israeliten erzählt. Daß P aber vor die Handlungen des ägyptischen Königs
und seines Volkes ihre Verstockung durch Jahwe setzt, prägt
das Folgende tief um. Die *Erkenntnisaussage*, in die die Verstockungsankündigung mündet, gehört ebenfalls zur Umdeutung
des vorgegebenen Gutes durch P.

Die Erkenntnis Jahwes durch Pharao ist P durch den *Jahwisten* vorgegeben. Für diesen bestünde sie in einer positiven Antwort Pharaos auf
Jahwe, der die Möglichkeit der Gemeinschaft anbietet. So hat die Erkenntnisaussage nicht etwa die Ägypter als Subjekt wie bei P, sondern
kehrt stets in der persönlichen Anrede Jahwes an Pharao in der zweiten
Person wieder. Jahwe spricht von der Erkenntnis durch Pharao darum nur
dann, wenn er sich ihm zuwendet, so daß sie ausschließlich in der Plagenreihe vorkommt (7,17; 8,18; 9,29). Pharao erkennt aber Jahwe niemals
an, sondern verstockt sein Herz; infolgedessen vernichtet Jahwe die
Ägypter. Nach J ist der Untergang der Ägypter im Meer die letzte Tat
Jahwes an diesem Volk.

Jahwe kündigt in P niemals die Verstockung als seine Tat
an, ohne nachher von der Erkenntnis Jahwes durch die Ägypter
zu sprechen (7,3-5; 14,4.17f.)[159]. So führt zu dieser die
Verstockung durch Jahwe. Gericht und Unheil ist nicht das
letzte und eigentliche Wort Jahwes[160]. Alleinwirken, Freiheit Jahwes sind für P kein Selbstzweck, sondern sollen
letztlich zur Anerkennung Jahwes durch die Ägypter führen[161].
So ist die Erkenntnisaussage bezüglich der Ägypter von P nur
mit der endgültigen Tat Jahwes gegen sie verbunden (7,5) und
kehrt später auch im letzten Wunder wieder (14,4.18).

---

159 Im Bericht kann jedoch die Verstockung als Jahwes Tat allein stehen
    (9,12).
160 Darin unterscheidet sich P vom vorexilischen Propheten Jesaja, der
    ebenfalls die Verstockung als Wirken Jahwes verkündigt; dazu s.u.S.
    349. Jahwe kündigt über seine feindliche Handlung hinaus die Er-
    kenntnis der Ägypter an. Erkennen sie Jahwe aber in oder nach ihr
    an? Die Erkenntnisaussage folgt auf die Tat Jahwes. Die Reihenfolge
    scheint das "nach" zu sprechen (14,4). Aber die Ägypter können
    kaum "nach der göttlichen Tat" etwas tun, da sie ja durch sie ver-
    nichtet werden. In 7,5; 14,18 wird die Ankündigung der feindlichen
    Tat Jahwes durch einen mit ‫ב‬ eingeführten Infinitiv nachgeholt, um
    deutlich zu machen, daß die Ägypter gerade in dieser Tat Jahwe er-
    kennen sollen. Die Israeliten können nach der göttlichen Handlung
    Jahwe erkennen, da er für sie helfend wirkt.
161 Die Erkenntnisaussage ist zwar in P ohne eine ausgesprochene Final-
    konjunktion wie ‫למען‬ bei J (8,18; 9,29), sondern schlicht mit ‫ו‬
    eingeführt. Dies ist aber als Ziel zu verstehen, denn P gebraucht
    Finalkonjunktionen überhaupt wenig und die Erkenntisaussage steht

Das Gericht ist nicht das letzte Wort Gottes. Diese theologische Aussage findet sich bereits in der Sintflutgeschichte
der Priesterschrift. P führt das prophetische Gerichtswort,
das das Ende Israels ankündigt (Am 8,2), in Gottes erstes
Wort an Noach (Gen 6,13) ein[162] und überträgt es auf die
Menschheit. Nach der Sintflut verspricht Gott, daß er eine
Katastrophe wie diese nicht wieder über die Menschheit und
die Erde herbeiführen wird (9,11). Gerichtsankündigung und
Bundeszusage betreffen allgemein die Menschheit und noch
nicht speziell das Volk Israel. Redet P indirekt trotzdem das
Israel ihrer Zeit an und versucht damit, die Exilserfahrung
theologisch zu bewältigen? Die Menschheit als "Adressat" ist
ja in der Noachgeschichte für P vorgegeben und unveränder-
lich wie Pharao und die Ägypter in der Herausführungsgeschichte. "Die Priesterschrift zielt viel stärker auf ihre
Gegenwart, als ihr Wortlaut, für sich betrachtet, zunächst
zu erkennen gibt"[163]. Im Vergleich zu der eindeutigen Zusage
einer Zukunft jenseits des erfahrenen Gerichts der Sintflut
bedeutet die Möglichkeit der Erkenntnis im Untergang zwar
nicht viel, aber es ist damit deutlich herausgestellt, daß
das Gericht nicht das letzte Wort Gottes ist[164].

Nach P kann sich die Erkenntnis Gottes nur in der Betroffenheit durch die göttliche Tat vollziehen. Diejenigen, an
denen Jahwe handelt, sollen Jahwe erkennen. Das gilt sowohl
für seine Hilfe[165] als auch für seine feindliche Tat. Darin
unterscheidet sich P von dem Jahwisten und dem Bearbeiter in
10,1f.; nach J sollen die wunderbaren Machtbeweise Jahwes
zu seiner Erkenntnis führen. Für J hat es kaum Bedeutung, ob

---

stets am Schluß der göttlichen Rede; zur Stellung in der Rede s.
Zimmerli, GOff 46.
162 Westermann, BK I/1, 561f.; W.H.Schmidt, Einführung 100; Smend, FС
Wolff 70f.
163 Smend, FS Wolff 71; vgl. Wellhausen, Proleg. [6]340.
164 Wenn von der Verstockung Pharaos durch Jahwe im Zusammenhang mit
der Prädestination gesprochen wird (Rm 9,14-18), kommt die priesterschriftliche Interpretation kaum zur Geltung, denn P sieht die Möglichkeit der Erkenntnis Gottes noch im Gericht, so daß "Sich-Er-
barmen" und "Verstockung zum Gericht" nicht einfach Gegensätze sind.
165 Z.B. "*ich* will *euch* annehmen als Volk für mich und will *euch* Gott
sein, und *ihr* sollt erkennen..." (6,7).

Pharao selbst, der allein bei ihm als Subjekt des Erkennens auftritt, unter den machterweisenden Plagen leidet oder nicht. An den Wundern, sowohl zugunsten Ägyptens (9,29) als auch zugunsten Israels (8,18) soll der ägyptische König Jahwe erkennen. In 10,1f. kündigt Jahwe zwar die Verstockung Pharaos und seiner Diener als göttliche Tat an, und die Wunder und Zeichen, die Jahwe vollbringt, treffen die Ägypter[166]. Aber nicht sie, sondern die Israeliten sollen an dem wunderbaren Geschehen Jahwe erkennen. Das Objekt der göttlichen Tat und das Subjekt der Erkenntnis stimmen hier nicht überein, so daß eine Betroffenheit des Menschen durch Jahwes Tat fehlt.

Nach P soll die Erkenntnis Jahwes nicht nur als Antwort auf die helfende Handlung Jahwes, wie bei den Israeliten (6,7), sondern auch in seiner vernichtenden Tat herbeigeführt werden. Trotz der feindlichen Tat Jahwes gegen die Ägypter sollen sie Jahwe erkennen. Schon die Reihenfolge der Ereignisse in der göttlichen Zukunftsaussage deutet dieses an; der Erkenntnis Jahwes durch die Ägypter geht stets die feindliche Tat Jahwes gegen sie voran[167]. Darüber hinaus wiederholt P diese Tat in dem nachgestellten Infinitiv und unterstreicht damit, daß die Ägypter gerade im eigenen Untergang Jahwe erkennen sollen (7,5; 14,18)[168]. Kaum zufällig folgt der Infinitiv nur auf die Erkenntnis durch die Ägypter und niemals auf die durch die Israeliten (6,7; 16,12; 29,46). P kann im vorgegebenen Rahmen der Herausführungsgeschichte, die mit der Rettung Israels und dem Untergang Ägyptens endet, schwerlich eine feindliche Tat Jahwes gegen Israel einfügen und es deswegen kaum direkt so darstellen, daß die Israeliten in ihrem eigenen, von Jahwe bewirkten Untergang ihn erkennen sollen. P macht stattdessen ihrer Zeit

---

166 S. "unter ihnen" (*בקרבו) in v.1 und "an den Ägyptern" (במצרים) in v.2.

167 7,6; die Verherrlichung Jahwes (כבד ni. dazu C. Westermann, כבד THAT I, 801) geschieht durch die Vernichtung der Ägypter in 14,4.18.

168 Dieser Infinitiv ist nicht nur temporal zu verstehen, sondern auch als Angabe, woran sich die Erkenntnis vollziehen soll, worauf Zimmerli bereits aufmerksam gemacht hat (GOff 53). Der durch ב angegliederte, suffigierte Infinitiv kehrt bei Ezechiel wieder (Belegstellen s.o.S.307 Anm.24).

exemplarisch an der Gestalt der Ägypter deutlich, daß Israel
auch im Exil, nachdem Jahwe sein eigenes Volk zugrunde gerichtet hat, ihn erkennen kann. In diesem Sinne spricht der
zeitgenössische Prophet Ezechiel deutlicher über Jahwes Volk;
in Zorn und Gericht über Israel soll sich Jahwe erkennen lassen (7,9; 11,9f.; 12,15.20; 22,22). Bei Ezechiel redet Jahwe
Israel in der Regel an[169], so daß er als Urheber des Gerichts
seinem Volk bekannt ist. Nach P aber bleibt Jahwe den Ägyptern verborgen[170]. Trotzdem sollen sie Jahwe erkennen. Was
will die Priesterschrift mit diesem merkwürdigen von ihr
konstruierten Verhältnis der Ägypter zu Jahwe aussagen? Die
Exilierten meinen nach dem Untergang aller äußeren Stützen
des Glaubens in der Geschichte, von Gott verlassen und vergessen zu sein, wie es die von Deuterojesaja (49,14) zitier-
te Klage ausspricht. Das Volk, das in der Exilssituation mit
seiner Geschichte nicht mehr zurechtkommen kann, folgert,
daß Jahwe keinen Zugang mehr zum Geschick seines Volkes habe
(Jes 40,27)[171]. Gegen das Verzagen und Verzweifeln, daß Jahwe
mit Israel nichts mehr zu tun habe, ja sogar haben wolle,
wendet sich P. Der Untergang des Staates bedeutet nicht die
Unwirksamkeit Jahwes. Jahwe wirkt nach wie vor, aber auf
eine andere Weise. Als Retter hat sich Jahwe Israel geoffen-
bart, indem er seinen Namen Jahwe bekannt machte und seine
künftige Handlung in der Geschichte kundtat (Ex 6). Jahwe
wirkt nun den Ägyptern gegenüber verhüllt, aber sie unter-
liegen völlig Gottes Wirken[172]. Wenn man entdeckt, daß Jahwe
in der Verborgenheit wirken kann, versteht man das Unheil,
den eigenen Untergang, nicht als blinden Zufall, sondern kann
es als Tat Jahwes an sich bejahen (Jes 45,15; vgl. auch 8,17).
Bedeutet die Erkenntnis Jahwes durch die Ägypter in P, Jahwe

---

169 Von den angegebenen Stellen ist nur 12,15 in der dritten Person formuliert.
170 Dazu s.o.S.327ff.
171 Dazu Perlitt, FS v.Rad 1971, 381; vgl. Janowski, Sühne 355. Für dieses verzweifelte Israel kann Jahwe, der Israel aus Ägypten errettet
   hat, als Gott der Vergangenheit, aber nicht als Gott der Gegenwart
   gelten. Israel kann sich fragen, was ihm diese Erinnerung an das
   Vergangene hilft, wenn es Gottes Rede in Ex 6 gehört hat, die ausschließlich von seinem Einsatz für Israel in Ägypten erzählt.
172 Stehen die Ägypter für die Israel knechtende Weltmacht?

als verborgen bleibenden Unheilsbringer und die Vernichtung
als sein Wirken zu erkennen[173]? Die Priesterschrift deutet
den Stillstand der Heilsgeschichte durch das Exil nicht als
Mangel oder sogar Fehlen der Wirksamkeit, sondern als Wirken
Gottes an seinem Volk in Verhüllung.

Die Erkenntnis, die Jahwe als Ziel der Verstockung ankündigt, wird nachher weder positiv noch negativ berichtet, obwohl die anderen Aussagen derselben Reden später im Bericht
wiederholt werden[174]. Deutet P damit an, daß die Erkenntnis
Jahwes erfolgen sollte, aber nicht erfolgt ist? Drückt sie
damit ihr negatives Urteil über ihre Zeit aus, daß Israel
den in der Erfahrung des Exils verborgenen Jahwe nicht erkennt? Aber nicht nur von den Ägyptern, sondern auch von den
Israeliten, denen die Herausführung, die Nahrung und die
Gottesgemeinschaft geschenkt werden, wird die Gotteserkenntnis nur angekündigt, niemals berichtet[175]. P stellt die Erkenntnis Jahwes nicht als vorhandene, schon geschehene, sondern stets als offene Möglichkeit in der Geschichte dar.
Versteht P die Erkenntnis Jahwes überhaupt als in der Geschichte nicht vollziehbar, damit eschatologisch[176]? Darin
unterscheidet sie sich von den redaktionellen Bearbeitern,
die vom Glauben Israels nicht nur als Ziel des Wunders

---

173 Deutet P damit an: "Alle echte Gotteserkenntnis beginnt mit der Erkenntnis der Verborgenheit Gottes" (v.Rad, Theologie II, [4]402 unter
   Bezug auf Barth, KD II/1, 205)? Die Ägypter sollen erkennen "ich bin
   Jahwe". Die göttliche Tat wird dabei niemals benannt, so aber bei
   den Israeliten in 6,7; 16,6; 29,46. Hat ihr Fehlen mit der Entdeckung
   des verborgenen Jahwe zu tun? Oder fehlt das Partizip der göttlichen
   Tat, weil sie mit ב + Infinitiv nachgetragen werden kann (7,5;
   14,18)?

174 Die Verstockung und der Widerstand der Ägypter in der Rede 14,4
   kehrt im Bericht in v.8 wieder. Die endgültige Vernichtung der Ägypter durch Jahwe (v.18) wird zwar nicht wörtlich wiederholt, aber im
   Bericht geschildert (v.28).

175 Vgl. McEvenue, Semitics 1971, 107. Mit dem Hören Israels ist es an-
   ders. Die Israeliten, die bei der Ankündigung der Herausführung auf
   Mose nicht hörten (Ex 6,9), hören am Ende der Priesterschrift auf
   Josua (Dtn 34,9).

176 In der eschatologischen Weissagung folgt auf das Wirken Jahwes am
   Herzen des Menschen die Erkenntnis Jahwes (Jer 31,33f.). Kraus
   stellt die Frage: "Darf man die Deutung wagen, daß in der Priesterschrift eine präsentische 'Eschatologie' hinsichtlich der Schöpfung
   und Weltvollendung waltet?" (EvTh 1964, 469).

(Ex 4,5) sprechen, sondern berichten, daß das Volk auch tatsächlich glaubt (4,31a; 14,31)[177]. P kennt eine entsprechende
positive Antwort des Menschen auf Jahwe in der Geschichte
nicht[178].

---

177 14,31(R) nennt Jahwe als Objekt von "Fürchten" (ירא) und "Glauben"
   (האמין).
178 Höchstens berichtet P vom Hören der Israeliten (s.o.S.344 Anm.175).
   Auch im Kult fehlt in P eine Antwort Israels, Gott zu loben; vgl.
   Koch, ZThK 1958, 44; s.o.S.79 Anm.301.

E. Jahwist und Priesterschrift

Das "literarische" Verhältnis zwischen J und P wird durch
die oben geführte Diskussion ein wenig klarer. Wie verhalten
sich beide in ihrer theologischen Interpretation zueinander?
P übernimmt Vorstellungen aus der jahwistischen Erzählung,
z.B. die Verstockung und die Erkenntnisaussage. Doch deutet
P sie um und gestaltet ihre Erzählung ganz anders als J; die
Anrede Jahwes an Pharao, die die Voraussetzung für die persönliche Beziehung und darum für die jahwistische Erzählung
konstitutiv ist, fehlt bei P völlig. Das Ende im Meer ist
nach J die Strafe Jahwes für die Schuld aufgrund der freien
Entscheidung Pharaos. Diese Schuld-Strafe-Struktur des Jahwisten fehlt in P ebenfalls, in der Jahwe das Ende der Herausführung bereits bei der Berufung ankündigt. Trotz verschiedener Ausgestaltung der Erzählung und damit verbundenen
theologischen Intentionen sind J und P in zwei wesentlichen
Punkten einig: a) Jahwe wollte eigentlich den Untergang der
Ägypter im Meer nicht. Nach J wollte Jahwe ursprünglich eine
persönliche Anerkennung durch Pharao, die dieser aber ver-
weigerte, indem er sein Herz verstockte. Als Folge dieser Entscheidung des ägyptischen Königs bringt Jahwe den Ägyptern
die Vernichtung, die er eigentlich nicht beabsichtigte. Nach
P bestimmt Jahwe zwar das Ende bereits zuvor bei der Berufung Moses, aber diese Vernichtung ist nicht das letzte Wort
Jahwes, sondern ihr eigentliches Ziel ist die Erkenntnis Jahwes durch die Ägypter. b) Ein partikularistisches Verständnis der untrennbaren Gemeinschaft Jahwes mit seinem Volk ist
ausgeschlossen. J bewahrt Jahwes Freiheit seinem Volk gegenüber, indem er die Möglichkeit der Gemeinschaft zwischen Jahwe und dem fremden Herrscher in die Plagenerzählung einführt[179]. Die Plagen und die Vernichtung im Passa und im

---

179 Näheres dazu s.o.S.179ff.212.

Meer werden nicht deswegen über die Ägypter gebracht, weil
sie die Israeliten in Ägypten mit der Fronarbeit hart behandelt haben, wie es wohl der vorgegebenen Überlieferung
entnommen werden kann, sondern deswegen, weil Pharao die
Zuwendung Jahwes fortwährend abgelehnt und die Möglichkeit
zur persönlichen Beziehung mit Jahwe vertan hat. In P bestimmt Jahwe frei über das Gericht Ägyptens und die Rettung
Israels. Die Ankündigung des Gerichtes wird nicht mit einer
Tat Pharaos oder der Ägypter begründet. P hebt mit der Einführung des Nichthörens Israels hervor, daß die Zuwendung
Jahwes allein in ihm selbst begründet und eine positive
Mitwirkung Israels bei der Rettung ausgeschlossen ist.

# F. Priesterschrift und Prophetie


Zwischen dem Jahwisten und der Priesterschrift liegt die
Wirksamkeit der sog. Schriftpropheten. Läßt sich ein Einfluß
der Prophetie - von deren Schuldaufweis und Gerichtsankündigung - auf die theologische Interpretation der Priesterschrift, der mindestens zeitlich möglich wäre, tatsächlich
beobachten[180]?

P zeigt in der Sprache und in der Sache unverkennbare Berührungen mit dem Zeitgenossen Ezechiel. Sie können aber
nicht ausreichend durch eine gemeinsame priesterliche Tradition, aus der beide schöpfen[181], erklärt werden[182].

Der Ungehorsam Pharaos tritt bereits in der jahwistischen
Erzählung auf und ist P vorgegeben. P erzählt ihn auch von
den Israeliten selbst, und zwar bereits am Anfang der Geschichte der Gemeinschaft *Jahwes* mit seinem *Volk*. Dabei macht
P keine Ausnahme bei dem Gottesvolk; seine Führer sind ebenfalls Jahwe gegenüber nicht immer gehorsam. Israel war als
Ganzes von Anfang an undankbar für Jahwes Zuwendung. Ist
eine solche radikale Einsicht in die Schuld des Volkes ohne
die vorangehende Prophetie möglich? Die Gegenüberstellung
von Gottes Zuneigung und Israels Ungehorsam findet sich im
Wort des Propheten (z.B. Jes 1,2; 5,1-7; Hos 11,1-4). P unterscheidet sich von den Propheten jedoch in dem, was auf
diese Gegenüberstellung folgt; die vorexilischen Propheten
ziehen aus der Untreue Israels die Konsequenz, daß sie Gottes
Strafgericht ankündigen (Jes 5,5-7; Hos 11,5f.). In der Exodusgeschichte der Priesterschrift bleibt Jahwe trotz Israels

---

180 Vgl. W.H.Schmidt, FS Delcor 369ff.
181 Zimmerli, BK XIII/1, 79*.
182 Weimar, Untersuchungen 103 Anm.65; Lang, Ezechiel 79.135 Anm.264;
   W.H.Schmidt, FS Delcor 369 Anm.1. P enthält auch mit Deuterojesaja
   gemeinsame Themen und Ausdrücke; vgl. Kapelrud, ASTI 1964, 60ff.;
   Eitz, Verhältnis.

Ungehorsam seinem Wort treu und wendet sich unverändert seinem Volk zu[183].

In der jahwistischen Erzählung verstockt Pharao selbst
sein Herz, und die Verstockung ist dort niemals Jahwes Tat.
P berichtet von der Verstockung zunächst als Tat Jahwes in
dessen Rede. Jesaja kündigt die Verstockung Israels ebenfalls als Jahwes Wirken (6,9f.; 29,9) an. P unterscheidet
sich von dem vorexilischen Propheten wiederum in dem, was
auf diese Tat Jahwes folgt. Nach Empfang des Verstockungs-
auftrags fragt Jesaja nach der Dauer. Die Antwort Gottes
schließt jedoch Hoffnung aus und belehrt ihn, daß das Gericht das letzte Ziel ist (Jes 6,9-11). P setzt an das Ende
der göttlichen Ankündigung der Verstockung stets die Erkenntnis Jahwes durch die Ägypter. Für P sind die Verstok-
kung und der Untergang nicht das letzte Wort Jahwes. Ist
es nicht das Wort an die Zeit, in der das angekündigte Gericht schon eingetroffen ist?

---

183 Anders in der Wüstenzeit; dazu s.o.S.325·Anm.98.

VII. ZUSAMMENFASSUNG

I. In Kap. 1 wird die Frage nach dem Verhältnis der Priesterschrift zu den älteren Quellenschriften gestellt und verschiedene Deutungsmöglichkeiten werden aufgeführt. Die Frage
wird in den folgenden Kapiteln an ausgewählten Texten in Ex
3-14 untersucht. Die Hauptergebnisse können etwa so knapp
zusammengestellt werden:

II. Für Moses Berufungsgeschichte in Ex 3 ergibt die Literarkritik zwei ältere, einst selbständige Fäden. Sie ermöglichen es, die Umrisse der vorgegebenen Überlieferung festzustellen. In P wirkt die J und E gemeinsame Überlieferung
fort, denn die priesterschriftliche Berufungsgeschichte
stimmt nur mit jener überein oder mit den Quellenschriften,
wenn diese den Zug der Überlieferung bewahren. Außerdem setzt
P die Überlieferung voraus, auch wenn P von ihr abweicht.
Schließlich ist die Kraft der Überlieferung in der auffälligen literarischen Gestalt noch spürbar. Die Priesterschrift
zeigt hier wenig Einfluß der älteren Quellenschriften; von
den Zügen, die die älteren Quellenschriften aus ihrer jeweils
eigenen Interpretation in die Berufungsgeschichte eingeführt
haben, kehrt keiner in P wieder. Dieser Tatbestand bedeutet
aber nicht, daß P das ältere literarische Werk nicht gekannt
hat. Der Vergleich zwischen P und der redaktionellen Bearbeitung von JE (Ex 4) bestätigt, daß P von Ex 4 abhängig ist.
Da die redaktionelle Bearbeitung nicht für sich existierte,
sondern ihrerseits die älteren Quellenschriften voraussetzt,
waren diese in der durch die Redaktion erweiterten Form P
bekannt.

III. Für die gesamte Plagenerzählung kann kein Anteil des
E nachgewiesen werden. Ab Ex 9,12 ist auch P nicht mehr beteiligt. Stattdessen ist am Ende der Plagenreihe eine nachpriesterschriftliche, redaktionelle Bearbeitung festzustellen. Sie kann nicht in den Vergleich mit P einbezogen werden,

so daß allein J als Vergleichsmaterial bleibt.

Anders als bei der Berufung Moses gestaltet J hier die
Überlieferung durch seine Interpretation stark um. Vorgegeben war ein Bericht der Plagen. J setzt vor und hinter jede Plage eine Ankündigung an Pharao und die Verhandlung zwischen Mose und Pharao. Jahwe versucht durch seine Anrede,
die persönliche Beziehung und damit die Möglichkeit einer
Gemeinschaft mit Pharao zu eröffnen und ihm die Freiheit
eigener Entscheidung einzuräumen. Dieser verhält sich Jahwe
gegenüber aber gemeinschaftswidrig, indem er seine Zusage,
die Israeliten zu entlassen, und sein Sündenbekenntnis wiederholt rückgängig macht. Infolgedessen schweigt Jahwe end-
lich ihm gegenüber. Nach der Deutung durch J sind darum die
letzte Plage und das Meerwunder kein willkürlicher Einsatz
Jahwes für sein Volk und gegen dessen Bedrücker, sondern
notwendige Folge der Reaktion Pharaos auf Gottes Zuwendung,
Strafe für Schuld.

Die Priesterschrift gestaltet die Wundererzählung durch
ihr eigenes Thema der Auseinandersetzung zwischen Jahwes
Wort und der ägyptischen Zauberkunst aus. Daher enthält P
an dieser Stelle nur wenige Gemeinsamkeiten mit der älteren
Quellenschrift. Hier ist allerdings deren Einfluß, der in
der Berufungsgeschichte fehlt, klar festzustellen; nicht
nur die J wohl vorgegebenen, sondern auch die von J eingeführten Erzählelemente kehren in P wieder. Die J bzw. P eigenen Züge erklären sich aus der Umdeutung durch P. P kennt
die jahwistische Erzählung und legt ihrer Darstellung kein
anderes Material zugrunde.

Aus dem Vergleich mit der redaktionellen Bearbeitung (Ex
4,1-4.9) ergibt sich zweierlei: a) Es wird wiederum bestätigt, daß Ex 4 der Priesterschrift vorangeht, obwohl eine
klare Entwicklungsrichtung hier schwer feststellbar ist.
b) Die Benutzung des älteren literarischen Werkes als Vorlage ist auch hier ausgeschlossen.

IV. Die Anweisungen für das Passa in P bestehen aus drei
Schichten; die Vorlage von P$^g$ kann im vorliegenden Text abgegrenzt werden, P$^g$ wird nachträglich durch die Hand von P$^s$
bearbeitet. 12,21-23 widerspricht dem sonstigen, J zugeord-

neten Teil nicht ausdrücklich und weicht von der jahwistischen Plagenerzählung nur deswegen geringfügig ab, weil die
urtümliche Passatradition vorgegeben ist. Der Abschnitt kann
darum J zugewiesen werden.

Die Vorlage der Priesterschrift und J enthalten neben Gemeinsamkeiten Unterschiede, so daß beide zum gleichen Traditionsstrom gehören, ohne jedoch identisch zu sein. In J und
P kehren zwar gemeinsame Begriffe und Ausdrücke in einer
ähnlichen Reihenfolge wieder, aber einige Abweichungen bleiben aus der Umdeutung durch P unerklärbar. Daher wird die
obige Schlußfolgerung bestätigt, daß P die ältere Quellenschrift kennt, aber nicht als schriftliche Vorlage gebraucht.
P übernimmt einen vorgegebenen, fixierten Wortlaut - sei es
schriftlich, sei es mündlich - für die Anweisungen des Ritus.
Der Wortlaut des jahwistischen Textes begegnet dagegen in P
nicht. Das literarische Werk der älteren Quellenschrift steht
P daher wohl nicht zur Verfügung, als P ihre Geschichte nie-
derschreibt.

V. Der Meerwunderabschnitt enthält die jahwistische, die
priesterschriftliche Erzählung und einige elohistische Fragmente (s.o.S.280 Anm.19). J wird nachträglich durch eine Redaktion, die der dtn-dtr Tradition nahesteht, bearbeitet.
Der Bearbeiter interpretiert das vorgegebene Geschehen der
Überflutung als Gottesschrecken im Jahwekrieg. J und P stellen das entscheidende Ereignis am Meer recht unterschiedlich
dar; nur P berichtet vom Durchzug der Israeliten durch das
Meer und ihrer Verfolgung durch die Ägypter. Der Redaktor
($R^P$) hat darum Mühe, J und P zusammenzuflechten. In dem vorliegenden Text wird der Durchzug durch das Meer, der in P
ursprünglich am Tag erfolgte, nun in der Nacht vollzogen.
Der Redaktor fügt die Aussagen über das Feuer hinzu, das den
Zug in der Dunkelheit beleuchtet.

Die endgültige Rettung Israels durch die Vernichtung der
Ägypter im Meer wird - anders als die vorangehenden Ereignisse beim Auszug - oft außerhalb des Pentateuch angesprochen. Dieser Tatbestand kann die Existenz einer von J verschiedenen Überlieferung beweisen. Dabei wird der Durchzug
durch das Meer öfters erwähnt oder es wird auf ihn ange-

spielt; er ist darum nicht von P erfunden, sondern ihr vorgegeben. Ob diese Überlieferungsvariante zur Zeit des J
schon vorhanden war oder nicht, muß offen bleiben. Ihre Herkunft ist aber erschließbar: Daß die Israeliten auf trockenem Boden durch das Wasser marschieren, wird aus der Tradition des Jordanübergangs, bei dem ebenfalls das Trocknen
und Zurückkehren des Wassers eine entscheidende Rolle spielt,
auf die Meerwunderüberlieferung übertragen. Das neue Motiv
bringt eine Änderung der geographischen Vorstellung mit sich;
das Meer ist parallel zum Fluß Jordan nun mit einem jenseitigen Ufer versehen.

Nicht nur in den Anweisungen des Ritus, dessen Stoff P vertraut ist, sondern auch in der Geschichtserzählung greift P
eine von J verschiedene Fassung auf. P kann die Geschichtsdarstellung der älteren Quellenschriften verlassen und sich
ihnen gegenüber frei verhalten.

Die wechselnden Ergebnisse in den verschiedenen Textberei-
chen widersprechen sich nicht, sondern ergänzen sich. So
wird die Vielfalt der Verfahrensweise der Priesterschrift
herausgestellt. Sie geht mit den älteren Quellenschriften
und anderen Stoffen je nach der Beschaffenheit des vorgegebenen Gutes recht unterschiedlich um. Deswegen ist Vorsicht
geboten, ein Teilergebnis zu schnell zu verallgemeinern.

VI. P bringt folgende theologische Intentionen bei der Interpretation der Herausführungsgeschichte zur Geltung:

Gottes Wort ist geschehendes und befehlendes, wirksames
Wort in der Geschichte wie in der Natur; es ist ägyptischer
Zauberkunst überlegen. Was Jahwe als seine Tat angekündigt
hat, geschieht stets. Aber nicht alle Ereignisse sind Verwirklichung des Wortes Gottes. Sein Befehl kann, wenn auch
selten, nicht befolgt werden. Die Verweigerung führt aber
zur Ankündigung einer neuen göttlichen Tat. Da Jahwes Wort
seiner Tat gleich ist, beginnt die Befreiung der Israeliten
aus Ägypten bereits mit seiner Ankündigung der Herausführung
an Mose, die dem Volk weitergegeben werden soll. Die folgende Geschichte ist Verwirklichung dieser Rede.

P stellt bei Moses Berufung Jahwes Zuwendung die Ablehnung
des Volkes gegenüber. Israel erweist sich bereits bei der

ersten Begegnung mit Jahwe als ungehorsam. Trotzdem setzt
Jahwe in der Exodusgeschichte sein Wort in die Tat um. Seine
Zuwendung zu Israel ist allein an seinen freien Willen gebunden, und eine positive Mitwirkung Israels bei der Rettung
ist ausgeschlossen.

Jahwe kündigt die Verhärtung des Herzens Pharaos schon vor
der Wunderreihe an. Sein Wirken bis in das verborgene Innere
des Menschen hinein bestimmt die gesamte Geschichte der Herausführung. Jahwe kündigt die Verstockung vor dem ersten Auftritt Pharaos an, so daß P sie weder motiviert noch ausdrücklich mit einer Schuld Pharaos und der Ägypter begründet. Jahwe verfügt frei über Rettung und Gericht.

Jahwe kündigt aber die Verstockung niemals als seine Tat
an, ohne zugleich von der Erkenntnis Jahwes durch die Ägypter zu sprechen. Verstockung, Gericht und Unheil sollen
letztlich zur Anerkennung Jahwes führen. Sie kann sich nur
in der Betroffenheit durch die göttliche Tat vollziehen,
und zwar nicht nur als Antwort auf die helfende, sondern
auch die vernichtende Tat. Die Ägypter sollen Jahwe gerade
in ihrem eigenen, von ihm bewirkten Untergang anerkennen.
Aber Jahwe redet sie weder an, noch wird er ihnen von Mose
verkündet. Bedeutet dann die Erkenntnis Jahwes durch Pharao
und die Ägypter, Jahwe als verborgen bleibenden Unheilbrin-
genden und die Vernichtung als sein Werk zu erkennen? Wendet sich P damit gegen Zagen und Zweifel im Exil, daß Jahwe
mit Israel nichts mehr zu tun habe? Deutet P verhüllt das
Exil als Wirken Gottes an seinem Volk?

LITERATURVERZEICHNIS

Es werden nur die in den Anmerkungen erwähnten Werke aufgezählt. Das Abkürzungsverzeichnis von S.Schwertner in "Theologische Realenzyklopädie" (TRE 1976) bzw. als "Internationales Abkürzungsverzeichnis für Theologie und Grenzgebiete" (IATG 1974) liegt zugrunde. Darüber hinaus bedeutet: BN = Biblische Notizen, ThVer = Theologische Versuche und OTL = Old Testament Library. Lexikonartikel werden im Literaturverzeichnis nicht angeführt, sondern nur in den Anmerkungen (jeweils mit Verfassernamen) genannt. Gekürzt angeführte Titel werden mit (=  ) eigens angegeben. Die Kommentare des Exodusbuches werden in den Anmerkungen nur mit Verfassernamen zitiert.


1. Lexika, Grammatiken und Textausgaben

G.J.Botterweck - H.Ringgren (Hrsg.), Theologisches Wörterbuch zum AT, I 1973, II 1977, III 1982, IV 1984 (= ThWAT).
C.Brockelmann, Hebräische Syntax, 1956 (= BS).
H.Donner - W.Röllig, Kanaanäische und aramäische Inschriften I - III, $^2$1966 (= KAI).
K.Galling (Hrsg.), Textbuch zur Geschichte Israels, $^2$1968 (= TGI).
W.Gesenius - E.Kautzsch, Hebräische Grammatik, $^{28}$1909 (= GK).
E.Jenni - C.Westermann (Hrsg.), Theologisches Handwörterbuch zum AT, I & II, $^2$1975 (= THAT).
P,Joüon, Grammaire de l'hébreu biblique, 1923 (= Joüon).
L.Köhler - W.Baumgartner, Lexicon in Veteris Testamenti libros, $^2$1958 (= KBL).
G.Krause - G.Müller (Hrsg.), Theologische Realenzyklopädie, I - XIII, 1977ff. (= TRE).


2. Kommentare

B.Baentsch, Exodus-Leviticus-Numeri: HK 1,2,1, 1900.
G.Beer, Exodus: HAT 1,3, 1939.
B.S.Childs, Exodus: OTL, 1974.
K.Elliger, Leviticus: HAT 1,4, 1966.
- , Deuterojesaja: BK XI/1, 1970-78.
H.Gunkel, Genesis: HK 1,1, $^3$1910. $^6$1966.
- , Die Psalmen: HK 2,2, $^4$1926. $^5$1968.
H.W.Hertzberg, Die Samuelbücher: ATD 10, $^5$1973.
H.Holzinger, Exodus: KHC 2, 1900.
H.J.Kraus, Psalmen: BK XV/1 & 2, $^5$1978.
M.Noth, Das Buch Josua: HAT 7, $^2$1953.
- , Das zweite Buch Mose. Exodus: ATD 5, $^3$1965.
- , Das vierte Buch Mose. Numeri: ATD 7, $^3$1977.
- , Könige I.Teilband: BK IX/1, 1964-68.
G.v.Rad, Das erste Buch Mose. Genesis: ATD 2, $^9$1972.
W.H.Schmidt, Exodus: BK II, 1974ff.
C.Westermann, Das Buch Jesaja. Kapitel 40-66: ATD 19, $^2$1970.
H.W.Wolff, Dodekapropheton 1. Hosea: BK XIV/1, $^3$1976.

- , Dodekapropheton 2. Joel und Amos: BK XIV/2, [2]1975.
E.Würthwein, Die Bücher der Könige. 1.Kön.1-16: ATD 11/1, 1977.
- , Die Bücher der Könige. 1.Kön.17-2.Kön.25: ATD 11/2, 1984.
W.Zimmerli, Ezechiel: BK XIII/1 & 2, [2]1979.


3. Monographien und Aufsätze


P.R.Ackroyd, Exile and Restoration. A study of Hebrew thought of the
     sixth century B.C., 1968 (= Exile).
E.Auerbach, Moses, 1953 (= Moses).
A.G.Auld, Joshua, Moses and the Land. Tetrateuch - Pentateuch - Hexa-
     teuch in a generation since 1938, 1980 (= Moses).
H.Barth - O.H.Steck, Exegese des ATs. Leitfaden der Methodik, [9]1980
     (= Exegese).
K.Barth, Die kirchliche Dogmatik II/1, [5]1975 (= KD II/1).
J.Begrich, Das priesterliche Heilsorakel: ZAW 52, 1934, 81-92 = Gesam-
     melte Studien zum AT, TB 21, 1964, 217-231 (= GStAT).
E.Blum, Die Komposition der Vätergeschichte: WMANT 57, 1984 (= Väter-
     geschichte).
H.J.Boecker, Redeformen des Rechtslebens im AT: WMANT 14, [2]1970
     (= Rechtsleben).
D.Bonhoeffer, Widerstand und Ergebung, 1970 (= Widerstand).
R.Borchert, Stil und Aufbau der priesterschriftlichen Erzählung, Disser-
     tation Heidelberg 1957 (= Stil).
G.Bornkamm, Lobpreis, Bekenntnis und Opfer: APOPHORETA, FS E.Haenchen,
     BZNW 30, 1964, 46-63 = Geschichte und Glaube I, BEvTh 48, 1968,
     122-139 (= GuG I).
W.Brueggemann, The Kerygma of the Priesterly Writers: ZAW 84, 1972,
     397-414.
R.Bultmann, Welchen Sinn hat es, von Gott zu reden?: ThBl IV, 1925,
     129-135 = Glauben und Verstehen I, [8]1980, 26-37 (= GuV I).
B.S.Childs, Deuteronomic formulae of the Exodus Tradition: VT.S 16,
     Hebräische Wortforschung, FS W.Baumgartner, 1967, 30-39.
- , A Traditio-Historical Study of the Reed Sea Tradition: VT 20, 1970,
     406-418.
- , Introduction to the Old Testament as Scripture, 1979 (= Introduc-
     tion).
G.W.Coats, The traditio-historical character of the Reed Sea Motiv: VT
     17, 1967, 253-265.
- , The Song of the Sea: CBQ 31, 1969, 1-17.
- , Moses versus Amalek. Aetiology and legend in Exodus XVII 8-16:
     VT.S 28, Congress Volume Edinburgh, 1975, 29-41.
A.Cody, A History of Old Testament Priesthood: AB 35, 1969 (= Priesthood).
B.Couroyer, Quelques Egyptianismes dans l'Exode: RB 63, 1956, 209-219.
- , Le Doigt de Dieu (Exode viii, 15): RB 63, 1956, 481-495.
J.L.Crenshaw, Amos and the Theophanic Tradition: ZAW 80, 1968, 203-215.
F.M.Cross, Canaanite Myth and Hebrew Epic, 1973 (= Myth).
F.Crüsemann, Die Eigenständigkeit der Urgeschichte. Ein Beitrag zur Dis-
     kussion um den Jahwisten : Die Botschaft und die Boten, FS H.W.
     Wolff, 1981, 11-29.
G.H.Dalman, Arbeit und Sitte in Palästina I-VII, 1928-1942 (= AuS).
P.Diepold, Israels Land: BWANT 5-15 (= 95), 1972 (= Land).
W.Dietrich, Prophetie und Geschichte. Eine redaktionsgeschichtliche Un-
     tersuchung zum deuteronomistischen Geschichtswerk: FRLANT 108,
     1972 (= Prophetie).

H.Donner, Der Redaktor. Überlegungen zum vorkritischen Umgang mit der
    Heiligen Schrift: Henoch 2, 1980, 1-30.
B.D.Eerdmans, Alttestamentliche Studien 3. Das Buch Exodus, 1910 (= Exo-
    dus).
O. Eißfeldt, Hexateuch-Synopse, 1922.1962 (= Synopse).
- , Baal Zaphon, Zeus Kasios und der Durchzug der Israeliten durchs
    Meer: BRAG 1, 1932 (= Baal Zaphon).
- , Jahwe, der Gott der Väter: ThLZ 88, 1963, 481-490 = Kleine Schrif-
    ten IV, 1968, 79-91 (= KS IV).
A.Eitz, Studien zum Verhältnis von Priesterschrift und Deuterojesaja,
    Dissertation Heidelberg 1970 (= Verhältnis).
K.Elliger, Sinn und Ursprung der priesterlichen Geschichtsschreibung:
    ZThK 49, 1952, 121-143 = Kleine Schriften zum AT, TB 32, 1966,
    174-198 (= KSAT).
F.C.Fensham, Common Trends in Curses of the Near Eastern Treaties and
    KUDURRU-Inscriptions Compared with Maledictions of Amos and Isaiah:
    ZAW 75, 1963, 155-175.
J.P.Floss, Jahwe dienen, Göttern dienen: BBB 45, 1975 (= Dienen).
G.Fohrer, Überlieferung und Geschichte des Exodus: BZAW 91, 1964 (= Exo-
    dus).
- , Die symbolischen Handlungen der Propheten: AThANT 54, $^2$1968 (= Hand-
    lungen).
R.Friebe, Form und Entstehungsgeschichte des Plagenzyklus Exodus 7,8-
    13,16, Dissertation Halle 1967 (= Plagenzyklus).
V.Fritz, Israel in der Wüste. Traditionsgeschichtliche Untersuchung der
    Wüstenüberlieferung des Jahwisten: MThSt 7, 1970 (= Wüste).
- , Tempel und Zelt: WMANT 47, 1977 (= Tempel).
W.Fuss, Die deuteronomistische Pentateuchredaktion in Exodus 3-17: BZAW
    126, 1972 (= Redaktion).
H.Gressmann, Mose und seine Zeit FRLANT 18, 1913 (= Mose).
- , Die Anfänge Israels (Von 2. Mosis bis Richter und Ruth): SAT 1,2,
    1914 (= Anfänge).
W.Gross, Jakob, der Mann des Segens. Zur Traditionsgeschichte und Theo-
    logie der priesterschriftlichen Jakobsüberlieferung: Bib 49, 1968,
    321-344.
- , Die Herausführungsformel. Zum Verhältnis von Formel und Syntax:
    ZAW 86, 1974, 425-453.
H.Gunkel, Schöpfung und Chaos in Urzeit und Endzeit, 1895 (= Schöpfung).
A.H.J.Gunneweg, Leviten und Priester: FRLANT 89, 1965 (= Leviten).
- , Anmerkungen und Anfragen zur neueren Pentateuchforschung: ThR 48,
    1983, 227-253; ThR 50, 1985, 107-131.
H.Haag, Vom alten zum neuen Pascha: SBS 49, 1971 (= Pascha).
N.C.Habel, Yahweh versus Baal. A conflict of religious cultures. A study
    in the relevance of Ugaritic materials for the early faith of Is-
    rael, 1964 (= Yahweh).
J.Hempel, Priesterkodex: Pauly-Wissowa 22, 1954, 1943-1967 (= Priester-
    kodex).
- , Die israelitische Anschauung von Segen und Fluch im Lichte altorien-
    talischer Parallelen: ZDMG 4, 1925, 20-110 = Apoxysmata: BZAW 81,
    1961, 30-113 (= Apoxysmata).
H.J.Hermisson, Sprache und Ritus im altisraelitischen Kult. Zur "Spiri-
    tualisierung" der Kultbegriffe im AT: WMANT 19, 1965 (= Sprache).
S.Herrmann, Israels Aufenthalt in Ägypten: SBS 40, 1970 (= Aufenthalt).
F.Hesse, Die Fürbitte im AT, 1951 (= Fürbitte).
- , Das Verstockungsproblem im AT: BZAW 74, 1955 (= Verstockung).
H.Holzinger, Einleitung in den Hexateuch, 1893 (= Einleitung).

F.Horst, Die Doxologien im Amosbuch: ZAW 47, 1929, 45-54 = Gottes Recht,
     Gesammelte Studien zum Recht im AT, TB 12, 1961, 155-166 (= GStAT).
G.Horst, The Plagues of Egypt I: ZAW 69, 1957, 84-103.
  - , The Plagues of Egypt II: ZAW 70, 1958, 48-59.
A.Hurvitz, The Evidence of Language in Dating the Priestly Code: RB 81,
     1974, 24-56.
B.Janowski, Sühne als Heilsgeschehen. Studien zur Sühnetheologie der
     Priesterschrift und zur Wurzel KPR im Alten Orient und im Alten
     Testament: WMANT 55, 1982 (= Sühne).
J.Jeremias, Theophanie. Die Geschichte einer alttestamentlichen Gattung:
     WMANT 10, $^2$1977 (= Theophanie).
A.Jülicher, Die Quellen von Exodus VII,8-XIV,11: JPTh VIII, 1881, 79-
     127.
O.Kaiser, Die mythische Bedeutung des Meeres in Ägypten, Ugarit und Is-
     rael: BZAW 78, $^2$1962 (= Meer).
  - , Einleitung in das AT, $^3$1974.$^4$1978.$^5$1984 (= Einleitung).
A.S.Kapelrud, The Date of the Priestly Code (P): ASTI 3, 1964, 58-64.
J.Kaufmann, Probleme der israelitisch-jüdischen Religionsgeschichte:
     ZAW 48, 1930, 23-43.
D.Kellermann, Die Priesterschrift von Num 1,1 bis 10,10: BZAW 120, 1970.
K.Kiesow, Exodustexte im Jesajabuch. Literarkritische und motivgeschicht-
     liche Analyse: OBO 24, 1979 (= Exodustexte).
R.Kilian, Die Hoffnung auf Heimkehr in der Priesterschrift: BiLe 7,
     1966, 39-51.
  - , Die Priesterschrift - Hoffnung auf Heimkehr: Wort und Botschaft,
     hrsg. von J.Schreiner, 1967, 226-243 (= Priesterschrift).
W.Klatt, Hermann Gunkel: FRLANT 100, 1969 (= Gunkel).
R.W.Klein, The Message of P: Die Botschaft und die Boten, FS H.W.Wolff,
     1981, 57-66.
R.Knierim, Die Hauptbegriffe für Sünde im AT, 1965 (= Sünde).
K.Koch, Die Eigenart der priesterschriftlichen Sinaigesetzgebung: ZThK
     55, 1958, 36-51.
  - , Die Priesterschrift von Ex 25 bis Lev 16: FRLANT 71, 1959 (= Prie-
     sterschrift).
  - , Was ist Formgeschichte?, $^4$1981 (= Formgeschichte).
L.Köhler, Der hebräische Mensch, 1953.1980 (= Mensch).
H.J.Kraus, Gilgal. Ein Beitrag zur Kultgeschichte Israels: VT 1, 1951,
     181-199.
  - , Schöpfung und Weltvollendung: EvTh 24, 1964, 462-485.
  - , Geschichte der historisch-kritischen Erforschung des ATs, $^3$1982
     (= Erforschung).
S.R.Kuelling, Zur Datierung der "Genesis-P-Stücke", namentlich des Ka-
     pitels Genesis XVII, 1964 (= Datierung).
P.Laaf, Die Pascha-Feier Israels. Eine literarkritische und überliefe-
     rungsgeschichtliche Studie: BBB 36, 1970 (= Pascha).
C.J.Labuschagne, The emphasizing particle gam and its connotations:
     Studia Biblica et Semitica, FS Th.Ch.Vriezen, 1966, 193-203.
B.Lang, Ezechiel. Der Prophet und das Buch: EdF 153, 1981 (= Ezechiel).
M.Löhr, Untersuchung zum Hexateuchproblem: BZAW 38, 1924 (= Hexateuch-
     problem).
N.Lohfink, Das Hauptgebot. Eine Untersuchung literarischer Einleitungs-
     fragen zu Dtn 5-11: AnBib 20, 1963 (= Hauptgebot).
  - , Die priesterschriftliche Abwertung der Tradition von der Offenba-
     rung des Jahwenamens an Mose: Bib 49, 1968, 1-8.
  - , Die Ursünde in der priesterlichen Geschichtserzählung: Die Zeit
     Jesu, FS H.Schlier, 1970, 38-57.

- , Die Abänderung der Theologie des priesterlichen Geschichtswerkes
im Segen des Heiligkeitsgesetzes (zu Lev 26): Wort und Geschichte,
FS K.Elliger, 1973, 129-136.
- , Die Priesterschrift und die Geschichte: VT.S 29, Congress Volume
Göttingen, 1978, 189-225.
G.Ch.Macholz, Israel und das Land, Habilitation Heidelberg 1969 (= Land).
P.Maiberger, Das Manna. Eine literarische, etymologische und naturkund-
liche Untersuchung: ÄgAT 6/1-2, 1983 (= Manna).
- , Topographische und historische Untersuchungen zum Sinaiproblem:
OBO 54, 1984 (= Sinaiproblem).
D.McCarthy, Moses Dealings with Pharaoh: CBQ 27, 1965, 336-347.
- , Plagues and Sea of Reeds. Ex 5-14: JBL 85, 1966, 137-158.
S.E.McEvenue, Word and Fulfilment: Semitics 1, 1970, 104-110.
- , The Narrative Style of the Priestly Writer: AnBib 50, 1971 (= Style).
- , Recension über J.G.Vink, The Date and Origin of the Priestly Code
in the OT: Bib 52, 1971, 138-141.
B.J.v.d.Merwe, Pentateuchtradisies in die prediking van Deuterojesaja,
1955 (= Pentateuchtradisies).
E.Meyer, Die Israeliten und ihre Nachbarstämme, 1906. 1967 (= Israeliten).
- , Kritik der Berichte über die Eroberung Palaestinas: ZAW 1, 1881,
117-150.
G.Morawe, Erwägungen zu Gen. 7,11 und 8,2. Ein Beitrag zur Überlieferungs-
geschichte des priesterschriftlichen Flutberichtes: ThVer 3, 1971,
31-52.
A.R.Müller, Der Text als russische Puppe? Zu P.Weimars "Die Berufung des
Mose": BN 17, 1982, 56-72.
Th.Nöldeke, Untersuchungen zur Kritik des ATs, 1869 (= Untersuchungen).
S.I.L.Norin, Er spaltete das Meer: CB.OT 9, 1977 (= Meer).
M.Noth, Der Schauplatz des Meerwunders: FS O.Eißfeldt, 1947, 181-190 =
Aufsätze zur biblischen Landes- und Altertumskunde I, hrsg. von
H.W.Wolff, 1971, 102-110.
- , Überlieferungsgeschichtliche Studien, ³1967 (= ÜSt).
- , Überlieferungsgeschichte des Pentateuch, 1948. 1960 (= ÜP).
- , Geschichte Israels, ⁶1966 (= Geschichte).
M.Oliva, Las revelaciones a los patriarcas en la historia sacerdotal:
Bib 55, 1974, 1-14.
E.Osswald, Das Bild des Mose in der kritischen alttestamentlichen Wissen-
schaft seit Julius Wellhausen: ThA 18, 1962 (= Mose).
E.Otto, Erwägungen zum überlieferungsgeschichtlichen Ursprung und "Sitz
im Leben" des jahwistischen Plagenzyklus: VT 26, 1976, 3-27.
- , Stehen wir vor einem Umbruch in der Pentateuchkritik?: VuF 22,
1977, 82-97.
H.Paulsen, Traditionsgeschichtliche Methode und religionsgeschichtliche
Schule: ZThK 75, 1978, 20-55.
J.Pedersen, Passahfest und Passahlegende: ZAW 52, 1934, 161-175.
L.Perlitt, Mose als Prophet: EvTh 31, 1971, 588-608.
- , Die Verborgenheit Gottes: Probleme Biblischer Theologie, FS G.v.Rad,
1971, 367-382.
- , Sinai und Horeb: Beiträge zur alttestamentlichen Theologie, FS
W.Zimmerli, 1977, 302-322.
J.G.Plöger, Literarkritische, formgeschichtliche und stilkritische Unter-
suchungen zum Deuteronomium: BBB 26, 1967 (= Deuteronomium).
H.D.Preuß, Verspottung fremder Religionen im AT: BWANT 5-12 (= 92),
1971 (= Verspottung).
O.Procksch, Das nordhebräische Sagenbuch. Die Elohimquelle, 1906 (= Sa-
genbuch).

K.v.Rabenau, Die beiden Erzählungen vom Schilfmeerwunder in Exodus 13,17
       - 14,31: ThVer 1, 1966, 7-29.
G.v.Rad, Die Priesterschrift im Hexateuch: BWANT 4-13, 1934 (= Priester-
       schrift).
-  , Das formgeschichtliche Problem des Hexateuch: BWANT 4-26, 1938 =
       Gesammelte Studien zum AT, TB 8, 1965, 9-86 (= GStAT I).
-  , Theologie des ATs,I [4]1962, II [5]1968 (= Theologie).
-  , Beobachtungen an der Moseerzählung Exodus 1-14: EvTh 31, 1971,
       579-588 = Gesammelte Studien zum AT II, TB 48, 1973, 189-198
       (= GStAT II).
-  , Gerichtsdoxologie: Schalom. Studien zu Glaube und Geschichte Isra-
       els, FS A.Jepsen, AVTRW 51, 1971, 28-37 = Gesammelte Studien zum
       AT II, TB 48, 1973, 245-254 (= GStAT II).
C.H.Ratschow, Werden und Wirken. Eine Untersuchung des Wortes hajah als
       Beitrag zur Wirklichkeitserfassung des ATs: BZAW 70, 1941 (= Werden).
A.Reichert, Der Jehowist und die sogenannten deuteronomistischen Erwei-
       terungen im Buche Exodus, Dissertation Tübingen 1972 (= Jehowist).
J.Reindl, Der Finger Gottes und die Macht der Götter: Dienst der Ver-
       mittlung, FS Priesterseminar Erfurt, 1977, 49-60.
R.Rendtorff, Die Gesetze in der Priesterschrift. Eine gattungsgeschicht-
       liche Untersuchung: FRLANT 62, [2]1963 (= Gesetze).
-  , Die Offenbarungsvorstellungen im AT: BKuD 1, 1961, 21-41 = Gesam-
       melte Studien zum AT, TB 57, 1975, 39-59 (= GStAT).
-  , Botenformel und Botenspruch: ZAW 74, 1962, 165-177 = Gesammelte
       Schriften zum AT, TB 57, 1975, 243-255 (= GStAT).
-  , Das überlieferungsgeschichtliche Problem des Pentateuch: BZAW 147,
       1976 (= Pentateuch).
-  , Das Alte Testament. Eine Einführung, 1983 (= Einführung).
W.Richter, Die sogenannten vorprophetischen Berufungsberichte. Eine
       literaturwissenschaftliche Studie zu 1 Sam 9,1-10,16, Ex 3f. und
       Ri 6,11b-17: FRLANT 101, 1970 (= Berufungsberichte).
M.Rose, Deuteronomist und Jahwist. Untersuchungen zu den Berührungs-
       punkten beider Literaturwerke: AThANT 67, 1981 (= Deuteronomist).
L.Rost, Die Überlieferung von der Thronnachfolge Davids: BWANT 3-6,
       1926 = Das kleine Credo und andere Studien zum AT, 1965, 119-253
       (= Credo).
-  , Weidewechsel und alttestamentlicher Festkalender: ZDPV 66, 1943,
       205-215 = Das kleine Credo und andere Studien zum AT, 1965, 101-
       112 (= Credo).
-  , Bemerkungen zu dibbär: Studien zum AT, BWANT 6-1 (= 101), 1974,
       39-60 (= StAT).
W.Rudolph, Der "Elohist" von Exodus bis Josua: BZAW 68, 1938 (= Elohist).
E.Ruprecht, Stellung und Bedeutung der Erzählung vom Mannawunder (Ex 16)
       im Aufbau der Priesterschrift: ZAW 86, 1974, 269-307.
M. Saebø, Offenbarung oder Verhüllung? Bemerkungen zum Charakter des
       Gottesnamens in Ex 3,13-15: Die Botschaft und die Boten, FS H.W.
       Wolff, 1981, 43-55.
-  , Priestertheologie und Priesterschrift. Zur Eigenart der priester-
       lichen Schicht im Pentateuch: VT.S 32, Congress Volume Vienna,
       1981, 357-374.
J.Scharbert, Fleisch, Geist und Seele im Pentateuch. Ein Beitrag zur
       Anthropologie der Pentateuchquellen: SBS 19, 1966 (= Fleisch).
H.Schmid, Mose. Überlieferung und Geschichte: BZAW 110, 1968 (= Mose).
H.H.Schmid, Der sogenannte Jahwist. Beobachtungen und Fragen zur Penta-
       teuchforschung, 1976 (= Jahwist).

- , Auf der Suche nach neuen Perspektiven für die Pentateuchforschung: VT.S 32, Congress Volume Vienna, 1981, 375-394.

W.H.Schmidt, Die deuteronomistische Redaktion des Amosbuches: ZAW 77, 1965, 168-193.

- , Anthropologische Begriffe im AT: EvTh 24, 1964, 374-388.

- , Die Schöpfungsgeschichte der Priesterschrift: WMANT 17, [2]1967 (= Schöpfungsgeschichte).

- , Das erste Gebot: TEH 165, 1969/70 (= Gebot).

- , Ausprägungen des Bilderverbots? Zur Sichtbarkeit und Vorstellbarkeit Gottes im AT: Das Wort und die Worte, FS G.Friedrich, 1973, 25-34.

- , Drei Arbeiten zum Pentateuch: VuF 19, 1974, 86-90.

- , Alttestamentlicher Glaube in seiner Geschichte, [4]1982 (= Glaube).

- , Einführung in das AT, [3]1985 (= Einführung).

- , Schöpfung durch das Wort im AT. Ein Weg von Gen 2 zu Gen 1: Schöpfung und Sprache, hrsg. von W.Strolz, 1980, 15-43 (= Sprache).

- , Ein Theologe in salomonischer Zeit? - Plädoyer für den Jahwisten: BZ 25, 1981, 82-102.

- , "Rechtfertigung des Gottlosen" in der Botschaft der Propheten: Die Botschaft und die Boten, FS H.W.Wolff, 1981, 157-168.

- , Exodus, Sinai und Mose. Erwägungen zu Ex 1-19 und 24: EdF 191, 1983 (= Exodus).

- , Nachwirkungen prophetischer Botschaft in der Priesterschrift: AOAT 215, Mélanges bibliques et orientaux en l'honneur de M.Mathias Delcor, FS M.Delcor, 1985, 369-377.

H.Ch.Schmitt, Prophetie und Tradition. Beobachtungen zur Frühgeschichte des israelitischen Nabitums: ZThK 74, 1977, 255-272.

- , 'Priesterliches' und 'prophetisches' Geschichtsverständnis in der Meerwundererzählung Ex 13,17-14,31: Textgemäß, FS E.Würthwein, 1979, 139-155.

- , Die nichtpriesterliche Josephsgeschichte: BZAW 154, 1980 (= Josephsgeschichte).

- , Redaktion des Pentateuch im Geiste der Prophetie: VT 32, 1982, 170-189.

- , Die Hintergründe der neuesten Pentateuchkritik : ZAW 97, 1985, 161-179.

R.Schmitt, Exodus und Passa. Ihr Zusammenhang im AT: OBO 7, [2]1982 (= Passa).

W.Schottroff, "Gedenken" im Alten Orient und im Alten Testament. Die Wurzel Zakar im semitischen Sprachkreis: WMANT 15, [2]1967 (= Gedenken).

J.Schreiner, Exodus 12,21-23 und das israelitische Passa: Studien zum Pentateuch, FS W.Kornfeld, 1977, 69-90.

H.Schulte, Die Entstehung der Geschichtsschreibung im AT: BZAW 128, 1972 (= Entstehung).

H.Schweizer, Elischa in den Kriegen. Literaturwissenschaftliche Untersuchung von 2. Kön 3; 6,8-23: StANT 37, 1974 (= Elischa).

G.Seitz, Redaktionsgeschichtliche Studien zum Deuteronomium: BWANT 5-13 (= 93), 1971 (= Deuteronomium).

J.van Seters, Abraham in History and Tradition, 1975 (= Abraham).

- , Recent Studies on the Pentateuch. A Crisis in Methods: JAOS 99, 1979, 663-673.

- , The Place of the Jahwist in the History of Passover and Massot: ZAW 95, 1983, 167-182.

- , The Plagues of Egypt. Ancient Tradition or Literary Intention: ZAW 98, 1986 (im Druck).

J.L.Ska, Les plaies d'Egypte dans le récit sacerdotal (P$^g$): Bib 60,
    1979, 23-35.
- , La sortie d'Egypte (Ex 7-14) dans le récit sacerdotal (P$^g$) et la
    tradition prophétique: Bib 60, 1970, 191-215.
- , La place d'Ex 6,2-8 dans la narration de l'exode: ZAW 94, 1982,
    530-548.
R.Smend, Die Erzählung des Hexateuch auf ihre Quellen untersucht, 1912
    (= Hexateuch).
R.Smend, Das Mosebild von Heinrich Ewald bis Martin Noth: BGBE 3, 1959
    (= Mosebild).
- , Die Bundesformel: ThST 68, 1963 (= Bundesformel).
- , Zur Geschichte von האמין : VT.S 16, Hebräische Wortforschung, FS
    W.Baumgartner, 1967, 284-290.
- , Die Entstehung des ATs, $^3$1984 (= Entstehung).
- , "Das Ende ist gekommen". Ein Amoswort in der Priesterschrift: Die
    Botschaft und die Boten, FS H.W.Wolff, 1981, 67-72.
- , Ein halbes Jahrhundert alttestamentliche Einleitungswissenschaft:
    ThR 49, 1984, 3-30.
J.J.Stamm, Erlösen und Vergehen im AT. Eine begriffsgeschichtliche Unter-
    suchung, 1940 (= Erlösen).
O.H.Steck, Die Paradieserzählung. Eine Auslegung von Genesis 2,4b-3,24:
    BS 60, 1970 (= Paradieserzählung).
- , Der Schöpfungsbericht der Priesterschrift. Studien zur literar-
    kritischen und überlieferungsgeschichtlichen Problematik von Genesis
    1,1-2,4a: FRLANT 115, $^2$1981 (= Schöpfungsbericht).
S.Ö.Steingrimsson, Vom Zeichen zur Geschichte. Eine literar- und form-
    kritische Untersuchung von Ex 6,28-11,10: CB.OT 14, 1979 (= Zeichen).
F.Stolz, Jahwes und Israels Kriege. Kriegstheorien und Kriegserfahrungen
    im Glauben des alten Israel: AThANT 60, 1972 (= Kriege).
- , Zeichen und Wunder. Die prophetische Legitimation und ihre Ge-
    schichte: ZThK 69, 1972, 125-144.
- , Jahwes Unvergleichlichkeit und Unergründlichkeit: WuD 14, 1979,
    9-24.
W.Thiel, Die deuteronomistische Redaktion von Jeremia 1-25: WMANT 41,
    1973 (= Jeremia I).
R.J.Thompson, Moses and the Law in a Century of Criticism since Graf:
    VT.S 19, 1970 (= Moses).
J.H.Tigay, "Heavy of Mouth" and "Heavy of Tongue" on Moses' Speech Dif-
    ficulty: BASOR 231, 1979, 57-64.
H.Valentin, Aaron. Eine Studie zur vorpriesterschriftlichen Aaronüber-
    lieferung: OBO 18, 1978 (= Aaron).
T.Veijola, Die ewige Dynastie. David und die Entstehung seiner Dynastie
    nach der deuteronomistischen Darstellung: AASF Ser. B 193, 1975
    (= Dynastie).
J.G.Vink, The date and the origin of the Priestly code in the OT: The
    Priestly Code and seven other studies, OTS 15, 1969, 1-144.
P.Volz, Der Elohist als Erzähler, ein Irrweg der Pentateuchkritik?:
    BZAW 63, 1933 (= Elohist).
H.Vorlaender, Die Entstehungszeit des jehovistischen Geschichtswerkes:
    EHS.T 109, 1978 (= Entstehungszeit).
B.N.Wambacq, Les origines de la Pesah israélite: Bib 57, 1976, 206-224,
    301-326.
P.Weimar, Untersuchungen zur priesterschirftlichen Exodusgeschichte:
    FzB 9, 1973 (= Untersuchungen).
- , Aufbau und Struktur der priesterschriftlichen Jakobsgeschichte:
    ZAW 86, 1974, 174-203.

- , Die Jahwekriegserzählungen in Exodus 14, Josua 10, Richter 4 und 1 Samuel 7: Bib 57, 1976, 38-73.
- , Untersuchungen zur Redaktionsgeschichte des Pentateuch: BZAW 146, 1977 (= Redaktionsgeschichte).
- , Die Berufung des Mose. Literaturwissenschaftliche Analyse von Exodus 2,23-5,5: OBO 32, 1980 (= Berufung).
- , Struktur und Komposition der priesterschriftlichen Geschichtsdarstellung: BN 23/24, 1984, 81-134. 138-162.
- , Die Meerwundererzählung. Eine redaktionskritische Analyse von Ex 13,17-14,31; ÄgAT 9, 1985 (= Meerwundererzählung).
P.Weimar - E.Zenger, Exodus. Geschichten und Geschichte der Befreiung Israels: SBS 75, 1975 (= Exodus).
J.Wellhausen, Prolegomena zur Geschichte Israels, [6]1905 (= Prol.).
- , Die Composition des Hexateuch und der historischen Bücher des ATs, [3]1899 (= Comp.).
C.Westermann, Sprache und Struktur der Prophetie Deuterojesajas: Forschung am AT, TB 24, 1964, 92-170 (= FAT).
- , Grundformen prophetischer Rede: BEvTh 31, [5]1978 (= Grundformen).
- , Die Herrlichkeit Gottes in der Priesterschrift: Wort - Gebot - Glaube, FS W.Eichrodt, 1970, 227-249.
W.M.L.de Wette, Beiträge zur Einleitung in das AT, 1806f. (= Beiträge).
J.Wimmer, Tradition reinterpreted in Ex 6,2-7,7: Aug 7, 1967, 405-418.
H.W.Wolff, "Wissen um Gott" bei Hosea als Urform von Theologie: EvTh 12, 1952/53, 533-554 = Gesammelte Studien zum AT, TB 22, 1964, 182-205 (= GStAT).
- , Anthropologie des ATs, [3]1977 (= Anthropologie).
W.Wrede, Rezension über H.Gunkel, Schöpfung und Chaos in Urzeit und Endzeit: ThLZ 24, 1896, 623-631.
E.Würthwein, Die Josianische Reform und das Deuteronomium: ZThK 73, 1976, 395-423.
E.Zenger, Die Sinaitheophanie. Untersuchungen zum jahwistischen und elohistischen Geschichtswerk: FzB 3, 1971 (= Sinaitheophanie).
- , Das Buch Exodus: Geistliche Schriftlesung 7, 1978 (= Exodus).
- , Wo steht die Pentateuchforschung heute?: BZ 24, 1980, 101-116.
- , Tradition und Interpretation in Exodus XV 1-21: VT.S 32, Congress Volume Vienna, 1980, 452-483.
- , Auf der Suche nach einem Weg aus der Pentateuchkrise: ThRv 78, 1982, 353-362.
- , Gottes Bogen in den Wolken. Untersuchungen zu Komposition und Theologie der priesterschriftlichen Urgeschichte: SBS 112, 1983 (= Bogen).
Z.Zevit, Converging Lines of Evidence Bearing on the Date of P: ZAW 94, 1982, 481-511.
W.Zimmerli, Ich bin Jahwe: Geschichte und AT, FS A.Alt, 1953, 179-209 = Gottes Offenbarung: TB 19, 1963, 11-40 (= GOff).
- , Erkenntnis Gottes nach dem Buch Ezechiel: AThANT 27, 1954 = Gottes Offenbarung: TB 19, 1963, 41-119 (= GOff).
- , Sinaibund und Abrahambund. Ein Beitrag zum Verständnis der Priesterschrift: ThZ 16, 1960, 268-280 = Gottes Offenbarung: TB 19, 1983, 205-216 (= GOff).

Während Erstellung der Druckvorlage erschien:

H.Schmid, Die Gestalt des Mose. Probleme alttestamentlicher Forschung unter Berücksichtigung der Pentateuchkrise, EdF 237, 1986 (= Gestalt)

REGISTER

## Bibelstellen in Auswahl

Belege, die in Anmerkungen genannt werden, sind durch hinzugefügtes "A" gekennzeichnet.

## Hebräische Wörter

| | J | E | $p^g/p^s$ | verschiedenartige redaktionelle Bearbeitungen |
|---|---|---|---|---|
| Ex 3 | 1abα.2-4a.5 7f.16f. | 1bβ*.4b*.6a.9 10f*.12a.13f. | | 6b.12b.15 18-22 |
| Ex 4 | 19-20a.24-26 29.31b | 18.20b | | 1-16.17.21-23 27f.30.31a |
| Ex 5 | 1-3.5-23 | | | 4 |
| Ex 6 | 1* | | 2-7*.9-12.13-30 | 8 |
| Ex 7 | | | 1-3a.4-7 | 3b |

Zur Plagen- und Wundererzählung (7,8-11,10) vgl. den Überblick auf S.126.

| | J | E | $p^g/p^s$ | verschiedenartige redaktionelle Bearbeitungen |
|---|---|---|---|---|
| Ex 12 | 21-23.27b.29-34* 37-39 | | 1.(2?).3aα*(β?)b.4.(5?) 6(a?)b*.7-13.15-20.28.40f. (42-51?) | (2.3aß.5.6a?).(14?) 24-27a.35f.(42-51?) |
| Ex 13 | | 17aß-19 | 20 | 1-16.17aα.21f. |
| Ex 14 | 5b.6.10bα.13(f.?).20 21aß.27aßb.(28b?).30 | 5a.19a | 1-4.8f.10aß.15.16* 17f.21aαb.22f.26 27aα.28a(b?).29 | 7.11f.(14?).19b 24f.31 |

Da nach dem Gegenstand der Untersuchung nicht alle Textpartien von Ex 3-14 in gleicher Weise bearbeitet wurden (vgl. o.S.13), sind weniger ausführlich behandelte Stellen durch eine kleinere Schriftart dargestellt.

BEIHEFTE ZUR ZEITSCHRIFT FÜR DIE
ALTTESTAMENTLICHE WISSENSCHAFT

CHRISTA SCHÄFER-LICHTENBERGER

## Stadt und Eidgenossenschaft im Alten Testament

Eine Auseinandersetzung mit Max Webers Studie
„Das antike Judentum"
Groß-Oktav. XII, 485 Seiten. 1983. Ganzleinen DM 108,–
ISBN 3 11 008591 7 (Band 156)

CLAUS PETERSEN

## Mythos im Alten Testament

Bestimmung des Mythosbegriffs und Untersuchung
der mythischen Elemente in den Psalmen
Groß-Oktav. XVIII, 280 Seiten. 3 Tabellen. 1982. Ganzleinen DM 88,–
ISBN 3 11 008813 4 (Band 157)

PHILIP J. NEL

## The Structure and Ethos of the Wisdom Admonitions in Proverbs

Large-octavo. XII, 142 pages. 1982. Cloth DM 74,–
ISBN 3 11 008750 2 (Volume 158)

GEORG FOHRER

## Studien zum Buche Hiob (1956–1979)

Zweite, erweiterte und bearbeitete Auflage
Groß-Oktav. XII, 146 Seiten. 1983. Ganzleinen DM 72,–
ISBN 3 11 008967 X (Band 159)

OSWALD LORETZ

## Habiru-Hebräer

Eine sozio-linguistische Studie über die Herkunft
des Gentilizismus ʿibriʾ vom Apellativum ḫabirū
Groß-Oktav. XV, 314 Seiten. 1984. Ganzleinen DM 106,–
ISBN 3 11 009730 3 (Band 160)

Preisänderungen vorbehalten

Walter de Gruyter  Berlin · New York

BEIHEFTE ZUR ZEITSCHRIFT FÜR DIE
ALTTESTAMENTLICHE WISSENSCHAFT

Preisänderungen vorbehalten

Walter de Gruyter · Berlin · New York